读客文化

罗马十大英雄皇帝

正是这十位皇帝的统治，将罗马打造成一个延续千年、基业长青的大帝国。

翻开本书，读完十位罗马英雄皇帝的故事，领悟基业长青的奥秘！

[美] 巴里·斯特劳斯　著

戚悦　译

TEN CAESARS

ROMAN EMPERORS FROM AUGUSTUS

TO CONSTANTINE

文汇出版社

图书在版编目（CIP）数据

罗马十大英雄皇帝 / （美）巴里·斯特劳斯著；戚

悦译. -- 上海 : 文汇出版社, 2020.8

ISBN 978-7-5496-3179-7

Ⅰ. ①罗… Ⅱ. ①巴… ②戚… Ⅲ. ①罗马帝国一皇

帝一列传 Ⅳ. ①K831.985.7=2

中国版本图书馆CIP数据核字（2020）第066758号

中文版权 © 2020 读客文化股份有限公司
经授权，读客文化股份有限公司拥有本书的中文（简体）版权
著作权合同登记号：09-2020-349

罗马十大英雄皇帝

作　　者 / ［美］巴里·斯特劳斯
译　　者 / 戚　悦

责任编辑 / 戴　铮
特邀编辑 / 乔佳晨　　蔡若兰
封面装帧 / 陈　晨

出版发行 / 文汇出版社
　　　　　　上海市威海路 755 号
　　　　　　（邮政编码 200041）
经　　销 / 全国新华书店
印刷装订 / 北京中科印刷有限公司
版　　次 / 2020 年 8 月第 1 版
印　　次 / 2020 年 8 月第 1 次印刷
开　　本 / 710mm×1000mm　　1/16
字　　数 / 373 千字
印　　张 / 24.5

ISBN 978-7-5496-3179-7
定　　价 / 88.00 元

侵权必究
装订质量问题，请致电010-87681002（免费更换，邮寄到付）

献给我的学生们

目　录

引 言

帕拉蒂诺之夜

夜幕笼罩着帕拉蒂诺山。这是位于罗马中心的一处高地，具有重要的历史意义。想象一下，当游客散去、警卫锁上大门，而你却独自留在那里。即便是白天，帕拉蒂诺也显得颇为安静，跟下方山谷中拥挤的景点形成了鲜明的对比。夜晚，你孤身一人在此徘徊，踏上神秘的月下之旅，能否唤醒帝国的幽灵？

初看之下，答案似乎是否定的。山顶上微风轻拂、郁郁葱葱，既不如附近罗马广场的立柱和拱门那样宏伟，也不如角斗场及其染满血污的拱廊那样壮观。帕拉蒂诺的遗迹就像一堆乱七八糟的砖块和混凝土，还带着不甚恰当的名称。例如，所谓的"赛马场"，或者叫"椭圆形竞技场"，实际上是一处低洼的庭院；而"利维娅庄园"实则并不属于那位伟大的女性。

然而，如果仔细观察，充分发挥想象力，你就会明白为什么帕拉蒂诺山是英文"宫殿"[1]一词的来源。正是在帕拉蒂诺，罗马的第一位皇帝竖起了权力的大纛，此后的数个世纪之间，他的大部分继任者都在这里统治着五百万到六百万的民众。刚开始，帕拉蒂诺只是统治者及其家人的朴素居所和供奉守护

---

1 宫殿：英文作"palace"，源于帕拉蒂诺山的拉丁语名称"Palatium"，另外意大利语、法语、西班牙语、葡萄牙语、德语、捷克语中的"宫殿"一词也皆源于此。（本书脚注均为译者注，各章尾注［汇于书末"注释"］则为作者原注。）

神的庙宇，后来一座座越来越豪华的"多姆斯"（domus，拉丁语，意为"房屋"）拔地而起。它们是宫殿般的建筑，不仅可以作为住宅，还能用于觐见皇室、召开会议、接待使臣、晨起致候、晚间设宴。它们见证了各种风流韵事、新旧宗教仪式，乃至阴谋诡计与暗杀行刺。

当年，这些建筑都是富丽堂皇的。墙壁上镶嵌着从帝国各地搜罗而来的彩色大理石，立柱闪烁着努米底亚的黄色、弗里吉亚的紫色、希腊的灰色、意大利的白色[1]和埃及的花岗岩光泽。镀金的天花板悬在上方，下面是高大的窗户和加热的地板。其中一个宴会厅可以容纳几千人，而另一个宴会厅则能够不停地旋转[2]。清水通过帕拉蒂诺的渡槽流进喷泉和池塘。有些房间俯瞰着南边山谷里的大竞技场[1]，足以充当观赏战车比赛的空中包厢。

也许夜访帕拉蒂诺的现代游客会想象出一场皇帝举办的宴会，席间有一位宾客说他觉得自己好像在天上跟朱庇特[3]共进晚餐[2]；或者是一场不太愉快的宴会，皇帝派人把墙壁统统刷成黑色，又将吃饭的躺椅[4]摆得像墓碑一样，惊恐的宾客们担心自己性命难保，不过最终还是活了下来[3]。也许我们会想起一个传闻：有一位皇帝把宫廷变成了妓院[4]，这个故事十分香艳，却不是非常可信。也许我们会想到，在殿前的台阶上，有一位皇帝首次接受民众的欢呼，而另一位皇帝曾经宣布退位[5]；在宏伟的入口处，有一位新皇帝的妻子声称，她的决心永不动摇[6]；在隐蔽的后门旁，有一位皇帝偷偷潜回家里，他好不容易才从罗马广场上的饥民暴动中逃了出来[7]。也许我们还会想象，在大厅内，元老院正在举行会议，皇帝的母亲则垂帘听政；在走廊上，一群反叛者谋杀了年轻的暴君。是的，这一切都发生在这里。

皇帝们在帕拉蒂诺发号施令，统治着被其称为"世界"的广阔领土，其

---

1 "努米底亚的黄色"等：这些都是各地大理石的代表颜色。

2 不停地旋转：古罗马传记体历史作家盖乌斯·苏维托尼乌斯·特兰克维鲁斯在《尼禄传》中提到，罗马皇帝尼禄有一个圆形的宴会厅，可以日夜不停地旋转。学者们认为，这种设计除了有炫耀的意思之外，也是在模拟地球的自转运动。2009年，考古学家发现了疑似这个宴会厅的遗迹，其下有可供旋转的机械装置。

3 朱庇特（Jupiter）：古罗马神话中的众神之王，掌管天空和雷电，在基督教成为罗马帝国的主要宗教之前，朱庇特一直是共和国及帝国时期罗马国教的主神。

4 吃饭的躺椅：古罗马人（尤其是贵族）喜欢斜靠在躺椅上吃饭。

范围从今天的英国一直延伸到伊拉克。确切地说，至少他们都为之努力过，而真正做好这项繁重工作的皇帝则屈指可数。帝国政府负责处理日常事务，但是不断涌现的危机带来了难以克服的困难。事实证明，许多皇帝都无法担此重任，只有寥寥几人表现得非常出色，面对艰巨的挑战，他们能够展示出同样强大的野心、狡诈与残忍。

同时，他们还会调动整个家族。罗马的皇帝们可以说经营着史上最成功、最复杂的家族事业。为了把权力集中到可靠之人的手中，皇室家族充分利用自己的全体成员，包括女性。所以，母亲、妻子、女儿、姐妹乃至情妇都拥有很高的地位，她们享受的权力可能会令某些人感到十分惊讶。但有时候，这也是一个不幸的家族，强迫的婚姻经常出现，内讧和谋杀亦并不罕见。而且，这个家族的界定颇为宽松灵活。通过收养关系登基的皇帝比凭借血缘继承父位的皇帝更多，还有不少人是在内战中夺取了政权。皇位继承权频频引发争端，既是帝国的荣耀，也是帝国的诅咒，这等于同时向才华和暴力敞开了大门。

作为第一位皇帝，奥古斯都为此奠定了基调。他的舅外祖父、家族命运的缔造者、罗马共和国的最后一个独裁官尤利乌斯·恺撒将其收为养子，而他自己又打了一场内战，才终于获得至高的地位。他的妻子利维娅大概是罗马史上最有权势的女人，但她曾经在那场内战中沦为难民，拼命逃离她最终嫁给的这个男人。

接下来，本书将讲述十位统治者的故事，他们可以说是罗马最能干、最成功的皇帝。虽然尼禄有所不同，但至少非常有趣，更何况他也是伟大的建设者。虽然根据环境和能力的不同，成功会有各种各样的定义，但所有皇帝都希望对内实施政治控制，对外进行军事扩张，主持繁荣局面，发展罗马城，跟神明和睦相处。而且，每一位皇帝都想在床上安然去世，把权力移交给自己选中的继承人。

我们将从第一位皇帝兼罗马帝国的奠基者奥古斯都开始，至踞其三百五十年的另一位奠基者君士坦丁结束。君士坦丁让罗马改信基督教，并在东方建立了一座崭新的首都——君士坦丁堡（即今土耳其的伊斯坦布尔）。哈德良生活的时代大致处在两人中间，他自称是第二个奥古斯都，在维持帝国和平以及向外来者开放精英阶层等方面，他所做的努力超出了多数罗马皇帝。可惜哈德良也是暴虐而残忍的，在这一点上，他并不例外。

从始至终，罗马的皇帝们都是借助武力来达成目的，他们经常会毫不犹豫地杀死自己的竞争者和反对者，依靠军队来征服帝国、保卫帝国，冷酷无情地镇压叛乱。就连马可·奥勒留这位热爱和平的哲学家皇帝，在上台之前毫无军事经验，却也把统治期的大部分时间都奉献给了边境的战争。

同样值得注意的是，军队可以成就皇帝，也能够毁灭皇帝。如果没有士兵们的支持，皇帝根本无法统治国家。这些军人甚至比罗马元老院更具影响力，尽管最初是那些社会精英构成了领导阶层。在管理方面，皇帝们越来越依赖元老院以外的人士甚至自由奴[1]。罗马的普通民众对皇帝来说亦颇为重要，但是政府会通过发放免费粮食、举办娱乐活动去收买他们——虽然如此，穷人的生活仍旧不易，而他们又在帝国人口中占绝大多数。最后，神明的作用也不容小觑。每一位皇帝都跟神明建立了和谐的关系，不少皇帝还在保留旧神的基础上引进新神。君士坦丁的独特之处不是崇拜新神，而是背弃了罗马的传统神明。

不过，宗教是根植于文化之中的，罗马文化的特征会随着君主制的到来发生剧变。在此期间，奥古斯都及其继任者提比略完成了一项惊人的壮举。他们把罗马帝国的重心由征服转向管理，从傲慢好斗、穷兵黩武的贵族手中夺走权力，交给出身不太显赫的官员。他们削弱了罗马城的中心地位，首先使意大利获益，接着又造福于其他行省。

奥古斯都的继任者们用武力为帝国增添了两个新行省，但跟过去相比，这只能算微小的边界调整，毕竟在先前的二百年里，罗马征服了整片地中海地区以及欧洲的西北部。获胜的精英阶层累得精疲力竭，逐渐失去扩张的兴趣，变得更喜欢金钱和享乐。所有帝国无一例外都会衰落，然而罗马人却牢牢守住自己的战果，坚持了很久。

在华丽夸张的辞藻背后，隐藏着一颗务实主义者的心脏，这才是真正的

1　自由奴（freedman）：指通过合法途径获得自由的奴隶。

罗马。西塞罗的圆周句[1]和普布利乌斯·科尔涅利乌斯·塔西佗的优美散文只不过是外表，真正的罗马更多地体现在提比略毅然决然地放弃日耳曼尼亚，韦斯巴芗皇帝向公厕收税并辩称"金钱没有臭味"[8]。新鲜的血液、陌生的神明、艰难的抉择、战略的撤退——为了以帝国的形态生存下去，罗马人什么都愿意做。

最终，罗马城失去了其作为首都的影响力。西部的皇帝开始在意大利北部或日耳曼尼亚实行统治，后来不仅西部有皇帝，东部也出现了皇帝。君士坦丁的前任戴克里先意识到，帝国面积太大、问题太多，单独一人实在难以驾驭。至于孤身挑起全部重担的君士坦丁，则是一个与众不同的特例。

罗马发展得十分迅速，甚至变得面目全非，不过这也是它成功的原因之一。改变已经成为其体制结构的组成部分，但是改变的过程并不容易，而且难免会伴随着血腥的杀戮。新人们相继攀上权力的顶峰。本书中讲述的两位皇帝图拉真和哈德良都出生在希斯帕尼亚，即今天的西班牙。两代之后的皇帝塞普蒂米乌斯·塞维鲁米自北非，他拥有意大利移民的血统，可能还混有非洲和中东的血统，而戴克里先和君士坦丁则来自巴尔干半岛，没有任何意大利血统。新女性的地位也得到了提升：塞维鲁的妻子来自叙利亚，君士坦丁的母亲来自小亚细亚，即今天的土耳其。

结果证明，帕拉蒂诺的皇室成员非常多样化，远远超出了帝国奠基者的想象。他们的声音早已远去，许多名字也都被遗忘。在某些情况下，他们的雕塑会消失，古人也可能在革命之后将其拆毁，或者把他们的肖像从绘画及石刻浮雕中抹去。不过，我们还是可以召唤他们的灵魂——通过文献资料和碑刻铭文，借助艺术作品与考古发现，依靠对沉船残骸乃至污水废品等所有遗物的科学研究。

罗马人依然活着，而且不只是活在帕拉蒂诺之夜的想象中。

1　圆周句（periodic sentence）：又名"掉尾句"，一种修辞手法，指主要意思在末尾才出现的句子，常用于演讲，西塞罗被认为是擅长使用圆周句的大师。

第一章

奥古斯都

领导者永远要身居一线

奥古斯都是一个名副其实的传奇。在历史上，很少有人能像他那样，无论做什么都可以成功。他结束了长达一个世纪的革命，推翻了共和政体，建立了罗马帝国，并成为其第一位皇帝。然而，奥古斯都又是一个谜。他四岁丧父，年仅十九岁便跻身于罗马政坛的顶层。他是怎样做到这一点的，又是如何取得更大的成就的？

他何以打败了安东尼和克娄巴特拉这一史上最富魅力的组合所领导的反对力量？一个柔弱的男孩怎样成长为战功赫赫的军事领袖，继而转变为大名鼎鼎的和平使者？他如何找到一个完美的"二把手"，既能为他带兵打仗、管理政务，又不会威胁到他的权力？他娶到了聪明伶俐、才华横溢、诡计多端的利维娅，并且成功地经营了这段充满挑战的婚姻，取得了累累硕果，秘诀何在？他建立了维持约一个世纪的王朝以及延续数个世纪的帝国，其成功之道又是什么？

在漫长的一生即将结束之际，奥古斯都对上述的一些问题做出了回答。他的陵墓位于罗马，坟前矗立着几根铜柱，他命人在上面刻了长长的铭文，其中有这样一段话：

> 在我扑灭了内战的火焰之后，众人一致推举我执掌大权，而我把共和国从自己手中转移到元老院和罗马人民的意志之下。为了表彰这种行为，元老院授予我"奥古斯都"的称号。[1]

这是官方的记载，而其中真实的故事又是什么呢？让我们从一个小男孩讲起，循着奥古斯都的足迹，探寻他走过的道路。

阿提娅的儿子

他生于公元前63年9月23日。我们都知道他是奥古斯都，不过，当谈到其三十五岁以前的人生时，按照惯例应该叫他"屋大维"。因为在三十五岁之后，他才开始使用"奥古斯都"这个名字。

他的父亲盖乌斯·屋大维乌斯来自罗马南边的一座小镇，出身于一个奋斗者的家庭。屋大维乌斯颇为富有，在政治方面也抱负远大，但是他缺乏贵族血统。而多数罗马人，无论贫富，都希望他们的领袖拥有这样的血统。罗马人口中的"贵族"，指的是一个很小的群体[2]，即执政官的后裔。所谓执政官，就是罗马百人团大会每年选举出来的两名行政长官。屋大维乌斯通过婚姻进入了贵族阶层——他迎娶了尤利乌斯·恺撒的外甥女，未来独裁者之姊的女儿。这个女人为自己的丈夫和年幼的儿子打开了通往权力的大门，她的名字叫阿提娅[3]。

她的婚姻起初非常顺利，他们搬至罗马，丈夫的政坛地位也得到了提升。盖乌斯·屋大维乌斯似乎正朝着执政官的职位大步前进，他当上了地方行省的总督，做出了辉煌的政绩。然而，公元前58年，他在任期结束、功成返家的途中暴毙身亡。一夜之间，阿提娅变成了寡妇，还带着两个孩子：屋大维和他的姐姐屋大维娅。

屋大维年仅四岁便失去了父亲。祸不单行的是，至少有一名监护人并未妥善管理他继承的遗产，甚至私自侵吞钱财。可是，屋大维不仅活了下来，而且茁壮成长。他有三个依靠：他的母亲、母亲的家族以及他自己的韧性。

在历史上，阿提娅是一位被埋没的女英雄。诚然，我们对她的了解不够全面。我们不知道她长什么样，似乎没有关于她的硬币图案或者雕塑幸存下来。后来的罗马著述将其描绘成一位坚贞而保守的母亲[4]：她严于律己，密切关注儿子的成长，这一形象很可能源于已经亡佚的奥古斯都《回忆录》。资料显示，阿提娅是一个精明、务实、谨慎的女人，并且不遗余力地推动着儿子的事业。

罗马的母亲们必须成为助推者。她们的丈夫经常早早去世，留下她们独自抚养孩子。罗马的历史上有不少推着儿子前进的坚强母亲。拉丁文学提供了女神维纳斯作为榜样，她引领自己的儿子埃涅阿斯完成了建立罗马的神圣使命[5]。因此，罗马男人总是很尊敬他们的母亲，也就不足为奇了。

丧夫后不久，阿提娅就再婚了，这次她嫁给了另一位显赫的公众人物[6]。此人非常狡猾，在罗马内战（公元前49—前45年）期间，他两方都没有加入，却依然登上了政坛顶层。年轻的屋大维原本可以从他的继父身上学到不少欺骗的伎俩，但是阿提娅却将其托付给自己的母亲尤利娅。正是在外祖母的一手抚养下，这个男孩度过了性格形成的关键时期。尤利娅的弟弟尤利乌斯·恺撒正在征服高卢，并慢慢成为罗马的第一人。尤利娅自然要写信给恺撒，讲述自己看护的这个聪明伶俐、胸怀抱负的少年，以及他如何令整个家族感到骄傲。

尤利娅于公元前51年左右去世，之后屋大维便搬去跟母亲和继父同住，但是他依然惦记着自己那位著名的舅外祖父。据说，在公元前46年，屋大维非常希望赶往前线，跟恺撒并肩作战[7]，不过阿提娅担心儿子的安危，没有答应。

屋大维渐渐长大成人，而恺撒正在改革罗马。罗马是一个骄傲的自治共和国，人民和精英通过诸如集会、法庭、选举官员和元老院等机制来共享权力。话虽如此，但实际上，面对恺撒这样的英勇将军及其数以万计的忠诚士兵，罗马共和国根本无法坚守立场。

公元前49年，恺撒跨过卢比孔河，从高卢向意大利进军，发动了内战。而在此之前，这个国家已经承受了长达五十年的断断续续的内乱，其根源则是两代之前的一场危机。罗马似乎陷入了政治、军事、社会、经济、文化和管理等种种困境构成的迷宫之中。

只有能够驯服罗马城和罗马帝国的人才能带来和平、秩序与稳定。恺撒并不是那个人，他是一名征服者，而非建造者。可是，如果恺撒做不到，那谁能做得到呢？

恺撒没有婚生子，尽管他很可能有一个身为异国王子的私生子，也就是克娄巴特拉的儿子恺撒里昂[1]，不过他还是愿意另选一名亲戚作为自己的继承人。恺撒有好几个罗马血统的嫡亲侄甥和侄甥孙，但是屋大维从中脱颖而出了。

野心勃勃的屋大维是一位天生的政治家[8]：聪明睿智、富有魅力、擅长交际、英俊潇洒。虽然并非天生的军人，可是他顽强、狡猾、勇敢，拥有钢铁般的意志。而且，他还拥有阿提娅的支持。作为母亲，阿提娅毫无疑问会抓住一切机会向恺撒称赞自己的儿子，她甚至有可能给恺撒讲过一个广为流传的故事：她儿子的父亲其实不是盖乌斯·屋大维乌斯，而是天神阿波罗[9]，后者化作一条蛇去庙里找她，使她怀孕，在她的身体上留下了永久的印记。只有容易上当受骗的人才会相信这种故事，不过恺撒知道，民众都是容易上当受骗的，所以他很可能被打动了。

恺撒不断地提拔自己的甥外孙。约公元前51年，十一岁的屋大维登上罗马广场的讲台，为他的外祖母尤利娅发表葬礼演说。刚满十四岁不久，屋大维又在恺撒的要求下被授予了一个重要的宗教职务。公元前46年，十七岁的屋大维参加了恺撒的凯旋式[2]（即胜利游行），跟着队伍穿过罗马城，庆祝恺撒征服高卢，赢得内战。恺撒表彰这位年轻人的方式，如同一位获胜的将军对待亲生儿子。

像屋大维这样杰出的少年总会有许多朋友，其中之一成了他终生的得力助手，此人便是马尔库斯·维普撒尼乌斯·阿格里帕。跟屋大维一样，他也来自一个富裕的意大利家族，但是与罗马贵族毫无关系。阿格里帕拥有丰富的实干才能，他勇敢、坚定，而且最重要的是极为忠诚。当然，屋大维也很擅长笼络人心。以阿格里帕为例，屋大维曾向自己的舅外祖父求情，让阿格里帕的哥哥获得释放，尽管后者在战场上对抗过恺撒。可想而知，阿格里帕对屋大维自

1　恺撒里昂（Caesarion）：拉丁语，意为"小恺撒"。
2　凯旋式（triumph）：古罗马的一种国家庆典和宗教仪式，通常只有率领罗马军队为国效力或取得对外战争胜利的将军才能举行，这在共和国时期是很高的荣誉，享受凯旋式的将军相当于"一日的国王"。

然是感激莫名。

公元前45年，屋大维病倒了，据说恺撒在离开罗马去希斯帕尼亚平定叛乱之前，还亲自来到他的床边探望[10]。屋大维终生都伴随着慢性健康问题，并且忍受过几次大病的折磨，然而他一直顽强地撑到了最后。很快，这位年轻人便重新振作起来，动身赶往前线。他的少数随行人员很可能便包括阿格里帕，但是没有阿提娅。她原本想加入其中，却被屋大维拒绝了。

当屋大维抵达希斯帕尼亚时，战斗已经结束了。不过他能够与恺撒会合，是他穿越敌方控制的地区，历经险阻才得以实现的，这为他赢得了舅外祖父的赞赏。接下来，恺撒又跟这位天资聪颖、积极进取的年轻人相处了几个月，对他的褒扬更是有增无减。毫无疑问，这正是屋大维展现自己的机会，而他也充分利用，决不浪费。不久以后，恺撒返回意大利，指定屋大维为主要继承人，并且提出要在自己死后将其收作养子[1]。

恺撒选择屋大维做继承人，肯定是在他身上看到了巨大的潜力。然而，当恺撒的决定传开时，有些人还是觉得难以置信，他们认为一个十七岁的少年不可能说服世界上最有权势的人选择他，除非他使出了某种卑劣的手段：性。后来，屋大维的竞争对手马克·安东尼便指控他在希斯帕尼亚期间跟恺撒发生了不正当的关系[11]。一方面，罗马政客经常会散播这种流言蜚语；另一方面，屋大维的英俊外表也确实与雄心壮志一样引人注目，而且传闻说恺撒自己在十几岁时就曾陪一个位高权重的长者上过床[12]。但是，恺撒和屋大维都喜欢跟女人交往，他们的异性缘也很好，所以这些故事恐怕并不真实。

回到罗马以后，屋大维终于从家里搬了出来，不过他还是住得离母亲和继父很近，据说大部分时间都跟他们待在一起。他继续通过拉丁语和希腊语接受教育，在演说、哲学及文学方面深造——那是罗马精英阶层的首选课程。尽管战争和革命打断了屋大维的学习，但是他依然坚持每天阅读书籍并练习演说。在十八岁时，他应该已经放弃性生活一年了[13]，他认为这样做可以使自己的嗓音保持雄浑有力。也许这个办法确实管用，因为在后来的日子里，他的说

1　"在自己死后"句：这是古罗马常见的一种收养形式，称为遗嘱收养（adoptio per testamentum），收养关系通常会在收养者去世后正式生效。

话声圆润清晰，不像恺撒的嗓音那般尖锐刺耳。

此时，恺撒正在准备一场为时三年的战争，企图征服东方。他让十八岁的屋大维扮演了一个重要的角色，即担任他的骑士统领，也就是二把手。虽然从某些方面来讲，那仅仅是一个名誉上的职位，但是这也给屋大维提供了公开露面和拓展人脉的机会。按照计划，这次远征将在公元前44年3月开始。公元前45年12月左右，屋大维奉恺撒之命离开罗马，带着阿格里帕渡过亚得里亚海，前往恺撒的军事指挥总部，那里相当于今天的阿尔巴尼亚。屋大维在当地结识了罗马军团的众位将领，并与他们建立起宝贵的联系。

然而，3月的月中日[1]改变了一切。公元前44年3月15日，六十多名地位显赫的罗马人合谋，在元老院的会议上刺杀了恺撒，为首者有三人：马尔库斯·布鲁图斯、盖乌斯·卡西乌斯·朗基努斯和德西穆斯·布鲁图斯。

转眼之间，屋大维跟恺撒的亲密关系便令他成为众矢之的。当时，阿提娅正在罗马，而恺撒曾立遗嘱，指定她为葬礼举办人。不过，她要优先照顾屋大维，于是她立即派人跨越亚得里亚海给他送信。屋大维有意在亚得里亚海总部发动武装起义，但是阿提娅强烈反对。她知道罗马才是关键，因此催促屋大维尽快返回。她写道，现在他"必须担起重任，仔细考虑自己应该做什么，并且遵循命运与时机，将其付诸实践"[14]。在咨询了朋友和顾问之后，屋大维接受了母亲的提议，乘船回到意大利。

恺撒的去世让屋大维十分痛苦。这个被谋杀的男人曾经填补了他父亲的空位，发现了他的巨大潜力，并且煞费苦心地提拔他。屋大维蓄起了胡须，以罗马的传统方式表示哀悼。但是悲伤并非唯一的情绪，他的心中还燃起了恐惧、愤怒和复仇的欲望。对他来说，恺撒之死既是打击，又是机遇。如今，屋大维成了家族的首领，同时也是罗马独裁官的继承人。不过，他必须全力奋斗，才能捍卫自己得到的这份遗产。

1　月中日（Ides）：指古罗马日历上每月居中的一天，在3、5、7、10月为15日，在其他月份为13日。

我的名字叫恺撒

（公元前44年11月，在罗马广场，即罗马城的中心）

屋大维发表了一次演说，事后还骄傲地让众人传阅他的讲稿[15]。那是一个决定性的时刻。他向尤利乌斯·恺撒的雕像伸出右手，信誓旦旦地宣布自己必将赢得养父的荣耀[16]。他才刚满十九岁，却已经开始觊觎罗马前任独裁官毕生的权势与名望了。若是换作旁人，即使没有他这么夸张，恐怕也会被当成疯子。

尽管看起来无比狂妄自大，但是经过六个月的努力，屋大维确乎在不断前进。他听从阿提娅的忠告，匆匆赶回意大利。他颇为谨慎而恭顺，主动找母亲及其丈夫商量对策。可是他野心太大，不愿按照他们的建议放缓脚步，更不肯如他的继父所言，拒绝恺撒的遗产，从刚刚涉足的政界引退。

罗马到处都是敌人。执政官马克·安东尼掌管着这座城市，杀害恺撒的刺客们也在短暂的挫败之后重整旗鼓。他们对屋大维没有好感，安东尼亦是如此。三十九岁的安东尼正当壮年，他出身于罗马的贵族家庭，是出类拔萃的将领、城府颇深的政客以及优秀的演说家。强壮而英俊的安东尼将赫丘利¹视为他的守护神，那是责任、正义与武力的象征。安东尼蔑视屋大维，作为恺撒的远房亲戚兼长期伙伴，安东尼认定自己才是这位遇刺身亡的独裁官的合法继承人。

然而，屋大维意志坚定，他想得到荣誉和名望，并且不惜一切代价。他做好了战斗的准备。他并非要为恺撒哀悼，而是要替恺撒复仇。不，他打算直接成为恺撒。他走完最后的流程，让恺撒在遗嘱中提出的收养关系正式确立。我们会继续叫他屋大维，但是从现在开始他自称恺撒了。他毫不费力地采用了这个名字，好像生来就叫恺撒似的。不只如此，他还把这个名字当作权力的护符，仿佛它已经承载了数百年的重量。他的母亲是第一个称他为恺撒的人[17]，但绝不是最后一个。

1　赫丘利（Hercules）：古罗马神话中的英雄及天神，对应古希腊神话中的大力神赫拉克勒斯。

屋大维勇敢却不鲁莽，凶狠却不野蛮。起初，阿提娅满怀疑虑、犹豫不决，同时还得尊重丈夫的立场，但是最终她改变了想法，决定全力支持屋大维实现他的抱负。不过，她劝儿子要有计谋和耐心[18]，这回屋大维同意了。他讲究策略，步步为营，只向别人展示自己希望他们看到的东西。他显得神秘莫测，难怪在政治生涯的一个阶段中，他曾使用斯芬克司[1]的图案来密封文件[19]；之后，他又将其换成了自己的肖像（后世有一位皇帝称奥古斯都为"变色龙"[20]）。据文献记载，屋大维的斯芬克司印章来自阿提娅[21]，这难免会让我们想到阿波罗，也就是他传说中的天神父亲，毕竟罗马人总是把斯芬克司跟阿波罗联系起来。

这位"斯芬克司"知道如何引诱人们，首先便是从他继父的邻居开始。此人住在那不勒斯湾的乡间别墅里，他就是罗马最伟大的在世政治家：马尔库斯·图利乌斯·西塞罗。放眼整个古代世界，没有哪一位政治家能像他那样满怀激情地对我们讲话。他的喉舌雄辩有力，双手笔耕不辍，心脏为共和国而跳动，见证了它最后几十年的光阴。他的精彩演说至今依然闪闪发光，他的各种书信揭露了当时的钩心斗角，他的哲学著作实际上开创了用拉丁语书写政治思想的先河。

作为政治家，西塞罗的人生可谓成败参半。在担任执政官期间，他曾镇压过一场叛乱，但同时未经审判就处决了五名罗马公民，后来这件事迫使他背井离乡，经历了短暂的流放。西塞罗在内战中左右摇摆，虽然恺撒原谅了他的优柔寡断，还称赞他的文学作品，可是他发现通往权力的大门已经对他关闭了。在那个3月的月中日之后，西塞罗结束隐退，回归政坛，支持杀害恺撒的刺客们。如今，屋大维让西塞罗相信：他，屋大维，能够恢复西塞罗被恺撒限制的自由。

表面上看来，这似乎很天真。西塞罗企图借另一名酷似恺撒的军事独裁

1　斯芬克司（Sphinx）：源于古埃及神话，是长有翅膀的怪物，最初有三种斯芬克斯，分别为狮身人面、狮身羊头和狮身鹰头，后来斯芬克斯的形象传入其他文明，产生了一些变化。古希腊文明中的斯芬克斯是守护底比斯城入口的怪物，长着人类的脑袋、狮子的身体和鸟儿的翅膀，会让路过的旅人猜谜，因此显得十分神秘。据说，古罗马人认为，斯芬克斯象征着女祭司预言的阿波罗统治时期（regnum Apollinis）。

者之手拯救共和国，而屋大维正想成为那名独裁者。难道这位老人糊涂了吗？不。他明白选择屋大维是一次冒险的赌博，但是他认为值得一试。西塞罗觉得安东尼更为成熟，更有经验，比年轻的屋大维更加危险；至于屋大维，则不惧怕任何人。因此，西塞罗和屋大维便为了各自的利益结成盟友，接下来真正的问题是谁会先抛弃对方，取得最终的胜利。

事实证明，年轻是屋大维的优势。由于他在旧体制上的投入很少，所以对于推翻它也几乎没有任何顾虑。

屋大维决定着手处理他跟安东尼之间的矛盾。他对母亲隐瞒了真实的计划，动身前往意大利南部，向尤利乌斯·恺撒的旧部寻求支持。他说服了三千名退伍老兵复出，对他予以帮助。动用这支私人军队实际上违反了罗马的法律，但是多年以后，他却夸耀自己的行为，将其美化成拯救共和国的措施："十九岁时，我发起倡议，自费组建了一支军队，将共和国从派系势力的残暴压迫下解放出来。"[22]

这支军队最重要的组成部分是两个老兵军团¹，他们原本听命于安东尼，可是屋大维派出使者，用更多的金钱和更少的约束诱惑他们叛变。这两个军团的加入立即增强了屋大维的实力，让他在血腥的阴谋争斗中获得一席之地。而且，他们还吸引了元老院的注意。

元老院即将与安东尼决一胜负，因此向屋大维及其军团求助。屋大维宣称自己对共和国忠心耿耿，虽然这番话显得非常虚伪，但是他的年轻使元老们认为他的威胁性比安东尼要小得多。公元前43年4月，双方在意大利北部的两次战役中正面交锋。作为一名久经沙场的老将，安东尼嘲笑从未打过仗的屋大维是懦夫[23]。尽管屋大维并非天生的战士，可是他胆量超群。比如，在公元前43年的第二次战役中，军团的旗手身负重伤，而他自己英勇地扛起了鹰旗²。在战争中，屋大维表现出了惊人的自制力，就跟在其他情况下一样。举例来说，虽然周围都是士兵，但是他在吃饭时最多只喝三杯酒[24]，大约才相当于

1　军团（legion）：古罗马军队的编制单位，其规模在不断变化，共和国时期的一个军团大约有三千人，而帝国时期的一个军团可达五千二百人。

2　鹰旗（eagle）：古罗马军团的旗帜，在古罗马，鹰是非常重要的象征。

250毫升。

元老院的军队大获全胜，安东尼被迫退兵。他翻越阿尔卑斯山，撤回高卢，然而屋大维没有遵循元老院的意愿去追击他。屋大维不会傻乎乎地相信元老们，他听说西塞罗曾这样谈论自己："我们应该将那个年轻人高高捧起，给他荣誉，然后让他出局。"[25]屋大维很生气，但是他可能并不惊讶。安东尼通过拉拢高卢的军队来重整旗鼓，与此同时，屋大维决定改变立场，支持安东尼。

元老院只是暂时的盟友，他们可以赋予屋大维合法性，却不利于他追求恺撒的地位。安东尼将成为一个更好的合作伙伴，因为他不像元老院那样依恋共和国体制。而且，新增的兵力使安东尼变得太强大，恐怕很难战胜，所以屋大维转向了安东尼。

公元前43年夏，屋大维派出一位百夫长前往元老院，要求他们任命自己为执政官。那是国家的最高官职，按照惯例，未满四十岁者不得担当。然而，屋大维根本就不在乎什么惯例。元老们勉强同意了，之后又出尔反尔，盼望能从外地得到新的军队，最终却注定一无所获。他们试图把留在城里的阿提娅和屋大维娅扣作人质，可是这两名女眷却逃到了维斯塔贞女[1]的保护之下。维斯塔贞女共有六位，她们都是女祭司，住在罗马广场旁边的一座官邸里，负责主持一项重要的国家宗教仪式。屋大维率领军团，迅速赶回罗马，这样做虽有政治方面的考虑，但也是为了保护母亲和姐姐，毕竟他一直都很看重自己的家人。公元前43年8月19日，他掌控了罗马，恢复自由的阿提娅和屋大维娅拥抱了他。

可惜团聚的时光非常短暂，他的母亲在8月到11月之间的某一天去世了，她的丈夫很可能也死于同一阶段。屋大维说服元老院给阿提娅举办了一场公开葬礼。不过，对于凭借武力赢得执政官职位的人而言，"说服"这个词恐怕不太恰当。公开葬礼是一种罕见的荣誉。实际上，据我们所知，阿提娅是罗马史上首位享受公开葬礼的女性。一位诗人为阿提娅撰写了墓志铭：

1 　维斯塔贞女（Vestal Virgin）：古罗马供奉健康女神维斯塔的女祭司，她们的主要任务是守护圣火，在履行职责的三十年间须保持贞洁。

陌生的来客，此地埋葬着恺撒之母阿提娅的骨灰；

这是罗马之父元老院的旨意。[26]

阿提娅是屋大维的母亲，也是他的拥护者兼政治顾问，帮助他渡过了早期的种种危机。去世以后，她的身影依然不时出现在文学作品中。就算变成一段回忆，阿提娅也提醒着她的儿子追求高贵的地位。

在罗马，复仇是一种高贵的美德，罗马人害怕复仇的结果，却赞赏复仇的过程。当初，在3月的月中日之后，元老院马上为谋杀恺撒的凶手们颁布了赦令。如今，屋大维撕毁赦令，并设立了特殊的法庭，颁布法令将那些人判处死刑。作为一个好儿子，他把处理恺撒的遇害案当成了自己的责任。

屋大维邀请安东尼回意大利，表示要跟他握手言和。那年10月，他们举行了一次会晤，参加者还有尤利乌斯·恺撒的老盟友马尔库斯·埃米利乌斯·雷必达。他们组建了一个拥有独裁权力的三人委员会[1]，为期五年，后来又延长五年。他们共有四十多个军团，决定分治帝国的西部。而布鲁图斯和卡西乌斯在刺杀尤利乌斯·恺撒之后逃离罗马，目前已经控制了东部。这是一场名副其实的政变。

屋大维重返意大利还不满两年，便在政坛和战场上开辟出自己的道路，智取竞争对手，成为罗马帝国最强大的三人之一。此时，他才二十岁。

当尤利乌斯·恺撒征服罗马时，他奉行宽容的政策，饶恕了敌人。然而，他的遇刺身亡表明仁慈并未得到回报。于是，三位执政者选择了与之相反的方式，实行公敌宣告[2]，大肆清除异己。他们列出了约两千名地位显赫或家境富裕的罗马人，准备将其处死并没收土地。多数人都逃跑了，大概有三百人被杀[27]。西塞罗成了其中最著名的受害者，因为安东尼想趁机除掉自己的主要政敌。后来，屋大维声称他曾试图拯救西塞罗，但即便如此，他也

1　三人委员会（three-man commission）：史称"后三头同盟"，"前三头同盟"系指克拉苏、庞培和恺撒结成的同盟。

2　公敌宣告（proscription）：拉丁文作"proscriptio"，古罗马的一项法律措施，通常为公布一个名单，所列之人将被剥夺公权、没收财产并处以死刑。只要杀死名单上的人，或是提供关于他们藏身之处的信息，就可以得到赏金。

显然没有尽力。

为了巩固刚刚与安东尼结成的联盟，屋大维迎娶了安东尼年轻的继女克劳狄娅。她的母亲，亦即安东尼的妻子福尔维娅，是一个可畏的女人，此前已经送走了两任丈夫——那二人均为政客，并且都是暴毙身亡。

公元前42年1月1日，屋大维把他对养父的怀念之情又提高了一个层次，他让元老院宣布恺撒是神，这样他便可以自称"神之子"。罗马通过了一项法令，规定建立一座庙宇，供奉被神化的尤利乌斯·恺撒。在四年以后的公元前38年，屋大维的部队将其誉为"英白拉多"（imperator，拉丁语），意为"常胜将军"，至此他的称号就变成了"常胜将军神之子恺撒"[28]。

二十四岁时，屋大维已经取得了卓越的成就。他拥有巨大的野心、敏锐的智慧、果敢的判断、坚定的信念和雄辩的口才。跟所有年轻人一样，他能够感受到强烈的情绪，尤其是因养父遇害而产生的愤怒，但是他掌握了把痛苦转化为谋略的技巧，而谋略显然是屋大维的专长。他总是提前思考，未雨绸缪，把一切都准备好。为了迎接即将到来的考验，他必须如此。

安东尼与克娄巴特拉

公元前42年，在希腊城市腓立比的郊外，屋大维携手安东尼，与布鲁图斯和卡西乌斯展开了最终的较量。在决定胜利的两场战役中，安东尼都表现得非常出色，而屋大维却再次被斥为懦夫。因为在第一场战役中，敌人攻占了他的军营，可是他早就逃跑了。事后，他声称自己生病了，还说他曾在梦中得到警告，知道会有危险[29]。这也许是真的，毕竟屋大维一直面临着反复出现的健康问题。不过他很快又痊愈了，并残忍地下令从布鲁图斯的尸体上砍掉脑袋，送往罗马，放在尤利乌斯·恺撒的雕塑脚边，作为复仇成功的标志。

对安东尼和屋大维而言，腓立比之战是一次巨大的胜利，但要掌控整个罗马世界，他们还得费一番工夫。在抛开雷必达之后，屋大维和安东尼将帝国一分为二，安东尼在雅典统治东部，而屋大维则在罗马统治西部。

这样的安排导致屋大维承担了一项很不讨好的差事，那就是没收意大利公民的土地，赏赐给老兵。安东尼的妻子福尔维娅和弟弟卢基乌斯·安东尼乌斯带头指责屋大维处事不当，福尔维娅领着安东尼的孩子和母亲来到士兵面前，以此维系他们的忠诚（不久之前，屋大维刚刚跟克劳狄娅离婚，他发誓两人从未圆房，这无疑惹恼了他的前岳母）。屋大维必须设法管住福尔维娅。在意大利的中部城镇佩鲁西亚（今佩鲁贾），他率兵包围了她和卢基乌斯及其军队。福尔维娅受到了"特殊关照"，她的名字被敌人刻在投石机的子弹上，旁边写着涉及她身体一些部位的下流话语。福尔维娅派人去高卢送信，让安东尼的将领们赶紧翻越阿尔卑斯山来相助，可惜为时已晚。屋大维的军队胜利了。如果文献记载的内容属实，而不只是政治宣传的话，那么屋大维便在供奉尤利乌斯的祭坛上屠杀了众多敌方将领，而这一天正是3月的月中日。据说，面对敌人一次又一次的求饶，他都冷酷地回答："你们的死期到了。"[30]不过，他还是释放了福尔维娅和卢基乌斯。

与此同时，安东尼恢复了罗马对东部的控制，布鲁图斯和卡西乌斯的死亡曾使那里陷入一片混乱。但是，在安东尼统治东部期间，真正令其闻名的是另一件事情，那就是他跟克娄巴特拉的关系。这段风流韵事不只关乎感情，还涉及权势与金钱。

克娄巴特拉堪称当时最强大、最富有、最耀眼的女人。身为埃及女王，她是一位男性世界里的女性统治者，继承了长达三个世纪的托勒密王朝。与此前的所有祖先一样，她也是希腊人（或者更确切地说，应该是马其顿人），尽管她统治着埃及。克娄巴特拉聪慧、狡诈、博学多才，并且性感迷人。她具备出色的体质：身材矮小，却颇为强健，能够骑马和打猎。她非常注意自己的公众形象。古希腊罗马式的雕塑将她刻画得优雅美丽，而硬币上的肖像却把她描绘得威严庄重，甚至有点男性化。

克娄巴特拉散发着无穷的魅力，而埃及的首都亚历山大又是一个建筑奇迹和文化圣地。任何男人，只要拥有克娄巴特拉，就能掌握传说中的埃及财富，感受她在卧室里营造的神秘气氛。屋大维得到了恺撒的名字，而安东尼则得到了恺撒的情妇。公元前41年，安东尼开始跟克娄巴特拉私通，两人有了一对双胞胎。虽然如此，在福尔维娅突然患病身亡以后，安东尼还是娶了一位新妻子，即屋大维的姐姐屋大维娅。她刚刚成为寡妇，并且明白其中的游戏规则：这样一场婚姻，其目的是政治联盟，而非实现真爱。不过，屋大维娅似乎很欣赏安东尼，她给他生下了两个女儿，在位于雅典的住宅里抚养她们，同时还照顾着以前的婚姻给他们夫妻俩留下的三个孩子。看起来，好像没有人在意安东尼与克娄巴特拉的关系。

屋大维的爱情与战争

二十多岁的屋大维面临着前所未有的挑战。他参与了他人生中最危险的军事行动，并且遇到了一生的挚爱——一个让他变得更好的女人。

西部的政权尚未得到巩固，屋大维必须打败塞克斯图斯·庞培，其父是恺撒的竞争对手"伟人"庞培[1]，而他是家中唯一幸存的儿子。塞克斯图斯·庞培让一支舰队驻扎在西西里岛，控制了意大利周围的海域。塞克斯图斯诡计多端，擅长收买人心，他支持共和国，并为公敌宣告的受害者提供庇护。尽管他阻挡了运输粮食的船只，让意大利陷入饥荒，但是在厌倦了政治清洗和财产没收的罗马，他依然很受欢迎。屋大维与安东尼被迫跟庞培议和，承认他的领地。屋大维还娶了塞克斯图斯之妻的姑母斯克里波尼娅，以示尊重他的权力。斯克里波尼娅是一个强悍而严厉的女人，比屋大维年长十岁左右。

然后，在公元前39年，屋大维遇见了利维娅。此时的他二十四岁，刚刚剃掉为哀悼恺撒而蓄了五年的胡须，相貌英俊，家财万贯。利维娅·德鲁西拉十九岁，出身高贵，秀外慧中。诚然，三年前，利维娅曾被他逼得逃出意大利，勉强才躲过紧追不舍的军队，因为在佩鲁西亚之战中，她支持了他的敌人福尔维娅和卢基乌斯。不过最终，她还是平安地回到了家乡。跟屋大维一样，利维娅已经结婚了。实际上，她正怀着孕，正如斯克里波尼娅也怀着孕一样。

1　"伟人"庞培（Pompey the Great）：指格涅乌斯·庞培，"前三头同盟"的成员之一，"伟人"是其称号。

屋大维和利维娅的相爱会打破所有规则，而这却让他们俩更加难以自拔。

对于十九岁的利维娅来说，赢得屋大维的青睐是一项了不起的成就，堪比当初十七岁的屋大维赢得恺撒的赞许。后来的事实证明，她是屋大维的灵魂伴侣，在智慧和野心等方面足以与之相配。不过，屋大维是一名政治家，所以他们的结合不仅仅是为了爱情。利维娅能够极大地提升他的声誉，因为她来自最尊贵的名门望族。她的祖先在罗马精英阶层中地位显赫，曾担任过罗马的最高官职，在各个领域都出类拔萃，有政治家、军事家、演说家和革命家；而斯克里波尼娅的祖先则稍逊一筹。同时，斯克里波尼娅还不停地抱怨屋大维的通奸行为，令他不胜其烦。随着屋大维跟塞克斯图斯·庞培的关系恶化，她也逐渐失去了利用价值。

公元前38年1月14日，斯克里波尼娅生下一个女儿，取名尤利娅。当天，屋大维便跟斯克里波尼娅离婚了。大约在同一时间，利维娅也跟她丈夫离婚了。1月17日，屋大维和利维娅结为夫妻。

出嫁之际，利维娅已经怀孕六个月了。三个月后，她在屋大维的家里生下一个儿子，取名德鲁苏斯，他还有一个三岁的哥哥提比略。外界流言四起，人们都说："幸运的夫妻三个月便能生下孩子。"[31]这话甚至演变成了一句谚语。事实证明，这种调侃非常残忍，因为屋大维和利维娅只有过一个孩子，还不幸流产了。然而，他们的婚姻维持了五十二年，尽管她没能满足他的愿望，让他拥有人丁兴旺的家族，建立代代相传的王朝。

屋大维原本可以跟利维娅离婚，但是这样做风险很大，她有可能再嫁，创造一个敌对的权力中心。他也可以杀了她，不过那会有损他的声望。或许屋大维一直守着利维娅，是因为他爱她、欣赏她。或许从一开始，他就发现她能够提供睿智的建议和坚定的支持。后来，她甚至成了罗马最精明的政客之一。历史学家苏维托尼乌斯如是写道："他终生爱她、敬重她，这份感情无与伦比。"[32]

屋大维跟塞克斯图斯·庞培之间的协议并未持续很久。屋大维认为这个狡猾而好斗的敌人太过危险，无法与之和平共处，所以他决定重新开战。他建立了一支庞大的新舰队，结果使意大利经济吃紧，民众怨声载道。他亲自上阵，不止一次差点儿丧命。幸好，他的老战友阿格里帕受命担任海军统帅，将他从困境之中解救出来。阿格里帕足智多谋、骁勇善战，而且是一位出色的组织者。在阿格里帕的指挥下，屋大维的舰队终于在公元前36年的海战中彻底击败了敌人。塞克斯图斯逃跑了，但是很快又被擒获并处死。

与安东尼和克娄巴特拉决战

在此期间，安东尼计划入侵罗马的竞争对手帕提亚帝国（大致位于今天的伊朗和伊拉克）。他希望能在人力和金钱方面得到屋大维的支援，但是屋大维正忙着对付塞克斯图斯。于是，公元前37年，安东尼向克娄巴特拉求助，她提供他所需的资源，并再次成为他的情妇——没过多久，她又给他生下第三个孩子。在某个惊人的时刻，罗马帝国似乎被爱冲昏了头脑，地中海两端分别由两对情侣统治：安东尼和克娄巴特拉，屋大维和利维娅。而且，安东尼的妻子还是屋大维的姐姐屋大维娅。虽然我们会觉得这种情况匪夷所思，但是在罗马精英的温室中却非常典型。

更加奇怪的是，两对情侣都代表着尤利乌斯·恺撒的一部分遗产，双方不相上下。按照罗马法律的规定，屋大维是恺撒正式收养的儿子，他继承了恺撒的名字，住在罗马；在活着的所有人之中，安东尼是恺撒最亲近的副手，他拥有恺撒以前的情妇克娄巴特拉，住在恺撒曾经征服的城市亚历山大。而且，克娄巴特拉不仅跟安东尼有三个孩子，还很可能跟恺撒有过一个私生子，即当时的埃及国王托勒密十五世，昵称为"恺撒里昂"。罗马和亚历山大，恺撒和恺撒里昂，谁会胜出？

解答这个问题的是战争，而非爱情。公元前36—前32年，局势变得越来越紧张。首先，安东尼对帕提亚的入侵以惨败告终。虽然他在另一场不那么重要的战役中夺取了亚美尼亚，但那只能算安慰奖。与此同时，屋大维正牢牢地掌控着意大利和罗马西部。安东尼把罗马东部的一些领土分给了克娄巴特拉和他们的孩子。他还承认恺撒里昂是尤利乌斯·恺撒的儿子，这无异于扇了屋大维一记耳光。公元前32年，安东尼跟屋大维娅离婚，彻底与屋大维决裂。我们并不清楚他是否正式娶了克娄巴特拉。

不过，在政治宣传方面，屋大维占了上风，尤其是当他从罗马的维斯塔贞女手中得到安东尼的遗嘱以后。那份遗嘱提到安东尼希望死后被埋在亚历山大，跟克娄巴特拉合葬。屋大维指责他的竞争对手犯了叛国罪，声称安东尼企图转移罗马帝国的中心。

这真的可能吗？跟西部相比，东部有更多的财富、人口和城市，远处还有亚历山大大帝统治过的土地在招手，那里一直延伸到印度。在尤利乌斯·恺撒去世之前，就有传言说他准备把罗马的首都搬到特洛伊（位于今天的土耳其）。

然而，许多声名显赫的元老院成员都不相信。安东尼固然有种种缺点，可他毕竟是他们当中的一员，即罗马贵族的一员，而屋大维并非如此。元老院有不少人都投奔了安东尼，剩下的那些人便宣战了，但他们针对的是克娄巴特拉，不是安东尼。屋大维巧妙地把这场较量定义成对外战争，而非国内冲突。"可怜的安东尼，"他曾如是说道，"一位异国女王让他失去了男子气概。"[33]

于是，战争爆发了，主要地点在希腊。尽管安东尼拥有充足的资源和丰富的军事经验，但是屋大维已经在对抗塞克斯图斯的过程中得到了磨炼，如今还有利维娅的支持做后盾。在忠诚而能干的阿格里帕的指挥下，屋大维的海军慢慢切断了敌人的补给。最终，在希腊西部的亚克兴半岛，双方正面交锋，此时安东尼和克娄巴特拉的舰队正承受着巨大的压力。决定胜负的那一天是公元前31年9月2日，亚克兴战役成了历史上重要的转折点。安东尼和克娄巴特拉曾想出一个绝妙的计划，打算孤注一掷，可惜却失败了，否则可能会改变结果。最终他们仓皇而逃，留下大部分舰队自生自灭。

次年，屋大维（确切地说，其实是阿格里帕）又取得了一次辉煌的胜利，他入侵埃及，粉碎了当地的武装抵抗。公元前30年，安东尼和克娄巴特拉在亚历山大相继自杀。

火炬熄灭了，世界变得更加昏暗，却也更为平静。屋大维的守护神阿波罗打败了安东尼的守护神赫丘利，理性的代表战胜了力量的象征。此时，屋大维傲然挺立，他成了罗马帝国的主人。而且，这里也确实将变成罗马的领土。在接下来的三个世纪中，亚克兴都是罗马的重心，维持着帝国东部和西部的平衡。

克娄巴特拉是一位谋略天才，但她是通过爱情来推动世界的。她连续引诱了两个在罗马最有权势的男人，并且生下了他们的孩子。她差一点儿就能推翻罗马帝国，可惜遇到了屋大维这名强劲的对手。

屋大维进入亚历山大。他是新任统治者，不过表现得更像是政治领袖，而非征服者；他更愿意跟当地人达成协议，而非以暴力压制他们。

胜利者的马车驶入城中，伴随他的并非一支凶猛的军团，而是自己的老师——一名亚历山大人。屋大维走进此处最华美的公共建筑，即亚历山大体育馆，这恰好是希腊文化的象征。他站上讲台，向民众发表演说，不是用拉丁语，而是用希腊语。他说自己会宽恕他们，原因有三：为了纪念亚历山大大帝，为了这座城市的宏大与美丽，为了给予他的老师恩惠[34]。这种皇权至上、重视文化与任人唯亲的结合可谓屋大维的典型特征，至于城中那大约五十万的居民，不过是顺带着沾了光而已！屋大维虽然饶了这座城市，但是没有放过它的国王。他处死了恺撒里昂，正如他的老师所说："恺撒太多并不是一件好事。"[35]

屋大维自己也留下了一句名言。他前往亚历山大大帝的陵墓，参拜了经过防腐处理的遗体，当地人殷切地提议要带他去看托勒密诸王的木乃伊，但他拒绝了："我想见的是一位王者，而非一堆尸体。"[36]这也是屋大维的典型特征：尖锐犀利的讽刺，唯我独尊的威严。

埃及变成了罗马的一个行省，而屋大维便是它的法老。亚历山大城曾属于亚历山大、恺撒以及克娄巴特拉，如今这座城市的崇高声望则归他所有了。凭借武力和智谋，屋大维证明了自己是恺撒的儿子。

不过，还有一场死刑需要执行。在屋大维的命令下，来自帕尔马的卡西乌斯[37]在雅典被处决，他是一个诗人，曾参与过谋杀尤利乌斯·恺撒的行动，也是那群刺客中的最后一名幸存者。恺撒的养子终于完成了复仇，而整个罗马世界都为此付出了代价。

我的名字叫奥古斯都

屋大维打败了安东尼和克娄巴特拉，却面临着另一项严峻的挑战：在长达百年的战争与革命以后，让罗马的政治制度稳定下来。而且，他必须选择合适的方式，既要把自己推上权力的巅峰，又不能招来杀死恺撒的匕首。他打算以一个名字开始，或者说从一个头衔入手。

"奥古斯都"[1]便是专门为此设计的新称号，可谓独一无二[38]，尽管它确实能令人想起某些罗马传统。公元前27年1月16日，罗马元老院投票决定，从今往后，屋大维将被称作"奥古斯都"，而更为正式的叫法则是"恺撒·奥古斯都"。

在三天前的1月13日，奥古斯都曾宣布他要下台，不过众所周知，那只是装装样子而已。他才三十五岁，还能统治许多年。但是，通过这种精心策划的行为，可以看出奥古斯都（接下来我们会这样称呼他）是如何打破了战争与暴力的循环。

很快，奥古斯都就变得无处不在了。在穿过街道、参加晚宴、走进庙宇或摆弄硬币时，你都会听见他的名字或看到他的脸庞，他那美丽的妻子和可爱的孩子亦如影随形。他曾经是一个男人，而如今的奥古斯都则成了一种标志。

奥古斯都利用自己的形象来促进稳定。例如，公元前27年和前26年发行的硬币[39]都印着他那熟悉的面孔，却写着崭新的名字——奥古斯都以及恺撒。这些硬币重点突出了象征和平的图案：大量的桂冠、麦穗和丰裕之角[2]。它们令人想起天神阿波罗和朱庇特，并且赞美了奥古斯都拯救罗马公民的功绩。

同奥古斯都一样，他家族中的女性也随处可见。她们的形象会出现在雕

---

1 奥古斯都（Augustus）：在拉丁语中意为"威严的、令人敬畏的"，一些罗马文献也将其跟"征兆"（augury）联系起来，而传说战神之子罗慕路斯看到"令人敬畏的征兆"（august augury）之后便建立了罗马。实际上，据苏维托尼乌斯记载，屋大维也曾考虑过用"罗慕路斯"作为自己的称号。

2 丰裕之角（cornucopia）：一种食物和丰饶的象征，通常是一个巨大的角状容器，里面充溢着农产品、鲜花和坚果。

塑、浮雕和宝石上，有时也被印到硬币上。许多建筑都是献给她们的，民众为她们祈祷和祭祀，还隆重庆祝她们的生日。

奥古斯都相信，无论在社会政治还是个体行为上，罗马都必须建立起井然的秩序。精英阶层的堕落生活令他非常烦恼[40]（作为曾经的坏小子，他很清楚这种情况）。同时，他还担忧罗马不断下降的出生率以及多年内战造成的人口减少。

于是，奥古斯都发起了一场道德改革。他野心勃勃地颁布了一系列法令，鼓励生育，惩罚无子女者和不婚者，限制他们的继承权。实际上，罗马人需要为独身缴纳罚款。而且，他们还得为通奸付出代价。奥古斯都规定，已婚男人跟已婚女人（当事者的妻子除外）、寡妇或未婚女人发生性关系，均属危害公共秩序罪。此前，这类问题都是在家族内部处理。值得注意的是，如果一名丈夫跟奴隶、自由奴或妓女私通，则不算犯罪。奥古斯都的态度非常认真，他严格执行相关法律，但是这也引起了许多人的强烈抗议，因为罗马的上层阶级不愿放弃享乐。最终，这些限制条款还反过来深深地伤害了奥古斯都[1]。

奥古斯都时代的和平

罗马内战有一个固定的模式：首先是血腥屠戮，然后是止息干戈。不过，赢得战争比维护和平要更为容易，毕竟很少有将领既善于领兵打仗，又精通治理国家。而奥古斯都则是特例。随着眼前的挑战逐渐升级，这位冷酷无情的杀手也在不断成长。他结束了一个世纪的内战，并且为二百年的和平与繁荣奠定了基础，那就是著名的罗马和平时期（Pax Romana，拉丁语）。在奥古斯都时代的和平环境下，贸易兴旺发达。海路运输是最便宜的货物运输方式，阿格里帕的数次胜利使得罗马成为海上霸主，海盗几乎消失无踪。罗马是粮食进口的庞大市场，但是许多其他的货物也得到了交换。罗马法律的稳定和保障鼓

---

1 伤害了奥古斯都：指奥古斯都的亲生女儿尤利娅犯下通奸罪，奥古斯都便按照自己制定的法律处罚了她。

励了金钱借贷，军队的缩编也减轻了税收的压力。简而言之，繁荣发展的条件已经成熟。

奥古斯都还实现了他在十九岁时制订的宏伟计划，他得到了尤利乌斯·恺撒的所有权力和荣耀。当然，他耗费了十五年的光阴，并且付出了鲜血和财富的沉重代价。至少奥古斯都在这个过程中学到了一些东西：如何建立持久而稳定的和平，那正是恺撒未能做到的事情。尤利乌斯·恺撒也许可以称霸战场，但是在政治的舞台上，儿子超越了父亲。

他是怎样做到的？除了一个新头衔之外，他成功的秘诀是什么？

奥古斯都统治了很长时间。公元前31年，他战胜了所有竞争对手，此后未满三十二岁的他将领导帝国度过四十五年，直到公元14年以七十六岁的高龄去世。从来没有人像他一样统治罗马帝国这么久。奥古斯都能从前辈身上吸取经验，也能明智地避免他们的错误。在漫长的统治期间，他试验了各种政府形式，作出了许多改变和调整。如果拘泥于陈规旧俗，他早就一败涂地了。

他继承了恺撒的遗产，又通过征服事业获得了更多的钱财，因此极为富有。农业和矿产资源使埃及成为地球上最丰饶的地方之一，而奥古斯都将其变成了自己的领土。

他选择了合适的助手。没有人能像他的老朋友阿格里帕那样尽力实现他的愿望。在罗马内外，阿格里帕都是一名麻烦终结者、事务管理者和城市建设者，在必要的时候，他还可以做一名强制执行者。他跟元老院成员和国王们谈判，主持罗马及地方行省的重大基础设施建设。阿格里帕并不缺乏个人的野心，但他总是把自己对奥古斯都的忠诚放在第一位。诗人贺拉斯曾形容阿格里帕是"一只狡猾的狐狸在模仿一头高贵的雄狮"[41]，讽刺了他的诡计多端和趋炎附势。而奥古斯都本人则会称赞阿格里帕品行高尚，具备世所公认的美德[42]。

奥古斯都是马基雅维利式的政治家，却比尼科洛·马基雅维利早在世十几个世纪。马基雅维利建议篡位者在上台之初实行自己认为最有必要的残酷措施，而后用一种温和的方式进行统治，让人民安居乐业，从而赢得他们的支持[43]。如果采取相反的做法——开始温和但是逐渐变得残酷——将会招来致命的后果。

　　奥古斯都起初并不温和[44]。从公元前43年到前30年，他战斗、撒谎、欺骗，并且践踏法律。据估计，他杀死的元老院成员超过了一百名[45]。在击败所有的国内敌人以后，奥古斯都便致力于维护国内和平，并针对外国敌人（绝非罗马）进行有限的军事扩张。然而，不管变得多么温和，他始终都记得自己的统治需要士兵们的支持。

　　为了满足军队，他慷慨地赏赐了数十万名老兵，给予他们土地或金钱，甚至二者皆有，并将他们安置在意大利以及海外的殖民地[46]。这样做的代价非常昂贵，起初奥古斯都用战利品来支付，在公元6年以后，他便开始向富人征税。他密切关注是否有叛变的将领，可以说那就是潜在的新恺撒。他把军队的规模从六十个军团缩减到二十八个军团，遣散了约三十万人（包括轻步兵和骑兵）。这降低了民众需要缴纳的税金，却也限制了帝国拓展边界的能力。所以，奥古斯都才会跟帕提亚议和，而不是重启战争。

　　当然，他并没有停止扩张——远远没有。罗马人期待他们的领袖征服新的土地，由此显示神明的眷顾。奥古斯都积极地履行了这项义务。正如他喜爱的诗人维吉尔所言，罗马有责任成为"没有尽头的帝国"[47]。于是，除了吞并埃及，奥古斯都还在希斯帕尼亚、巴尔干半岛北部和日耳曼尼亚夺取了新的土地，并用征服这些地方所获得的财富资助罗马开展新工程。

　　虽然奥古斯都从来都不是一名天生的将领，但是只要情况允许，他就会亲自参加战斗。后来，他把指挥权交给其他人，尤其是可以信赖的家族成员。也许正是在这时，他养成了一个习惯——经常给将领们写下谨慎的忠告，比如："欲速则不达。"[48]

　　他希望向东推进，征服日耳曼尼亚，直抵易北河。然而，公元9年，奥古斯都遭受了重创，普布利乌斯·昆克蒂利乌斯·瓦卢斯在日耳曼尼亚的条顿堡森林战败，三个军团全部覆灭，约一万五千人丧生。这场灾难使得罗马军团的数量从二十八个减少到二十五个，经历了一代人的时间才得以恢复。更重要的是，从长远来看，罗马失去了对日耳曼尼亚大部分地区的控制权。"昆克蒂利乌斯·瓦卢斯，还我军团！"[49]据说在收到战败的消息以后，奥古斯都曾这样怒吼，并在之后的日子里不止一次发作。他再次蓄起了胡须，以示哀悼，不过这一回仅仅持续了几个月。

恢复共和国还是革新共和国

奥古斯都从尤利乌斯·恺撒身上领悟到，权力源于刀剑的利刃。但是，如果没有"伸出的臂膀[1]"和坚定的信念作为支撑，权力将在匕首的光芒中骤逝。这也是奥古斯都从恺撒身上学到的东西。

在不断的试验与犯错中，奥古斯都找到了一条出路，能够让罗马的传统宪法程序适应新的形势，为此他必须彻底改变这些程序的含义，但那是无关紧要的。对于独裁统治引发的问题来说，这是一种实用的解决方法，并且具备典型的罗马特色。罗马人跟所有人一样，在危机面前有时会不知所措，但是最终他们会表现出改变的能力。奥古斯都充分体现了罗马民族的适应性。

奥古斯都让元老院授予他保民官的权力，也就是建议立法和行使否决的权力。十位保民官代表了普通民众的利益。尽管这些保民官依然存在，但实际上他们已经把自己的权力转让给了奥古斯都及其继任者们。奥古斯都还要求得到罗马和地方行省的最高军事权力，元老院也同意了，他们本来就无法拒绝。这为奥古斯都的统治奠定了合法的基础。

不过，奥古斯都在罗马的地位并非仅仅依靠他的法定权力，他的威望也发挥了巨大的作用——罗马人称之为"auctoritas"[50]，其含义不只是威望，还包括声誉、尊崇和令人敬畏的能力。

身为罗马人，奥古斯都非常熟悉权力的运作方式。他明白成功的政权不是单纯地击垮反对派，而是想办法拉拢他们，所以他赋予了元老院成员一定的影响力和荣誉。

---

1 伸出的臂膀（an outstretched arm）：在西方文化中象征着力量的运用。这一表达源自《圣经》，通常跟"强壮的手掌"一起出现，形容上帝的威严，在《出埃及记》《申命记》和《诗篇》中多次出现。

当然，奥古斯都绝不希望元老院成为过去的自己。正如罗马历史学家塔西佗所言，元老院遭到了大幅削弱，只是"保留了共和国时期的外表"[51]。举例来说，新的元老院不再掌控外交、财政和军事。在共和国的体制下，元老们有权管理地方行省，如今依然如此，但仅限于一些不太重要的行省。奥古斯都亲自控制军队集中的边界行省和埃及，当地的权贵不是元老院成员，而是罗马骑士。骑士是一个非常富有的群体，分布于帝国各地，在财产方面几乎可以跟元老匹敌，在人数方面则远远超越了后者。奥古斯都及其继任者们越来越多地将骑士任命为军官和管理者，这令元老们感到很沮丧。由于对那些在内战或大清洗中丧生的受害者记忆犹新，元老院成员纷纷宣称自己支持这位皇帝，但是私底下有许多人都在怀念过去的时光。

奥古斯都从未将罗马帝国和罗马城相混淆。他的竞争对手总是这样提醒他：他本人仅有一只脚迈进了罗马的传统贵族阶层。在某种程度上，他认为自己的主要支持者是意大利的精英，而非罗马的世家。同时，他还把目光投向了更远的地方。实际上，公元前28年，在内战结束以后，奥古斯都又离开意大利，踏上了长达十年的军事和政治之旅，足迹遍布帝国各处[52]。他待在罗马城之外的时间比其他任何皇帝都多，直到公元117—138年哈德良统治期间，他的纪录才终于被打破。

跟此前的尤利乌斯·恺撒一样，奥古斯都也把权力从罗马城转移到地方行省，正是以此为基础，在其继任者的领导下形成了一个跨国统治阶层。面对这种情况，古代的罗马人觉得很陌生，但是今天的我们却感到很熟悉。我们称之为"全球化"。

从帝国的一端到另一端，从不列颠到伊拉克，人们拥有共同的文化。在这里，"人们"指的是少数享受特权、生活富裕且具备良好修养的精英阶层。他们的教育背景、价值观念和理想抱负都十分相似。他们穿戴同样的服装饰品，引用同样的文学经典，显示同样的修辞技巧，炫耀同样的餐桌礼仪，瞄准同样的事业目标。他们就像是今天的"达沃斯精英"[1]，属于一个高不可攀的

1　达沃斯精英（Davos Elite）：指每年去瑞士小镇达沃斯参加世界经济论坛的人士。

全球化俱乐部。现在，相较于吉尔罗伊[1]路边的蒜农，加州硅谷的首席执行官通常跟孟买的首席执行官有更多的共同之处。所以在古代，相较于住在街道另一头的农民，高卢的罗马地主跟叙利亚的地主会有更多的共同之处。

最大的输家是罗马城的居民，既包括被迫放弃政治权力垄断的传统贵族，也包括失去选举权的普通平民。曾经存在于共和国时代的政治——混乱、热闹、狭隘、动荡，有时暴力却总是充满自由——如今已经消失不见了。取而代之的是秩序、控制和国际化，简单来讲也就是皇帝和他的助手们主宰了一切。同时，帝国的社会阶级分裂成了规模很小的统治集团和数量庞大的普通民众。

从理论上说，罗马依然是一个共和国。奥古斯都只是一名政府官员，应元老院和罗马人民（senatus populusque Romanus，拉丁语，缩写为SPQR）的要求，行使其得到增强的职权。而实际上，奥古斯都是一名君主，不过这位罗马帝国的奠基者从未自称"国王"，更遑论"皇帝"，至少在罗马是如此。他非常谨慎，绝不会那样做。作为代替，他另外找了一些五花八门的头衔加诸自身，其中最重要的是"恺撒""奥古斯都""英白拉多"和"元首"（Princeps，拉丁语，意为"第一公民"）。

英语中的"皇帝"（emperor）一词源于拉丁语的"英白拉多"（imperator），意为"常胜将军"。奥古斯都知道共和国的自由精神还未消逝，正是这股力量杀害了尤利乌斯·恺撒。所以，在赢得了至高无上的权力以后，他便对至高的王权进行伪装。在说希腊语的东部，奥古斯都经常被称作"国王"，但是在罗马却并非如此。

奥古斯都住在罗马帕拉蒂诺山上的一栋房子里，他的继任者们将在那儿筑造宏伟壮丽的宫殿。相比之下，他的生活环境略显朴素，但也仅仅是"略显"而已，毕竟他的庄园还包括诸如阿波罗神庙之类的建筑。帕拉蒂诺曾经是富人聚居的地方，如今正在逐渐被皇室所接管。不过，当奥古斯都走下帕拉蒂诺山，来到罗马广场上参加元老院会议时，他总能准确地叫出每一位成员的名

1　吉尔罗伊（Gilroy）：美国加利福尼亚州北部的一座城市，因生产大蒜而闻名。

字，无须任何人提醒，而且在他面前，他们都不必起立[53]。他也不允许人们叫他"主人"[54]，直到三百年之后，他的一位继任者才接受了这个头衔。

奥古斯都完成了改变，不是以革命的名义，而是以革新的名义。公元前27年，他宣布"把国家移交到元老院和人民的自由支配下"[55]。他使用的措辞暗示着他恢复了共和国[56]，但也可以理解为他只是恢复了立宪政府或者革新了共和国，而不是把体制复原到了尤利乌斯·恺撒出现之前的面貌。

大理石之城

奥古斯都把罗马平民从积极活跃的政治参与者变成了酒足饭饱的普通旁观者，又将他们的城市从一部低劣残酷的战斗机器改造成一座壮美惊人的帝国首都。

尤利乌斯·恺撒已经给了罗马一个新广场¹，而奥古斯都则更进一步，以他自己和家人的名义重新塑造了罗马的城市景观。在公元前1世纪30年代末，他还未满三十五岁，便开始修筑自己的陵墓了。这座属于奥古斯都及其各位亲属的皇室陵墓华丽宏伟，是城中最高的建筑。白色的大理石底座上矗立着人造假山，表面种满了常青植物，顶部还有一尊奥古斯都的铜像，外围装饰着战利品，使得这座陵墓兼具了战争纪念碑的功能。今天，在罗马中心的战神广场区，依然能看到那片巨大的废墟。

公元前29年，奥古斯都为已被封神的尤利乌斯·恺撒献上了一座庙宇，它位于罗马广场的边缘，就在恺撒被火化的地方。此外，奥古斯都也给了罗马一个新广场，即奥古斯都广场，并配以一座复仇者玛尔斯神庙（象征着尤利乌斯·恺撒的复仇者）和一条罗马名人雕塑长廊。奥古斯都用战利品资助新广场的建设[57]，从而提高了这项工程在罗马人心目中的地位。他还建造了一道凯旋门、一个日晷和一座美妙绝伦的和平祭坛，而他的家人则建造或修葺了许多庙

1　新广场：指尤利乌斯·恺撒广场（Forum of Julius Caesar），动工于公元前54年，完成于公元前46年。

宇、渡槽、浴场、剧院、公园和门廊。临终之际，奥古斯都说："当初我发现了一个砖砌的罗马，如今却留下了一座大理石之城。"[58]这句话原本是在比喻帝国实力的变化，但其字面上的意思也基本是事实。

奥古斯都时期的诗人和历史学家称罗马为"永恒之城"[59]，生动地寓意了奥古斯都希望他的新政权能传之不朽。尽管罗马帝国早已湮灭，但是这个称呼却幸存了下来。

奥古斯都非常关注罗马的穷人，过去他们曾是暴动和革命的源头。他更加积极地向穷人分发粮食，并推动市政工程项目的实施。为了维护治安，奥古斯都组建了罗马的第一支警察队伍。而且，他还让自己的私人护卫驻扎在城市边缘，他们被称作"禁卫军"（Praetorians，拉丁语），这个名字原本是指罗马将军的贴身保镖，在未来的帝国政坛上，他们将扮演至关重要的角色。

当然，奥古斯都也不是只有强硬的一面。他把庆典变成了自己政权的主题之一，其出发点无疑是这样的原则：如果人们表现得很开心，那他们真的会很开心。公元前29年，从埃及归来以后，他举行了隆重的凯旋式以庆祝内战的结束。奥古斯都组织的竞技和表演规模宏大、内容精彩、次数繁多，此前的所有罗马领袖都无法与之相比。公元前17年的"世纪庆典"[1]持续了两周之久，场面十分壮观，涉及的环节包括体育比赛、戏剧音乐、动物献祭和吃喝玩乐。每当奥古斯都出席竞技或表演时，他都会全神贯注地观看[60]，以便让人们知道他喜欢精彩的表演。在公众面前，他总是尽量展现领袖的风采。例如，由于他只有罗马男性的平均身高，即5英尺7英寸[2]，因此他会在鞋里塞上垫子[61]，从而使自己显得更加高大。

1　世纪庆典（Secular）：拉丁语作"saeculare"，古罗马的宗教庆典，标志着一代人生命的结束和下一代人生命的开始，古罗马人认为一代人最长可以活一百年或一百一十年。罗马共和国时期的最后一次"世纪庆典"举办于公元前2世纪40年代。奥古斯都恢复了这一传统。

2　5英尺7英寸：约为1.7米。

介于摇滚明星与圣徒之间

奥古斯都还利用宗教来宣传自己的政权。对他而言，征服身体远远不够，他还想得到民众的灵魂。他把神化的君主制引进罗马，向东部的希腊王国借鉴基本思路——长期以来，克娄巴特拉及其他统治者曾在那儿接受过各种形式的膜拜。不过，他巧妙地让希腊王权披上了罗马外衣。

奥古斯都建立了一种君主崇拜，他在罗马被尊为神（尤利乌斯·恺撒）之子，而别处的民众则直接承认他是神。在古代世界里，拥有神的地位就像介于今天的摇滚明星与圣徒之间。希腊人和高卢人都不介意给予奥古斯都那样的地位，不过这违背了共和国的平等观念，所以他在罗马虽然几乎接受了神的荣誉，但是并没有真的像神一样。他在自己的新广场竖起一座奥古斯都守护神（Genius Augusti，拉丁语）的巨大雕像，模样跟他非常相似，却又不是他。同时，东部流行着对罗马和奥古斯都的敬奉，而高卢和日耳曼尼亚则是君主崇拜的中心。

在帝国西部的许多城市涌现出一批基层组织，传播关于奥古斯都的消息并赞美他。这些组织的成员主要是自由奴，可见奥古斯都的旨意已经扩散到了公民阶层之外。另一方面，凡是受过他提拔的人，无论地位高低，都在他们的坟墓中和石碑上运用奥古斯都主题的艺术和建筑。

就连罗马也承认奥古斯都的确有一些神圣之处。他把罗马城重新划分成二百六十五个行政区，然后为每个行政区都新建了一座位于十字路口的神龛，结果他在那里跟诸神一起得到了敬奉。罗马人也像别处的民众一样，开始在所有公私宴会上倒酒献祭皇帝[62]，这在当地是前所未有的事情。

罗马人的父亲不仅是一家之主，而且要扮演好祭司的角色，维系家族与神明之间的和谐关系。身为国家的大祭司（pontifex maximus，拉丁语），皇帝也得如此对待整个罗马。奥古斯都树立了榜样：宗教是皇帝的责任。后来有许多皇帝都发起了重大的宗教改革。

奥古斯都的统治期是世界史的一个经典片段，堪称西方政治史上最具创造力且永垂不朽的岁月，诞生了诸如皇帝、元首[1]、宫殿之类的基本政治概念。现在，"奥古斯都时代"指的是一个和平、繁荣的时期，当政者思想开明、治理有方，文化绽放出灿烂的花朵。奥古斯都接受过良好的教育，非常重视文学。诗人维吉尔、贺拉斯、奥维德以及历史学家李维等十分活跃，留下了丰富的作品。

家族事业

奥古斯都管理政权的方式就像在经营家族事业。他把这个圈子封闭起来，只允许一小群可靠的男人和女人帮助他，而他们都跟他有血缘关系或姻亲关系。打造家族品牌还可以使政权与外界的沟通过程显得更加人性化，所有人都喜欢家族故事，但是很少有人愿意了解道路建设和粮食采购的细节。

在罗马政治中，家族扮演着重要的角色，这一点并不新鲜。放眼共和国的每段时期，有几个骄傲的贵族家庭始终掌控着罗马政坛。而新鲜的是，从此时开始，只有一个家庭可以统治罗马，那就是尤利乌斯一族。对于一个家族来说，这是非常艰巨的任务，因此奥古斯都为其增加男女成员的做法可谓十分合理。他把自己最信任的副官阿格里帕带进了家族，让阿格里帕娶了他的女儿。最终奥古斯都收养了他们的儿子，他还扩大了阿格里帕的权力，以至于阿格里帕实际上成了他的二把手，并且有可能做他的继承人。

在奥古斯都的家族事业中，女性们显得格外突出。在共和国末期，一些罗马古代史上最具权势的女人相继登台亮相。接着，利维娅来了，她是其中最强大的女人。不过她既没有炫耀卖弄，也没有行为放荡，至少在十九岁以后没有——当时，她身怀六甲离开了自己的丈夫，追随屋大维。在其余生中，她都披着谦逊和朴素的外衣，就像她嫁给的那个男人一样，同时在幕后操纵着一

1　元首（prince）：若按其英文含义，常被译为"王子""亲王"，但此处指的是源于罗马帝国的政治概念，即拉丁语的"Princeps"，本意为"第一公民"，应译作"元首"。

切，使她的意志得以贯彻。

改头换面的利维娅尽量把自己塑造成完美的罗马妻子和母亲，仿佛是热爱家庭的化身。她从不公然干涉政治或者她丈夫的公共事业。奥古斯都的政权一直在努力跟共和国末期的荒淫生活划清界限，而利维娅则充分地发挥了她的作用。

利维娅无疑拥有非凡的影响力，只有奥古斯都的姐姐屋大维娅可以勉强与之相提并论。奥古斯都赋予这两个女人神圣不可侵犯的地位，就像保民官一样，使她们从男性的监护下解放出来，凭借雕塑彰显自身的荣耀。她们俩都掌控着巨额财富，管理着庞大的家庭，甚至资助公共建筑工程。不过，利维娅跟奥古斯都更加亲密，而且她比屋大维娅要长寿得多。屋大维娅在公元前11年就去世了。

数百年后，在中世纪，有一段著名的风流韵事可以证明利维娅的声望有多么持久。法国神学家皮埃尔·阿伯拉尔[1]引诱了自己才华横溢的学生爱洛伊丝，尽管他们的关系使两人都付出了沉重的代价，但是爱洛伊丝无怨无悔。她曾在写给阿伯拉尔的信中叛逆地表示，她宁愿做他的妓女也不愿当奥古斯都的皇后[63]。爱洛伊丝精心选择了代表妻子特权的人物。

利维娅的曾孙卡利古拉皇帝称她为"身穿斯托拉[2]的尤利西斯[3]"[64]。而奥古斯都则是一位大师级的战略家，堪称"身穿托加[4]的卡尔·冯·克劳塞维茨[5]"，他和利维娅联手，这样的夫妻可谓举世无双。

奥古斯都成功的秘诀之一是他的双性化，至少在现代人看来，他的肖像

1　皮埃尔·阿伯拉尔（Pierre Abélard，1079—1142）：法国中世纪哲学家、神学家、逻辑学家，他与自己的学生爱洛伊丝相恋并使其怀孕，后来两人秘密结婚。为了保护爱洛伊丝，皮埃尔送她去了阿让特伊的修道院，然而此举引发了误会，导致他自己最终惨遭阉割。

2　斯托拉（stola）：罗马女性的传统服装，一种带有褶皱的长裙，与下文"托加"相对。

3　尤利西斯（Ulysses）：古罗马神话中的英雄，源于古希腊神话中的奥德修斯，狡猾阴险，足智多谋。

4　托加（toga）：罗马男性的传统服装，一种遮蔽严实的长袍，与上文"斯托拉"相对。

5　卡尔·冯·克劳塞维茨（Karl von Clausewitz，1781—1831）：普鲁士将军，军事理论家，著有《战争论》等。

雕塑[65]有些雌雄莫辨，他显得年轻俊美，即使穿着士兵的盔甲也无法掩饰容貌的秀气。奥古斯都既具备传统的男子气概，又是罗马上层女性最好的朋友。有时候，他在她们面前表现得非常殷勤，简直就像今天的政客对待自己的选民。当然，罗马的女性并没有选举权，但是上层女性经常享受着巨大的财富乃至政治权力。

利维娅是奥古斯都最信任的顾问之一。她陪伴他周游帝国，尽管此前的罗马男性都在外出办事时把妻子留在家中。由此开始，其他精英阶层的女性也开始跟随丈夫外出办事，偶尔还参与到决策之中。当奥古斯都跟利维娅讨论重大问题时，他会提前写好备忘录，念给利维娅听，以保证准确无误。而利维娅则留着丈夫的书信，将其收藏在一个神龛里，在他去世以后，每当需要时便拿出来看一看[66]。

充满敌意的文学传统把利维娅塑造成了一名女巫，其中还不乏精彩的作品[67]。据称，她陆续毒杀了奥古斯都一脉的男性后代，包括她自己的孙子¹，最终连奥古斯都也不放过，一切都是为了让她和前夫的儿子提比略继承帝国，这样她便可以在幕后执掌大权。虽然这样的故事为小说和电视剧提供了有趣的素材，但是其内容并不真实。强大的女性是罗马文化的一部分，不过厌女症也是。拥有权势的女性经常会招来别人的诽谤，而利维娅更是如此。

她从属于丈夫，却也在公共领域开拓出一片自己的天地。在罗马民众的心目中，她远远比不上奥古斯都，但是她充分利用了已有的声望。一位艺术史学家形容她是"西方历史上第一个在肖像中得到系统性描绘的女性"[68]。利维娅模仿并推广了一款新发型，名叫"诺度丝"（nodus，拉丁语），意为"前额卷发"，那原本是她丈夫的姐姐屋大维娅最先发明的。利维娅促使这款新发型在罗马世界流行起来，甚至超越了克娄巴特拉的辫式发型。

利维娅显然熟稔宣传的手段。例如，她对外声称在嫁给屋大维之前曾有神迹出现。当时她正要返回位于罗马北边的住宅，一只鹰把嘴里衔着月桂枝的白色母鸡扔在了她的腿上。考虑到这是一个伟大的征兆，利维娅决定喂养

1　她自己的孙子：指奥古斯都的女儿尤利娅和利维娅的儿子提比略所生的孩子，公元前6年，这个孩子尚在襁褓中便夭折了。

母鸡，并栽种月桂枝。母鸡生下许多小鸡，于是那座庄园就被称作"母鸡之家"[69]。月桂树苗壮成长，奥古斯都首开先河，在举行凯旋式时从树上取下一根月桂枝，而他的继任者们也延续了这个惯例。

利维娅命人将上述神迹绘进了著名的花园壁画中，这幅壁画就在"母鸡之家"地下室的墙上，而那个房间应该是夏日的避暑餐厅。作为一个权势显赫的女人，利维娅很可能故意夸大了神迹，以增加自己的威望。后来，至少有一位古代历史学家是这样认为的，如卡西乌斯·狄奥便指出："利维娅注定要把恺撒的权力置于膝头，在所有事情上都支配着他。"[70]

寻找接班人

就像所有优秀的家族事业经营者一样，奥古斯都想得很长远，并且早早就开始寻找接班人了。作为尤利乌斯·恺撒的继承人，他自己的经历更加证明了这种准备的必要性。奥古斯都制订了计划，但是他发现建立一个王朝比击败最凶猛的战士或最狡猾的政敌还要困难。

利维娅和奥古斯都只有一个孩子，还不幸胎死腹中，而她从第一段婚姻中带来的两个儿子提比略和德鲁苏斯都长成了出色的军人。虽然奥古斯都重用他们，但是在选择接班人的问题上他却另有打算。

如果把家族比喻成企业，那么成员们必须把个人的心愿和欲望放在一边，为了公司的利益而奋斗。这需要付出沉重的代价。在奥古斯都建立王朝的目标面前，有不止一人受到了伤害，其中牺牲最多的莫过于他唯一的亲生骨肉——尤利娅。她是感情破裂的象征，因为在她出生那天，她的父亲便跟她的母亲斯克里波尼娅离婚了。斯克里波尼娅此后未再婚，而尤利娅则跟着父亲和继母生活。

虽然家庭背景很复杂，但是尤利娅依然出落成了一名活泼聪明的姑娘[71]。她深受民众喜爱，人们看到了她的善良与温柔。当然，她还颇为自负，毕竟她是奥古斯都的血脉，拥有独一无二的地位。可惜正因如此，她也被他当成了繁衍后代的生殖工具。

奥古斯都首先把尤利娅嫁给了他姐姐屋大维娅的儿子。这是一位野心勃勃的年轻人，但是不久便去世了，夫妻俩没有留下孩子。接着，奥古斯都又将十八岁的尤利娅嫁给阿格里帕，事先还让这位顾问跟妻子离了婚。阿格里帕和尤利娅共有三个儿子和两个女儿。公元前17年，奥古斯都高兴地收养了年龄最大的两个男孩儿，也就是他的外孙：三岁的盖乌斯和尚在襁褓之中的卢基乌斯。很快，他便开始培养他们做自己的接班人。

大约十年以后，奥古斯都在和平祭坛（Ara Pacis Augustae，拉丁语）上炫耀他的家族。这个最初被刷上鲜艳色彩的纯白大理石结构堪称古代世界中最著名、最美丽的纪念物之一。和平祭坛于公元前9年正式完工，外表刻着精美的浮雕，描绘了丰收和献祭的场景，并突出了庄严虔敬的皇室家族。它展示了奥古斯都希望民众看到的罗马第一家族：爱国、高贵、团结，同时代表着和平、繁荣与虔诚。然而，事实却截然相反。

阿格里帕也出现于浮雕描绘的家族成员之中，尽管他在公元前12年就去世了，终年五十一岁。奥古斯都亲自为他发表葬礼演说，以示敬意，并且将阿格里帕的骨灰埋入奥古斯都陵墓里。而尤利娅又变成了寡妇。

之后奥古斯都把她嫁给了利维娅的儿子提比略，但是这场婚姻失败了，提比略前往希腊的罗得岛，开始自我流放。尤利娅跟时髦的朋友结伴游玩，还找了好几个情人，她显然不是第一次这样做了。据说，当奥古斯都指责她经常跟年轻男子混在一起时，尤利娅告诉他别担心，她很快就会把他们变成老男人[72]。有人问她怎么能一边保持婚外恋，一边又生下长得像丈夫的孩子时，尤利娅回答说，她只在船满的时候接受乘客[73]（意思是她只在怀孕的时候出轨）。

今天，我们也许会把这样的行为看作一种反抗，毕竟尤利娅的父亲为了找到合适的继承人，对她施加了巨大的压力。奥古斯都觉得她的行为非常可耻，然而更糟糕的还在后面。

祖国之父——亦是尤利娅之父

公元前2年，元老院和罗马人民投票决定给予奥古斯都一个新头衔：祖国之父[74]。这年，他已经六十岁了。这是一个伟大的荣誉，以前只有尤利乌斯·恺撒得到过，而西塞罗虽获此称号，却没有通过正式的途径。他终于成功地把尤利家族[1]推上了罗马政坛的顶峰，但颇具讽刺意味的是，就在同一年的晚些时候，奥古斯都发现了女儿背叛他的证据。

尤利娅和她结交的年轻男子损害了奥古斯都的政治形象。有许多文献记载，她与他们当众缠绵，举止不堪入目，但是我们不能依靠这些街头巷尾的传闻和排斥女性的故事得出结论。可以肯定的是，她的情人之一是马克·安东尼仅存的儿子尤卢斯（其母为福尔维娅）。一想到尤利娅可能要跟提比略离婚，嫁给安东尼的儿子，奥古斯都就感觉自己的老对头在坟墓里取得了一场胜利。

作为回应，奥古斯都表现出了家长的严厉和君主的冷酷。他流放了尤利娅的多数情人，并令尤卢斯自杀。至于尤利娅，奥古斯都残忍地以提比略的名义休掉了她（甚至没有跟提比略商量），将她流放到靠近意大利海岸的一座荒芜小岛上——颇富戏剧性的是，今天那里已经变成了度假胜地[75]。她的母亲、奥古斯都的前妻斯克里波尼娅毅然决然地陪伴尤利娅一起接受流放。此时，奥古斯都可以狠心惩罚她了，因为尤利娅已经生下了能继承王位的儿子们，她失去了最重要的利用价值。

五年之后，在公元3年，奥古斯都允许尤利娅返回意大利本土，但是只能待在一座偏僻的南方城市。悲剧追随着她的脚步。她的儿子卢基乌斯在公元2年因病去世。又过了两年，另一个儿子盖乌斯也因打仗而伤重不治。他们的死亡使奥古斯都失去了计划中的接班人。虽然尤利娅并未像其他落魄的罗马贵族一样被官方消除存在的痕迹，但是帝国的形象制造者们似乎得到了风声，知道她的处境。过去，她曾出现在许多雕塑和碑文中，但到公元前2年，她的地位

---

1 尤利家族（Julian family）：古罗马最古老的贵族之一，"Juli"（尤利）相当于家族的姓氏，加上阳性后缀"-us"变成"Julius"（尤利乌斯）即为男性的姓氏，加上阴性后缀"-a"变成"Julia"（尤利娅）即为女性的姓氏。

一落千丈，那样的荣宠也便戛然而止了。不过换个角度来看，这种突如其来的沉默其实也是对罗马女性的尊重。在共和国结束之前，她们从来不会被当作家庭以外的个体。

奥古斯都一生中遇到了许多伟大的女性，然而只有三个女性跟他最为亲近：母亲阿提娅，那是养育他的人；妻子利维娅，那是激励他的人；女儿尤利娅，则是背叛他的人。

尾声

奥古斯都重新振作了起来。公元4年，他又收养了两个儿子。其中之一是阿格里帕和尤利娅的儿子，十六岁的阿格里帕·波斯图穆斯。此前奥古斯都没有收养他，而是允许他保留了阿格里帕的姓氏，但现在奥古斯都需要他，所以波斯图穆斯便改姓恺撒了。另一个是利维娅仅存的儿子提比略（她的小儿子德鲁苏斯早先在日耳曼尼亚死于一场意外），他刚刚从罗得岛回到了罗马。提比略是一个四十五岁的成熟男人，而波斯图穆斯年仅十六岁。事实证明，波斯图穆斯根本无可救药，他身体强壮，却头脑简单。在涉及政权存亡的问题上，奥古斯都一向冷血无情。所以，尽管波斯图穆斯是其亲外孙，但奥古斯都还是取消收养，流放了这个男孩，就像对待他的母亲一样。这样便只剩提比略了。他和奥古斯都没有血缘关系，然而他聪明能干，并且经验丰富，可以将王朝传承下去。

多年以前，在收养屋大维时，尤利乌斯·恺撒无意中开创了一个先例，为帝国未来的成功奠定了基础。跟现代人相比，罗马人对收养的限制较少，他们经常利用这种方式来延续家族的姓氏。虽然他们更愿意收养亲属，并且喜欢成年人胜过孩子，但是他们并不会完全拘泥于此。皇帝能够自由地收养孩子，不必非得把皇位传给自己的亲生骨肉，因此在选择继任者的问题上，他可以灵活变通，其结果便是向有才之人敞开了通往权力的大门。

当奥古斯都流放波斯图穆斯时，他自己已经六十六岁了。他开始认真考虑，为帝国的传承制订计划。在收养提比略的同时，奥古斯都也与其分享了一部分法定权力。而且，他还像过去任用阿格里帕一样，让提比略指挥他的军队。奥古斯都派提比略前往欧洲中部和巴尔干半岛镇守动荡的边境，在公元6—12年的多数时间里，提比略一直在应付激烈的战争与叛乱。

皇帝的身影每次只能出现在一个地方，但是他又必须无处不在。那个时代的科技和通信尚处于原始阶段，要统治一个如此庞大的帝国，肯定会遇到许多实际的困难。把王位继承人留在罗马当然更安全，可是奥古斯都无法免去他肩上的责任，提比略是一位久经沙场的将领，也是奥古斯都唯一信任的男人。公元12年，提比略终于回到罗马。在举行完凯旋式以后，他获得了跟奥古斯都共同管理行省的权力。此时，提比略几乎可以跟元首平起平坐了。

在这些年里，奥古斯都对自己的人生经历进行了最后的润色。他留下一份遗嘱，对葬礼的安排作出指示，并详细记述了自己的所有成就，准备将其刻在墓前的铜柱上。虽然原件早已丢失，但是拉丁语和希腊语的副本散落在帝国各处，而且有一个完整的版本至今保存在土耳其的安卡拉。

在安卡拉文本的顶部，写着凸显罗马英雄主义的拉丁语标题："奥古斯都神功业录"（Res Gestae Divi Augusti，拉丁语）。奥古斯都完全符合英雄的特征，就像先前的尤利乌斯·恺撒一样，他死后也被追封为神。这篇铭文的开头是："兹抄录奥古斯都神的军事功业，他由此把整个世界都置于罗马人民的统治之下。"[76]

胜利是这份文献的核心主题。奥古斯都指出，他扑灭了内战的火焰，阻止了海盗的侵扰，为地方行省带来了和平。仁慈是与之相关的次要主题，奥古斯都表示，他宽恕了所有向他求饶的公民。

然而，这份文献也故意省略了许多内容，包括谋杀、背叛、欺骗、残忍和皇室的荒淫。奥古斯都没有承认，他亲手终结了罗马共和国的各项自由制度，并以恺撒式的伪善独裁取而代之。同时，奥古斯都想保证军事功业录的男子气概，因此没有提及任何女性，尽管他确实谈到了几位女神。总之，他的官方成就记载是一个政治宣传的工具，美化和歪曲了事实。不过，关于功业录，有一点是明白无误的：这份文本是为了帝国而写，决不仅仅是为了罗马。

仿佛是命运的安排，奥古斯都在罗马之外结束了他的政治生涯，正如他的政治生涯开始时一样，而且也是在为帝国执行任务的途中。公元前44年，当他得知尤利乌斯·恺撒遇刺的消息时，他刚刚渡过亚得里亚海，抵达亚壁古道¹的最后一个驿站对面；五十八年以后，当他去世时，他依然在向东眺望。他早已过了精力旺盛的壮年，却仍旧把帝国摆在第一位。他护送自己的儿子兼继承人提比略沿着亚壁古道前进，提比略打算跨越亚得里亚海，去一个冲突不断的地区解决最新的危机。奥古斯都总是尽可能地带上利维娅出行，这一次也没有例外。

奥古斯都把工作和休闲结合起来，在他最喜爱的卡普里埃岛（今卡普里岛）享受了一个短暂的假期。此时，他已经开始感觉身体不适了。奥古斯都回到大陆，又参加了那不勒斯的庆典，接着继续护送提比略南行，走了四天左右，然后，他便踏上归程。可是由于病情恶化，他不得不在诺拉城停下脚步，住进家族的庄园里。他派人通知提比略赶紧回来。有一个故事的版本是，提比略及时赶到养父身边，见了他最后一面[77]。

公元14年8月19日，奥古斯都在诺拉与世长辞，离七十七岁寿辰只差一个多月。对于奥古斯都临终时的情形，帝国的传奇编造者无疑进行了添油加醋的处理。

暂且不论真假，根据文献记载，他的朋友们都来到了他的床前。奥古斯都询问，他们是否认为他完美地结束了这出人生的滑稽剧[78]——意即他是否在最后也做到了像喜剧演员一样讲话。他补充道："倘若这部戏还算有可取之处，就请你们开心地鼓掌，欢送我退场吧。"[79]随后，他遣散了他们，亲吻了利维娅。据说他的遗言是："利维娅，好好活着，记住我们的婚姻，永别了。"[80]

这个改变了世界的男人应该伴随着一声惊雷离开。然而，如果上面的故事属实，奥古斯都是带着智慧与虚心，安静地走向了死亡。他曾经终止了共和

1　亚壁古道（Appian Way）：古罗马时期的一条道路，连接着罗马城和亚得里亚海的西岸。

国的战乱，建立了罗马帝国并创造了罗马和平时期，如今在生命的尽头，他还承认了自己对伴侣的亏欠。虽然奥古斯都直到最后都是冷血无情的，但或许他确实以谦逊的姿态告别了强大的权势。

充满戏剧性的是，奥古斯都跟他的亲生父亲盖乌斯·屋大维乌斯死在了同一个房间里[81]。然而，假如奥古斯都在临终时想起了什么人，那很可能是尤利乌斯·恺撒。

恺撒和奥古斯都分别代表了罗马精神的正反两面。恺撒是战神，把才华和骄傲倾注到了两部文学经典[1]之中。奥古斯都则是马基雅维利式的政治家，他用鲜血和钢铁锻造权力，进而建立起一个和平与繁荣的体制，使其在他去世后依然坚持了两百年之久。恺撒像孔雀，奥古斯都则如斯芬克司。恺撒倒在了元老院里，被密密麻麻的匕首刺穿；奥古斯都则死在了床上，得以与自己的妻子吻别。奥古斯都起初是一名年轻的杀手，最终却成了祖国之父。如果说他的母亲阿提娅和舅外祖父恺撒为他提供了良好的开端，那么奥古斯都应该把巅峰时期的成就归功于两个人：一个是他的朋友阿格里帕，一个是他的妻子利维娅。

奥古斯都发明了"元首"的概念，其实就相当于我们所说的皇帝，他的继任者们以他为榜样，纷纷自称"元首"。奥古斯都是征服者、立法者、建设者，也是祭司。虽然他行使着至高的权力，但是他会利用许多东西来加以掩饰，包括已有的政府机关、误导性的头衔、共和国的假象和宗教化的威望，而且他还对元老院表示出一定程度的尊重。

恺撒之死让罗马陷入了十几年的内战。奥古斯都死后，和平能延续下去吗？强烈的担忧挥之不去。在晚年，奥古斯都制订了转移权力的详细计划，但是谁会服从一个死人呢？他的养子兼继承人提比略真的能胜任这份工作吗？阿格里帕·波斯图穆斯或尤利娅会恢复自由并集结反对力量吗？元老院里的共和国情怀会重新浮出水面吗？

在罗马，这些问题无疑困扰着许多人，尤其是那个最精明的政治操纵

1　两部文学经典：指恺撒所撰之《高卢战记》和《内战记》。

者——利维娅。在公众面前，这位寡妇表现得悲痛欲绝。例如，奥古斯都在罗马被火化以后，她寸步不离地守了整整五天，身边有一队仪仗兵陪着，他们都是最高贵的骑士。尔后，她才收起他的骨灰，放进了他的陵墓里。

不过私底下，当利维娅开始为亡夫进行一年的哀悼时[82]，她就已经在幕后不知疲倦地忙碌起来了。她要用怎样的阴谋、演说和杀戮来扫清道路，迎接罗马的新任统治者——她的儿子呢？

第二章

提比略

基业长青的关键是选对接班人

公元14年9月17日，奥古斯都的养子兼继承人提比略·尤利乌斯·恺撒登上讲台，向罗马元老院发表演说。此时，距离他的养父去世已经一个月了。在一场令人悲伤的公开葬礼之后，元老院投票赞成罗马人提出的"神圣化"举措：他们决定宣布奥古斯都是神。然而，将奥古斯都带到天上的问题容易解决，他留在地上的遗产却难以处理。

我们称奥古斯都为"皇帝"，但对于他的同时代人来说，他是"元首"，即"第一公民"，这是一个定义模糊且不甚稳固的职位，谁也无法保证他建立的体制不会随着他的死亡而崩塌，毕竟罗马没有成文的宪法。有一些元老梦想着回到尤利乌斯·恺撒之前的岁月，恢复往日的荣耀与权力，而另一些元老则企图取代提比略，成为帝国的新任领导者。

不过，大多数元老院成员还是希望提比略继承奥古斯都的所有权力。只是面对这些人，不能显得太顺从：提比略愿意接受养父的遗产，却又不想表现得过于迫切。要做到这一点应该不算困难。虽然利维娅野心勃勃地为自己的儿子谋划，但是提比略并没有主动追求至高的政治权力。

提比略是一名职业军人，也许他盼着能过上相对轻松的生活，也许他喜欢军营里豪爽直率的气氛。他也可能会怀念十年前奔赴罗马北方前线的情形。当时他奉奥古斯都之命重返阔别已久的战场，据文献记载，提比略的出现令那些曾经为他效力的士兵激动万分。有的人一见到他便热泪盈眶，而其他人则渴望伸手去触碰他。士兵们还记得自己跟随他参加过各种各样的战役，在不同的地区出生入死。他们七嘴八舌地说："将军，真的是您吗？""您平安地回来了？"[1]

也许提比略更向往单纯的军事生涯，然而此刻他面临着世界上最艰巨的政治工作，他要沿着一位神明留下的足迹继续前行。提比略可能不太情愿，但帝国是他的责任，而他又极为忠诚。所以，他登上了讲台，向元老们发表演说[2]。

提比略声称，奥古斯都的工作对于其他任何人来讲都太繁重了，应该分成三个部分：一是罗马和意大利，二是军团，三是行省。那当然不是他的真心话，可是有一位性急的元老并未抓住重点，反倒说这个主意不错，还询问提比略想拥有哪一部分。提比略难免心头一惊，不过他表现得颇为镇定，而且作出了体面的回答。在必要的时候，他很擅长隐藏自己的真实感受[3]。他说任务的划分和选择不能由同一个人决定，那位元老立刻退下了，可惜为时已晚（提比略记住了此人的冒犯，并在数年以后进行了报复，将其囚禁起来并活活饿死[4]）。而另一方面，大多数元老都在恳求提比略执掌所有的权力。

终于，在经过一番犹豫之后，提比略同意了。而且，他还给自己准备了一条退路，他承诺会履行职责，"直到有一天你们认为可以让我在晚年稍作休息"[5]。实际上，他已经五十五岁，他知道离自己的晚年也不算远了。另一个使提比略犹豫的原因是，他明白这项工作的危险性，至少他经常将其形容为"拧着一头狼的耳朵"[6]。然而，无论提比略有多么胆怯，他还是接过了罗马帝国的权杖，并在一定程度上延续了奥古斯都留下的政体。这本身就是一个了不起的成就。

提比略要扮演的角色并不容易。在伟大的奠基者去世以后，他必须努力满足众人的期待，尽管他明知自己不是奥古斯都首选的继承人。而且，奥古斯都交给他的是一项几乎不可能完成的工作。提比略追随着奥古斯都，就像约翰·亚当斯[1]追随着乔治·华盛顿，或者蒂姆·库克[2]追随着史蒂夫·乔布斯。

---

1 约翰·亚当斯（John Adams，1735—1826）：美国第一任副总统，后接替乔治·华盛顿（George Washington，1732—1799）成为美国第二任总统。

2 蒂姆·库克（Tim Cook，1960—　）：曾任美国苹果公司的首席运营官，现已接替史蒂夫·乔布斯（Steve Jobs，1955—2011）成为苹果公司的首席执行官。

在类似的情况下，继任者总是更加务实，却没有先行者那样充满魅力，因而广受欢迎。

罗马的皇帝是军事征服者与和平创造者，既是建造者也是破坏者，既是慈善家又是法官。他是一家之主和祖国之父，是保民官和元老院的第一人，是最有权势的罗马公民，是所有行省的捍卫者和管理者，是万众瞩目的领袖，是祭司和将军，是威严庄重的象征，也是一位表演者。他在罗马拥有神圣不可侵犯的地位，而在东方则是国王乃至神灵。每一位皇帝都必须妥善安排重要的精英阶层，包括军队、元老院、帝国法庭和地方名流。罗马城里的平民也颇为重要，但是他们的力量已经比共和国时代减弱了许多。奥古斯都圆满地完成了任务，不过是在经历了一场内战以及一系列政治上的试验与错误之后，而且幸亏他的统治期十分长久。实际上，就连像他那样的政治大师也认为这项工作并不简单。

他的继任者们很难平衡各方面对皇帝提出的互相矛盾的要求，而且他们的统治期也没有那么长——奥古斯都在罗马世界里独享至高无上的权力达四十五年之久。

奥古斯都喜欢利用武力和诡计来推行统治，而提比略则是一位管理者和务实者，为了让各项事务有效地运转，他会削减其规模，甚至不惜对内镇压民众，对外紧缩开支。

尽管奥古斯都认为自己跟斯芬克司非常相似，但提比略才是真正的神秘之人。他那善于伪装的性格迷惑了同时代的人，有时还会使今天的历史学家感到不解。然而，提比略的统治意义深远，事实证明他是一位变革型领袖。他原封不动地巩固了奥古斯都的君主政体，却大刀阔斧地改变了奥古斯都的对外政策。在数百年的扩张之后，提比略让帝国停下了征服的脚步。而且，他对罗马的传统贵族阶层造成了巨大的破坏，在这个方面，任何一位和平时期的皇帝都无法与之比拟。他起初是元老院的朋友，最终却成为其眼中的暴君。

早期生涯

提比略于公元前42年11月16日出生在罗马，他的父亲是提比略·克劳狄乌斯·尼禄，母亲是利维娅·德鲁西亚。他们把一种世代相传的情感赋予了提比略，那就是对罗马共和国的依恋。然而，元老院和罗马人民的共和国正在消亡，它被屋大维和安东尼的无敌军队所践踏。公元前42年，没有人能想到屋大维，也就是日后的奥古斯都，将会在提比略的人生中扮演一个关键性的角色。毕竟，这两个男人的出身截然不同。

奥古斯都仅有一只脚迈进了罗马贵族阶层，而提比略则拥有最高贵的血统：他的双亲都来自古老而显赫的克劳狄家族[1]。从共和国创立以来，在数个世纪之间，克劳狄家族始终掌握着罗马的最高官职，并修建了罗马的第一条大型公路——亚壁古道。克劳狄家族的成员都怀有一种责任感，还有对权力的渴望和容易傲慢的倾向。

提比略的祖父和父亲曾在不同的时候分别对抗过屋大维。作为共和国的坚定支持者，提比略的祖父参加了腓立比之战，在己方阵营溃败后自杀身亡。至于提比略的父亲则更善于灵活变通，他先是在内战中为恺撒效力，继而发现恺撒的君主制统治方式令人难以忍受。在恺撒遇刺之后，他便投票赞成元老院对凶手予以表彰（元老院拒绝那样做）。接下来，他又跟屋大维兵戎相见，并先后离开意大利和西西里岛，前往希腊避难。当时，提比略只是一个蹒跚学步的幼童，却也和母亲利维娅一起加入了逃亡的队伍。后来，他们返回意大利，利维娅嫁给了屋大维。

屋大维是世界上最有权势的男人之一。即使提比略的父亲反对屋大维夺走自己的妻子，他也无法阻止对方。所以，当屋大维和利维娅在公元前38年1月结婚时，提比略的父亲出席了婚礼，并将利维娅交给了屋大维，"就像是新娘的父亲一样"[7]。利维娅正怀有身孕，不久后便生下了提比略的弟弟德鲁苏

1　克劳狄家族（Claudian family）：古罗马最显赫的贵族之一，"Claudi"（克劳狄）相当于家族的姓氏，加上阳性后缀"-us"变成"Claudius"（克劳狄乌斯）即为男性的姓氏，加上阴性后缀"-a"变成"Claudia"（克劳狄娅）即为女性的姓氏。

斯。在此后的五年中，提比略和德鲁苏斯由父亲抚养。毫无疑问，他肯定会向他们介绍克劳狄家族的光荣传统。身为贵族的拥护者，克劳狄家族的成员总是把罗马人民摆在非常次要的位置上。公元前33年，提比略的父亲去世了，屋大维便成了两个男孩的监护人，他们开始由屋大维和利维娅抚养。年仅九岁的提比略在父亲的葬礼上发表悼词，据说讲稿是别人替他写好的。

提比略和德鲁苏斯在继父家中长大，跟奥古斯都的女儿尤利娅生活在同一个屋檐下。奥古斯都培养这三个孩子，让他们都在他的政权中发挥作用，却把最重要的位置留给了他的骨肉至亲，也就是尤利娅及其子女。而另一方面，善于操纵权力的利维娅则对自己的两个儿子寄予了厚望。

罗马女人若要谋求政治权力，只能通过男人来达到目的。她可以影响自己的丈夫、情人、父亲和兄弟，不过在罗马，男女之间最牢固的情感纽带属于母子。利维娅照此行事，坚定而耐心地推着儿子们前进。她本身就颇为严厉，并且刚毅不屈，自然也把提比略和德鲁苏斯培养成了强硬的男人，这种性格帮助他们渡过了逆境，却不利于他们争取民心。

兄弟俩始终都非常亲密，但是尤利娅和提比略的关系则更为复杂。他忠诚负责，她自由放任；他在奥古斯都面前处境尴尬，而她是父亲宠爱的女儿（起初是这样）。他们作为继兄和继妹一起长大，成年后却突然发现一切必须重新开始。

尤利娅和利维娅都对提比略的人生产生了巨大的影响，有趣的是，另外三个与奥古斯都有血缘或姻亲关系的女人亦是如此。提比略是典型的传统男性，又来自名门望族，然而他的大部分事业却跟继父家的女人们密切相关。他觉得女性不应该站得太高，所以他可能并不喜欢这种情况。罗马历史学家塔西佗曾指出，提比略"认为提升女人的地位就是在降低他自己的地位"[8]。

提比略被培养成了军人和政客，同时也学习希腊语和拉丁语的经典著作。他是优秀的演说家、诗人以及品酒师，精通罗马法律，对哲学充满兴趣，并且热爱占星术。简而言之，提比略接受过良好的教育，其文化水平不亚于军事才能。

据说他高大而健壮，硬币上的图案和相关文献都将其描绘成一位英俊的男子，但是他非常严厉刻板，所以会给人留下粗暴或傲慢的印象[9]。有记载称奥古斯都曾在临终前犀利地预言，提比略将用他那坚硬的牙齿嚼碎罗马[10]。

在顽强的外表背后，可能隐藏着心理创伤。童年四处逃亡，家庭支离破碎，成长环境变迁，亲生父亲去世，继父更加看重其他男孩儿，而母亲又企图支配一切[11]——提比略在年少时承受了许多痛苦。终其一生，他都背负着虚伪的恶名，然而那也许是因为他发现自己必须隐藏真实的感受才能活下去。

掌权之路

提比略走过了漫长、辉煌而又艰辛的掌权之路。公元前27年，十五岁的他穿上了成年男性的服装"托加"。从这一刻开始，他就在公共事务领域活跃起来。在初次担任军事和政治职位之后，他迎娶了维普萨尼娅，她的父亲乃奥古斯都的得力助手兼女婿阿格里帕。在提比略的人生中，维普萨尼娅是第三位跟统治者有密切关系的重要女性。她并非来自古老的贵族世家，但是提比略爱她，他们和自己的儿子小德鲁苏斯过着幸福的家庭生活，当时提比略还在罗马。

公元前16年，提比略担任了负责司法工作的裁判官，在接下来的十年中，他多次前往意大利的北边打仗，试图将罗马的边界拓展至多瑙河与易北河。他曾在帝国最黑暗、寒冷、贫瘠且乏味的地方作战，相当于今天的瑞士、德国、奥地利、塞尔维亚和匈牙利一带。在公元前12—前9年间，提比略带兵冲锋陷阵，艰难地征服了潘诺尼亚，那是一片位于多瑙河南边和西边的地区。事实证明，提比略是一位深受爱戴的将军，他虽然酗酒无度、厌恶冒险，但是也在一点一点地扩大帝国的领土。与此同时，德鲁苏斯则在日耳曼尼亚率领罗马军队向东推进，直抵易北河。

接着，提比略的私人生活发生了天翻地覆的变化。公元前12年，阿格里帕去世了，奥古斯都需要再找一个人来担任管理者，保护他的养子盖乌斯·恺撒和卢基乌斯·恺撒，捍卫两位年轻皇子的利益；最终，他选择了一个成熟而负责的男人：提比略。利维娅绝不会让感情妨碍事业的发展，她很可能推动奥古斯都下了这一决定，并且显然对这样的结果非常满意。奥古斯都强迫提比略结束幸福的婚姻，休掉维普萨尼娅，迎娶其继妹、奥古斯都唯一的女儿尤利娅。

起初，提比略还能跟尤利娅和睦相处。虽然他爱自己的第一任妻子，但是同尤利娅结婚代表着他在皇室家族里的地位得到了提升。尤利娅充满魅力、幽默风趣，能够带来很大的帮助，而且原本就是一个他很熟悉的人。当提比略翻越阿尔卑斯山作战时，为了离他近一些，尤利娅甚至亲自前往意大利北部。后来，她给他生下了一个儿子。

可是，他们的儿子尚在襁褓之中便夭折了，两人的利益也随之产生了分歧。尤利娅想推动她和阿格里帕的儿子们前进，而提比略则拥有自己的事业和自己的儿子，即小德鲁苏斯。提比略自认为是贵族的捍卫者，而尤利娅可以说更倾向于平民。最重要的是，提比略在政治方面轻视女性，而尤利娅却没有留守家中的打算。况且，提比略还思念着维普萨尼娅。据说有一次在罗马的街道上，提比略偶然遇到了他的前妻，心情十分低落，致使众人不得不采取措施，让他们再也没有相见的机会[12]。

公元前9年，提比略的弟弟在日耳曼尼亚摔下马背，身受重伤，提比略从潘诺尼亚出发去探望，经历了漫长而艰难的旅途，好不容易才在德鲁苏斯临终前赶到。提比略带着弟弟的遗体返回罗马，全程徒步行进。这不仅迎合了奥古斯都宣扬的家庭价值观，而且或许还表达了深切的悲痛之情，毕竟他失去了跟亲生父亲的最后一丝联系。死后的德鲁苏斯获封"日耳曼尼库斯"，意为"日耳曼尼亚的征服者"，他的子孙也继承了这一称号。

公元前6年，奥古斯都决定派提比略去东方执行一项新的任务。然而出乎意料的是，提比略竟然宣布他打算隐退到罗得岛。那是一个美丽的希腊岛屿，远离帝国的权力中心。他说自己已精疲力尽，需要休息[13]，而且他不愿阻碍奥古斯都的外孙，也就是尤利娅的儿子盖乌斯和卢基乌斯，他们一直被当作奥古斯都的继承者来培养，如今即将成年。有人认为提比略想要摆脱尤利娅，而他之所以厌恶她，绝不仅是由于情感问题，提比略可能还担心盖乌斯和卢基乌斯最终会处决他。果然，没过多久，盖乌斯便对提比略表现出了敌意，也许提比略早就预见到了这一点。此外，流言蜚语又为提比略隐退罗得岛增加了一个原因：据说他希望在那里尽情地享受性生活，毕竟他在罗马无法放纵，而罗得岛在某种意义上就像是古代的拉斯维加斯。

提比略喜欢罗得岛，此处不仅风景优美，而且有一位希腊学者兼占星师[1]作伴，大概还有许多不可告人的乐趣。最后，提比略终于决定重返罗马，但是奥古斯都却强迫他一直等到公元2年才动身。当时，提比略在城里找了个安静的住所，他把那位学者兼占星师也带了回去，使其成为一名罗马公民。

重返罗马

公元前6年，当提比略起程前往罗得岛时，他的未来还显得颇为黯淡。然而十年后，奥古斯都却将他指定为自己的继承人。在此期间究竟发生了什么？尤利娅厌倦了等待权力，她犯下一系列通奸罪，并密谋推翻她的父亲，结果被抓住了。公元前2年，她名誉扫地，遭到流放。她的儿子们依然得宠，但是到公元4年时，两人都死了。流言蜚语一如既往地谴责利维娅，称她派人毒死了盖乌斯和卢基乌斯，以便让提比略重新登上政治舞台。不过，他们俩均死于外出执行任务的过程中，远离利维娅在罗马建立的势力：卢基乌斯是患病身亡，而盖乌斯去世则是因为打仗负伤留下的后遗症。古代人的健康状况经常十分脆弱、不堪一击，我们只能惊叹奥古斯都居然愿意让他们冒着生命危险前往异国他乡。至于利维娅，看到阻碍自己儿子晋升的障碍消失了，她当然不会感到难过。

奥古斯都将提比略收为养子，解决了后继无人的问题。在这位皇帝的心目中，提比略并非第一选择或第二选择，甚至连第三选择也算不上。然而，奥古斯都是一个务实的人，更何况后来的事实证明，他还悄悄地留了一手。

虽然两人曾产生过分歧，但提比略是罗马最有经验的将军。奥古斯都赋

---

1 希腊学者兼占星师：指门德斯的塞拉西鲁斯（Thrasyllus of Mendes，？—36），他是一位拥有希腊血统的埃及人，在罗得岛上跟提比略相遇，成为他的亲密朋友和著名随从。

予了提比略保民官特权和行省高级指挥权（imperium maius，拉丁语），并声称自己收养提比略是为了共和国的利益。这番话显然是有意要巩固提比略的地位，而非贬低他。尽管奥古斯都也收养了最小的外孙阿格里帕·波斯图穆斯，不过那个男孩才十六岁，无法对提比略构成威胁，毕竟他已经是四十六岁的资深政治家了。除此之外，奥古斯都再也没有其他的外孙。

不久以后，奥古斯都便派提比略重返北方前线。有一份拥护提比略的文献称赞提比略是一位明智、谨慎、威严而又温和的将领，十分关心士兵们的生活[14]。毫无疑问，提比略非常成功。他首先在日耳曼尼亚作战，率领罗马军队抵达易北河，取得了跟弟弟一样的成就。接下来，在公元6年，他迅速奔赴潘诺尼亚，那里发生了大规模叛乱，就连临近的达尔马提亚地区（大致相当于今天克罗地亚的沿海部分）也卷入其中。

经过三年的艰苦斗争，提比略平定了罗马有史以来最严重的叛乱之一。面对暴动，他表现得冷静而果断。在这场镇压造反派的战役中，罗马人切断了敌军补给，并与其奋勇搏斗，最终大获全胜。

尔后，公元9年，瓦卢斯将军在日耳曼尼亚溃败，损失了三个罗马军团，提比略又被派往日耳曼尼亚。他利用两年时间收拾残局，缓慢而耐心地重组了幸存的军团，并且渡过莱茵河，惩罚了罗马的敌人。

公元12年，提比略返回罗马，举行了拖延已久的凯旋式，庆祝他再次征服潘诺尼亚。他获得了更大的权力，甚至可以跟奥古斯都平起平坐。在公元13年的一枚硬币上[15]，一面是奥古斯都，而另一面则是提比略，仿佛罗马世界正在准备迎接不可避免的权力交接。

继位

在某些方面，奥古斯都安排了最顺利、最平稳的过渡。当他去世时，提比略有幸守在他的床边，或者至少在事后很快就现身了，所以人们才会说提比略在场。奥古斯都很可能亲自下达了冷酷无情的命令，要在他死后处决阿格里帕·波斯图穆斯，以便替新任统治者除去潜在的竞争对手。毕竟，奥古斯都早先曾确立过一项原则："恺撒太多并不是一件好事。"[16]

但是在其他方面，奥古斯都束缚了提比略的双手。利维娅已经七十岁了，却依然精力充沛，而且奥古斯都给她留下了强大的工具。为了巩固利维娅的地位，奥古斯都在遗嘱中收养了她——将其当作自己的女儿！于是，她便成了尤利家族的一员。在他死后，元老院认可了两人之间的收养关系。据我们所知，没有人询问利维娅能否算是她儿子提比略的姐姐，虽然提比略也被奥古斯都收养了。

更重要的是，奥古斯都的遗嘱将利维娅改名为尤利娅·奥古斯塔。这是一项前所未有的荣誉，没有人知道它究竟意味着什么，利维娅、提比略和元老院必须一起寻找答案。不过，奥古斯都显然是想让他的妻子保持相当大的权力。"尤利娅·奥古斯塔"这一尊贵的称号使她跻身于罗马的第一家族，跟帝国的最高地位只有一字之差[1]（即"塔"和"都"）。实际上，通过这种方式，奥古斯都在坟墓外延续了自己的权力，并且达到了约束提比略的目的。

利维娅的权力也没有止步于此。被神化的奥古斯都可以享受宗教崇拜，而她则是第一位主持相关仪式的女祭司。这绝不是一件小事，因为在罗马，除了维斯塔贞女以外，女性从未担任过主要神职。伴随新职位而来的还有新特权，利维娅每次履行宗教职责时，都会有一支卫队贴身保护，这又是另一个凸显其重要性的标志。此后，她陆续获得了许多其他的荣耀，包括在剧院里跟维斯塔贞女同坐，以及用她的名字去命名几座城市。东部的一个行省修建了一座庙宇，向提比略、利维娅和元老院致敬。雕塑和碑铭开始把利维娅跟象征丰裕的女神克瑞斯联系起来，之前在奥古斯都时期只是出现过类似的暗示而已。

利维娅是帝国里最富有的人之一，而且跟大多数罗马女性不同，她可以完全掌控自己的财产。奥古斯都把三分之一的遗产赠予利维娅，而剩下的三分之二则留给提比略。她的私人土地分布于意大利以及东部和西部的几个行省。身为女性，利维娅不可能当上元老，但是她会在家中接待元老，那里有一大群

1　一字之差："奥古斯都"写作"Augustus"，"奥古斯塔"写作"Augusta"，只是表示性别的后缀不同，分别为阳性后缀"-us"和阴性后缀"-a"，实际意义完全一样。

仆役服侍他们。实际上，她总共雇用了一千多人。

有时候，跟利维娅交往的好处要过很久才会体现出来。有一个人曾在她家中工作，后来在另一位皇帝统治期间当上了禁卫军的指挥官[1]。还有一个人是利维娅的宠臣，最终成了第一位出身于外姓家族的罗马皇帝[2]：他既不是奥古斯都的后代，也不是利维娅的后代。

利维娅就像一座桥梁，连接着丈夫与儿子的统治。当然，对于这种连接，提比略既心怀感激，又颇为不满。虽然他允许母亲享受诸多荣耀并行使某些权力，但是他也会采取措施加以限制。例如，在他继位之初，元老院打算授予利维娅一个前所未有的头衔，即"祖国之母"，然而提比略明确表示反对，同时遭到否决的还有另外几项提议，包括将他自己正式称作"尤利娅之子"，以及把10月改名为"利维娅月"[3]。提比略更喜欢被称作"神之子"，奥古斯都的神化使得他有资格使用这一头衔。

我们要了解提比略，必须先了解利维娅。在财富和荣誉方面，此前的罗马女性都无法与之相提并论。她不仅跟王朝的创始者关系密切，如今还是实际意义上的"第一夫人"，因为提比略已经离婚了，而且身边没有情妇。利维娅也是罗马最富有经验的老政客，她的存在每天都提醒着骄傲的提比略，有一个人已经远远超出了他心目中的女性应该扮演的角色。如果有人叫他"奥古斯塔之子"，他肯定会皱起眉头。然而，一旦遇到棘手的政治问题，他很可能还是要征求母亲的意见。

利维娅多次滥用权力，干涉罗马的公共生活：这里提拔一个朋友，那里优待一个伙伴，今天以自己和提比略的名字命名雕塑，明天邀请元老们来家中聚会。提比略通常会接受这些事情，甚至在幕后帮忙促成，以此显示两人战线统一，尤其是在他执政前期。不过，随着时间的推移，他对母亲渐渐失

1　禁卫军的指挥官：指塞克斯图斯·阿夫拉涅乌斯·布鲁斯（Sextus Afranius Burrus，1—62），此人在尼禄皇帝统治期间担任禁卫军长官。

2　第一位……罗马皇帝：指塞尔维乌斯·苏尔皮基乌斯·加尔巴（Servius Sulpicius Galba，前3—公元69），此人在尼禄自杀后成为罗马帝国的皇帝，结束了尤利-克劳狄王朝。

3　利维娅月（Livius）：实际上，在公元前8年，元老院就曾将八月改名为"奥古斯都月"（Augustus），这也是英文"August"（八月）一词的来源。

去了耐心。

有一个人是提比略未曾咨询过的，那就是他的前妻尤利娅。奥古斯都减轻了对她的处罚，将其流放地点从靠近意大利海岸的岛屿改到意大利南部城市雷吉乌姆，但是她依然处在软禁的状态下。公元14年，在提比略当上皇帝的六个月时，她便去世了，死于营养不良。据说尤利娅意志消沉，绝食身亡[17]，也许是因为她的儿子阿格里帕·波斯图穆斯遭到处决，所以她痛不欲生，也许只是因为对她的前夫执掌大权而深感绝望。

当提比略成为元首时，他已经是一个非常成熟的男人了，从某些方面来讲，他可谓罗马史上准备最充分的皇帝。然而，他绝不是最年轻的皇帝。五十五岁的提比略率领过军队，也游历过四方。尽管他和奥古斯都一样，都是在这个年龄开始安顿下来，但提比略却受到了不公正的批评，被人指责缺乏勇气和进取精神。

提比略与元老院

提比略本质上是一名寡头统治者。这位皇帝内向而冷漠，跟深受罗马民众爱戴的奥古斯都截然不同。他几乎没有时间投入公共工程建设，至于出席竞技和表演的次数更是少之又少了。

尽管提比略并不熟悉以前的共和国，但是自身的家族传统使他跟元老院有着密切的关系，而且在执政早期，他非常尊重元老院的成员。他定期参加元老院会议，承认元老们的言论自由，礼貌地倾听他们的意见，谨慎地发表自己的观点[18]。他拒绝了诸如"主人"和"祖国之父"一类的称号，正如他经常说的，"我是奴隶们的主人、士兵们的将军以及其余人的首领"[19]。他曾经告诉元老院，他认为自己是元老院的仆人，而元老们则是"和蔼、公正而宽容的主人"[20]。

不过，很少有人相信他。真要像奥古斯都那样，表面上自称"第一公民"，实际上却当着皇帝，你必须是一名政治魔术师才行。奥古斯都重视元老院，恭维其成员，同时又在背地里操纵着他们。

但提比略不是魔术师。他给予元老们自由，期待对方能报以合作的态度。然而到头来，迎接他的却是卑躬屈膝和阴谋诡计。在他面前，大多数元老都不敢随意讲话。在执政初期，提比略向元老院承诺要分权而治，一位元老回答："共和国只有一个身体，因此必须由一个头脑来统治。"[21]这个所谓头脑便是指第一公民，但提比略对这种想法嗤之以鼻。据说有一次，他从元老院会议上起身离开，嘴里用希腊语嘟囔着："这些人真是奴性十足！"[22]

而且，这位皇帝的性格也乏善可陈。提比略缺乏罗马贵族惯于向朋友们展示的亲切和体贴[23]。举例来说，恺撒与友人的相处模式可以被描述为"轻松"，而同样的词语放在提比略身上，却只能形容他对希腊语的熟练运用[24]。

他善于伪装，心狠手辣，却又识人不明，有时会造成严重的后果。他极为自律，甚至到了不近人情的地步。例如，为了参加元老院的会议，他竟然不去探望临终的儿子，事后也没有表示哀悼。提比略非常蔑视各种荣誉，导致人们手足无措，不知该如何对待他。

但是，他也有许多优点。提比略务实、谨慎、克制、冷静且简朴。他谦逊地拒绝了为自己和母亲修筑庙宇的请求，指出他的真正庙宇将矗立在人们心中[25]。他确实在帕拉蒂诺山上建造了比奥古斯都生前更加宏伟的住所，不过提比略还是相当节俭，因而在其身后留下了充盈的国库。

跟尤利娅离婚之后，提比略没有再婚，也没有已知的固定情妇。我们可能会认为他是一个孤独的男人，就像罗马皇帝中的公民凯恩¹，然而提比略并不单纯。后来有一位历史学家说得很好："提比略拥有许多美德，也有不少恶习，每一种都表现得淋漓尽致。"[26]

经过六七年相对平静的统治，提比略迫使他的敌人们接受审判，罪名是叛国（maiestas，拉丁语），即轻视罗马人民、皇帝及其家族的威严。那是一项模糊而危险的指控，难免会被滥用。元老们纷纷谴责同僚犯有叛国罪，这种情况在奥古斯都生前很少发生，他一直密切关注元老院，而提比略却让他们互

1　公民凯恩（Citizen Kane）：1941年美国同名电影的主人公，在豪华的宅邸中孤独地死去。

相揭发。

虽然审判在元老院进行，但是这种安排对被告们并无好处。跟普通的法庭不同，元老院几乎没有保护被告的规定。最终，有几十位元老都成了这些审判的受害者，丢了性命。侥幸逃脱的数百名元老也因此胆战心惊，许多人都认为提比略背信弃义、狡诈残忍[27]。

如果提比略行事暴虐，那他肯定是被激怒了，尽管这并不能为他的作风辩解。仇恨的毒液总是在高贵的外表下悄悄沸腾，一次又一次地向外渗透。例如，公元22年，一位年迈的贵族寡妇去世了，为了表明自己对提比略的态度，她在写遗嘱时故意没有提到他[28]，相同阶层的其他人通常不敢这样做。作为报复，提比略只采取了一个措施：她的家族可以在送葬队伍中展示伟大先人的蜡像，但是不能包括她的亡夫和异父哥哥。她是卡西乌斯的遗孀，也是布鲁图斯的异父妹妹——这两个人正是在公元前44年刺杀尤利乌斯·恺撒的主谋，而后者在领养关系上又是提比略的祖父。即使过去了六十六年，有些伤口依然没有愈合。

奥古斯都王朝

提比略是一名优秀的管理者，然而奥古斯都并未满足于此——他想要的是一个英雄。他看中了提比略的侄子，即风度翩翩、魅力非凡的将军日耳曼尼库斯（前15—公元19），其父乃提比略已故的弟弟德鲁苏斯。当时，提比略有自己的儿子小德鲁苏斯，但是日耳曼尼库斯的继承顺序更加靠前。由于此人娶了奥古斯都的外孙女，让提比略收养他可以保证奥古斯都的血脉再度上台。这样做对利维娅也有好处，因为日耳曼尼库斯是她的孙子，所以她的血脉将一直掌权，首先从她的儿子提比略开始。然而，这位冷酷的皇帝和他那迷人的侄子无法和睦相处，结果给皇室家族带来了严重的灾难。

在提比略执政早期，日耳曼尼库斯是一位偶像级的人物。二十八岁时，他曾在莱茵河畔指挥过罗马军队。奥古斯都于公元13年派他去那儿，并让他负责罗马的八个军团。罗马人民热爱日耳曼尼库斯，还有他的妻子——神圣奥古斯都的外孙女大阿格里皮娜，以及他们幸存下来的六个孩子（另外三个夭折了）。根据文献记载，日耳曼尼库斯和蔼可亲、态度谦逊，非常讨人喜欢[29]，这种性格为他赢得了许多支持者，其中既有元老院的成员，也有罗马及地方行省的普通民众。硬币上的图案和半身雕塑显示，他是一个相貌英俊的年轻人，长着鹰钩鼻，下颌突出，头发鬈曲。他不仅骁勇善战，而且精通文学；可以在近身搏斗中手刃敌人，也能用希腊语写作诗歌。大阿格里皮娜的肖像[30]则刻画了一个面容古典、神情严肃的女人，留着长长的辫子。

公元14年，当奥古斯都去世时，日耳曼尼亚的军团哗变，想让日耳曼尼库斯取代提比略成为皇帝。幸亏有能干的妻子帮忙，他才得以镇压暴动，重新建立起士兵们对提比略的忠诚。尔后，在公元16年，提比略从莱茵河畔召回了日耳曼尼库斯，虽然这位将军的名字意为"日耳曼尼亚的征服者"，但他仅仅是打了胜仗而已，并未扩展帝国的领土。他最大的功劳就是夺回了瓦卢斯丢失的军旗，并埋葬了那些曝尸荒野的战士。

回到罗马，日耳曼尼库斯举行了一场凯旋式，这次庆典夸大了他的成就，人们纷纷对他进行吹捧。众目睽睽之下，他带着自己的五个孩子站在同一辆战车上。他的朋友和支持者时刻准备着美化他的形象，就连他远征北海的失败都被写成了一首史诗，对他的英勇无畏予以高度赞扬[31]。

接下来，提比略又派日耳曼尼库斯去东部解决各种问题，然而这位年轻人却渴望获得更多的权力。他和大阿格里皮娜跟叙利亚总督格涅乌斯·卡尔普尼乌斯·皮索及其妻子普朗奇娜发生了冲突，他们原本是一起执行任务的。双方都是贵族，谁也不肯轻易让步。

没过多久，日耳曼尼库斯便起程前往埃及，此行并未得到提比略的批准，按理元老必须请示皇帝以后才能进入行省。在亚历山大，日耳曼尼库斯受到了热烈欢迎，仿佛他是一位英雄。他的声望有一部分得益于出身：其母乃小安东尼娅，所以他是马克·安东尼（和屋大维娅）的外孙。而且，他的慷慨也赢得了民众的称许，因为在饥荒时期，他曾经决定贱卖公粮来帮助他们。响亮的欢呼声铺天盖地，以至于日耳曼尼库斯不得不要求亚历山大人保持低调，他说只有提比略和利维娅才配得上这样的赞美[32]。

当日耳曼尼库斯在叙利亚病倒时，他认为自己中毒了，据说他怀疑凶手是皮索和普朗奇娜[33]。他死于公元19年10月10日，终年三十三岁。事后，皮索在混乱之中被召回罗马，在元老院受审。虽然定下的罪名比谋杀要轻，但他还是在宣判前自杀了。普朗奇娜也被迫回到了罗马，不过利维娅的强大羽翼保护了她，利维娅派提比略为她出面调解，并对她予以无罪释放。罗马有许多人指责提比略心怀嫉妒，声称他背后的利维娅才是造成日耳曼尼库斯死亡的真凶。尽管母子俩身份尊贵，但是他们的人气无法跟日耳曼尼库斯相提并论。他们确实有可能感到怨恨，毕竟他们只是凡人，不过谋杀又是另外一回事了。最终，普朗奇娜活得比利维娅更久，当她发现不再受到保护时，她也像丈夫一样自杀了。

即便在死后，日耳曼尼库斯也是公众的宠儿。相关文献中提到了一次全民哀悼，每个人都痛不欲生，仿佛失去了自己的至亲[34]。当时有一位诗人写道："我，哈迪斯[1]，在此宣布：'日耳曼尼库斯不属于我，而属于星辰。'"[35]

他的骨灰被埋葬在奥古斯都陵墓中。那一天，陵墓周围的火炬熊熊燃烧，喧闹的城市陷入了沉寂，只能听见悲伤的哭喊。

日耳曼尼库斯的死亡使罗马失去了一位英雄，也让提比略失去了一个继承人，六十岁的他肯定感受到了寻找下一任皇帝的压力。日耳曼尼库斯有三个儿子，可是他们都太过年幼。此时提比略的儿子德鲁苏斯三十二岁，是一名经验丰富的军人和政客，却经常沉溺于寻欢作乐。况且，奥古斯都曾明确表示要让日耳曼尼库斯及其后代统治帝国。所以，虽然提比略将小德鲁苏斯指定为继承人，但是他明白自己会把皇位传给日耳曼尼库斯的儿子。不幸的是，一场家族纷争打乱了他的计划，而一个野心勃勃的外人又狡猾地利用了这位老人。

不过，在谈论那些结束提比略统治的血雨腥风和电闪雷鸣之前，我们还是应该先考察一下提比略是如何继承罗马的对外政策并永久地改变了它，那是提比略在位的黄金时期为后世留下的遗产。

1　哈迪斯（Hades）：古希腊神话和宗教中统治冥界的神，也就是冥王。

帝国军队

从本质上来讲，提比略是一名渴望安定的军人，一旦成为首席执行官，他就更愿意收剑入鞘，正如乔治·华盛顿[1]将军或德怀特·艾森豪威尔[2]将军一样。他让军事制度挣脱了奥古斯都建立的模式，赋予军队一项崭新而长期的主要任务，那就是保卫罗马和平。

军队是帝国里最大的机构。对多数人而言，它不仅是战争机器，还是改变社会地位的唯一阶梯。而且，它也是一种融合的工具。军队可以把行省居民变成罗马公民，并汇集来自帝国各地的人们——从地中海的一头到另一头，从不列颠到伊拉克。我们有意使用了"人们"一词，而没有说"男人们"，因为在军营及其周围形成的社区里，不仅有士兵和男性平民，还有女人和孩子，他们都深受罗马军队的影响。禁止罗马士兵结婚的法律引起了士兵们极大的不满，他们中的许多人都和女性维持着事实婚姻。

罗马帝国在提比略时期大约有三十万人的军队，后来在公元2世纪达到顶峰，增至五十万人左右。那是职业化的军队，不仅报酬丰厚、装备齐全，而且规模庞大、纪律严明。

军队由三个主要部分组成：军团、辅助军和其他人员（包括桨手与水手，帝国边界的部落军，还有罗马城的守卫、武警以及消防员）。

军团由重步兵构成，堪称罗马军队的骄傲。他们须服役二十五年，除了每年的薪水之外，退伍时还会得到一笔奖金。而且，如果皇帝真的懂得用兵之道，他必然会定期犒赏士兵。毕竟，军队可以让恺撒掌权，也能将其推翻。

军团成员通常是罗马公民，不过他们很少来自罗马乃至意大利。因为意大利人已经逐渐失去了服兵役的兴趣，现在他们都是成功的农民，享受着和平与繁荣。新兵几乎都来自其他地区，比如高卢南部和希斯帕尼亚，还有多瑙河

1　乔治·华盛顿（George Washington，1732—1799）：美国政治家、军事家、开国元勋及第一任总统，曾于1775—1783年美国独立战争时期任大陆军的总司令。

2　德怀特·艾森豪威尔（Dwight D. Eisenhower，1890—1969）：美国政治家、军事家、五星上将及第三十四任总统，毕业于西点军校，1944年任欧洲盟军最高司令。

沿岸的行省。

提比略手下有二十五个军团，比公元9年瓦卢斯在日耳曼尼亚战败之前少了三个。提比略去世后不久，军团的数量恢复到二十八个，在接下来的一个半世纪里又增加至三十个，最终高达三十三个，总兵力在十三万到十七万之间浮动。

辅助军由非公民组成，负责在军团侧翼作战。跟军团士兵相比，他们得到的报酬要少，生活较为贫穷，文化水平不高，而且坦白来讲，他们更有可能战死沙场。这些人在当地招募的部队里服役，按照当地的惯例配置装备并接受训练。从公元50年前后开始，辅助军可以在二十五年的服役期结束后获得公民身份。作为证明，他们会拿到一种折叠式的铜片，名曰"退伍状"。

特殊部队驻扎在罗马城。禁卫军有几千人，是支持和保护皇帝的精锐部队。另有约一千五百名士兵充当城市的警察力量，约三千名士兵担任罗马的消防员。跟其他军队不同，罗马的士兵主要是意大利人。

海军在意大利有两处基地，一处位于那不勒斯湾，另一处位于亚得里亚海。而且，罗马在莱茵河与多瑙河上也有军舰。

罗马军队的最后一个部分是由各部落的男性组成的，他们生活在帝国的边界线两侧，属于非正规部队。虽然这支部队跟罗马正规军一样强悍，但是其中很少有人踏足过罗马。他们并未因此丧失使命感，尽管他们确实更加看重服役的报酬和条件。毕竟，即便不是为了家园而战，他们也可以为了金钱而战。

一个重要的问题是军队的战斗力，奔赴沙场的部队会比守卫要塞的部队更容易激励。对于帝国军队而言，维持纪律显得越来越重要，却也越来越困难。

有朝一日，在遥远的未来，罗马军队将沉溺于和平生活，暴露出软弱无能、贪图安逸的缺点，从而变成诱人的目标，吸引境外强敌对其发起进攻。但是，在提比略的时代尚不会出现这种情况。

"一位无意扩张帝国的君主"[36]

日耳曼尼库斯曾企图夺回莱茵河以东的日耳曼尼亚，然而务实的提比略并未同意。尽管在奥古斯都统治时期，人们经常谈论"没有尽头的帝国"，但是提比略不会被这种说法冲昏头脑。正如塔西佗在《编年史》中所描述的那样，提比略无意扩张领土，至少他对军事扩张不感兴趣。崭新的政策标志着巨大的变革，在将近三百年的时间里，罗马政坛的主宰者皆为新领土的征服者，以后则不会再出现这样的局面了——只要提比略能够按照自己的意愿行事。而且，这位皇帝的决策背后也有明智的理由作为支撑。

罗马军队的兵力只够满足边境巡逻的要求，总共约三十万人。军费是政府的最大开支，根据非常粗略的学术统计，其数额通常占每年预算的一半以上[37]。一个现代国家，即使是像美国那样的军事强国，其用于军事方面的预算也只是一小部分，而大部分将会投入社会福利项目[38]。

跟之后的其他帝国相比，罗马帝国的经济比较困难，缺乏弹性，其承受更大军事负担的能力非常有限。况且，日耳曼尼亚也无法提供大量的财富，在未来征服者的眼中，其诱惑力显得远远不够。它只是有着一条易守难攻的边界（易北河-多瑙河一线），还可能提供获得荣誉的机会。然而，冷静的提比略认为没有必要再追求虚名了。罗马精英阶层的许多人都相信罗马已经征服了世界上最好的部分，剩下的地方似乎不值得再耗费精力[39]。

更多的战争需要更多的士兵，那不仅十分昂贵，而且相当危险，因为人数增加会提高叛乱的可能性。在民间，征兵是不受欢迎的举措。再说，由谁来挂帅也是问题，皇帝们不想让自己的将领包揽攻城略地的功劳。

公元16年是帝国历史上的分水岭，不过当时人们并未意识到这一点。提比略召回日耳曼尼库斯，结束了罗马夺回莱茵河与易北河之间领土的最后一次认真尝试。只有莱茵兰是例外，那片位于莱茵河东岸的狭长地带被罗马控制了数个世纪。

在欧洲北部的多年苦战让提比略明白征服战争的残酷真相，况且他也没有奥古斯都征服世界的欲望。一向狡猾的提比略告诉元老院，奥古斯都曾在临终之际叮嘱他停止扩张帝国。如此重大的政策调整需要奥古斯都的威望作支持，提比略把他搬出来显然是非常明智的选择，不过值得怀疑的是，那位前任统治者真的说过那样的话吗？如果他真的说过，而且提比略确实赶上了见他最后一面，那么只能说他在死前突然改变了信念。奥古斯都在位时所做的一切都表明他是一名坚定的帝国主义者，因此从道理上来讲，这项新政策的构思和推行应该归功于提比略。

虽然后世的罗马皇帝中有不少如提比略这样的务实主义者，但在罗马人的内心深处，依然埋藏着对军事荣耀的强烈渴望。所以，有些皇帝会继续发动征服战争，尤其是那种优秀的战地指挥官。跟提比略不同，他们年纪尚轻，可以参加艰苦的战役。这些君主通过大规模的战争，为帝国增添了不列颠行省和达契亚行省。此外，他们还跟帕提亚人及其后继者发生冲突，展开了持续数代而又徒劳无益的漫长争斗。不过，他们终究属于特例，大多数罗马皇帝都遵循了提比略制定的新政策。

提比略的改革产生了不可估量的影响。诚然，他利用了奥古斯都和尤利乌斯·恺撒奠定的基础，不过他更进一步，得出了一个合理的结论，尽管有时候显得非常残酷——他很少浪费精力去粉饰真相。最终，罗马的特征发生了根本性的变化。当罗马人还在争论他的政策是否正确时，罗马已经改变了。

一个追求扩张的帝国需要野心勃勃的将军来指挥战役，需要充满活力的政客来行使外交，需要自由开放的讨论来制定策略，需要能言善辩的演说家来鼓动人们积极支持并应征入伍。与之相反，一个安定稳固的帝国需要卫戍司令来维持纪律和镇压叛乱，需要官吏、管理者以及税收人员。它不需要罗马人扮演任何公民角色，甚至连当兵都用不着，因为意大利和地方行省已经有许多人做好服役的准备了。

而且，罗马也不需要元老们成为其政治体系的领导者。这个崭新的罗马降低了元老们的地位，他们充其量只能成为皇帝的顾问，在最坏的情况下还会被当作亟待压制的异议分子。奥古斯都减少了元老院精英的使命感，而提比略则进一步将其削弱。有些人奋起反抗，付出了生命的代价，但是大多数人都选择了屈服。他们开始关注自己的内心，试图从哲学或享乐中寻求安慰。

禁卫军的统治

对于元老院而言，提比略的统治是以温暖的友好开始，以冰冷的敌意告终。这种转变几乎是不可避免的，因为在崭新的政权面前，骄傲的罗马贵族不肯轻易屈服，而皇帝的性格又非常粗暴直接。在他统治的大部分时间里，尤其是公元26—31年，辅佐他与贵族作斗争的主要顾问兼伙伴乃卢基乌斯·埃利乌斯·塞扬努斯。塔西佗称塞扬努斯胆大妄为、卑鄙无耻且诡计多端，指责他让提比略暴露出了最糟糕的一面[40]。然而真相扑朔迷离，塞扬努斯也有可能是在按照主人的命令行事。

就像奥古斯都的得力助手阿格里帕一样，塞扬努斯也来自骑士阶层，其家族声名显赫，跟许多元老都关系密切。塞扬努斯聪明能干、野心勃勃，在主人身边发挥着不可替代的作用，他渴望分享皇帝的权力，一如当年的阿格里帕。在奥古斯都手下之时，塞扬努斯就表现得不错，等到提比略执政以后，他先是担任禁卫军的联合指挥官，接着又成为独立指挥官，其职位被称作"禁卫军长官"。

塞扬努斯利用这个职位登上了权力的顶峰。当提比略继任时，不满四十岁的塞扬努斯赢得了皇帝的信任，其他顾问一个接一个地消失，而塞扬努斯的地位变得无人可比。公元23年，提比略的儿子小德鲁苏斯突然意外死亡，给他带来了沉重的打击，他制订的传位计划又一次化为泡影。

罗马的贵族女性觉得塞扬努斯非常迷人，就连提比略的儿媳利维拉也泥足深陷，成了他的情妇。后来，他那心怀怨恨的妻子声称，利维拉按照塞扬努斯的吩咐毒死了她的丈夫小德鲁苏斯。此案只有旁证，而且都是通过严刑拷打获得的，虽然罗马人认可这样的证据，但我们认为那没有任何参考价值。无论真相如何，这件事情传出来的时候，塞扬努斯已经不在人世，不可能替自己辩解了。

身居高位的塞扬努斯曾说服提比略在罗马城郊为禁卫军建造了一片营房。那里宏伟壮观，占地面积40多亩，具备罗马军营标准的长方形外观，防御工事格外厚重坚固。营地周围环绕着混凝土砖块砌成的高墙，顶部有巡逻的通道和带门的塔楼。它的主要部分都保留了下来，今天依然可以看到，就在距离罗马中央车站不远的地方。

此处被称作"禁卫军营地"。禁卫军是一支精英部队，共有几千名成员，他们是高薪的职业军人，负责保护皇帝的安全。奥古斯都创立了禁卫军，但是作为精明的政治家，他不愿冒犯元老院，于是便命令禁卫军离开罗马，驻扎在附近的镇子上。然而，提比略撕下了这种伪装。他先是把禁卫军带进城里，安置在各处，接着又开始建造永久的营地。

让禁卫军集中在一个战略地点，有助于贯彻纪律并施加威慑，无疑增强了禁卫军的团队精神。大概就是在这时，禁卫军启用了著名的蝎子标志。提比略是天蝎座[1]，这位皇帝沉迷于占星术，而且蝎子剧毒的尾刺也暗示着禁卫军的可怕力量。

禁卫军越是雷厉风行，罗马人民就越是畏首畏尾。同样的说法也可以用来形容塞扬努斯——随着政治自由的减少，他的权势也在不断地增长。公元26年，一桩意外使塞扬努斯获得了更大的资本。提比略有一栋别墅，位于罗马南边风景如画的海岸上，建在一个洞穴的内部及其周围。当他吃饭时，洞口突然崩塌，岩石掉落下来，砸死了几个随从。众人一片恐慌，而冷静的塞扬努斯却用自己的身体护住了皇帝。从此以后，提比略就更加信任这位禁卫军的首领了，甚至把他当作一名毫无私心的顾问。

那个洞穴依然存在于今天的斯佩尔隆加[2]，并且保留了许多古代奢侈生活的痕迹，包括养鱼池、卧室和精美的雕塑。如果考虑到塞扬努斯和提比略合作的结果，游客们可能会认为这里是暴政诞生的地方。

不久以后，提比略便永远地离开了罗马。那不勒斯湾的卡普里埃岛曾是奥古斯都最喜爱的度假地，而提比略则更进一步，将其变成了自己的家。公元26年，六十八岁的他隐退到卡普里埃岛。尽管大部分权力都落入了塞扬努斯之手，但提比略依然是皇帝。他继续制定决策，下达命令，只是不再去罗马了。

1　"提比略"句：提比略生于11月16日，属天蝎座。
2　斯佩尔隆加（Sperlonga）：意大利拉蒂纳省的一个海滨城镇。

在人生的最后十年中，他几乎一直都守在岛上的豪宅中，即朱庇特别墅（Villa Iovis，拉丁语），距离首都约270千米。

这种安排是非常惊人的，因为它证实了晚些时候的一句谚语："皇帝所在，便是罗马。"[41]虽然原话是指一百五十年以后的一名统治者[42]，但是在提比略的时代就已经如此了。

而且，其惊人之处还在于，它表明提比略尊重元老院的政策结束了。如果他不在罗马，那他就无法参加元老院的会议。这位皇帝本想恢复元老院的权力，最终却以实际行动宣告试验失败。

当然，换一个角度来看，提比略撤出罗马的选择倒也没那么惊人，毕竟这是效仿了两位前任的做法。在人生的最后十五年中，尤利乌斯·恺撒经历了许多事情，他仅仅在罗马做过几次短暂的停留，加起来还不到一年。至于奥古斯都，他当上皇帝以后的大部分时间都是在罗马之外的地方度过的。的确，他们离开罗马都是为了处理要务，要么发动战争，要么指挥外交，抑或视察行省。不过，恺撒和奥古斯都均掌握了获取情报的可靠渠道，而提比略却并非如此。塞扬努斯控制着岛上的信息来源，他会自行判断提比略需要知道什么以及不需要知道什么。这位守门人越俎代庖，扮演起了决策者的角色。

有些人说，提比略离开罗马是为了逃避他的母亲利维娅[43]，这种可能性似乎不大，尽管他也许已经受够了那个强势的女人。有一次，他们发生了争执，因为她反复要求他提拔一个资历不够的人，将其任命为尊贵的法官之一。最后，提比略同意了，但是公开批评了她。利维娅掏出自己收藏在神龛里的旧信，把提比略逼到了悬崖边缘——那些来自奥古斯都的私函直言提比略冷酷而固执[44]。提比略的自制力很强，面对如此卑劣的攻击，他不会作出情绪化的反应。他喜欢慢慢地享受复仇。

公元29年，在提比略隐退至卡普里埃岛的三年后，利维娅去世了。提比略没有去罗马参加葬礼，见证她被埋在奥古斯都陵墓中。多年以前，他曾经跨越欧洲北部，火速赶到身负重伤的弟弟身边；公元22年，听说母亲病倒，他也立即返回罗马——这些行为都与之形成了鲜明的对照。在利维娅死后，提比略也没有遵照她的愿望和元老院的提议将其封为女神。虽然后来她得到了生前想要的结果，但那是在另一位皇帝统治期间的事情了。元老院还投票决定用一座凯旋门来纪念利维娅，这将是女性首次获此殊荣，然而提比略却让它始终未能建成[45]。

不过，谁也无法否认利维娅所扮演的角色非常重要。她的骨灰已经入土为安，而她不朽的成就将会永存世间。八十七年前，当她出生时，骄傲的元老院贵族依然有权主导帝国的命运。然而到她去世时，她却代表帝国控制着这群贵族。她完全可以认为自己带来了崭新的秩序：她既是第一公民的妻子，又是第一公民的母亲；她是克劳狄家族的核心成员，更是尤利娅·奥古斯塔；她改革了共和国，却也埋葬了它。在此之前，罗马出现过不少强大的女性，但是没有任何一位可以跟利维娅相提并论。

年逾七十的提比略继续处理某些公务，尤其是指导地方行省的管理。有几位总督写信询问能否增加行省的税收，皇帝答道："优秀的牧人只会剪羊毛，不去剥羊皮。"[46]但是，在涉及首都乃至皇室的政治问题上，他太相信塞扬努斯了。

提比略的占星师随他一起去了卡普里埃岛。历史学家苏维托尼乌斯写过许多故事，绘声绘色地描述了提比略在岛上的放荡生活。诸如，他不仅会盯上成年女人，还会对少男少女下手，所以人们都叫他"老公羊"[1][47]。他的恶行包括纵情酒色、三人交媾、强奸儿童以及杀害了拒绝他的一个人。他训练小男孩，让他们在游泳的时候追逐他，钻到他的两腿之间舔舐并啃咬——他称他们为自己的"小鱼"[48]。提比略在罗马的公众形象很差，这些故事恐怕也是原因之一，不过罗马历史充满了淫秽的传闻，我们对此应该保持警惕。实际上，提比略在岛上最伤风败俗的行为大概就是眺望星空和占卜未来了。与此同时，首都的局势正在不断升温。

对提比略政敌的叛国罪审判加快了速度。我们无法分辨接下来的事情有多少是皇帝做的，又有多少是塞扬努斯所为。例如，有人举报一位历史学

---

1 老公羊（old goat）：比喻老色鬼，如今这种说法在英文里依然流行。

家[1]，说他赞美布鲁图斯和卡西乌斯是"最后的罗马人"[49]。而这位历史学家恰好是塞扬努斯的死对头，结果被迫自杀身亡[50]。

塞扬努斯使提比略相信，日耳曼尼库斯的遗孀、骄傲自负的大阿格里皮娜正在密谋推翻他。这项指控倒也有可能是真的，因为她确实厌恶皇帝。大阿格里皮娜是奥古斯都的外孙女，也是其家族中影响提比略人生的第四位成员。据塔西佗记载，她"非常渴望权力，为了进入男性的政治世界，甚至彻底改掉了女性的弱点"[51]。她颇受欢迎，而且自视甚高，认为提比略阻挠了真正的继承者。随着时间推移，两人的关系不断恶化。

大阿格里皮娜的好友兼表姐[2]遭到控告，提比略和大阿格里皮娜为此发生了争执。愤怒的大阿格里皮娜指责提比略在含沙射影地攻击她，而提比略则引用了一句希腊名言，质问她是否觉得自己有资格成为女皇。过了一段时间，大阿格里皮娜要求提比略批准她再婚。他没有作出答复，实际上这等于拒绝。后来，他便声称她犯有通奸罪[52]。当大阿格里皮娜坐在提比略身边享用晚宴时，她不肯吃他递给自己的苹果，仿佛在暗示他想毒死她[53]。对此，提比略向在场的利维娅抱怨，而且再也没有邀请大阿格里皮娜参加晚宴。

最终，在公元29年，利维娅死后不久，提比略指控大阿格里皮娜企图向奥古斯都的雕像和军队寻求庇护[3]。他命人逮捕了她，并让元老院把她赶出意大利，驱逐到靠近海岸的一座小岛上，那里正是当初奥古斯都流放尤利娅的地方。四年以后，大阿格里皮娜去世了。官方记载声称她绝食抗议，不过也有传闻说她是被活活饿死的[54]。跟可怜的尤利娅一样，她也继承了奥古斯都的血脉，却因违背他的继任者而落得悲惨的下场。

在提比略统治期间，大阿格里皮娜的儿子们也过得非常艰难。皇帝并未按照最初的计划传位给其中之一，而是囚禁了她的两个大儿子。他们俩都没能活下来，只有年仅十七岁的小弟弟盖乌斯幸免于难。

1　一位历史学家：指奥鲁斯·克莱穆提乌斯·科尔都斯（Aulus Cremutius Coruds，？—25），罗马历史学家，其大部分作品都已被销毁，只有少量残章流传下来。

2　好友兼表姐：指克劳狄娅·普尔克拉（Claudia Pulchra，前14—公元26），其外祖母乃奥古斯都的姐姐屋大维娅。

3　向……寻求庇护：暗示大阿格里皮娜要背叛提比略。

塞扬努斯变得越来越强大，公元31年，他说服提比略赋予自己更多的权力，其法律地位几乎跟统治者不相上下。而年逾古稀的皇帝则逐渐减少了对罗马各项事务的关注，据说在谈到他不受元老院欢迎的问题时，他曾坦言道："他们恨我没关系，只要尊重我就行。"[55]

皇帝改变了长期以来的态度，不再反对守寡的儿媳利维拉嫁给塞扬努斯。一切似乎都非常顺利，眼看塞扬努斯就要被指定为皇位的继承人了。他摆脱了大阿格里皮娜及其成年的儿子们，准备走出阴影并夺取政权。然而，等待他的却是灭顶之灾。

如果文献记载内容属实的话[56]，那么拯救提比略的关键人物就是奥古斯都家族最后登场的一位女性：他的弟妹小安东尼娅。小安东尼娅可谓名副其实的皇室女性，她是屋大维娅和马可·安东尼的女儿，奥古斯都的外甥女，提比略的弟弟德鲁苏斯的遗孀，日耳曼尼库斯的母亲，以及他和大阿格里皮娜幸存子女的祖母。据说她长得像维纳斯一样美丽[57]，而且举止非常优雅，从来都不会吐唾沫[58]。她是妻子忠贞的典范，自从丈夫在公元9年去世以后，她便一直守寡，并住在婆婆利维娅的家中。在利维娅死后，她将自己的三个孩子抚养长大。此外，她还负责监督在罗马做人质的几位异国王子，管理着自己的广大地产，同时密切关注着政治动向。

公元31年，小安东尼娅做出了她在政治方面最大胆的举动。她冒险给提比略写信，告诉他塞扬努斯正在密谋推翻他。这封信成功地让皇帝相信，塞扬努斯打算杀害大阿格里皮娜和日耳曼尼库斯仅剩的儿子，然后把提比略年幼的孙子捧上皇位，由他自己来执掌罗马的实际权力。

这足以让提比略警醒。他原本就已经开始怀疑那位强势的大臣了，而小安东尼娅的私函则证实了他的猜想。公元31年10月18日，皇帝命人在元老院宣读了另一封信，当时塞扬努斯也在场。这封信严厉谴责了塞扬努斯，内容乃提比略亲笔所写。尽管塞扬努斯非常狡猾，但是他完全没料到会发生这种事情，结果大惊失色，不知该如何是好。他犯下了一个致命的错误，那就是低估了提比略。与此同时，元老们迅速响应主人的号召，他们立即下令把塞扬努斯拖出去，连同他年幼的孩子一起处决。他并未得到审判，甚至都没有正式的指控，相当于丧失了罗马公民的权利。然后，他的尸体被肢解并扔进了台伯河，他的支持者们也被押上了法庭。这一切皆缘于皇室家族的一个女人，她的一封信改变了历史。

官方记录抹去了塞扬努斯的名字，他的所有肖像纪念物也都遭到了破坏——销毁工作进行得非常彻底，以至于这位显赫一时的人物没有留下任何可以辨认的肖像。如果元老院宣告一个人为公敌，那么他们通常会消除此人的存在痕迹。当然，不同的案例在细节上各有差异。尽管类似的惩罚有时被称作"消除痕迹之刑"（damnatio memoriae，拉丁语），但是这并非古代的说法，而是后来发明的术语。

在突袭塞扬努斯之前，提比略预先拉拢了罗马消防队（属于军事组织）的队长昆图斯·苏托利乌斯·马克罗。事后，提比略任命他为禁卫军的新指挥官。然而，这样的安排对元老院毫无帮助。实际上，跟塞扬努斯相比，马克罗的叛国罪数量更多。提比略下令处决了监狱里所有可能支持他那个亲密顾问的嫌疑人，起初他们的尸体躺在地上慢慢腐烂，后来则被扔进了台伯河。皇帝和他的两位禁卫军长官几乎毁灭了罗马贵族仅剩的一丝自由。

提比略逃过一劫，却也付出了代价。他不得不承认塞扬努斯欺骗了自己，而更为糟糕的是，提比略知道，他曾经相信的那个人很可能就是杀害他儿子的幕后真凶。可想而知，这位皇帝的晚年该是何等痛苦。

日耳曼尼库斯的复仇

提比略害死了大阿格里皮娜和日耳曼尼库斯的两个儿子，不过他救了他们的第三个儿子盖乌斯，并把他带到了卡普里埃岛。而提比略有一个孙子，其父是他的亲生儿子小德鲁苏斯，提比略没有明确表示哪个年轻人会成为继任者。他肯定更愿意选择自己的孙子，但是盖乌斯拥有日耳曼尼库斯的人气和奥古斯都的血脉。

据文献记载，提比略发现了盖乌斯的不良品性，甚至还对此感到高兴，因为这样能衬托出他的优点，当人们回想起提比略时，就会觉得他形象高大，而元老院的那些政敌也会烦恼不已。据说提比略把盖乌斯视为一条毒蛇[59]，他曾断言："等我死后，烈焰将席卷大地。"[60]这种故事非常精彩，但也引起了许多怀疑。

不过，历史研究者难免会陷入沉思，想象自私多疑的老皇帝和娇生惯养的小皇子一起待在地中海美丽岛屿上的情形。他们把世界的命运玩弄于股掌之间，可能还互相交流在利维娅膝下学到的政治经验——利维娅是提比略的母亲和盖乌斯的曾祖母。盖乌斯的母亲故去以后，她便在自己家中将其抚养长大[1]。或许提比略意识到了，不只是利维娅已经不在人世，就连奥古斯都家族其他影响提比略人生的女性也几乎都走了：美丽却狡诈的尤利娅，忠诚的维普萨尼娅，还有渴望复仇的大阿格里皮娜。勇敢而慷慨的小安东尼娅依然健在，但是她仅仅比提比略多活了不到七周。总体来看，皇室家族的关键成员只剩下"老公羊"和"小毒蛇"了。

公元37年3月16日，盖乌斯的伯祖父、七十八岁的老皇帝提比略终于去世了，此时盖乌斯二十四岁。有人说是盖乌斯给提比略下毒，也有人说是盖乌斯把提比略活活饿死，或者用枕头令他窒息的[61]。而其他人则认为禁卫军的指挥官马克罗才是凶手。军队拥护盖乌斯登基，两天后元老院承认了他的地位。今天，盖乌斯更为人熟知的名字是卡利古拉，意为"小兵靴"。这是他童年时的昵称，因为当他跟随父母在日耳曼尼亚的军营里生活时，他们曾给他穿上小巧的制服。卡利古拉是日耳曼尼库斯的儿子，神圣奥古斯都的外曾外孙，以及马克·安东尼的后代，他继承了众多伟人的血脉。所以，从某种意义上说，日耳曼尼库斯最终还是实现了对提比略的复仇。

1　"盖乌斯"一句：此处叙述或有误。盖乌斯的母亲大阿格里皮娜死于公元33年，而利维娅死于公元29年，后者不可能在前者死后照顾盖乌斯。关于当时的具体情况，古罗马的历史学家众说纷纭。根据苏维托尼乌斯的记载，利维娅是在大阿格里皮娜被流放以后开始抚养盖乌斯的，但塔西佗认为塞扬努斯是在利维娅死后才针对大阿格里皮娜采取了最后的行动，而老普林尼则声称大阿格里皮娜的支持者之一提图斯·萨宾努斯是在公元28年接受审判的，即利维娅死前一年，维莱伊乌斯也暗示利维娅是在大阿格里皮娜陷入困境以后才去世的。因此，有些学者认为塞扬努斯扳倒大阿格里皮娜的阴谋分为两个阶段进行，盖乌斯是在第一阶段之后被送去跟利维娅一起生活的。详见Anthony A. Barrett, *Caligula: The Corruption of Power* (Taylor & Francis e-Library, 2001), 21。

人们不会怀念提比略。听到他的死讯，罗马民众欣喜若狂，他们边跑边喊："把提比略扔进台伯河！"[62]卡利古拉拒绝神化自己的前任，在实行元首制的最初两个世纪中，只有少数几位皇帝没能获得这项荣誉。

然而，如果按照施政结果来判断，提比略可谓罗马最成功的皇帝之一。对外，他巩固了帝国边界；对内，他永久地压制了元老院。他颠覆了奥古斯都的帝国主义，消除了国内动摇其统治的严重威胁，进一步为贸易与繁荣创造了条件。总而言之，提比略确保了元首制能够延续下去。恺撒们将继续统治罗马，尽管未来还会遇到难题。

奥古斯都的统治以暴力开始，以劝说和仁慈结束，完全符合马基雅维利为成功君主定下的规则。而提比略却截然相反：起初友好和善，最终严厉残忍。

塔西佗把提比略描述成一个狡猾而阴郁的暴君，但是今天的大部分学者都认为这样的评价言过其实，毕竟提比略还有许多优秀的品质。当然，毋庸置疑的是，他让罗马贵族遭受了巨大的伤害，而他建造的禁卫军营地改变了罗马的政治现实。正如18世纪英国历史学家爱德华·吉本所言，提比略用这片营地"给他的祖国戴上了枷锁"[63]。我们可以说提比略是一位理智的独裁者，他的性格肯定比塔西佗所形容的更加复杂。但是，我们不能否认他是一名暴君，毕竟他借助叛国罪的模糊指控，迫害自己的政敌，并夺取了他们的生命。

由此，提比略揭开了罗马君主制的面纱。要想把罗马变成纯粹的独裁国家，只要一个自大狂便足矣。而这样的人刚好出现了，实际上还出现了两个。对于奥古斯都建立的政治体制来说，它面临的主要考验很快将变成能否在不引起混乱的情况下推翻昏君。

提比略认为自己强壮坚毅，富有男子气概，而他的军事成就也证明了这一点。不过，女性在他的政治生涯中发挥了巨大的作用：从他的救星小安东尼娅，到他渐渐疏远的妻子和继妹尤利娅，再到他的竞争者和养子之妻大阿格里皮娜，以及最重要的一位——他的母亲利维娅，她是罗马有史以来最强大的女人。提比略曾爱过自己的第一任妻子维普萨尼娅，但是这位极其谨慎的统治者没有留下关于他们婚姻的画像或雕塑。

提比略跟利维娅、尤利娅、大阿格里皮娜之间的冲突体现了罗马生活中正在发生的剧变。回首往昔，坚定自信的男子汉在身后女人的支持下为罗马赢得了帝国。但其后的重点是守卫帝国，而非扩张帝国。智慧和谋略比力量和勇猛更加重要，只有社会的偏见和生育的艰辛才能阻止女性跟男性平等竞争。

然而，这也使得男性必须想办法重新定义自己。提比略也许认为，他已经化解了英雄式领导的问题，消除了这种领导模式赋予帝国的使命感，但实际上，他只是让这一问题以全新的形式回归罢了。在提比略去世以后，罗马政府又开始青睐个人魅力，接下来的三位皇帝都跟日耳曼尼库斯有关：首先是独裁版的日耳曼尼库斯（他的儿子卡利古拉），其次是跛足版的日耳曼尼库斯（他的弟弟克劳狄乌斯[1]），然后是酒神[2]版的日耳曼尼库斯（他的外孙尼禄）。最后，罗马迎来了第二个提比略，他也是一位军人出身的皇帝，不过更受民众欢迎。这位皇帝就是韦斯巴芗，罗马角斗场的建造者。

皇帝们越是让帝国沉溺于和平，就越会导致罗马军队丧失斗志和锋芒。皇帝们越是提高罗马政府的独裁程度，就越会让罗马人降低活力、韧劲和效率，尤其是罗马精英阶层。一个由恺撒候选人组成的共和国固然不能站稳脚跟，而一个由胆小鬼和酒色之徒组成的共和国也无法捍卫自己的领土。

提比略是一位变革型领袖，而非魅力型领袖。但是，西方历史上最伟大的宗教革命却在他统治期间开始了，那就是耶稣基督的传教，这样的对比充满了戏剧性。拿撒勒人耶稣在加利利[3]宣讲福音以后，被钉死在耶路撒冷十字架上，时间大约是公元30年。他的追随者将其誉为"弥赛亚"[4]，在希腊语中被称作"基督"[5]。他们相信他会复活，并把他的传道视为一个新宗教的开端，这便是基督教。当然，提比略对此一无所知，他正坐在自己的朱庇特别墅里，守在遥远的卡普里埃岛上。

1　克劳狄乌斯（Claudius，公元前10—公元54）：罗马皇帝（公元41—54年在位），因患病而无法正常行走。

2　酒神（Bacchus）：指古罗马神话中的酒神巴克斯，喜爱唱歌跳舞，饮酒狂欢。

3　加利利（Galilee）：巴勒斯坦北部地区，主要城市有拿撒勒、采法特等。

4　弥赛亚（Messiah）：希伯来语，意为"救世主"。

5　基督（Christ）：希腊语，意为"天选之人"。

第三章

尼禄

丧失危机感，是组织败亡的起点

公元64年7月18日深夜，奥古斯都去世五十年以后，罗马发生了一场火灾。先是大竞技场一头的店铺开始燃烧，接着大火随风蔓延至另一头，穿过附近的山谷，爬上起伏的山丘。民众纷纷逃命，许多人失去了一切，很快强盗团伙便洗劫了街道。

罗马经常失火，并且难以扑灭。这座城市存在巨大的火灾隐患，到处都是蜿蜒曲折的窄巷，房屋大多由土坯和木梁筑成，也有涂着黏土的木质格栅。砖块和大理石之类的建筑材料并不多见，只是偶尔使用。相邻的两家往往共用墙壁，极少有人在身边常备灭火工具。罗马的夏日高温和频繁干旱很容易让火势失去控制。奥古斯都建立了罗马的第一支消防队，但是其规模较小，主要依靠成员们提着桶从渡槽里打水来灭火。夏天，渡槽的水位总是很低，因为有钱的恶棍会用虹吸管[1]把水抽走，供给自己的豪宅。推倒建筑作为隔离带便成了扑灭大火的最佳方式。

这是首都有史以来最严重的一场火灾，肆虐了整整五天。直到第六天，人们才拆除了足够多的建筑来阻止火势蔓延，然而其他地方又开始着火了。当大火终于被扑灭时，罗马十四个行政区中的三个已经被彻底烧毁了，另外

1　虹吸管（siphon）：一种U形管，连接着高度不同的两端，可以利用液体压力差把一端的液体转移到另一端。有证据表明，早在公元前3世纪就有希腊工程师使用了虹吸管。

有七个行政区仅剩下少数损坏的建筑，只有四个行政区幸免于难。全城死者众多。

火灾刚发生时，尼禄皇帝正在罗马南边的海滨别墅里。面对灾难，他没有像以前的统治者一样迅速赶回城中。实际上，他耽搁了许久，直到他自己的宫殿也处于烈焰的威胁之下。他将这座宏伟的新宫殿称作"廊屋"，它横跨整个山谷，连接起罗马的两座山丘。其中一座山丘起火了，不过另一座山丘上的房舍依然挺立。尼禄就是在那儿建立了指挥部，准备营救深陷困境的城市。

接下来，古代历史上最著名的一个场面出现了。历史学家塔西佗声称："有一种说法流传甚广，即正当罗马城熊熊燃烧时，皇帝登上了他的私人舞台，唱起了描写特洛伊毁灭的歌曲，以过去的灾难比喻眼前的不幸。"[1]

显然，这便是"尼禄在罗马大火中拉小提琴"1这一现代谚语的起源。

尼禄不可能真的拉小提琴，毕竟这件乐器直到中世纪才发明出来。他热爱唱歌，而且非常喜欢用一种名叫"里尔琴"[2]的弦乐器来伴奏，那是希腊的代表性乐器，就像今天古典吉他是西班牙的代表性乐器一样。此时，二十六岁的尼禄已经在罗马进行过多次公开表演了，这让保守派非常反感，他们认为他在当众出丑，有损罗马贵族的威严。因此，他在罗马大火中表演的传说似乎比较可信，尽管无法得到证实。

据称他歌唱的主题是火烧特洛伊，这一点非常有趣，因为罗马人相信逃离特洛伊的难民建立了他们的城市。况且，尼禄及其先人奥古斯都均把自己的始祖追溯至特洛伊领袖埃涅阿斯——相关细节出现在维吉尔的史诗《埃涅阿斯纪》中，而这部拉丁文学的杰作又是以希腊神话为基础的。如果说尼禄的血脉源于罗马的开始，那么他的歌曲也许宣告了罗马的结束。

不过，所谓的"拉小提琴"2是否有其他含义呢？尼禄在罗马失火时是否

1　"尼禄在……小提琴"（Nero fiddled while Rome barned）：英文谚语，比喻面对危机无所作为，不能抓住关键问题，解决当务之急。

2　拉小提琴：英语作"fiddle"，这个词既有"拉小提琴"的意思，也有"无所事事"的意思。

什么都没做呢？他一直拖到自己的个人利益遭受威胁才返回燃烧的城市，这无疑是他的罪过。接下来，他采取了补救的措施：开放公共建筑和庄园，收容无家可归的民众，从附近的城市征调食物运进罗马，并大幅降低粮价。然而，在某些人心目中，他唱歌的传闻抹杀了赈灾的功劳。大火过后，尼禄没收了罗马市区的许多土地，打算重建一座庞大的新宫殿，民众的愤怒之情愈演愈烈。他们觉得，尼禄在罗马被烧毁时毫无作为，事后还通过灾难牟利。也许正因如此，另一个更加致命的谣言产生了：尼禄不仅对火灾冷眼旁观，而且实际上就是纵火者，他企图制造混乱，趁机达到个人目的。

罗马大火在尼禄执政的许多年中仅占短短一周的时间，但是它从现实和象征两个角度定义了他的统治。这场大火带来了罗马城的新面貌和罗马建筑的新时代，给罗马文化乃至世界文明留下了烙印。尼禄本人也像一场大火，清除了元老院的旧精英，为来自地方行省的新统治阶级烧出了一条道路。

尼禄很擅长使用火焰之类的象征，所以这次火灾在历史上得到的关注有其合理之处，但是也有误导之处。罗马大火是一场失败的表演，尼禄非常清楚，毕竟他的人生离不开表演。因此在火灾之后，他又奉献了另一场诡异而恐怖的表演，把囚犯们变成了人形火炬——如他所料，这场表演很受欢迎。

尼禄是一个矛盾体。在某些方面，他是最糟糕的皇帝：冷酷、凶残、放荡，最终严重危害了大多数地方行省的利益。然而在其他方面，他又非常成功：充满魅力，讨人喜欢，堪称建设者、慈善者、和平创造者，以及人民的表演艺术家。尼禄既是疯狂野蛮的独裁者，也是才华横溢的民主者。

很少有皇帝像尼禄一样家喻户晓或者说是臭名昭著，而且没有哪个皇帝的故事里面掺杂着如此多的传闻与误解。但是，就算以最冷静的态度来审视，我们所看到的尼禄也会吓坏奥古斯都，即其外祖母的外祖父。尼禄的统治引出了一个问题：由奥古斯都建立并经提比略巩固的君主政体究竟能否延续下去。

事情为何会发展到这一步？若要作出回答，我们必须先谈谈提比略和尼禄之间的两位皇帝。

日耳曼尼库斯王朝

当卡利古拉[1]取代提比略时，人们无不对他寄予厚望。他非常年轻，父亲是深受爱戴的日耳曼尼库斯，而外曾外祖父则是神圣的奥古斯都。他年少时在其曾祖母利维娅的家中住过一段时间。利维娅可是传授统御之术的优秀老师。公元29年，她去世以后，他甚至为她发表了葬礼演说，那时他才十七岁。

可惜，卡利古拉很快便让人们失望了。在那样的成长环境下，必须拥有史诗般的自制力才能养成健全的性格，然而卡利古拉并非英雄。他继承了利维娅的狡猾和残忍，却没有她的克己与稳重。事实证明，他专制独裁、自私多疑，总是毫不留情地杀害那些来自精英阶层的竞争对手。

卡利古拉的堕落颇富传奇色彩，令人津津乐道，后来充满敌意的文献严重夸大其词，破坏了历史的准确性。据称，他和自己的一个亲妹妹[2]维持了短暂的婚姻关系，并且跟其他姊妹也发生过乱伦行为[3]；他用大理石和象牙给心爱的骏马建造马厩，还打算让那头畜生充当执政官[4]——这些趣闻轶事恐怕都不是真的。

不过，卡利古拉聪明机智，思维敏捷，而且言语恶毒。所以，也许他确实曾向其目瞪口呆的贵族祖母小安东尼娅吹嘘他可以随意处置任何人[5]，还把自己的铺张浪费总结成这样的话："一个人要么勤俭节约，要么就做恺撒。"[6]也许，仅仅是也许，当观众们在比赛中为他反对的队伍加油时，他真的说过："要是罗马人民只有一个脖子就好了！"[7]

我们可以比较肯定地说，一方面，卡利古拉通过赞助竞技和娱乐赢得了民众的欢迎，跟吝啬的提比略截然不同。但另一方面，他又处决了许多元老院的成员。他似乎把自己当成了一名绝对专制的君主，并且要求在活着的时候被奉为神明。有一件事体现了卡利古拉这种成神的渴望：他建造了一座庞大的新宫殿，使其延伸到一座庙宇的台基上。

1　卡利古拉：其父母分别是利维娅和奥古斯都的后代。其父乃利维娅的孙子，故利维娅是他的曾祖母；其母乃奥古斯都的外孙女，故奥古斯都是他的外曾外祖父。

2　一个亲妹妹：指尤利娅·德鲁西拉（Julia Drusilla，16—38）。

卡利古拉积累了太多的权力，结果招致了几桩企图推翻他的阴谋，最后反对派终于成功了。公元41年，元老们和禁卫军联手杀害了皇帝。这次事件重现了八十五年前尤利乌斯·恺撒遇刺的情形，但是也有不同之处：当年的凶手饶了恺撒的妻子一命，而此时的凶手连皇帝的妻子和女儿都没有放过。主谋是禁卫军的一名官员，据说卡利古拉曾嘲笑他像女人，还让他亲吻自己伸出中指的手，看来这位军官实在忍无可忍了。卡利古拉总共统治了不到四年，在他死后，他的雕像被拆毁，他的名字也被人从碑铭上抹掉了。

卡利古拉的继任者克劳狄乌斯（即提比略·克劳狄乌斯·尼禄·日耳曼尼库斯）于公元41—54年在位，他是日耳曼尼库斯的弟弟，也是奥古斯都的甥外孙。然而，克劳狄乌斯原本没有希望成为皇帝。他生来就行动不便，身体颤抖，还有语言障碍，这些症状很可能是由脑瘫引起的。奥古斯都和提比略只允许他成为一名历史学家，从未考虑过让他承担重要职务。卡利古拉在上台之初，便将克劳狄乌斯任命为执政官，但是此后一直想方设法地羞辱他。

在卡利古拉遇刺的那一天，一名禁卫军成员从宫里找到克劳狄乌斯，把他带回了禁卫军营地。当元老院还在讨论恢复共和制的问题时，他已经被禁卫军拥立为皇帝了。元老们迅速改变态度，转而支持克劳狄乌斯。克劳狄乌斯是第一个由禁卫军选中的统治者，但绝不是最后一个。显然，关于共和制的讨论仅仅是空谈而已。禁卫军又一次展示了由混凝土砖墙包围的堡垒里隐藏着惊人的力量，足以与大理石柱廊之内的元老院相抗衡。

克劳狄乌斯为地方行省的精英阶层敞开了大门，在这方面他称得上是一位好皇帝。他给来自行省的不少男性授予公民身份，并说服元老院接受更多的高卢精英加入其中。他打破了提比略的和平政策，派兵征服了不列颠——那是恺撒曾经入侵却从未占领过的地方。

克劳狄乌斯几乎没有兴趣跟元老院分享权力。在他的统治下，政府受皇宫控制，而他的自由奴和两个强大的妻子是他控制政府的重要助手。这位新皇帝已经五十五岁了，他缺乏管理实践，而且毫无军事经验。但是，他在宫里度过了一生，并认真观察了周围的一切。皇宫是一个非常重要的地方，因为跟所有的君主一样，罗马皇帝也处于宫廷的中心。妻子、亲戚、护卫和谀臣都能影响到皇帝，自由奴乃至奴隶亦发挥着越来越大的作用，而元老院成员却很少如此。实际上，在某些元老的心目中，皇宫只是他们被迫接受秘密审判的地方。

克劳狄乌斯依靠身居要职的自由奴来管理帝国。元老们悻悻地抱怨，认为不该让这些曾经的奴隶兼希腊人插手政务，但皇帝却发现他们是必不可少的官员。现在的我们也许会称赞克劳狄乌斯的做法：他把权力从地位尊贵、享受优待的罗马人手中夺走，转交给了摆脱奴籍、拼命奋斗的希腊人；而且，皇室女性的势力也在不断增长，看起来似乎形成了值得肯定的多元化局面。我们还注意到，在皇帝更替频繁的情况下，官员们依然有着延续性。然而，罗马人却不这样想，尤其是撰写史书的元老院精英。

在上台之初，克劳狄乌斯已经娶了他的第三任妻子，那是一位名叫麦瑟琳娜的贵族女性，她为他生下了一儿一女。有一尊雕塑刻画了她抱着儿子的模样，她身穿正式的长袍，头发梳理得非常整齐，面容十分安详，怀中的婴儿朝她伸出了小手[8]。这跟众多描绘她的现代艺术作品相去甚远，后者宣称她专横跋扈、放荡不忠、冷酷无情且凶残恶毒。不过，最终她确实背叛了克劳狄乌斯，想偷偷投奔他的竞争对手。

文献中记载了大量关于麦瑟琳娜性生活的故事。她被称作"荡妇奥古斯塔"[9]，据说晚上还曾化名为"母狼狗"，偷偷跑到妓院里工作[10]，甚至在一次通宵的性交比赛中胜过了一名妓女[11]。这些故事纯属无稽之谈，很可能都是政治宣传的结果——在皇帝的妻子垮台以后，胜利派取而代之，趁机对她进行了诋毁。虽然麦瑟琳娜积极争夺权力，但她并非女魔头。如果她选择了背叛自己的丈夫，投奔另一个男人，那肯定是因为她不再相信克劳狄乌斯会把她和她的孩子放在第一位了。然而，麦瑟琳娜的动作不够迅捷。有一名政敌发现了她通奸的罪行，将其报告给克劳狄乌斯，致使她遭到处决。后来，她的肖像被人从纪念物上抹去，刻在碑铭中的名字也消失了。

公元48年，随着麦瑟琳娜去世，皇帝变成了鳏夫。克劳狄乌斯需要一个新的妻子，而尼禄和他的母亲出现了。

年幼的尼禄

尼禄的母亲小阿格里皮娜（以下简称"阿格里皮娜"）是罗马最有资格嫁给皇帝的贵族女性之一。其父日耳曼尼库斯把自己名字的魔力赋予了她，其母大阿格里皮娜将神圣奥古斯都的血统传给了她，而且她还是利维娅和马克·安东尼的后代。如此显赫的家世背景打动了克劳狄乌斯，他决定娶她，尽管她是他的侄女，严格来讲这属于乱伦。元老院不得不专门颁布了一项法令，允许两人结婚。

从阿格里皮娜的一尊雕塑[12]来看，她是一个五官清秀的女人，嘴巴小巧，鼻尖微翘，下颌突出，发丝被仔细打理成当时流行的小卷，上面遮盖着头纱，就像女祭司一样。其他雕塑和硬币把阿格里皮娜跟象征丰裕的女神联系起来，甚至比曾经对利维娅的赞美更加明显。不过，阿格里皮娜并非女圣人，而是女强人。她先是目睹了自己家庭的几近毁灭，接着又见证了哥哥卡利古拉的突然胜利和残酷暴政。没过多久，她又被卷入一桩企图推翻卡利古拉的阴谋之中，很可能还犯下了通奸罪，随即便遭到流放。回来以后，阿格里皮娜重整旗鼓，打算利用克劳狄乌斯来实现自己的野心：让她的儿子当上皇帝，而她则在幕后执掌大权。她曾经出版过一部回忆录，如今已经失传，其中似乎透露了一个细节，即她的右侧上颌多长了一颗犬齿[13]，这在罗马人眼里是幸运的标志，但无疑也代表着强大的攻击性。

古代文学作品对阿格里皮娜充满敌意，就像对所有参与政治的女性一样。这些作品把她描绘成一个诡计多端、渴望权力、乱伦通奸的杀人犯。而另一方面，硬币、雕塑和浮雕等图像却刻画了一位端庄高贵、富有魅力的女人，堪称慈母与王朝的象征。真相或许就介于二者之间。

阿格里皮娜是一名凶狠的竞争者，她会毫不犹豫地处死自己的对手。不过，其他身居高位的罗马人也做过类似的事情。阿格里皮娜之所以替尼禄追求权力，既是出于私心，也是为了公利。她知道他是延续奥古斯都和日耳曼尼库斯王朝的唯一希望，而且她相信这个王朝是罗马和帝国的最佳保障。

在嫁给克劳狄乌斯以后，阿格里皮娜认为自己不仅是他的妻子，还是他的共治者[1]。她被尊为"奥古斯塔"，此前在位皇帝的妻子从未享受过这个头衔。当克劳狄乌斯处理公务时，她偶尔会加入其中，并坐在单独的座坛[2]上，其强势的表现令同时代的人们非常震惊。她拉拢朋友，驱逐政敌。最重要的是，她为自己的儿子开辟了一条通往皇权的道路。

尼禄是阿格里皮娜第一段婚姻留下的孩子。公元37年12月15日，他出生在罗马南边的一座海滨小镇上，取名为卢基乌斯·多米提乌斯·阿赫诺巴尔布斯（Ahenobarbus，意为"红褐色胡须"[3]），沿用了他父亲格涅乌斯·多米提乌斯·阿赫诺巴尔布斯的姓氏。这个家族是顽固的共和派，其高贵的血统可以追溯至数百年以前。祖辈们擅长领兵打仗，性格傲慢冷酷，喜欢参加战车比赛，还赞助过一部有伤风化的戏剧作品。据说尼禄的父亲曾如是谈论自己年幼的儿子："我和这个女人不可能生出什么好东西。"[14]

然而，他无法亲眼见证最终的结果，因为他在尼禄三岁时便去世了。尼禄跟奥古斯都一样，很小就失去了父亲，由母亲抚养长大（还有一位姑姑也照顾过他几个月）。而阿格里皮娜也跟奥古斯都的母亲阿提娅一样，不知疲倦地推进儿子尼禄的事业，不过她将为自己的成功付出沉重的代价。

尼禄十一岁时，他的母亲嫁给了克劳狄乌斯。在短短一年之内，她就说服了克劳狄乌斯收养尼禄。他抛弃了先前的名字，摇身一变，成为尼禄·克劳狄乌斯·恺撒·德鲁苏斯·日耳曼尼库斯。尼禄比克劳狄乌斯的儿子更大，这意味着他的继承顺序将排在第一位。克劳狄乌斯还把亲生女儿屋大维娅许配给尼禄，并决定优先提拔阿格里皮娜的儿子，而非自己的儿子。

此时，克劳狄乌斯已经六十岁了。他只是一个糊涂的老人，被年轻的新妻子愚弄了吗？有可能。或者，也许他认为，通过他女儿和尼禄的后代，亦即日耳曼尼库斯、神圣奥古斯都和马克·安东尼的后代，他的王朝会更有希望延续下去，毕竟他自己的儿子是名誉扫地的麦瑟琳娜所出。无论如何，阿格里皮

1　共治者（coruler）：指跟别人共同行使统治权力的人。

2　座坛（tribunal）：古罗马的一种座位，处于高台之上。

3　红褐色胡须：传说斯巴达王后丽达的孪生子卡斯托耳和波鲁克斯曾向一个人宣布罗马人会战胜拉丁人，为了证明自己所言非虚，他们抚摸了对方的头发和胡须，结果黑色的毛发立刻变成了红色，而此人便是阿赫诺巴尔布斯家族的祖先。

娜并未停止前进的脚步。她把朋友们安插在宫中，又将敌人统统赶走。她最重要的举措就是说服克劳狄乌斯任命了一位新的禁卫军长官，而此人已经投靠了她的阵营。他叫塞克斯图斯·阿夫拉涅乌斯·布鲁斯，是一名来自高卢的罗马骑士，曾在利维娅家中工作。不仅布鲁斯是阿格里皮娜的忠实拥护者，而且他手下的许多军官也跟他一样，他们都是她精心挑选的亲信。

阿格里皮娜指定卢基乌斯·阿奈乌斯·塞涅卡担任尼禄的家庭教师。塞涅卡来自希斯帕尼亚，出身于一个非常富裕、颇具影响力且文化素养极高的罗马家族。他的父亲是著名的修辞学家和历史学家，而他的母亲则研究哲学。塞涅卡前往罗马，在法律和政治方面都取得了成就，同时还成为一名优秀的学者。他是演说家、哲学家、散文家和剧作家，但他很容易树敌。

卡利古拉曾将塞涅卡称作"没有石灰的沙子"[15]——换句话来讲，也就是松散无用的水泥——并且差点儿处死他。在卡利古拉去世以后，塞涅卡撰文回敬说，卡利古拉毕生的目标就是把一个自由的国家变成独裁的波斯[16]。他认为卡利古拉残忍嗜血[17]。

麦瑟琳娜也不喜欢塞涅卡。她指控塞涅卡跟卡利古拉的妹妹犯下通奸罪[18]，两人都遭到了审判和流放，但是只有塞涅卡活了下来。在科西嘉岛上度过八年的流放生活以后，他被阿格里皮娜召回了罗马。

公元54年，克劳狄乌斯在跟阿格里皮娜结婚五年以后，决定提拔自己的亲生儿子，即十三岁的不列颠尼库斯¹。不过，克劳狄乌斯还没来得及采取行动就突然死去了。人们难免怀疑是阿格里皮娜下毒杀害了他，但是关于他死亡的真相，今天恐怕不得而知了。他可能吃了一个本身有毒（而非撒了毒药）的蘑菇，或者死于自然原因。无论如何，阿格里皮娜已经准备好让自己的儿子站到舞台中央了。禁卫军将尼禄拥立为皇帝，而他则赏赐了他们一大笔金钱。元老院顺从地投票表决，交给尼禄必需的权力，并授予阿格里皮娜各种荣誉。由此，一个新的时代开始了。

1　不列颠尼库斯（Britannicus）：意为"不列颠的征服者"，克劳狄乌斯派兵征服了不列颠，因此获得了这个称号，后来又传给了他的儿子。

"好皇帝"尼禄

一开始，罗马很欢迎这位外表潇洒的新皇帝。在老态龙钟、步履蹒跚的克劳狄乌斯去世以后，青春与活力终于出现了。而且，尼禄的血统甚至更加高贵，他带着奥古斯都的王朝回归了。更何况尼禄又颇为时尚——他一向如此！

他长着灰蓝色的眼睛和浅金色的头发，据说相貌讨人喜欢，虽然不算特别俊美[19]。的确，未满十七岁的尼禄还非常年轻，然而年轻的领导者有时会创造丰功伟绩。奥古斯都踏入政坛并瞄准顶层时年仅十九岁，亚历山大大帝继承王位时也才二十岁。身为统治者，只要拥有智慧、才能、优秀的顾问以及健康的成长环境培养出来的良好品性，即使年纪轻轻，也一样可以成就大业。尼禄拥有杰出的顾问。没有人比阿格里皮娜更熟悉宫廷的情况了，而布鲁斯则保障了禁卫军对他的支持。尼禄的家庭教师塞涅卡扮演起辅佐皇帝的新角色，他提出仁慈（clementia，拉丁语）应该成为新君统治的标志性特征。布鲁斯给他树立了一个严肃军人的榜样，而塞涅卡则贡献了雄辩的口才与庄重的风度。

在一次面向元老院的演讲中，新皇帝承诺要终止过去的迫害，恢复元老院的权力。这是一种谦逊的让步，而非重大的转变，不过尼禄说话算数。在执政初期的大约五年时间里，伴随着塞涅卡和布鲁斯的引导以及阿格里皮娜的劝诱，尼禄信守承诺，跟元老们分享权力。他废除了秘密审判，并对自由奴的权力加以限制。

到此为止，可谓一切顺利，不过平静的表面下隐藏着许多固有的问题，首先便是尼禄的性格。他缺乏安全感，又爱慕虚荣。他渴望受到欢迎，而且无法容忍竞争对手。正如一份文献所说："他拼命提高自己的人气，并嫉妒以任何方式获得民众好感的家伙。"[20]

尼禄脾气暴躁，稍不如意便会大发雷霆。这位新皇帝幼年丧父，从小跟强势的母亲相依为命，在充满阴谋和血腥的环境中长大，难免会留下心理创伤。历史上最畸形的一个家族孕育了他，而整个罗马都将为之付出代价。

阿格里皮娜坚定地行使着权力。在尼禄继位之初，她拥有自己的日耳曼保镖[1]、单独的禁卫军分队以及在公共场合随行的两名扈从（即刀斧手[2]，当年利维娅只有一名）。刚开始，年轻的尼禄接受了这一切。他给禁卫军指定的口令是"最好的母亲"（optima mater，拉丁语）[21]，借此赞美了阿格里皮娜。尼禄同意在宫中举行元老院会议（并非史无前例），以便阿格里皮娜能垂帘旁观（绝对史无前例）。在硬币上，她被刻画成跟尼禄面对面的样子[22]，仿佛她是皇帝的共治者。然而，阿格里皮娜很快就遇到了阻碍。罗马的舆论不会容忍一个女人公然行使过多的权力。与此同时，年轻的尼禄也讨厌母亲批评他挥霍无度。作为报复，他当众制止了阿格里皮娜登上座坛，跟他一起审问外国使团。在塞涅卡的帮助下，他做得非常巧妙，不过反抗依然是反抗。据说阿格里皮娜火冒三丈：她可以让自己的儿子得到帝国，却不能允许他统治帝国。[23]

尼禄时期的罗马有许多诙谐的趣言妙语，从克劳狄乌斯死去之时便开始层出不穷。塞涅卡没有提及克劳狄乌斯的"神化"，而是谈论他的"南瓜化"[24]，这个意义不明的玩笑源于一篇猛烈抨击已故皇帝的讽刺文。塞涅卡的哥哥说克劳狄乌斯被钩子拖上了天国，就像罗马刽子手把死刑犯的尸体拽进台伯河一样。根据记载，尼禄称蘑菇是神明的食物[25]，因为克劳狄乌斯是吃完蘑菇以后才去世并封神的。而对于阿格里皮娜来说，自己的亡夫遭到了嘲弄，她肯定不会觉得好笑。

尼禄跟克劳狄乌斯之女的婚姻并不幸福。他爱上了一个出生于小亚细亚的自由奴[3]，被她迷得神魂颠倒，甚至提出要娶她。阿格里皮娜向儿子表达了强烈的震惊，但是他坚决不肯让步。为了巩固自己的地位，他赶走了一名很有权势的自由奴[4]，此人是阿格里皮娜在宫中最强大的盟友。

1　日耳曼保镖（German bodyguards）：原为尤利－克劳狄王朝皇帝的私人保镖，由日耳曼士兵组成。

2　刀斧手（lictor）：古罗马的一种贴身保镖，通常手握束棒，若离开罗马城，则会携带刀斧，象征其拥有执行死刑的权力。早期的罗马皇帝有十二名刀斧手，从图密善（81—96年在位）开始便增加到二十四名。

3　一个出生于小亚细亚的自由奴：指克劳狄娅·阿克特（Claudia Acte，生卒年不详），尼禄的情妇。根据记载，她原本是克劳狄乌斯之女的奴隶。

4　一名很有权势的自由奴：指马尔库斯·安东尼乌斯·帕拉斯（Marcus Antonius Pallas，？—62），一名出生于希腊的自由奴，在尼禄执政初期管理财政。

据说阿格里皮娜通过威胁尼禄来进行反击。她指出罗马还有许多神圣奥古斯都的后代，更别提克劳狄乌斯的儿子了。话虽如此，她并非真的考虑要让尼禄下台。随后，在公元55年，克劳狄乌斯的儿子在一场宫廷宴会上突然病倒，没过多久便去世了。种种迹象表明，他死于自然原因，但当时有许多人都相信是尼禄下令毒害了他。

此后四年，阿格里皮娜都被关在权力的大门之外，尽管她积极寻找回去的办法。在这段时间里，尼禄习惯了跟朋友们跑到夜晚的罗马街头去胡闹。他们光顾酒馆和妓院，既追求享乐，也制造麻烦，经常争吵打架，甚至强闯民宅。他会穿着奴隶的衣服，戴上假发，以免被认出来。虽然这种行为非常恶劣，但是在年轻的罗马贵族中并不少见，而且多数人都愿意对此视若无睹。不过，当尼禄在剧院里鼓励斗殴时，大家就没那么宽容了。为了恢复秩序，演员们都被判处流放，士兵们则被召集起来。

公元59年，二十一岁的尼禄准备安顿下来，但是他决定先摆脱自己的母亲。爱情、权力和控制都为他提供了动机。根据文献记载，阿格里皮娜曾以极不恰当的方式跟尼禄调情，这似乎是真的。相比之下，关于两人乱伦的传闻[26]可能性较低，但也无法完全排除。至少有一点很清楚，那就是她再次批评了他的爱情生活，对他的新恋人表示不满。

波培娅·萨宾娜是一个适合嫁给皇帝的女人。她富有而聪慧，并且野心勃勃。她的家族来自庞贝[1]，他们在那里拥有至少五处房产，包括两栋豪宅。波培娅很可能就出生在庞贝。她独立拥有周边地区的众多砖厂以及一幢美丽的海滨别墅。

波培娅的父亲是一位名叫提图斯·欧利乌斯的罗马骑士，当他正在罗马政坛上稳步攀升时，塞扬努斯忽然垮台了，于是他也因为支持这位失宠的阴谋家而遭到处决。此后，波培娅便改随外祖父之姓，以免受到父亲牵连，她的外祖父盖乌斯·波培乌斯·萨宾努斯曾担任罗马的执政官，而且还是一位成功的行省总督。波培娅的第一任丈夫是一名禁卫军长官，两人育有一子。

1　庞贝（Pompeii）：即今天所说的"庞贝古城"，位于意大利南部那不勒斯附近。

在离婚之后，她又嫁给了马尔库斯·萨尔维乌斯·奥托，此人乃执政官之子，属于罗马上流社会的时髦派。当她吸引了尼禄的目光时，尼禄便派奥托去管理卢西塔尼亚（大致相当于今天的葡萄牙），尽管这个男人只有二十六岁，非常缺乏经验。

波培娅思想开放，甚至对犹太教感兴趣，不过她并未表现出改变信仰的意图，而且她的行为也没有给犹太人带来任何好处。她劝说尼禄把自己朋友的丈夫格西乌斯·弗洛鲁斯任命为犹太总督，结果弗洛鲁斯的治理无方引发了公元66年的犹太人大起义。罗马花费了七年时间才重新平定犹太地区，双方都损失惨重，付出了巨大的代价。

波培娅可谓当时最美的女人之一。难怪在电影中，她的角色会由克劳黛·考尔白[1]和碧姬·芭铎[2]来扮演。尼禄曾写过一首诗，赞美波培娅的琥珀色头发[27]。据说为了保护皮肤，她每天都要用五百头母驴的鲜奶洗澡[28]，在她的启发下还涌现出一系列以她命名的化妆品[29]。她比尼禄年长六岁，而且已经结婚了，不过尼禄也一样。尼禄深深地爱上了她。有人声称她曾怂恿尼禄杀死阿格里皮娜。

撇开爱情的问题不谈，尼禄或许担心阿格里皮娜会继续影响禁卫军，尽管这无法成为弑亲的正当理由。无论如何，经过深思熟虑，尼禄决定除掉阿格里皮娜。

下毒肯定不行——在克劳狄乌斯及其儿子突然去世以后，这种方式太容易引起他人怀疑了，而且阿格里皮娜总是随身携带足够的解药来保护自己。尼禄觉得禁卫军靠不住，所以找上了罗马海军里的一位盟友[3]。在春天的那不勒斯湾，一场阴谋趁着夜色展开了。尼禄先是邀请母亲来自己的海滨别墅参加宴会，试图化解过去的分歧，令她放松警惕。然后，据说他打算利用一条

1　克劳黛·考尔白（Claudette Colbert，1903—1996）：美国女演员，曾荣获奥斯卡最佳女主角奖，在1932年的电影《罗宫春色》中扮演过波培娅。

2　碧姬·芭铎（Brigitte Bardot，1934—　）：法国女演员，与玛丽莲·梦露并称西方流行文化的性感象征，在1956年的电影《我儿子尼禄》中扮演过波培娅。

3　罗马海军里的一位盟友：指阿尼凯图斯（Anicetus，生卒年不详），尼禄的自由奴和前任家庭教师，当时在米塞诺岬担任舰队指挥官。

特制的坏船让她淹死[30]，但实际上更有可能是一艘军舰故意撞沉了她乘坐的那条船。总之，阿格里皮娜掉进海里受了伤，不过她幸运地活了下来，并且被送回到岸上。

尼禄害怕阿格里皮娜会进行报复，于是便向布鲁斯求助，但他拒绝帮忙。他说，禁卫军绝不会伤害日耳曼尼库斯的女儿。尼禄只好再次跟海军联手，派出一队士兵去对付阿格里皮娜，并宣称她要谋害自己。

当军队出现在阿格里皮娜面前时，她拒绝相信他们是奉尼禄之命来处决她的。她坚称自己的儿子不会这么做，直到他们对她动手，她才恍然大悟。根据文献记载，她露出腹部，指着曾经孕育尼禄的子宫，让士兵们朝那里下刀[31]。若果真如此，她恐怕不会承认自己身为母亲的失职导致尼禄变成了这样的恶魔。

尼禄的自由奴兼附近主要海军基地的长官杀死了阿格里皮娜。事成之后，尼禄说这一天赋予了他统治帝国的权力[32]，但是过了一段时间，他又痛恨那个杀死了自己母亲的人。因为正如历史学家塔西佗所说："我们看到自己的同谋，就会产生一种耻辱的感觉。"[33]为了摆脱曾经的盟友，尼禄先是利用他在另一件事情中作伪证，然后便把他送往别处，让他过上了舒适的流放生活。

后来，当尼禄表演希腊悲剧时，他经常扮演一个跟母亲上床的男人和一个害死母亲的男人。某些文献指出，这种做法可能暗示了他对自己的罪行感到后悔[34]。然而即便如此，他当时也没有表现出来。尼禄宣称他阻止了阿格里皮娜刺杀他的阴谋，塞涅卡甚至给元老院写了一封信，为这个虚假的故事作担保。无论心里怎么想，大多数人都接受了尼禄的说辞。官方下令举行感恩仪式并隆重献祭，庆祝他安然无恙地从那不勒斯湾返回罗马。

艺术家

其他皇帝都是皇帝，而尼禄则是明星。作为一个名人，他打破了所有的规则，因此而"永垂不朽"。

尼禄认真对待公务，但在他心目中，自己的首要身份是艺术家。他不仅擅长唱歌，而且兴趣广泛。尼禄发行的硬币十分精致，大概在整个罗马货币史上都是无与伦比的。他主持建造了许多优美的建筑。无论是否有他的功劳，在他统治期间，拉丁文学繁荣发展。塞涅卡创作了哲学对话录、书信集和悲剧；他的侄子卢坎创作了史诗《法沙利亚》，讲述了格涅乌斯·庞培和尤利乌斯·恺撒之间的内战；作家佩特罗尼乌斯出版了《萨蒂利孔》，这部黑色幽默小说揭露了罗马精英阶层的堕落。

奥古斯都明白取悦民众是皇帝的众多任务之一，然而对于尼禄来说，这成了唯一的任务。如果他今天还活着，他肯定会被视为公关领域的天才和社交方面的巨擘。

这位皇帝把举行竞技比赛当作正事来办，既体现了他的个人兴趣，也反映了他的政治思想。每一位皇帝都知道，服务罗马民众是自己的职责之一。尼禄选择用隆重的方式来取悦他们，但他认为娱乐也是有教育意义的。在他看来，通过引介歌唱、表演和运动这些普通民众能够理解的希腊文化元素，可以提升罗马社会的整体水平。

而且，尼禄并未把自己的恩典局限于竞技和表演，他还慷慨地向大众分发粮食和各种赏金。不过，竞技比赛是一种接触人民的有效途径。赛马的大竞技场、圆形剧场以及罗马的三大剧院一共可以容纳20多万人，相当于这座城市总人口的五分之一。

竞技和表演都有固定的规则和专门的礼仪。观众们按照社会等级分区落座，元老和骑士占据前排。只有在这些特殊场合下，罗马人民才能随心所欲地向皇帝表达自己的观点。

罗马的精英阶层对竞技可谓又爱又恨。他们认为这种活动伤风败俗、扰乱治安，却又无法抵挡其诱惑。元老和骑士们无视禁令，开始在公众面前参与竞技。尼禄是第一位这样做的皇帝，而且他对战车比赛的狂热程度在罗马贵族中实属罕见。有些贵族憎恶他的行为，也有些贵族表示赞同，不过平民都为皇帝的表演热烈鼓掌并由衷喝彩。尼禄不允许出现任何意外，他组织了几千名年轻人来支持自己，让他们带头欢呼。

无论是数量、品质还是创新程度，尼禄举办的比赛和表演都超过了罗马此前的同类活动。现场会提供免费茶点，观众们还能收到礼物——通常是非常贵重的礼物，例如珠宝、马匹、奴隶和房屋，这使得尼禄至少不逊色于任何现代竞技类电视节目的主持人。这位皇帝的主要创新是把希腊竞技引介到罗马。战车、剑术和拳击都是罗马竞技的常见项目。然而尼禄并未满足于此。跟许多罗马精英一样，他也接受了希腊文化的教育，但不同的是，他喜爱希腊的一切事物。他知道希腊的竞技比赛不仅有拳击和赛马，而且包括跑步、摔跤、跳远、掷铁饼和投标枪，许多项目都要求选手裸体参加。除此之外还有音乐方面的较量。尼禄新创的竞技比赛把音乐、田径和马术结合起来，每五年举办一次。它被称作"尼禄尼亚"——除此之外，还能叫什么呢？

尼禄热爱唱歌、弹里尔琴给自己伴奏以及驾驶战车。他练习过摔跤，也许打算将来去参加比赛。尼禄是一位优秀的歌手吗？他并非没有创作天赋。他的诗作手稿在其去世几十年后依然幸存，上面留有他涂改的痕迹，一位后来的评论者认为那些作品还算不错[35]。至于他唱歌的水平如何，相关文献的记载并不一致[36]，但是我们可以比较肯定地说，他通过训练提高了有限的才能。作为一名战车赛手，他敢于冒险，非常大胆。除了唱歌和弹里尔琴以外，尼禄还喜欢表演悲剧。从赫丘利和俄狄浦斯到生孩子的产妇，他尝试过各种各样的角色。在扮演女人时，他会戴上面具，其容貌酷似他已故的妻子。后来，他又开始表演单人舞剧，罗马人称之为"哑剧"。

在一年一度的农神节庆典期间，尼禄总是为公众举办美妙的宴会。农神节是罗马的冬季节日，时间在12月。庆典活动包括罗马人造湖上的游船化装宴会和皇帝的表演，男女贵族都会到场，还有数不清的玫瑰和妓女。

在阿格里皮娜还活着的时候，尼禄只是在私底下唱歌和比赛。公元59年，阿格里皮娜刚刚去世，他就开始在人们面前表演和竞技了，不过严格来讲，那些都是有邀请函才能参加的私人活动。到了公元64年，他终于公开进行表演了，先是在那不勒斯，然后在罗马。

公元66年，尼禄动身前往亚加亚，那是位于希腊的罗马行省。他打算参加五大竞技比赛[1]。这些比赛通常被安排在不同的年份，但是尼禄下令把它们凑到一起，以方便他出席。这是奥林匹亚竞技会创办八百年以来第一次改期举行。尼禄参加了四种不同类型的比赛：他唱歌并弹里尔琴给自己伴奏，表演悲剧，驾驶战车，以及角逐最佳传令官[2]。不出所料，他赢下了自己参加的每个项目，其中包括一场驾驶十马战车的比赛，这是一个危险而困难的项目，当时尼禄突然掉下来，差点儿被战车碾压。不过，他很快又回到比赛中，并取得了胜利。

跟领兵打仗和周游行省的奥古斯都不同，尼禄仅走出过意大利一次。那是亚加亚之旅，不仅任性放纵，而且异乎寻常。尼禄认为自己是表演家，当然要专注于舞台，而他最大的舞台便是罗马。因此，就像从不离开加利福尼亚的老派好莱坞大亨一样，尼禄始终待在帝国的首都附近。除了亚加亚之外，所有地方行省都处于水深火热之中。在政府需要用钱的时候，他总是把这些行省当作提款机，最后民众忍无可忍，只能奋起反抗。

公元66年，当尼禄在亚加亚逗留期间，犹太行省爆发了一场大规模叛乱。得到消息以后，尼禄便派出他信任的少数将领之一去镇压暴动。这是一个正确的选择，不过尼禄原本可以挑一位更好的总督，从根本上避免麻烦的出现。在犹太和其他行省，他任命了很多不合格的总督，这些人先后在不列颠及犹太引起了叛乱，所幸尼禄手下的将领镇压了不列颠的暴动。在东部，他们也跟帕提亚议和，对罗马的前附属国亚美尼亚作出妥协，而尼禄则明智地称之为胜利。

不过，回到意大利以后，尼禄却面临着堆积如山的难题。他花费了大量精力去做一名表演者，因此用来统治的时间便远远不够了。元老院密谋造反，西部又爆发了一场企图推翻他的大规模叛乱，而尼禄竟然找自己的声乐老师商量对策。他试着夺回控制权，可惜力不从心，最终徒劳无功。尼禄并

1　五大竞技比赛：指亚克兴竞技会、奥林匹亚竞技会、尼米亚竞技会、伊斯特米亚竞技会和皮提亚竞技会。
2　角逐最佳传令官：指传令官比赛，这是第96届奥林匹亚竞技会（公元前396年）增设的项目，主要考察选手说话是否清晰、嗓音是否洪亮。

未在罗马大火中拉小提琴，但是在应该治理国家的时候，他无疑过分沉迷于表演了。

暴君

塞涅卡和布鲁斯希望尼禄成为一名谦恭的元首（Civilis Princeps，拉丁语）[37]——尊重元老院，至少在口头上向共和国的旧体制表达敬意。不过，他们二人并非共和主义者。例如，塞涅卡曾经写过，只有统治者的仁慈才能保护自由[38]；元老院则没有这样的资格和权力。但是，在阿格里皮娜亡故以后，尼禄的仁慈不再是理所应当的事实，塞涅卡和布鲁斯逐渐失去了对他的影响力。公元62年，布鲁斯去世了，很可能死于自然原因，而塞涅卡也隐退了。

这一年是尼禄统治期的转折点。他重新任命了一位禁卫军长官，此人助长了尼禄最糟糕的念头，其背后似乎有波培娅的支持。很快，尼禄便流放了一个地位显赫的人，只是因为那人的家谱中被发现有一名刺杀恺撒的凶手。尼禄无法容忍在书面或口头上批评他的那些人，他恢复了自己曾承诺不会使用的叛国罪指控。公元62年，他首次处决了元老院里的政敌。禁卫军长官说服尼禄下令除掉了两名贵族，据说当他们的脑袋被带到他面前时，这位皇帝还出言调侃。他声称其中一人的头发白得太早，又看着另一个人的脑袋说："尼禄啊尼禄，你怎么会害怕有这种大鼻子的家伙呢？"[39]

也是在这一年，尼禄终于跟克劳狄乌斯的女儿离婚了。他先消灭了那些主要的政敌，接下来才敢把矛头对准这个颇受尊敬的人物。他污蔑前妻犯有通奸罪，将她驱逐到靠近意大利南部海岸的一座荒芜小岛上，最后处决了她。历史学家塔西佗后来指出，她的结婚纪念日变成了她的忌日[40]。

没过多久，皇帝便迎娶了波培娅。当她为他生下的女儿死于襁褓之中时，他还能保持冷静，然而在公元65年，尼禄终于对波培娅动怒了。据说他用脚踹了她，尽管她又怀孕了[41]。就这样，波培娅死了。传闻她曾祈祷在失去美貌之前离开人世[42]，最终如愿以偿。

恐怕就连尼禄也不希望自己的恶行带来那样严重的后果。不过，他一如既往地奉献了一场表演。他为波培娅举行公开葬礼，在现场焚烧了大量的阿拉伯香[43]。她的尸体被塞满了香料，进行防腐处理，并安放在奥古斯都陵墓中[44]。尼禄将其封为女神，还建了一座庙宇来供奉她。对于罗马政府而言，这些措施耗费了一笔不小的开支。波培娅去世尚不满一年，尼禄又看上了一个罗马的贵族女性，他先捏造谋反罪，逼迫她那担任执政官的丈夫自尽，然后便跟她结婚了。

随着尼禄变得越来越凶狠和残忍，反对其暴政的叛乱也不断升级。公元65年，在罗马大火过去一年以后，尼禄发现了一场企图废黜并取代他的阴谋，领头者是一名地位显赫的元老院成员。据说至少有四十一人参与其中，包括十九位元老。实际上，很少有元老愿意废除君主政体，他们只是希望对其进行限制，期待回归共和政体的元老并不多。他们想要法治和言论自由，为元老院争取更多的权力和尊严，让行政官员拥有更大的行动自由，而这一切必须在明君的统治下实现。

起初，元老们很高兴与尼禄共事，但后来他们逐渐明白，跟他合作是不可能的。对于元老院成员或任何罗马人来说，牺牲自身的独立去换取和平与安定是一回事，就像在提比略时期那样；但假如抛弃荣誉和尊严却换来无耻和残暴，则是另一回事了。造反派中有一名禁卫军的官员，他评价尼禄的话语大概代表了许多人的观点："当你值得被爱戴时，士兵们对你忠心耿耿。当你变成杀害母亲和妻子的凶手，沦为车夫、戏子和纵火犯时，我就开始恨你了。" [45]

在尼禄惩罚造反派的过程中，最著名的受害者便是其前任家庭教师塞涅卡。尽管他很可能无罪，但皇帝还是赐他死罪。塞涅卡选择了罗马常见的自杀方式，他割开了自己的手腕，但是血液流得很慢，而且感觉极为痛苦。最终，他同朋友们作了漫长的告别，在热水浴的蒸汽中窒息而亡。跟阿格里皮娜一样，他也被自己亲手塑造的怪物害死了。

罗马人对待自杀的态度非常复杂。如果这种行为经过深思熟虑，意在不甘受辱或自我牺牲，他们会表示赞同。如果这种行为是一时冲动，他们会强烈谴责。而且，他们还会根据自杀的方式作出判断。例如，他们认为上吊和从高处跳下都是懦弱的做法，但是他们欣赏用武器结束生命的人，所以大多数人都很敬佩塞涅卡。

塞涅卡跟造反派有一点共同之处：他们几乎都是斯多葛派哲学的信徒。作为一个拥有数百年历史的希腊哲学学派，斯多葛主义已经成为罗马精英阶层最喜爱的哲学。它实用而公益，并且符合罗马的传统价值观。斯多葛派学者强调四大美德，即正义、勇敢、节制和注重实用的智慧，同时还提倡朴素与克己。由于罗马人一向以庄重、简朴和自律为傲，重视公共利益与实用性智慧，崇尚荣誉并追求勇敢，因此斯多葛主义非常适合他们。

尽管有些斯多葛派信徒希望恢复从前的共和制度，但大多数人都接受君主政体，只不过他们要求统治者温和、睿智、守法且文雅。他们不支持暴政，所以自然会跟尼禄发生冲突。

当时最具影响力的罗马斯多葛派学者穆索尼乌斯·鲁弗斯在公元65年只是遭到流放，没有像其他人那样失去生命。不过这已经是穆索尼乌斯在尼禄统治时期经历的第二次流放了，接下来他又被另一位皇帝驱逐，之后才重返罗马。据我们所知，虽然他没有写书，但是他的演讲非常有名，人们将他的话语记录下来，并经常加以引用。他的箴言妙语和智慧学识为他赢得了一个称号，即"罗马的苏格拉底"。例如，他曾说过掌声要送给吹笛手，而非哲学家；最可敬的哲学家发表演讲时应该引起沉默，而非讨论[46]。穆索尼乌斯的思想给罗马帝国留下了深深的烙印，影响了好几代卓越的政治家、哲学家和军事家。

尼禄并未停止杀戮。公元67年，他下旨处死自己最好的将军格涅乌斯·多米提乌斯·科尔布罗。这位将军才华出众，颇得人心，所以尼禄不信任他。而且，科尔布罗的女婿参与了一场反对尼禄的阴谋。于是，按照皇帝的命令，科尔布罗举剑自刎。他的遗言是"阿克西厄斯"（Axios，希腊语）[47]，意为"受之无愧"，此乃人们在竞技比赛中赞美胜利者的常用语。这似乎是一种反讽，有人认为科尔布罗想表达他自己太傻，没有提前找机会杀掉尼禄。

如果尼禄觉得科尔布罗死了，他便更为安全，那就错了。所谓兔死狐悲，此次事件向其他将领传递了一个信息——接下来该轮到他们了。的确，尼禄还处决了一对在日耳曼尼亚边境立过战功的兄弟。在这种情况下，尼禄的将领们迟早会先发制人，奋起反抗。

迫害者

罗马大火过后，尼禄在自己的庭院中奉献了一场私人表演。为了摆脱纵火的指责，他把罪名转嫁给一个不太流行且相对较新的宗教群体：基督徒[48]。

此时，基督教已有约三十五年的历史。它源于犹太和加利利地区，始于拿撒勒人耶稣的生与死。耶稣在加利利传道，通过强调善良、谦逊、仁爱和祈祷的价值，吸引了大批的追随者。他宣称许多人渴望的神之国度即将降临，使人们感到万分激动。最后，耶稣去了首府城市耶路撒冷，在那里，支持他的狂热群众吓坏了犹太和罗马当局。公元30年前后，在提比略统治期间，他被钉死于十字架上。

耶稣的追随者坚信他已经死而复生，因此积极地宣传这个新宗教，先是在巴勒斯坦，接着在地中海周围。早期的基督教会是信仰和慈善的团体，在充满敌意的世界发挥着避难所的作用。在传道者的影响下，一个小小的基督教团体在罗马发展起来。

当局蔑视基督徒，很可能还害怕他们。罗马人不相信创新，并且怀疑那些聚集在一起的民众，毕竟当局对他们的目的既不了解，也无从控制。数代之后的一些精英作家认为，早期的基督徒"迷信有害的新思想"[49]，他们"行为可耻，遭人厌恶"[50]。在罗马大火发生的地方附近可能有一个基督教团体，也许有些基督徒在灾难过后曾公开声称罗马是因为其自身的罪恶而受到了惩罚。于是，无辜的基督徒便成了最佳的替罪羊。

按照塔西佗的记载，尼禄惩罚的那些人不仅犯下了纵火罪——据说他们都承认了——而且还犯下了更严重的"憎恨人类罪"[51]。作为舞台爱好者，尼禄把他们的处决变成了一次可怕的表演。地点似乎是在他的私人庄园，那里横跨台伯河，还包括一片竞技场，位于今天的梵蒂冈境内。罗马人喜欢模仿神话中的场面，也许正因如此，一些受害者才披着兽皮，而后被狗撕裂身体，就像在故事里，愤怒的猎犬杀死变成雄鹿的猎人[1]一样。其他受害者被钉死在十字架上，或者在夜晚被活活烧死，犹如人形火炬。尼禄亲自到场，穿着驾驶战车的服装。他从战车走向人群，混在旁观者中间。塔西佗嘲笑他的出现只是激起了人们对受害者的同情[52]。根据基督教的传统说法，有两位耶稣门徒或早期传教士也在罗马大火之后遭到了迫害，他们便是圣彼得和圣保罗，不过这一点无法得到证实。

尼禄为何要迫害基督徒呢？他们是一个合适的靶子，方便利用，而且不受欢迎。不过，也许在某种程度上，尼禄将他们视为更大的威胁。跟他一样，他们代表了对罗马文化危机的有力回应。在尼禄的时代里，君主政体正逐渐磨平罗马男子气概的锋芒。回首共和国时期，自由和军国主义曾是罗马文化的重要组成部分，但在此时，自由的选举和四处作战的征服者已成过往。大多数罗马人被剥夺了在广场或战场上发泄的机会，他们开始审视自己的内心。塞涅卡的作品充分证明了这种发展趋势。尼禄统治的罗马非常富有，他本人也最清楚这一点。然而，丰裕的表面下隐藏着虚无。塞涅卡和斯多葛派信徒明白，寻求内心的安宁才是解决问题的途径。

当然，尼禄提供了一个完全不同的答案。他举办了更多令人惊叹、使人震撼以及骇人听闻的娱乐活动。但是，美食、佳酿和性爱都不能像宗教那样满足灵魂的需要。也许尼禄在基督徒身上看到了自己无法战胜的一面，所以他才试图毁灭他们。

混凝土

可以概括尼禄的常见词语有"艺术""奢侈""不负责任"和"暴虐残忍"，在此基础上还得添加一个不太引人注目却同样关键的词语：混凝土。这

1　"愤怒的猎犬"句：据古罗马诗人奥维德的《变形记》，猎人阿克特翁偶然撞见女神阿尔忒弥斯沐浴，因此被变成一头雄鹿，被自己的猎犬追逐并撕成碎片。

是他留给后世的一份重要遗产。

罗马的混凝土融合了火山沙、优质石灰和各种拳头大小的碎石或砖块，它用途广泛、可塑性强且价格便宜。尽管外表死气沉沉、丑陋多孔[53]，但是混凝土带来了一场建筑革命。它帮助罗马摆脱了希腊建筑中立柱和过梁[1]的束缚，创造出一种属于自己的新东西。混凝土使拱顶和穹顶之类的结构得以实现，而这些正是罗马皇室建筑的标志。混凝土穹顶之于罗马，就像大理石立柱之于希腊。

而且不只是罗马。后来，宏伟的穹顶成了权力及荣耀的象征，至今一直如此，它在世俗和宗教的环境下经历着周期性的变化与改良。罗马人把穹顶传给拜占庭人，后者又将其传给西方的基督教世界和诸如美国国会大厦这样的世俗建筑。拜占庭穹顶和波斯穹顶还影响了伊斯兰教的建筑，而这一切都要追溯到尼禄身上。

他对混凝土最熟练的运用体现在一个精致的小房间里。今天，它已经被深埋在罗马的丘陵底下了，不过当初它曾矗立于开阔的山坡之上，就像是一座展示建筑成就的纪念碑。这个混凝土房间呈八边形，半球状的天花板中央有一扇透光的圆窗。它和周围的其他房间一起，代表了一场建筑革命。这是尼禄在火灾过后重建罗马的点睛之笔，犹如皇冠上的宝石。此外，他还采取了许多措施，包括拓宽城内道路、禁止修筑界墙以及监控渡槽水位等。

首先，尼禄在罗马中心的繁华地带清理出约100公顷土地，准备建一座新宫殿，名为“金屋”（Domus Aurea，拉丁语），实际上那是一系列建筑结构。然后，尼禄便跟最杰出的建筑师和工程师合作，创造了优美、华丽、与众不同且影响深远的建筑。从实用的角度来讲，混凝土拱顶也比木质屋顶更加防火。

金屋位于绵延的丘陵之上，俯瞰着如今罗马角斗场（系后来建成）所在的山谷。其主要组成部分有山谷中的一片人工湖，盘踞在角斗场西侧小山上的巨大前厅——足以容纳高达约37米的尼禄铜像，东南小山上的喷泉屋，以及一座宫殿，东北小山上很可能还有许多公共浴场。那座宫殿采用了创新的建筑结

1　过梁（lintel）：横跨两个垂直支撑体的水平建筑结构。

构，室内装饰着繁复的壁画和镶嵌画，透过窗户能看到丘陵和山谷，堪比精美的舞台布景，令人印象深刻。而那个八边形的穹顶房间就在这里。

当金屋建成时，尼禄宣称现在他终于可以像人一样生活了[54]。他显然打算跟城中居民分享这种崭新的生活方式，经常邀请他们来湖上参加活动或者在庭院里散步。塔西佗曾说过，尼禄仿佛把整座城市都当成了他的房子[55]，大概就是指金屋吧。

尼禄之死

尼禄人生的最后几年充斥着幻想与堕落。虽然许多人都觉得他非常可耻，但是罗马没有因为荣耀的受损而推翻尼禄。只有当他让人们担忧自己的财产和性命时，人们才会采取行动。尼禄的建筑工程、隆重比赛以及送给民众和士兵的丰厚礼物都十分昂贵，罗马大火之后的重建以及亚美尼亚、不列颠和犹太地区的战争也开销巨大。为了解决财务问题，尼禄开始滥发货币，罗马硬币的含银量下降了约10%。然而这样还是不够，必须有人付出代价。尽管罗马的多数民众都喜爱尼禄，甚至在火灾过后也依然如此，但是他在亚加亚逗留了一年半，大部分时间都投入了艺术之中，这是一种炫技和失职的表现，尤其在地位显赫的精英阶层中引起了强烈不满。而且，皇帝还抽空做了一些令政敌们厌恶的事情。波培娅的丧期尚未结束，他就找上了一个年轻的男性自由奴，相貌跟她颇为相似。他命令这个年轻人打扮成她的模样，然后对其进行阉割，最终在游历希腊的过程中，尼禄与此人结婚了。先前，在罗马举行节日庆典的时候，尼禄还曾经同另一个男性自由奴结婚。用现代术语来说，尼禄是双性恋者，在此期间，他并没有跟第三任妻子离婚。他和年轻男子的两段婚姻很可能是一种荒诞的表演，然而那还是让公众大为震惊。

在人生的最后几年中，尼禄拒绝了让罗马给他修建神庙的提议，因为在皇帝活着的时候将其当作神明来崇拜，不仅违背了惯例，而且会带来噩运。不过，他欣然把4月改名为"尼禄月"，还打算将罗马也改名为"尼禄波利斯"

（Neropolis，希腊语），意即"尼禄城"，这对于罗马的传统主义者来说是加倍的侮辱。"罗马"一名源于神话人物罗慕路斯（Romulus，拉丁语），罗马人相信他在公元前753年建立了他们的城市，但尼禄却要用"尼禄波利斯"这种傲慢且变革性的异国名称来取而代之。

此时，凡人尼禄的身体状况已经恶化。他脖颈粗壮，腹部鼓起，双腿纤细，加上原本就不高的个头，令其外表显得颇为不堪。尼禄再也不是当初那位年轻的君王了。

在执政末期，尼禄失去了罗马权贵的支持。犹太行省处于暴动之中，其他行省也因为被迫承担尼禄的开支而异常愤怒。将领们已经不相信这位以死刑来回报战功的皇帝了。当将领害怕时，士兵就会站出来。公元68年春，西部传来了坏消息：一位在卢格敦高卢（今法国中部和西部）担任总督的高卢贵族率领高卢人民起义。尽管来自日耳曼尼亚的忠诚军队镇压了叛乱，但是很快又出现了更多的麻烦。塔拉科希斯帕尼亚（大致相当于西班牙的地中海沿岸地区）的总督被其军队拥立为皇帝。这位总督谨慎地把这件事交给元老院来裁决，他便是塞尔维乌斯·苏尔皮基乌斯·加尔巴，一位富有而显赫的罗马贵族。加尔巴拥有广泛的人脉和良好的声誉，还掌握着能够发起大规模叛乱的军队。而且，早年间他曾是利维娅的宠臣之一。

在最后关头，尼禄似乎陷入了幻想之中。他说要去高卢给军队唱歌，以此夺回那里的领土。接着，他又谈到自己打算前往亚历山大，做一名职业的歌手。6月8日，元老院宣告他为公敌，禁卫军也抛弃了他。

尼禄逃出了罗马。第二天，即6月9日，除了最坚定的保皇派之外，所有人都离开了尼禄，他也终于在城外自杀了。当其决定结束自己的生命时，这位曾监督罗马重建的皇帝吩咐仅剩的少数同伴准备火葬用的柴堆，并在地上挖一个洞来掩埋他的骨灰。据说他在临终前感叹道："一位了不起的艺术家就要死去了！"[56]如果他确实说过这句话，那么其中可能另有深意。拉丁语的"艺术家"还可以指"技工"，也许尼禄并非想表达他依然是一位伟大的艺术家，而是惋惜曾经伟大的艺术家竟沦落到指挥体力活儿的地步了。

若果真如此，他不必担忧，因为他的骨灰被忠诚的乳母带到了一处更加体面的地方——尽管那里也算不上皇帝的理想归宿。尼禄是唯一没有埋葬在奥古斯都陵墓中的皇室成员。他的骨灰被安置在生父家族的地下墓穴里,位于城外的宾西亚丘陵上。在掌声中登基的尼禄,死后却不能进入皇室的坟墓。

与此同时,加尔巴听说尼禄死了,而且元老院和禁卫军都宣布他为皇帝,于是他便向罗马进军。加尔巴将成为下一任君主,但是他的统治期只有短短七个月。

恺撒王朝的覆灭

尼禄在某些方面相当圆满地完成了自己的工作。他赢得了普通民众的爱戴,堪称伟大的建造者和杰出的表演艺术家。他主导了一场文化复兴,热爱希腊并争取到东部希腊化地区的支持。我们还应该记住,在他上台的最初五年里,元老院也非常认可他。

尼禄的失败之处在哪儿呢?他任命了一个无能的总督,导致犹太行省爆发了大规模叛乱;他随意没收财产,在西部行省引起了暴动;他迫害并处决了那些来自精英阶层的政敌,其个人行为在贵族眼中十分可耻,结果招致了反对他的阴谋。

尼禄是罗马最有文化但也最为残忍的皇帝,而且是最后几位出身于罗马古老贵族的皇帝之一。除了加尔巴的短暂统治以外,在尼禄去世后的将近二百年里,没有任何罗马贵族当过皇帝。

尼禄的前任都是贵族,他们更加尚武,有时还更为疯狂,但是没有人比他更具吸引力,此后也没有人比他更爱出风头。

尼禄的自杀威胁到了罗马君主制的未来。奥古斯都开创了单人统治的模式,从而拯救了罗马;他之后的几位皇帝都是其后代,或甥外孙或养子。奥古斯都把统治押注在自己的家族上。元首制的成败由家族价值观所决定,而奥古斯都相信它会屹立不倒。事实证明他未免太乐观了。

跟尼禄不同,加尔巴并非奥古斯都的后代,实际上帝国奠基者的男性后代已经荡然无存了。尼禄知道自己没有直系继承人，而且担心潜在的竞争对手，于是把他们统统杀掉了。

奥古斯都家族的成员均无法与奥古斯都相提并论。提比略缺乏个人魅力和亲切作风，他的侄子兼继承人日耳曼尼库斯虽然具备这些优点，但是缺乏提比略的理智头脑，而且尚未登基便去世了。提比略死后，日耳曼尼库斯家族的三位成员相继上台，可惜他们并未做好准备。在开始统治之前，卡利古拉、克劳狄乌斯和尼禄都缺乏丰富的管理经验，而且谁也没有指挥过军队。皇室生活的重压把他们变成了自大狂、挥霍者以及罗马贵族的刽子手，加速了元老院的衰落。

尼禄的骨灰埋在坟墓里，但是他的灵魂却陪伴着罗马帝国前进了数百年。当初，奥古斯都驯服了古老而好战的共和国，使其转向帝国与和平。然而，他留下了一个未解之谜，即罗马该如何抑制骚动的征服精神。尼禄则提供了答案：他会让罗马沉浸于享乐之中。但是，他太不切实际，太目空一切，看不到自己权力的边界，也不关心谁将为此买单。他没有料到罗马人心中对荣誉的渴望如此强烈。精英阶层不愿容忍一个车夫、演员和纵火犯来担任统治者，尤其是他还杀害了自己的母亲和妻子。

尼禄的继任者很少会像他一样挑战同时代人的耐心，因为这种尝试必将迅速招来致命的后果。不过，在强调娱乐的重要性方面，未来的罗马皇帝身上总有一点尼禄的影子。

罗马面临着一个迫切的问题：告别了恺撒王朝，帝国还能延续下去吗？亚克兴战役结束以后，这座城市享受了一个世纪的和平，此时忽然迎来没有恺撒的日子，它不禁在恐惧中战栗。

第四章

韦斯巴芗

衡量领导力的真正尺度是影响力

公元67年，罗马军队为了收复造反的犹太行省，深陷于苦战之中。负责指挥的司令是帝国最富经验的将领之一，也是不列颠的征服者之一，他就是提图斯·弗拉维乌斯·维斯帕西安努斯，亦即我们今天所熟知的韦斯巴芗[1]。他是一名不折不扣的军人，经常跟排列整齐的骑兵并肩策马，还会混在部下中间，关心他们的安全和生活，并推动他们不断前进。有一次，守卫加利利城墙的敌人用箭射中了他的脚底，罗马军团大为震惊。不过，那只是皮肉伤而已，这位五十七岁的将领站起身来，让士兵们看到他没事，借此激励他们更加努力地战斗[1]。他从容镇定，毫不惊慌。据一位作家所言，如果韦斯巴芗能改掉贪财的毛病，他便足以跟过去的伟大将领相媲美[2]。但我们会发现，这一点批评也许仅仅是出于对贵族的嘲讽罢了。

公元67年11月，韦斯巴芗在格姆拉的城墙内遭到了袭击，这座叛乱的军事重镇颇为坚固，位于陡峭的山脉上，俯瞰着加利利海。罗马人冲进格姆拉，结果只见到摇摇欲坠的房屋和异常凶险的地形。作为司令，韦斯巴芗在混乱中奋勇搏斗。他命令士兵们举起盾牌，连成一道保护的屏障，并率领众人冷静地撤退，直到平安抵达城墙之外，他们才转过身去[3]。然后，他重整旗鼓，择日

1　韦斯巴芗（Vespasian）：音译应为"维斯帕西安"，现遵从约定俗成译名。乃拉丁文原名引入英文后的简化拼法，去掉了阳性后缀"-us"，原拉丁文为"Vespasianus"，即"维斯帕西安努斯"。

再战，终于攻下了那座重镇。他是一位顽强的勇士，难怪尼禄会把自己的军队托付给他。

公元68年夏，韦斯巴芗正准备围攻耶路撒冷，忽然传来了尼禄去世的消息。他立即停止行动，等待新政府发号施令。不过，在罗马的战争机器重启之前，世界发生了天翻地覆的变化，当一切平息下来之时，韦斯巴芗已经登上了权力的顶峰。

公然反叛的元老院和日益不满的军队逼得尼禄自寻短见。大家都同意帝国需要改变，然而在决定新皇帝人选乃至是否该有皇帝的问题上，众人唯一的共识就是由胜者说了算。

经过一个世纪，奥古斯都创造的和平年代结束了。战争降临，它席卷了高卢、日耳曼尼亚和犹太行省，甚至波及意大利本土。这一时期充满了激战、劫掠、围攻和街头斗殴。帝国最受尊敬的两处圣地——耶路撒冷的犹太教第二圣殿和罗马的朱庇特神庙——都在战火中化为废墟。仿佛是要给这段黑暗岁月画上惊叹号，在和平刚刚恢复以后，意大利又遭受了其历史上最严重的自然灾害。

公元69年是所谓的"四帝之年"。公元68年6月9日，尼禄自尽身亡，接下来有四个人轮流夺取了王位。其中三人很快便下台了，他们分别是加尔巴（公元68年12月24日—69年1月15日在位）、奥托（公元69年1月15日—4月16日在位）和奥鲁斯·维特里乌斯（公元69年4月16日—12月22日在位）。只有第四人站稳了脚跟，并建立起一个崭新的王朝，而他就是韦斯巴芗。

罗马人从未见到过这种情况。此前的所有皇帝均在罗马得到提名，然而这四个人中有三个都是在地方行省被推举出来的：加尔巴在希斯帕尼亚，维特里乌斯在日耳曼尼亚，韦斯巴芗在埃及。他们也是第一批由自己的军团选中的皇帝。历史学家塔西佗曾写到，当希斯帕尼亚军团决定支持加尔巴时，"帝国的秘密被揭开了——在罗马之外一样可以拥立皇帝"[4]。

罗马人期待自己的统治者是贵族出身。在韦斯巴芗之前，统治者们确实都或多或少地拥有贵族血统。韦斯巴芗是罗马的第一个非贵族统治者，也是帕拉蒂诺山上的第一位平民皇帝。文献中记载了许多描述他言行粗俗和讲求实际的故事。据传，当一支骑兵部队的指挥官满身香水地去见他时，韦斯巴芗声称他宁愿这位军官散发出大蒜的气味[5]；换句话来讲，他希望自己的军官具有男子气概，显得不拘小节，而非温文尔雅。

韦斯巴芗的直系祖先中没有元老院成员。他就是罗马人所说的"新人"（novus homo，拉丁语）。罗马人跟我们不同，他们认为"崭新和优秀"是一对矛盾的词语，相比之下，他们更喜欢"古老与持久"。对于新人而言，通往皇宫的道路十分艰辛，但韦斯巴芗决定勇往直前。

从萨宾崛起

萨宾地区位于罗马的东北方向，那里有许多河流穿过茂盛的田野和树林，注入台伯河及下游水域。在现代堤坝建成之前，这里春秋两季经常洪水泛滥，淹没城市的低洼处。人们也许永远都不知道萨宾高原的河流会给罗马带来什么，但公元9年11月17日，它带来了一个将成长为皇帝的孩子。

他出生在萨宾城市列阿特（今列蒂）附近的小村庄里，名为提图斯·弗拉维乌斯·维斯帕西安努斯（即韦斯巴芗）。韦斯巴芗扎根于意大利乡间的土壤。在萨宾的大地上，公牛犁田，骡子拉车，山羊的铃铛叮叮作响，树上的鸣蝉嗡嗡歌唱，夏日的午后艳阳高照，春天的溪水冰冷刺骨，一切都洋溢着浓郁的意大利气息，以至于距离列阿特不远的库提莱湖被称为"意大利的肚脐"[6]。

传说萨宾人曾是罗马人的仇敌，但很快又变成了盟友。早期的罗马人以男性居多，需要娶妻生子，于是便诱拐萨宾女性。当萨宾男性发动战争时，女性便从中斡旋，化解父兄与新丈夫之间的矛盾。韦斯巴芗也是一位和平创造者，尽管属于不同的类型。

韦斯巴芗来自弗拉维家族，其成员都是步步攀升的意大利人。他们在共和国末期的内战中积累了一大笔财富。他的父亲在小亚细亚担任税收员，后来又在高卢做放贷人。韦斯巴芗继承了父亲在金钱方面的兴趣，事实证明这对他做皇帝很有帮助。不过，在政治方面，似乎是家中的女性激发了韦斯巴芗及其兄长弗拉维乌斯·萨宾努斯（字面意思为"萨宾人"）的远大抱负。

韦斯巴芗深知罗马人很重视自己的母亲，也许正因如此，他才公开强调这一点。例如，在成为皇帝以后，他经常去拜访祖父母的庄园。传闻当他父亲在小亚细亚工作时，年幼的韦斯巴芗是由祖母抚养的。

据说，韦斯巴芗的母亲维斯帕西娅在他的青少年时期扮演了关键角色。她的父亲是一名罗马骑士和军官，更重要的是，她的哥哥是一位罗马元老，而她希望自己的两个儿子以此为榜样。她的大儿子弗拉维乌斯·萨宾努斯积极地当上了财务官，从而自动成为元老，但是小儿子韦斯巴芗却止步不前。起初，他打算像父亲一样从事金融行业，不过最终他改变了主意。传闻这是维斯帕西娅在背后推动的结果，她没有鼓励他，而是辱骂他；她把韦斯巴芗称作他哥哥的"前卒"（anteambulo，拉丁语）[7]，即为主人开路的奴隶。

无论是否跟母亲的责备有关，韦斯巴芗都决定追随哥哥的脚步。公元35年前后，在韦斯巴芗大约二十五岁的时候，他也被选为财务官，以罗马元老的身份开启了政治生涯。一旦选择了要走的道路，他便心无旁骛地前进，就像萨宾的赶骡人挥舞皮鞭，在狭窄的山间小径上驱使自己的畜生。他是一个健壮的年轻人，体格强健，充满活力，但是并不英俊。他直率而粗犷，相貌酷似斗牛犬，举手投足都有军人的风范。

那时正值提比略统治末期。为了在君主制的罗马取得成功，韦斯巴芗可以不择手段。他拼命巴结残暴的卡利古拉，与其站在一起对抗元老院。当韦斯巴芗担任政府官员时，卡利古拉责备他没有保持街道卫生，并命令士兵用泥巴盖住他的托加[8]（这也许是一种委婉的说法，实际情况恐怕更加糟糕），而他却从未表示不满。

公元39年，在韦斯巴芗的劝说下，元老院拒绝为一名企图推翻卡利古拉的罪犯举行葬礼，他因此得到了皇帝的晚宴邀请，不过也付出了相应的代价：阿格里皮娜对韦斯巴芗产生了强烈的怨恨。尽管她是卡利古拉的妹妹，但她同样参与了这次阴谋，而且很可能是那名罪犯的情妇。

爱我的奴隶

韦斯巴芗娶了一个平凡的女人，也许那时他还在考虑从事金融行业，毕竟元老们通常会跟地位较高的女人结婚。他的妻子弗拉维娅·多米提拉刚一出生便遭到了遗弃，被当作奴隶抚养长大，后来其生父代表她提起诉讼，成功地为她争取了自由。她和韦斯巴芗有两个儿子，分别是提图斯（生于公元39年）和图密善（生于公元51年），还有一个女儿，也取名叫弗拉维娅·多米提拉（生于公元45年前后）。

与此同时，韦斯巴芗下了一步好棋，他结交了一个在宫中很有权势的女人，即安东尼娅·凯妮丝。他们的情人关系大概开始于公元1世纪30年代中期，当时他还不满三十岁，而凯妮丝至少比他大两岁。她并非皇亲国戚——实际上，她最初是奴隶。她的名字源于希腊语，也许她来自攸克辛海（即今黑海）西岸的希斯特里亚城，据说她曾经拜访过那里。现存文献中没有关于她相貌的描述，不过她的头脑和野心都非常出众。她才华横溢，聪明勇敢，拥有过目不忘的记忆力。那不勒斯国家考古博物馆收藏着一尊雕像，被称为"端坐的阿格里皮娜"[9]，其中很可能有凯妮丝的影子。通过发型来判断，这尊雕像的头部显然是弗拉维王朝时期的作品，它刻画了一位严肃端庄、面容刚毅的女性。

凯妮丝吸引了罗马最强大的女性之一——小安东尼娅，她是屋大维娅和马克·安东尼的女儿，提比略皇帝的弟妹，伟大的日耳曼尼库斯以及克劳狄乌斯皇帝的母亲，卡利古拉皇帝的祖母。小安东尼娅晚年被授予"奥古斯塔"的称号，凯妮丝曾担任她的私人秘书。如果后来的文献记载属实，那么小安东尼娅便是在凯妮丝的帮助下冒险向提比略皇帝揭发了塞扬努斯的阴谋[10]。小安东尼娅和凯妮丝大获成功，而提比略也化解了危机。凯妮丝因此得到了奖励——至迟在安东尼娅去世的公元37年5月1日，她被释放，变成了罗马人所说的"自由奴"（liberta，拉丁语）。

尽管最后韦斯巴芗中止了自己与凯妮丝的情人关系，但是凯妮丝很可能继续利用身居高位的朋友，推动他的政治生涯向前进。这些朋友几乎都跟小安东尼娅和克劳狄乌斯有关，其中一人便是前任皇帝的父亲老卢基乌斯·维特里乌斯。作为一名成功的外交家和将军，维特里乌斯堪称最杰出的幸存者。他是狡猾的权力掮客，历经三代皇帝，始终屹立不倒，直至自然死亡并享受国葬。有一件事需要特别提起，那就是维特里乌斯曾罢免了非常不受欢迎的犹太总督本丢·彼拉多，也就是给耶稣判刑的那个人。至于韦斯巴芗，公元51年，维特里乌斯帮助他获得了执政官的职位。

公元41年，宫廷向韦斯巴芗敞开了更多的大门，小安东尼娅的儿子克劳狄乌斯当上了皇帝，而担任其秘书的自由奴则变成了帝国最具影响力的人之一。这名自由奴很欣赏韦斯巴芗，我们难免要猜测，也许是凯妮丝介绍他们相识的。无论如何，他替韦斯巴芗争取到了一支军团的指挥权，对于一个野心勃勃的年轻人来说，这是绝妙的机会，因为克劳狄乌斯正准备攻打不列颠。最终，这次远征持续了数十年，并遭遇了许多挫折，不过克劳狄乌斯还是取得了一些真正的胜利。韦斯巴芗亦是如此，他在公元43年的战役中脱颖而出，跃升为四大军团指挥官之一。

韦斯巴芗沉浸在军团的世界里。从大本营（praetorium，拉丁语）到战场，从敌人的围墙到被他摧毁的城镇，这个世界等级森严、残酷苛刻，而且非常喧闹，到处都充斥着号角声和呼喊声，还有镐头和铲子挖掘战壕的重击声；士兵六人一排，并肩前进，马蹄清脆，脚步铿锵；标枪刺向盾牌，刀剑叮当作响，利箭呼啸而过；投石机的子弹飞向远方，打中目标时会传来尖叫与呻吟；周围回荡着哀号、欢呼、演说和恳求；一场战役过后，嗡嗡的苍蝇围着尸体盘旋，贪婪的秃鹫发出刺耳的啼鸣。

在四年的时间里，韦斯巴芗征服了不列颠西南部的许多地区，穿过浓密茂盛的丛林，翻越泥泞不堪的丘陵，走进薄雾笼罩的山谷。他参加过三十次战役，其中还包括一些海陆并进的战役，占领了二十座山顶堡垒，镇压了两个反叛的部落。"这是他未来好运的开端，"历史学家塔西佗如是写道，"命运开始垂青韦斯巴芗了。"[11]

罗马也开始认识这个人了。只有皇室家族的成员才能举行凯旋式，而韦斯巴芗赢得了仅次于凯旋式的嘉奖——"凯旋荣誉"，即穿戴凯旋服饰在公开场合露面的权利。官方还打造了两尊韦斯巴芗的铜像，分别放置在奥古斯都广场和他自己家中。他连任两届祭司，如前所述，公元51年，他当上了执政官。

在此期间，韦斯巴芗的哥哥萨宾努斯甚至更加成功。他也在不列颠做过军队指挥官，之后前往巴尔干半岛，获得了行省总督的职位，接着又被指派为罗马城长官，任期长达十一年，堪称整个家族的骄傲[12]。韦斯巴芗一直等到公元63年才成为北非地区的行省总督，卸任时政绩卓著，却身无分文。据说他涉足了运输行业，他的故乡列阿特便是以拉货的骡子而闻名——这类生意利润丰厚，却有损元老的威严。

由于找错了靠山，韦斯巴芗大概吃了不少苦头。在克劳狄乌斯统治期间，韦斯巴芗曾颇具影响力，甚至把他的儿子提图斯送进宫里，跟克劳狄乌斯的儿子不列颠尼库斯一起学习，接受完全相同的教育。然而，克劳狄乌斯娶了阿格里皮娜作为第二任妻子，她对韦斯巴芗的敌意使提图斯陷入危险的境地。有一次，当不列颠尼库斯吃饭时，提图斯就靠在他旁边的躺椅上，事实证明这是不列颠尼库斯的最后一餐，没过多久他便去世了。传闻他是中毒而亡，提图斯也误食了少许毒药，并且病倒了，不过这一点无法得到证实。可以确定的是，提图斯活了下来。而另一方面，作为一名优秀的政客，韦斯巴芗是不会远离权力太久的。

犹太起义

尼禄在执政末期对罗马贵族进行了血腥屠戮。许多阴谋陆续暴露，导致很多著名的将军、政治家以及知识分子纷纷遭到处决或被迫自尽。不过，韦斯巴芗及其家族却异常兴旺。阿格里皮娜已经消失了，尼禄下令将其除掉，所以她再也无法阻挡韦斯巴芗前进的道路了。后来，韦斯巴芗声称自己反对尼禄的暴政。例如，他公开表示，由于自己在尼禄表演的过程中睡着了，皇帝便禁止他觐见。然而，野心勃勃的韦斯巴芗不可能真的反对尼禄。实际上，他倒是跟反对尼禄的元老们断绝了关系；与此同时，提图斯也休掉了自己的妻子，因为她的叔父是一位年迈的元老，被指控背叛尼禄，最终自杀身亡。

尼禄奖励了他们的忠诚。公元66年，当犹太行省爆发起义时，尼禄命韦斯巴芗率领三个军团前去镇压暴动。尼禄还允许他把其中一个军团的指挥权交给二十六岁的提图斯，尽管提图斯的军衔很低，而且这种父子组合也颇为罕见。一位胸怀抱负、战功卓著的将领也许会向罗马进军，这是值得担心的事情，不过尼禄认为韦斯巴芗没有这样的威胁，因为萨宾的赶骡人缺乏称帝所需的高贵血统。

在罗马的压迫统治下，犹太人已经积蓄了数十年的怒火。高昂的赋税和关税，驻扎在耶路撒冷的卫戍部队，还有非犹太群体得到的偏袒，令这片土地上的居民愤懑不平。罗马人对耶路撒冷圣殿的各种侮辱使得犹太人将罗马视为"傲慢的国度"[13]。贫穷的犹太人怨恨那些支持罗马的上层犹太人，他们中间有不止一个罗宾汉[1]在等待时机。

终于，时机到来了。罗马出身的总督从圣殿掠夺了大量白银，也许是为了填补税收的漏洞。犹太人不愿再为罗马民众和皇帝的幸福而牺牲，他们奋起反抗，击溃了耶路撒冷的卫戍部队，打败了叙利亚总督率领的援军，并宣布独立。这片土地上充满了犹太人和非犹太人之间的冲突。正是在这种情况下，尼禄派出了韦斯巴芗。

根据曾经征战不列颠的经验，这位指挥官在公元67年有条不紊地夺取了加利利山区的重镇，并于次年开始向耶路撒冷进军，一步步占领其四周的要塞。正如本章开头所言，当他打算发起艰难的围攻时，尼禄忽然自杀身亡，罗马士兵便在通往耶路撒冷的道路上停下了脚步。

韦斯巴芗在加利利俘获了数万名囚犯，其中包括由叛军任命的犹太总督约瑟夫·本·马赛厄斯。按常理推断，他注定要被押往罗马处决，然而他找到了逃脱的办法。他预言韦斯巴芗会成为皇帝，当军团真的拥立韦斯巴芗做皇帝时，约瑟夫便理所当然地恢复了自由。尽管有些罗马人认为约瑟夫是犹太间谍，但韦斯巴芗和提图斯却发现他非常有用。战争结束以后，他来到罗马，在他们父子俩的保护下住进宫中，变成了罗马公民，并改名为弗拉维乌斯·约瑟

1　罗宾汉（Robin Hood）：英国民间传说中的英雄人物，他是一位武艺高强的弓箭手和剑客，仇视贪官污吏，经常劫富济贫，行侠仗义。

夫斯。他曾写过一部流传至今的史书[1]，详细记载了这次起义的经过。

公元69年，罗马皇帝的诞生

尼禄于公元68年6月自杀，新皇帝加尔巴在10月抵达罗马。接下来，加尔巴几乎让所有人都失望了。他大约七十岁，已经是一个衰老的贵族。他的出身血统有多么高贵，政治才能就有多么低下。他冒犯了元老院，对士兵和民众非常吝啬，并且选择了错误的朋友和敌人。历史学家塔西佗曾讽刺地断言："大家一致同意，他会成为一名优秀的统治者，前提是他没有统治过。"[14]

公元69年1月2日，莱茵河下游（即尼德兰地区南部及日耳曼尼亚的莱茵兰北部）的军团叛变，推举他们的指挥官维特里乌斯做皇帝，此人的父亲便是我们前面提到的那位权力掮客，而他则是加尔巴亲自任命的司令。公元69年1月15日是罗马最忙碌的日子，禁卫军拥立奥托为皇帝，加尔巴在罗马广场遇刺，元老院承认了奥托的新头衔，这一切都发生在一天之内。三个月后的4月14日，维特里乌斯的盟友在意大利北部打败了奥托的军队。奥托自尽身亡，维特里乌斯在7月中旬进入罗马。与此同时，韦斯巴芗也准备采取行动。

尽管韦斯巴芗曾宣誓要效忠加尔巴，但是他并不信任这位皇帝，因为加尔巴将他哥哥萨宾努斯从罗马城长官的职位上罢免了。公元68年12月，韦斯巴芗派提图斯火速赶往首都打探情况。短短几周以后，提图斯便接到了加尔巴的死讯，此时他正在科林斯，尚未抵达罗马。他召集自己的朋友商量对策，他们打算返回犹太地区。公元69年2月，提图斯跟韦斯巴芗会合，正是在这时，韦斯巴芗决定争夺皇位。

在罗马人眼中，他缺乏威严、声望和显赫的地位[15]。他甚至都不是家族中最杰出的成员——那份荣誉属于他哥哥。不过，韦斯巴芗对自己充满信心。对各种各样的吉兆和梦境，以及约瑟夫斯和其他人说他将执掌大权的预言，他可

1　一部流传至今的史书：指弗拉维乌斯·约瑟夫斯的《犹太战争史》。

能都信以为真了。同时，韦斯巴芗不会因为过往的羁绊而感情用事。他拒绝接受维特里乌斯做皇帝，尽管此人的父亲曾是他的恩人。当然，跟韦斯巴芗不同，维特里乌斯并没有三个在犹太地区立下赫赫战功的钢铁军团。韦斯巴芗或许不是帝国最高贵的人，但是他的军队可以让他成为罗马第一人。

弗拉维王朝的官方宣传声称，韦斯巴芗的士兵们主动拥立他为皇帝，并强迫他接受[16]。但事实却截然相反：韦斯巴芗和少数有权势的盟友作出了决定，军团的各位将领也参与其中，士兵们只是服从命令而已。作为一名军人，韦斯巴芗始终牢记军队对他的支持，并予以慷慨的回报，同时密切关注着首都的形势。萨宾努斯被奥托重新指派为罗马城长官，重归维特里乌斯麾下，从而成为关键的情报来源。凯妮丝继续在罗马观察政治动向，无疑也给韦斯巴芗提供了许多讯息。除了他们和提图斯之外，韦斯巴芗最重要的支持者还有一位男同性恋、一名白领罪犯1以及一个罗马化的犹太家族，其成员包括在克娄巴特拉之后最闪耀、最强大的东方女王。

穆基亚努斯

那位男同性恋[17]便是叙利亚行省的总督，名为盖乌斯·李锡尼乌斯·穆基亚努斯。跟韦斯巴芗一样，穆基亚努斯也拥有辉煌的政治生涯。塔西佗认为，韦斯巴芗是一名天生的军人，可惜本性贪婪，而穆基亚努斯慷慨大方，是一位优秀的演说家和狡猾的政客，不过"他的私生活非常糟糕"[18]。这也许是一种比较委婉的说法，意在指出穆基亚努斯不仅是男同性恋，而且属于被动的一方，罗马人可以接受前者，但是无法容忍后者。在跟一位朋友单独聊天时，韦斯巴芗曾尖刻地评价穆基亚努斯那"臭名昭著的淫荡作风"，他嘟囔着表示："我至少还是个男人。"[19]

即便存在这样的毁谤，但穆基亚努斯依然有机会成为皇帝。毕竟他是

1　白领罪犯（white-collar criminal）：指社会地位较高的非暴力罪犯。相关概念最早出现在美国社会学家爱德文·苏哲兰的著作《白领犯罪》中。

叙利亚总督，并且掌握着四个军团，而韦斯巴芗只有三个。不过，最后他选择了支持韦斯巴芗。据塔西佗记载，穆基亚努斯曾进行过一次演说，亲口称赞韦斯巴芗是罗马军队里最富经验的将领，不仅在不列颠立下战功而拥有凯旋荣誉，还具备警惕、节俭和理智的优点[20]。当时，韦斯巴芗率领一支军队在犹太地区积极作战并取得胜利，这场战役为他增添了勇敢的美名[21]，罗马人可谓有目共睹。更重要的是，士兵们非常推崇他，因为在他的带领下，他们总能打败敌人，赚取高额报酬，并得到快速晋升。穆基亚努斯只要在幕后操纵权力便心满意足了[22]。或者，也许他根本就不想承受权力带来的负担与危险。塔西佗声称，穆基亚努斯"认为把皇权交予别人比留给自己要更容易"[23]。

至此，我们还需要介绍一下提图斯，他在公众和穆基亚努斯面前都扮演着重要的角色。跟韦斯巴芗一样，提图斯也是一位优秀的将领，深受士兵们爱戴，不过他拥有父亲所欠缺的优雅气质，因为他是在皇宫里长大的孩子。尽管他个头不高、大腹便便，但他相貌英俊、身体健壮并且头脑聪明。他是才华出众的语言学家以及比较优秀的诗人和歌手。提图斯还具备一种罕见的能力——他几乎能赢得所有人的好感。虽然他喜欢女性，但是他身边也围绕着一群漂亮的少年和阉人——至少在罗马有一段时间如此，引得人们纷纷侧目。不过没关系，正如传记作家苏维托尼乌斯所言，他是"全人类的宠儿"[24]。简而言之，他就是名副其实的"万人迷"。

韦斯巴芗把提图斯推到舞台的中央，让小儿子图密善在一旁做好准备。通过这种方式，他充分强调了现有的优势，并尽量弱化自己的缺点，即年龄——他已经六十一岁了。那可能会引起强烈的担忧，毕竟帝国已经厌倦了短暂的统治。韦斯巴芗提出了一套完整的交易计划，仿佛在对罗马说："如果接受我做皇帝，你就会得到一个稳定的王朝。"在此之前，没有哪一位罗马皇帝能够成功地把王位传给自己的亲生儿子。

提图斯在韦斯巴芗和穆基亚努斯之间扮演着经纪人的角色。塔西佗曾写道："即使面对穆基亚努斯这种人，提图斯也能凭借自身的性格和作风将其吸引过来。"[25]穆基亚努斯声称，他没有必要做皇帝，因为就算成了皇帝，他也要收养提图斯作为自己的继承人[26]——而提图斯很快就会追随韦斯巴芗的脚步，登上权力的顶峰。

一个罗马化[27]的犹太家族

至于那个罗马化的犹太家族，其态度也许显得出人意料——韦斯巴芗和提图斯竟然会拥有杰出的犹太支持者。毕竟，他们镇压了犹太起义，洗劫了耶路撒冷，破坏了圣殿，还奴役、驱逐并杀害了大批犹太人。拉比文献[1]称提图斯是"邪恶之人，以及邪恶之人的儿子"[28]。不过，许多犹太人都反对那场暴动。他们痛恨罗马，但是认为叛乱注定会失败，因此不愿参与其中。其他犹太人，尤其是上层阶级的犹太人，更害怕贫穷的犹太同胞，而非勇猛的罗马军团，所以他们也支持罗马。提图斯通过父亲结交了许多犹太朋友，有一些人早在克劳狄乌斯和小安东尼娅的时期便已经认识韦斯巴芗了。

他们当中有一位罗马公民，名叫提比略·尤利乌斯·亚历山大，来自埃及亚历山大城，出身于一个显赫的犹太家族。在辉煌的军事和政治生涯中，他曾短暂地担任过犹太总督。从公元66年开始，作为埃及总督，他掌握着罗马最富庶的行省以及最重要的粮仓，尼罗河谷地每年都要向罗马输送粮食。提比略·亚历山大控制着两个军团，跟穆基亚努斯一样，他也有希望做皇帝，甚至比穆基亚努斯登基的可能性更大。因为他的前任弟妹尤利娅·贝勒尼基和她哥哥马尔库斯·尤利乌斯·阿格里帕颇具影响力，他们二人也都是地位较高的犹太人兼罗马公民。

这对兄妹的曾祖父便是声名狼藉的大希律王。他曾统治过犹太地区，但是后来罗马人将这一地区变成了自己的行省。尤利乌斯·阿格里帕勉强接受了一个较小的王国，那个地方位于如今以色列和黎巴嫩的北部，同时他还拥有耶路撒冷圣殿的管辖权。阿格里帕成了提图斯的朋友，并在公元68—69年跟随提

---

1 拉比文献（rabbinic sources）：指跟犹太教教义、律法和伦理有关的文献，而拉比则指传授这些知识的犹太学者，他们也会主持犹太教的仪式。

图斯去觐见加尔巴。不过事实证明，他的妹妹甚至比他更重要。

贝勒尼基曾嫁给提比略·亚历山大的弟弟，然而新郎在婚礼之后很快便去世了。她又嫁给了两位东方国王，而他们俩也都死了。尽管她继续在人生的道路上前进，但是这两个姻亲家族始终关系密切。最终，贝勒尼基作为共治者，协助单身的兄长尤利乌斯·阿格里帕国王处理政务。他送给她一颗璀璨夺目的钻石，这引起了人们的注意，也招来了关于乱伦的恶毒谣言。

贝勒尼基野心勃勃，而且具备政治头脑。她虽然爱国，却也颇为务实。公元66年，她亲眼见证了罗马人在耶路撒冷犯下的罪行，并冒着生命危险试图阻止他们。不过，她和尤利乌斯·阿格里帕都坚决反对犹太人违抗不可战胜的罗马。他们努力劝说犹太民众放弃起义，尤利乌斯·阿格里帕还发表了一次演讲；两人声泪俱下，但是徒劳无功。暴徒烧毁了他们的宫殿，抢走了他们的一小部分财产。阿格里帕和贝勒尼基始终遵守罗马的命令，尤其是服从来到犹太地区的军团指挥官及其儿子。

提图斯和贝勒尼基大概相识于公元67年，那时他和韦斯巴芗正在集结兵力，阿格里帕与当地的另外三位附属国国王向罗马人提供了增援部队。贝勒尼基的美貌和魅力征服了提图斯的心，而她对财富的巧妙运用则赢得了韦斯巴芗的感激。她比提图斯大十一岁左右，不过年龄的差距并没有令他退缩。尽管他们初遇时她已经大约三十九岁了，但是正如塔西佗所言，她的容颜尚处于黄金阶段[29]，而且她让二十八岁的提图斯燃起了欲望。

埃及

至公元69年初，形势逐渐明朗起来，犹太行省并不是韦斯巴芗及其才华出众的儿子可以统治的唯一地方——罗马在向他们招手。于是，阿格里帕和贝勒尼基便开始支持韦斯巴芗争夺皇位，贝勒尼基的前夫兄长提比略·亚历山大也提供了帮助。公元69年7月1日，亚历山大让埃及的军团宣誓效忠韦斯巴芗。

这是他们首次公开反对维特里乌斯，也是罗马政治体制内的一场革命。

来自萨宾丘陵的税收员之子被拥立为世界的统治者，奥古斯都的继任者在安东尼和克娄巴特拉的城市里诞生，披着红色羊毛斗篷的士兵取代了穿着紫色镶边托加的元老，亚历山大的热情欢呼淹没了罗马的严肃讨论。几天之后，犹太和叙利亚的军团也追随着埃及的兄弟们，尊韦斯巴芗为皇帝。又过了五个月，直到12月，元老们才承认了韦斯巴芗的地位；后来顽固派生气地发现，韦斯巴芗把7月1日当成了他登基的纪念日。

韦斯巴芗已经宣告了自己对帝国的统治权，下一步便是将其从维特里乌斯手中夺过来了。韦斯巴芗说他希望兵不血刃地取得胜利，通过切断埃及的粮食供应，向罗马施加压力。然而，他还是派了一支军队前往意大利。尽管韦斯巴芗具备出色的军事才能，但是他并未参与这次行动，而是留在了埃及。与此同时，他委任提图斯去结束镇压犹太叛乱的战争。

埃及拥有重要的战略地位，而且远离意大利的斗争也比较安全。韦斯巴芗在埃及等待时机，并展现出前所未有的皇者风范。据说在亚历山大，他于座坛上治好了两个平民，其中一人眼盲，而另一人跛足[30]。这表示他获得了上天赐予的新能力，跟其他的吉兆和神迹一样，都属于夸张的政治宣传。

当然，留在埃及的决定也体现了韦斯巴芗的典型特征：外表淳朴，内心精明，善于伪装自己，在暗中操纵一切。他是一个喜欢藏拙的领袖，因为他知道这样会让敌人放松警惕。实际上，他的狡猾程度堪比尤利西斯，即荷马史诗《奥德赛》中那位诡计多端的英雄。

在不断攀升的过程中，韦斯巴芗拼命讨好上级，其拍马屁的水平可谓无人能及。尽管他的成功显得非常偶然，但是他充满了野心。也许刚开始他没打算要成为皇帝，然而当机会出现时，他已经做好了准备。跟奥古斯都一样，韦斯巴芗也有一种特殊的才能，可以让别人为他效劳。凯妮丝、穆基亚努斯、萨宾努斯、提比略·亚历山大、尤利乌斯·阿格里帕、贝勒尼基——他们都是计划的一部分，按照韦斯巴芗的意愿行事，就连提图斯也没有打破这一规则。表面上看来，韦斯巴芗夺取皇位纯粹是为了推动儿子的事业，但最终韦斯巴芗当上了皇帝，提图斯只是替他出力而已。

安东尼乌斯·普里穆斯——罪犯及征服者

在埃及逗留期间，韦斯巴芗派遣穆基亚努斯率领叙利亚军团向西挺进。他们出动了强大的兵力去对付维特里乌斯及其部队，然而穆基亚努斯没有发起攻击，因为马尔库斯·安东尼乌斯·普里穆斯抢先了一步。

年约五十岁的普里穆斯来自高卢的托洛萨城（今图卢兹）。他曾是罗马政坛的高层人物，但在公元61年，他犯下了伪造遗嘱罪，被逐出元老院。公元68年，他因为支持加尔巴而得到奖励，恢复了元老身份，并获准在潘诺尼亚指挥一个军团。公元69年，这位果敢的罪犯投靠了韦斯巴芗。塔西佗对普里穆斯作过一番令人印象深刻的描述："他英勇善战，能言善辩，性情贪婪，挥金如土，能够巧妙地给别人招来仇恨，影响内乱和暴动的走向，在和平时期是最糟糕的公民，在战争年代是最优秀的盟友。"[31]

普里穆斯几乎单枪匹马地说服了多瑙河流域的军团支持韦斯巴芗。他们勇敢地向意大利进军，夺取了主要城市阿奎莱亚，并在克雷莫纳郊外的一场战役中击溃了维特里乌斯的军团。之后，他们便洗劫了克雷莫纳——整整四天，罗马士兵肆意屠杀罗马公民，这起骇人听闻的事件成了帝国的耻辱。

与此同时，萨宾努斯在罗马进行谈判，劝说维特里乌斯退位。在即将达成协议之际，维特里乌斯的部分军队表示反对。为了躲避他们的追捕，萨宾努斯和他的儿子及孙子躲进了卡比托利欧山，此处居高临下，俯瞰着罗马广场，韦斯巴芗的小儿子图密善也跟他们在一起。维特里乌斯的军队占领了卡比托利欧山，萨宾努斯的家人和图密善侥幸逃跑，而萨宾努斯却被擒获。士兵们把他押到维特里乌斯面前，残忍地杀害了他。在冲突的过程中，卡比托利欧山上的朱庇特神庙被烧毁了。这是一个不祥的征兆，因为那座神庙是罗马的宗教中心，而且朱庇特跟皇帝密切相关。

第二天，也就是12月20日，普里穆斯率领他的军团进入罗马。经过激烈的战斗，他们夺取了这座城市。维特里乌斯被拖出来游街示众，最终受尽折磨并遭到处决。

韦斯巴芗在罗马

图密善获得了恺撒的头衔并搬入宫中，不过罗马的实际控制权属于普里穆斯。随后，穆基亚努斯来到首都，负责主持大局。穆基亚努斯不敢直接攻击颇受欢迎的普里穆斯，但是他很擅长使用阴谋诡计。他撤走了跟普里穆斯及其盟友关系最亲密的两个军团，说服普里穆斯接受希斯帕尼亚的总督职位，同时暗中给韦斯巴芗写信，破坏韦斯巴芗和普里穆斯的关系。最终，普里穆斯隐退到了自己的故乡托洛萨。

过了将近一年，直到公元70年10月，韦斯巴芗才抵达罗马。在此之前都是穆基亚努斯管理着政府，据塔西佗所言，他表现得"更像皇帝的共治者，而非皇帝的代理人"[32]。他继续接受奖赏和职务——因为在内战中的表现而获得凯旋荣誉，并先后两次担任执政官（分别在公元70年和72年）。不过，权力还是落入了韦斯巴芗手中。元老院授予韦斯巴芗至高的地位以及"常胜将军恺撒·奥古斯都"的头衔，使其跟前任皇帝完全一样。这项决定明确了加尔巴、奥托和维特里乌斯三人的短暂统治曾经暗示却尚无机会证实的结论：帝国的权力完全可以转让。务实的罗马人找到了解决合法性问题的途径，那就是直接把君主头衔交给最强大的人，不论他跟帝国的奠基者是否存在血缘或收养关系。

此外，他们还把恺撒的称号授予了提图斯和图密善，这是"恺撒"首次被用来指定继承人[33]。而穆基亚努斯则从历史记载中逐渐淡出了，他似乎选择了隐退，因为他有时间出版自己的书信、演说以及早年在东部生活的回忆录；公元75年前后，穆基亚努斯去世[34]。

从尼禄自尽到韦斯巴芗获胜，在十八个月的时间里，罗马世界经历了动荡、干戈、洗劫、破坏和叛乱，付出了沉重的代价。不过，这份苦难还远远比不上罗马在奥古斯都崛起的十五年中承受的战争与革命。如果韦斯巴芗能够恢复和平，那么人们甚至会说，尽管这个政治体制有不少缺点，但是它依然可行。

相比于其他帝国的统治者，大多数罗马皇帝的执政期都很短[35]。虽然这会造成不稳定的情况，但是也能让统治家族之外的人才接触到皇位。为了取得成功，新皇帝必须满足一些关键群体的要求。

韦斯巴芗希望巩固权力，将其传给自己的儿子们，结束多年的挥霍与战乱，重振军队及国库，并跟自己心爱的女人享受生活。不过，首先他得把自己推销给元老院和罗马人民。

相貌不是他的优势。此时，韦斯巴芗已经开始秃顶，而且患有痛风病。他脸上显露的坚毅常常被当作一种紧绷的表情。有人开玩笑说，他看起来仿佛在忍受便秘的痛苦[36]。

韦斯巴芗也不会通过口才来推销自己。他并非西塞罗，尽管他确实有一种俏皮的幽默感，善于把握开玩笑的时机。例如，有一位前执政官曾纠正他的发音，指出"马车"应念作"plaustra"，而非"plostra"。此人名叫卢基乌斯·麦斯特利乌斯·弗洛鲁斯（Lucius Mestrius Florus），于是第二天韦斯巴芗便叫他"Flaurus"，而非"Florus"[37]，前者与表示"讨厌"的希腊单词"phlauros"发音相近。弗洛鲁斯跟杰出的希腊作家普鲁塔克是朋友，他肯定能听懂韦斯巴芗的双关语。

宣扬君权神授的结果也不太理想。在地方行省，从伊比利亚到亚美尼亚，他积极地鼓励民众把自己当作神明来崇拜，但是在罗马和意大利，他只是一个凡人而已。所以在首都，他很难利用宗教来为自己的统治增加吸引力。

韦斯巴芗要像奥古斯都那样，借助壮观的场面和宏伟的建筑推销自己，同时打造一个光辉的形象，用他的姓氏来重塑罗马。他仿照奥古斯都的做法，否认了内战的事实，把自己和家人描绘成代表罗马民众战胜外敌的征服者。在此过程中，他展现出了无与伦比的交际才能。

韦斯巴芗没有取消尼禄制定的表演和庆典政策。相反，他还在原先的基础上加大力度。但是有一点截然不同，韦斯巴芗举止庄重，言行淳朴，对元老院较为尊重。这位皇帝没有在公众面前演奏里尔琴或驾驶战车，也没有给自己招来纵火或弑母的指控。韦斯巴芗比尼禄要沉稳许多，但是他找不到更好的办法来解决罗马灵魂遭遇的危机，因此只能沿用前任的方案。

不过，韦斯巴芗确实提出了一项重要的革新。这位伟大的平民皇帝扶持了一个新阶级——他们来自意大利及地方行省，这群人跟他一样富有，而且胸怀抱负。他极大地扩充了帝国的精英阶层，对后世产生了深远的影响。

皇帝的自我推销

公元70年春天，提图斯率兵围攻耶路撒冷。犹太人有一位极富感召力的实干型领袖，名叫西蒙·巴尔·吉奥拉。这个前游击队员组建了一支军队，承诺让奴隶享受自由，让富人得到审判。他发行的硬币上刻着源于弥赛亚传说的"锡安[1]救赎"[38]等字样。

耶路撒冷虽顽强抵抗，却仍在公元70年夏末落入提图斯手中。巴尔·吉奥拉和一小群追随者企图从地下通道逃走，虽然有凿石工的帮助，但他们还是失败了。最终，巴尔·吉奥拉出现在耶路撒冷圣殿曾经矗立的地方，一位罗马军官擒获了他。他穿着白色的短袍和紫色的斗篷，后者象征着国王——抑或弥赛亚，即救世主。

只有陡峭、荒芜而偏僻的马萨达要塞还属于叛军，直到公元73年或74年，在罗马部队的大规模围攻之下，它才终于沦陷了。正如韦斯巴芗发行的硬币所示，犹太被打败了。那些硬币[39]把犹太描绘成一个坐在棕榈树下哀悼的女人，旁边站着一个留胡子的男人，其双手被捆在背后。在罗马，新皇帝命人关上了雅努斯[2]神庙的大门，以此标志和平时代的开始，就像奥古斯都在亚克兴战役之后和尼禄就亚美尼亚的问题跟帕提亚达成协议之后的做法一样。

公元71年6月，提图斯在返回罗马以后，和韦斯巴芗举行了一场联合凯旋式，庆祝对犹太地区的征服。跟先前的统治者一样，他们也知道该如何表演：用盛大隆重的场面吸引摩肩接踵的人群。父子俩选择了凯旋将军的传统服饰，身穿紫红色的托加，头戴月桂枝叶编成的冠冕。

在这一天的开始，韦斯巴芗问候了自己的士兵，并展示了控制观众情绪的能力。约瑟夫斯曾做过如下的详细记叙：

1　锡安（Zion）：原为耶路撒冷的一座小山，在希伯来《圣经》里代指大卫城和圣殿山，犹太人认为圣殿山是全世界最神圣的地方，连接着神与人。

2　雅努斯（Janus）：古罗马宗教和神话中的门神，拥有两张面孔，同时看向未来和过去。雅努斯神庙位于罗马广场和尤利乌斯·恺撒广场之间，在战争时期，神庙会敞开大门，进行祭祀和占卜，预言战争的结果；在和平时期，神庙会关闭大门，不过这种情况比较少见。

一尊座坛矗立在屋大维娅柱廊跟前，上面摆放着两把象牙椅子，提图斯和韦斯巴芗坐了下来。军队立即朝他们欢呼，所有人都为他们的勇猛作证；而他们没有携带兵器，只是穿着绸缎衣服，头戴桂冠。韦斯巴芗接受了这些欢呼，不过当人们准备继续呐喊时，他示意他们保持安静。等到大家都默不作声，他便站起身来，用斗篷遮住脑袋，按照惯例进行庄严的祈祷，提图斯也是一样。在祈祷结束以后，韦斯巴芗向众人发表了短暂的演说，接着让士兵去享用将军为他们准备的早餐。[40]

这场胜利游行以花车展示此次征服的城市，而且只要情况允许，相应的敌方领袖本人也会一起露面。队伍中有士兵和元老、献祭的牲畜以及数百名高大健壮的囚犯。头号俘虏是西蒙·巴尔·吉奥拉和另一位领导起义的关键人物，他们一路上都在被鞭子抽打。陈列的战利品中包括来自耶路撒冷圣殿的桌子和犹太教烛台，二者皆为纯金所制。韦斯巴芗和提图斯分别站在两辆战车上，由皇帝领头，而图密善则骑着一匹骏马。在巴尔·吉奥拉被处决以后（另一位领袖遭到了终身监禁），卡比托利欧山上举行了祭祀仪式。接下来，全城的宴会便开始了。

韦斯巴芗发布的第一道命令就是修复朱庇特神庙，它在公元69年12月的战斗中被摧毁了。他希望显示自己拥有神明的支持。所以，当人们准备为新的神庙奠定基石时，他率先帮忙清理废墟。皇帝从遗址上捧起一把泥土，放在头顶带了出去[41]。

这是罗马复兴的重要标志，不过在弗拉维族人的心目中，征服犹太地区比重建朱庇特神庙更为荣耀。他们用凯旋门来纪念自己的胜利，并且修建了不止一座，而是两座。其中提图斯凯旋门上的浮雕如今依然清晰可见，最醒目的图案便是耶路撒冷圣殿的犹太教烛台，或曰"七支烛台"。今天看来，提图斯凯旋门上的烛台显得十分苍白，但是最新的科学研究表明，它当初被涂成了鲜艳的黄色[42]，体现了真实烛台的纯金材质。另一座凯旋门在中世纪遭到了摧毁，不过上面的铭文借助记录得以幸存，其内容赞美了提图斯征服犹太人民并踏平耶路撒冷的功绩，指出这两项成就都源于他父亲的命令。近来，考古学家在罗马大竞技场的边缘发现了第二座凯旋门的部分残骸[43]。

然而，这只是弗拉维家族在罗马城内纪念犹太战争胜利的开始，另一个著名的标志是和平神庙。韦斯巴芗并没有随便选择名字，跟筑造和平祭坛的奥古斯都一样，韦斯巴芗也从个人经验中体会到，只有神明的恩典才能让罗马保住来之不易的和平。韦斯巴芗仿照恺撒广场和奥古斯都广场，在市中心建了一片公共广场，周围环绕着柱廊，神庙矗立在一侧。它以华美的新式结构作装饰，并融合了来自尼禄金屋的建筑部件和工艺品。此处还收藏了朱庇特神庙的金器，后来在公元410年，西哥特国王阿拉里克洗劫罗马，很可能把这些金器抢走了。尽管近期的考古发掘让这组建筑的许多部分重见天日，但是我们已经很难欣赏到它的宏伟壮丽了，因为有一大片都被埋在一条穿过古罗马中心的宽阔道路之下，那就是20世纪30年代法西斯总理贝尼托·墨索里尼主持修建的帝国广场大道[1]。

不过，在韦斯巴芗建造的纪念物中，现存最完好的一个成了罗马最著名的建筑，那就是角斗场。参与建造的劳动力可能包括技术工人和非技术工人，奴隶和自由民，也许还有犹太俘虏。根据一段铭文记载，这项工程所需的资金源于"将军分得的战利品"[44]，大概就是指犹太战争带来的财富。跟奥古斯都一样，韦斯巴芗似乎也用战利品资助了罗马的重大建设项目，从而提升了自己的公众形象。

今天我们认为角斗场是典型的罗马建筑，然而在当时，它代表了一种创新。尽管许多意大利城市都有石质圆形露天剧场[2]，但是在早年间，罗马人更喜欢为角斗比赛搭建临时的木质看台——这是共和国时期遗留下来的做法，以免给民众提供固定的集会场所。罗马曾经有一座部分石质的小型圆形露天剧

1　帝国广场大道（Street of the Imperial Forums）：位于罗马市中心的一条道路，修建于墨索里尼执政时期，从威尼斯广场直通角斗场，因经过尤利乌斯·恺撒广场、奥古斯都广场、涅尔瓦广场、韦斯巴芗广场和图拉真广场等罗马帝国时期修建的广场而得名，但具有讽刺意味的是，这条道路也占据了上述广场80%的面积，从而对它们造成了严重的破坏。

2　圆形露天剧场（amphitheater）：既可用于娱乐表演活动，亦可举行竞技体育比赛。

场，不过在公元64年的大火中烧毁了。韦斯巴芗下令建造一座宏伟的替代品，使其能容纳约五万名观众，成为史上最大的圆形露天剧场之一。这项工程在他执政期间开始，直到他去世一年后才彻底完成并对外开放。

在古代世界里，罗马角斗场被称作"弗拉维圆形露天剧场"，其现在的名字"科洛西姆"[1]（Colosseum）源于中世纪，因为它旁边曾矗立着一尊高约35米的尼禄巨型铜像（colossal）[45]。这个名字最早出现在公元7世纪的一句谚语中："只要科洛西姆站着，罗马就会站着；如果科洛西姆倒下，罗马也会倒下；一旦罗马倒下，世界将轰然崩塌。"[46]

"科洛西姆"或"弗拉维圆形露天剧场"——名字本身有什么意义吗？在这种情况下可谓意义重大，因为"弗拉维圆形露天剧场"让这座建筑变得符号化、个人化，相当于亚历山大城（以亚历山大大帝命名）、尤利乌斯·恺撒广场、奥古斯都陵墓以及现代的维多利亚瀑布、埃菲尔铁塔和胡佛水坝[2]。这座崭新的圆形露天剧场进入了罗马人的意识核心，因为它不仅是体育的竞技场，而且是政治的竞技场。作为一种沟通媒介，它的革命性堪比脸书或推特。自从它在公元80年落成以来，每一个手握权力的政客都来这里参加过活动，他们既当观众，又做主角。大家按照社会等级分区落座，皇帝、元老和罗马骑士坐在前排，普通民众坐在后排。人们有时为皇帝的演说欢呼，有时为自己的观点呐喊。在某种程度上，弗拉维圆形露天剧场足以与罗马广场和元老院议事厅相媲美，而且城中新兴的第一家族还用姓氏给它打上了烙印。

具有讽刺意味的是，韦斯巴芗并不喜欢角斗表演[47]，也许他已经在战场上看得太多了。不过，他知道罗马人民喜欢竞技。尼禄曾于火灾后强占土地，建造奢华的金屋，韦斯巴芗将圆形露天剧场的选址定在那里。这位新皇帝拆除了金屋的大部分结构，让角斗场从人工湖的位置上拔地而起。

尽管韦斯巴芗显得颇为粗俗，经常给人留下文化水平较低的印象，但他

1　科洛西姆（Colosseum）：这是英语中的通常称呼，在汉语中一般称之为"角斗场"或"斗兽场"。

2　维多利亚瀑布、埃菲尔铁塔和胡佛水坝：分别以英国维多利亚女王、法国工程师居斯塔夫·埃菲尔和美国第三十一任总统赫伯特·胡佛命名。

是为拉丁语和希腊语修辞学设立教职的第一位皇帝。他很清楚什么样的举措会受人尊敬，而且他明白教育对于统治阶级的意义。获得拉丁语教职的首位学者是马尔库斯·法比乌斯·昆体利安努斯，亦即昆体良[1]，他是罗马世界中最重要的修辞学家。他有许多名言，如"只有好人才能成为演说家"以及"雄辩源于想象的感受和力量"[48]等。他建议想当演说家[2]的人在学习历史时注重事实和案例，但是不要模仿过去的方式来说服法官和陪审团，因为史书的目的在于讲好故事，而非论证观点[49]。昆体良影响了许多杰出的人物，包括早期基督教思想家圣奥古斯丁、意大利文艺复兴时期诗人彼特拉克和新教改革家马丁·路德，很可能还有伟大的作曲家约翰·塞巴斯蒂安·巴赫以及自由主义哲学家约翰·斯图尔特·穆勒，因此全世界都要感谢韦斯巴芗对昆体良的扶持。

有其父必有其子

在上台之初，韦斯巴芗就明确表示，他的儿子们，尤其是大儿子提图斯，将会和他一起统治帝国。跟图密善一样，提图斯也获得了"恺撒"的头衔，不过那仅仅是开始。他享受了许多荣誉，也承担了不少职务，韦斯巴芗在位期间共产生过八届执政官，其中七届都有提图斯。韦斯巴芗还任命提图斯为禁卫军长官，大致相当于今天的美国联邦调查局局长，只是拥有更多的自主权。提图斯很擅长伪造文书，并以此为荣；这是一项奇怪的技能，但对于安全部门的长官来说无疑非常有用。提图斯几乎成了皇帝的共治者，而且他还会替父亲监督命令的执行。

提图斯负责处置所谓的造反派。有两位显赫的元老曾是韦斯巴芗的支持者，提图斯怀疑他们密谋叛变，于是让其中一人在元老院接受审判并遭到定

1　昆体良（Quintilian）：为拉丁语原名引入英语后的简化拼法，去掉了阳性后缀"–us"，原拉丁语为"Quintilianus"，即"昆体利安努斯"。

2　演说家：在古罗马，政治家和律师都要学习演说技巧，昆体良本人就曾长期兼任律师，在法庭上替人辩护。

罪，后来此人用一把剃刀划开了自己的喉咙。提图斯在宫中下令杀害了另一名嫌犯，当时对方刚跟韦斯巴芗吃完晚餐，正准备离开。

接着，赫尔维狄乌斯·普利斯库斯给提图斯带来了麻烦。作为元老院的坚定捍卫者，赫尔维狄乌斯显然不赞同提图斯扮演韦斯巴芗的准继承人。根据文献记载，在一场元老院会议上，赫尔维狄乌斯让韦斯巴芗伤心落泪了，韦斯巴芗临走前说："要么由我的儿子来接替我，要么谁都别当皇帝。"[50]赫尔维狄乌斯是一个危险人物，因为他属于道德感极强的斯多葛派哲学家，坚决反对自己眼中的皇室暴政。尼禄已经驱逐过他一次，并逼迫他的岳父割腕自尽。赫尔维狄乌斯的妻子范尼娅支持丈夫，并在韦斯巴芗流放他时一直陪伴着他。最终，韦斯巴芗处决了赫尔维狄乌斯。对此，范尼娅不可能原谅，也没有遗忘。许多年后，她资助了一部关于赫尔维狄乌斯的传记出版，这本书对韦斯巴芗进行了抨击。结果，撰写传记的元老被判处死刑，而范尼娅也遭到了流放。

虽然发生过一些冲突，但总体而言，韦斯巴芗和提图斯还是跟元老院保持着良好的关系。为了表示尊重，皇帝总是亲自参加元老院会议，如果身体欠佳，他便派一个儿子替他出席。而且，韦斯巴芗把他在东部的军团指挥官和其他的重要支持者都提拔为元老。这使得元老院更加偏向他，并挽救了由于奢侈和压迫而逐渐枯竭的罗马贵族，为其增添了新的人才资源。不过，影响最大的结果是创造了一个崭新的罗马精英阶层，他们拥有持久的生命力。来自希斯帕尼亚和高卢南部的罗马公民成了元老、执政官、行省总督、祭司和贵族，他们的子孙甚至将获得更高的地位。

例如，有一位军官曾跟随韦斯巴芗在东部打仗，此人名叫马尔库斯·乌尔皮乌斯·图拉真努斯，出生于希斯帕尼亚，他的祖先数百年前从意大利迁移到那里。图拉真努斯满怀雄心壮志，在克劳狄乌斯执政时加入元老院，又在犹太战争期间担任韦斯巴芗的军团指挥官之一。韦斯巴芗当上统治者之后，不断提拔图拉真努斯，给予他执政官职位、重要的行省总督职位和所谓的凯旋服饰——对于皇室家族以外的人来说，此乃最高的军事荣誉。在韦斯巴芗登基的三十年后，图拉真努斯的儿子坐上了王位，那就是图拉真皇帝。在其继任者中，安东尼·庇护和马可·奥勒留也来自韦斯巴芗扶持过的家族。可以说，这位皇帝向行省的领袖们敞开了罗马统治阶级的大门。

金钱没有臭味

　　尼禄几乎掏空了国库，而内战又耗尽了仅剩的钱财，并对帝国造成了严重的破坏。除了创立王朝以外，韦斯巴芗的当务之急就是重建罗马的财政。他需要提高税收和削减开支，而这两项他都做得很好。掌管财政的重担顺理成章地落到他肩上，毕竟他父亲曾从事过税收和放贷，这使得韦斯巴芗跟出身贵族的前任统治者们形成了鲜明的对比。结果，他因此招来了贪婪的恶名。当时的笑话把他塑造成古代版的杰克·本尼[1]，也就是20世纪中期美国电视广播界的那位守财奴。然而实际上，韦斯巴芗只是一位明智的国库管理者。正如一位古人所评价的，他"并非贪婪，而是谨慎"[51]。

　　韦斯巴芗推行了许多财政政策，今天我们只能借助各种资料略窥其概况。在细节方面，我们知道他恢复了港口税、5%的自由奴身价税、1%的拍卖税以及高卢和伊比利亚之间的关税，对非近亲赠予的遗产征收5%的继承税，为资助罗马的夜间守卫而征收4%的奴隶买卖税。他把过去犹太人每年交给耶路撒冷圣殿的税款变成了重建并管理罗马朱庇特神庙的经费（最终又用于其他目的），并将征税对象从仅限男性扩大到了包括女性、孩子和奴隶，这种可耻的人头税在犹太地区持续了数个世纪。韦斯巴芗对公共土地的侵占者进行打击，或令其出钱买下土地，或将土地予以变卖充公。他提高了地方行省的税收，又在亚历山大和小亚细亚出售皇室财产并向物主征税。他在意大利和地方行省推进人口普查，让税收员的工作变得更加轻松。同时，韦斯巴芗还节约政府资源。例如，他缩小了外交使团的规模。

　　这些措施都很不受欢迎，但是韦斯巴芗像往常一样，尽量转移其负面影

1　杰克·本尼（Jack Benny，1894—1974）：美国演员，经常在节目中假装自己是一个吝啬的守财奴。

响。例如，穆基亚努斯负责没收财产和征收税款，从而减轻了民众对皇帝的指责。据说穆基亚努斯称金钱为"最高统治权的支柱"[52]。

关于韦斯巴芗的财政政策，文献中记载了一个有趣的故事。当提图斯说他征收公厕使用税的做法有损尊严时，韦斯巴芗回答：金钱没有臭味[53]。

"八百年的好运与秩序"[54]

公元68年和69年，高卢、日耳曼尼亚、犹太、叙利亚、埃及和巴尔干半岛的罗马军团和指挥官违背了自己的誓言，陆续推翻尼禄皇帝及其后的三个继任者，一年内创造了四位皇帝。他们在高卢、日耳曼尼亚和意大利发动大规模战役，洗劫了克雷莫纳，并使罗马城深陷于恐惧之中。在韦斯巴芗成为皇帝以后，莱茵河下游的部落积极反抗罗马的统治，而且他们在高卢地区还有盟友。先前，一位将领在镇压叛乱时曾指出，罗马军队利用"八百年的好运与秩序"建立了帝国。在短短两年之内，军队几乎毁灭了一切，而韦斯巴芗让帝国重新振作起来。

这位新皇帝的举措包括镇压、改革、重组和约束。公元70年，韦斯巴芗派前任女婿佩提阿里斯·凯列阿里斯（其妻乃韦斯巴芗的亡女多米提拉）率领一支庞大的军队去镇压莱茵河流域的叛乱。在发生过激烈冲突的日耳曼尼亚，一些军团遭到解散，新的军团得以创建，它们由韦斯巴芗信任的士兵和将领组成，确立了忠于韦斯巴芗及其家族的新传统。在其他地方，军团根据需要更换了成员，忠诚的老兵获准退役并安顿下来。同样地，各种辅助军也被解散及替代。

不过，我们更应该关注韦斯巴芗没做的事情。他并未扩大军队的规模，依然保持了尼禄时期的兵力，总共约三十万人。而且，韦斯巴芗也没有赋予军队一个日常的政治角色，尽管军队让他当上了皇帝。他让军团返回各自的营地，将政治权力交给罗马的官员，包括他的朋友、家人以及元老院。简而言之，韦斯巴芗原封不动地延续了奥古斯都创立的政治体制。

韦斯巴芗把士兵的定期赏银减少至每人25第纳尔[1]，这显示了他对军队纪律的重视。据说，意大利舰队的士兵曾要求皇帝为他们支付鞋子的费用，以便他们在那不勒斯湾和罗马之间执行通信任务。韦斯巴芗回答，今后他们应该光着脚走路[55]。他清楚地表明，掌权者是他，而非士兵。

韦斯巴芗把一些部队从内陆调到边境。他深知扩张帝国会给自己带来声望，于是便命令手下的将领在不列颠和莱茵河沿岸征服了少数土地。不过，韦斯巴芗的主要目标是巩固政权，因此他没有对帝国的疆域作出重大改变。

皇帝的同居伴侣

在韦斯巴芗于公元69年被拥立为皇帝之前，他的妻子弗拉维娅·多米提拉去世了，但我们不清楚她死亡的确切时间。随后，他便恢复了自己跟凯妮丝的情人关系。在他上台时，她至少已经六十二岁了，所以凯妮丝并非值得炫耀的娇妻。韦斯巴芗选择她，大概是因为他爱她。她成了他的同居伴侣——换句话说，也就是实际意义上的妻子。作为一名元老院成员，韦斯巴芗不能娶凯妮丝这样的自由奴。罗马社会已经习惯了以事实婚姻来应付各种禁令和限制。不过，罗马皇帝公开跟一个希腊自由奴同居，把她当作自己的妻子，这件事的惊人程度还是不容低估。

无论如何，韦斯巴芗非常珍视凯妮丝，而且待之如皇后。具有讽刺意味的是，唯有跟这个自由奴同床共枕时，他才最接近辉煌的恺撒王朝，毕竟她曾服侍过拥有"奥古斯塔"称号的安东尼娅（马克·安东尼之女，克劳狄乌斯皇帝之母）。凯妮丝坚信自己是韦斯巴芗的家人，有一次，她从外地返回罗马，甚至主动扬起脸颊，让韦斯巴芗的儿子图密善行吻面礼。然而，傲慢的图密善断然拒绝，并向她伸出了自己的手[2]。

---

1 第纳尔（denarii）：古罗马货币系统中的一种银币，从公元前211年前后开始使用。
2 伸出了自己的手：指图密善让凯妮丝向自己行吻手礼。在古罗马，吻面礼是家人和朋友之间的问候，而吻手礼却是下级对上级的致敬。

凯妮丝聪明睿智，而且非常了解罗马帝国的运作模式，因此如果她在韦斯巴芗崛起的过程中为他出谋划策，那一点儿也不奇怪。据说韦斯巴芗当上皇帝之后，凯妮丝便出售特权和官职，包括总督、将领和祭司等职位以及罪行的赦免[56]。简而言之，她就是一位掮客。这些故事无法得到证实，但很有可能是真的，还有人指出她赚到的一些钱落入了韦斯巴芗手中，看起来也比较可信。不管怎样，凯妮丝成了一个非常富有的女人。

这位曾经的奴隶自己也拥有奴隶，最终还释放了一些奴隶，让他们使用她的名字[1]。她在罗马郊外有一片庄园和广阔的土地[57]，还有许多浴场和输水管道——这种奢侈的设备极为罕见。在她去世以后，所有地产都转到皇帝名下，凯妮丝的浴场对公众开放，并由皇帝的一名自由奴管理。

凯妮丝死于公元75年前后，终年约六十八岁。她在韦斯巴芗的心目中无可替代，他找了许多情妇，却再也没有固定的伴侣。凯妮丝的墓碑保存到了今天，在她的庄园附近出土[58]。发现一个罗马自由奴的墓碑并不稀奇，实际上，罗马帝国留下的大多数墓碑都是自由奴的。墓碑是社会地位的象征，有谁会比得到释放的奴隶更需要刻石铭文，宣扬自己的成功呢？凯妮丝的墓碑完美地履行了这项使命。

那是一块祭坛形状的巨石，属于常见的高级墓碑——正面总是刻着文字，侧面和背面偶尔带有装饰。凯妮丝的墓碑沉重、庞大、精致而奢华，原本是一整块卡拉拉[2]大理石，此后同样的材料也用于图拉真纪功柱、万神殿以及文艺复兴时期米开朗琪罗的杰作《大卫》。这块墓碑高约1.2米，底座宽约60厘米，长约1米。

正面的碑文声称，有一个叫阿格拉乌斯的人以自己和三个孩子的名义树

1　使用她的名字：在古罗马，被释放的奴隶会使用新名字，象征他们获得了崭新的身份，这些名字的形式类似于罗马公民的名字，但是他们不能随意选择。男性自由奴的名字有三部分，前两部分都要跟曾经的主人一样（如果主人是女性，则把阴性后缀改为阳性后缀），而最后一部分则是他做奴隶时的旧名；女性自由奴的名字有两部分，第一部分跟曾经的主人一样（如果主人是男性，则把阳性后缀改为阴性后缀），而第二部分则是她做奴隶时的旧名。如凯妮丝曾为安东妮娅的奴隶，被释放后改名为安东妮娅·凯妮丝。

2　卡拉拉（Cararra）：意大利中部的一座城市，以盛产白色和灰蓝色大理石而闻名。

立了这块墓碑。此人很可能是凯妮丝庄园的管家,以此纪念"安东尼娅·凯妮丝——最好的主人奥古斯塔的自由奴"[59]。那篇碑文写得颇为谨慎,虽然它把凯妮丝和罗马最强大的一个女人联系起来,但是没有提及她做过韦斯巴芗的同居伴侣。不过,另外三面的浮雕暗示了有一位皇帝曾爱过她。浮雕的图案包括丘比特、天鹅(给维纳斯拉战车的鸟)以及桂冠,后者乃皇帝的象征。天鹅的拉丁语是"cygnus",希腊语是"kuknos",所以也许其中还有另一层含义,指向了凯妮丝的名字(希腊语为"Kainis")。

在凯妮丝去世前后,贝勒尼基女王和她的哥哥尤利乌斯·阿格里帕来到罗马。他的哥哥被任命为裁判官,而她则搬入宫中,跟提图斯住在一起。我们不知道凯妮丝是否曾反对提图斯把情妇接到身边。不过,值得注意的是,这对统治罗马的父子相继跟来自东方的女人在罗马同居,维持着事实婚姻的关系。两人都在疯狂的边缘行走,但是粗俗的韦斯巴芗选择了屈尊俯就,而文雅的提图斯更喜欢皇室软榻。他们打造了一个远离奥古斯都和利维娅的世界。

提图斯和贝勒尼基真心相爱。人们说她希望能嫁给他,甚至说他承诺要娶她[60],而且她表现得就像他的妻子一样。毫无疑问,她拥有巨大的影响力。有一次,韦斯巴芗甚至邀请她参与审理一桩涉及她自身利益的案件,并指派伟大的昆体良担任她的辩护律师[61]。简而言之,贝勒尼基已经接近权力的顶峰了。但是,罗马人无法忍受她。对于某些人来说,她就是另一个克娄巴特拉[62],即蛊惑罗马男人的东方女王;而对于其他人来说,她代表着犹太敌人,他们的叛乱让罗马付出了鲜血和财富的沉重代价。有两位哲学家在剧院里谴责提图斯和贝勒尼基,提图斯下令鞭笞其中一人,并将另一人斩首。然而,他还是被迫送走了贝勒尼基。这对恋人注定无法统治罗马。

"我觉得自己快要成神了"[63]

韦斯巴芗晚年的生活作息非常规律[64]。黎明前他便醒来,在床上阅读信件和报告;接着起身迎接自己的朋友,同时穿衣穿鞋,无须"鞋仆"服侍,尽管那是大多数皇帝都会用到的一种奴隶；然后出门骑马，中午回家小憩，从几名情妇中挑一人作陪；最后去洗澡，吃晚饭。宫中的自由奴知道皇帝在一天结束之际心情最好，于是他们都等到那时才提出自己的请求。

公元79年春天，韦斯巴芗巡视罗马以南的地区，途中突然患病。他前往罗马北边的萨宾丘陵，住进湖畔的避暑别墅，在自己的出生地附近休养，希望能尽快痊愈。据说那里的水能治病，不过就算是真的，这一次也未能奏效。在临终前，韦斯巴芗留下了两句犀利的名言。"我觉得自己快要成神了。"他如是说道，此谓成功的皇帝死后可以在意大利地区封神。最终，经过一轮严重的腹泻，他挣扎着起身，并宣称："皇帝应该站着死去。"[65]他果然死在了搀扶者的怀中。那是公元79年6月24日，韦斯巴芗六十八岁。

葬礼在罗马举行，现场的演员对韦斯巴芗的吝啬进行了最后一次调侃——按照惯例，在罗马贵族的葬礼上，需要有人穿着死者的衣服，戴着在其生前制作的蜜蜡面具，模仿死者的言行举止。在韦斯巴芗的葬礼上，这项任务交给了一位艺名叫法沃尔的明星演员。当他询问官员葬礼的费用时，他假装听到了1000万赛斯特斯[1]的天文数字。于是，他便学着韦斯巴芗的口吻说："给我10万赛斯特斯，把我扔进台伯河都行！"[66]

不知为何，直到六个月后，元老院才宣布韦斯巴芗为神明。根据罗马人的标准，他完全有资格封神。韦斯巴芗并非罗马最著名的皇帝，他很容易遭到轻视，因为他相貌粗犷，喜欢开低俗的玩笑，而且其名字的现代含义也毫不体面——法语作"vespasienne"，意大利语作"vespasiano"，意为"公厕"。然而，他是罗马最杰出的皇帝之一。塔西佗曾指出，韦斯巴芗跟此前的元首不同，他是唯一在上台之后变得更好的统治者[67]。他通过叛乱、暴力和计谋登上了权力的顶峰，见证了罗马在一个世纪中最糟糕的一年。拥立他做皇帝的不是元老院，而是军团——他是一位优秀的将领，所以他们选择了他。他是一名战士，却给罗马带来了和平。韦斯巴芗代表了一种颇为罕见的人物，即军旅出身的政治家。

---

1 赛斯特斯（sesterce）：古罗马货币系统中的一种银币。

韦斯巴芗厥功甚伟，可以说延续了帝国的生命。他证明了恺撒还会出现，即使他们体内没有流淌着恺撒的血液（或者恺撒之妻的血液，比如提比略）。就算韦斯巴芗什么都没做，单凭这一点也足以赢得尊重。更不用说，他还有其他成就：在重建罗马的过程中，他让这座城市拥有了最具代表性的建筑，并改变了政治文化。他恢复了稳定的局面和健全的财政，结束了尼禄的疯狂岁月和内战的恐怖诅咒。他创造了一个崭新的统治阶级，它将在下一个世纪中掌管帝国。韦斯巴芗为新兴的人才敞开了罗马的大门，其中就包括他自己——出身于萨宾乡村的税收员之子。

罗马又一次展示了重塑自我的能力。韦斯巴芗以其朴素的方式进行了一场革命，在强调延续的同时带来了剧变，前后差异之大，一如尼禄的金屋和弗拉维圆形露天剧场，抑或享受"奥古斯塔"尊称的小安东尼娅和她曾经的奴隶凯妮丝，或者血统高贵的尼禄和萨宾的赶骡人韦斯巴芗。

韦斯巴芗的成功体现了罗马的灵活性、适应性和创造性，但也揭露了帝国的残酷性。他留下的最著名的建筑是一个举行角斗比赛的地方，选手在那里互相残杀，以此来取悦成千上万的观众。他通过内战上台，经历了充满血腥和毁灭的"四帝之年"。除了内战中的死亡和破坏之外，韦斯巴芗还给不列颠和犹太地区造成了严重的灾难（后来他派提图斯完成了征服犹太的任务）。据约瑟夫斯记载，有一百一十万犹太人在耶路撒冷被围攻时丧生，罗马在交战期间共俘虏了九万七千名犹太人[68]。第一个数字非常夸张，不过真相恐怕也足以令人惊骇，而第二个数字应该是比较准确的。

罗马人既是建造者，也是毁灭者，韦斯巴芗和提图斯参与了史上最严重的破坏行动之一，洗劫了耶路撒冷并烧毁了圣殿。这是一次有预谋的暴力行动，旨在结束犹太人的政治抵抗，其出发点并非种族灭绝主义或反犹太主义。分布在以色列之外的犹太人（他们是在所谓的"大流散"[1]中离开以色列的），包括罗马的犹太人，并没有受到伤害，只是被迫缴纳新增的税款。除了耶路撒冷，以色列其他地方的犹太人延续了聚居的生活方式。韦斯巴芗亲自批

1　大流散（Diaspora）：指犹太人被迫离开故土到其他地方定居的大规模迁移行为。

准拉比把亚夫内城（位于今天的以色列中部）变成一个神学和文化上的中心，现代犹太教正是在那里奠定了基础。与此同时，耶路撒冷和圣殿的毁灭扩大了犹太基督徒和非犹太基督徒之间的距离。在公元70年之后，早期基督教与其犹太教的根源渐行渐远了。

韦斯巴芗死后，提图斯当上了皇帝。也许提图斯明白，作为父亲的刀斧手，他给人们留下了不好的印象，所以展开了"魅力攻势"[1]。他承诺再也不杀害任何元老，以此争取元老院的支持。不过，面对舆论的压力，他必须作出更大的让步。人们痛恨贝勒尼基，提图斯只得立刻把自己的皇后送出罗马。据苏维托尼乌斯说，这种做法"违背了他们两人的意愿"[69]。

于是，提图斯变成了孤身一人，但是他很受民众欢迎。可惜他的统治既不长久，也不顺利。在他执政期间，意大利遭受了一系列重大灾难：罗马大火，瘟疫肆虐，公元79年10月维苏威火山爆发并摧毁了庞贝和赫库兰尼姆两座城市——那是意大利史上记载的最严重的火山爆发[70]。提图斯利用亲切的话语和救援物资，巧妙地把这些灾难转化成自己的政治优势。火灾过后，他马上开始进行卓有成效的重建工作，并向火山周围的受灾地区提供经济援助。公元81年9月13日，他死于急性疾病，尚未满四十二岁。

接下来，权力转移到了提图斯的弟弟图密善手中，他也是弗拉维家族的一员，不过我们会发现，他很快就偏离了其父亲开辟的那条平坦道路。

1　魅力攻势（charm offensive）：指一个人为了争取别人的支持而表现得非常亲切友好，如政客拉拢民众的常用手段。

第五章

图拉真

人们通常愿意追随比自己强的领导者

公元115年12月13日晚上，安条克（今土耳其南部之安塔基亚）发生了一场地震[1]。当时，隶属于叙利亚行省的安条克是罗马世界的第三大城市，估计总人口约为五十万，仅次于亚历山大和罗马。整个近东地区都能感觉到这场地震，它还引起了直抵犹太地区的海啸，当然安条克受灾最为严重。伴随着低沉的巨响，大地剧烈摇晃，树木和建筑飞向空中并猛然坠落，掀起一团几乎无法穿透的沙尘。据推测，震级可能高达7.3或7.5[2]，地震摧毁了许多房屋设施，造成了大量人员伤亡，其中有不少士兵和平民都是在不久前才涌入城中的。由于皇帝亲自驾临，人们蜂拥而至，这里实际上已经变成了临时首都。常胜将军神圣的涅尔瓦之子恺撒·涅尔瓦·图拉真努斯·奥古斯都，也就是我们所熟知的图拉真[1]，正趁着休战期在安条克过冬。

一名随行的执政官在地震中丧生，而图拉真比较幸运：他从窗口爬出来，逃离了倒塌的建筑，身上仅受了一些轻伤。此后数日，大大小小的余震不断，他暂住在那座城市的露天赛马场里。对于一个自比为赫丘利和朱庇特的男人来说，这种情况未免太丢脸了。为了降低负面影响，图拉真宣称有一位巨人把他带到了安全的地方。不过，那还是跟官方艺术作品相去甚远，后者描绘了朱庇特把自己的雷电交给图拉真，指定他作为神明在凡间的代表。

---

1 图拉真（Trajan）：即"图拉真努斯"为拉丁语原名引入英语后的简化拼法，去掉了阳性后缀"-us"，并将"i"变为"j"，原拉丁语为"Traianus"。

只要命运让图拉真站上舞台，他就能利用戏剧性的事件获得成功。尽管地震会造成各种各样的破坏，但是它也具备图拉真喜欢的因素：猛烈的力量，神明的干预，以及绝妙的机会——他可以向充满苦难的世界展现自己的仁慈、保护与博爱，从支持他的民众之中赢得更多的爱戴。毕竟，他是"祖国之父"，这是元老院授予他的头衔。灾难过后，图拉真几乎立即开始了安条克的重建工作，而他也将成为罗马最伟大的建造者之一。

今天，能够窥见图拉真爬出废墟的场面实属难得，因为没有关于他的古代传记幸存下来。除了史书上的简短记载之外，我们只能接触到演讲、建筑和艺术作品等官方产物，它们包裹着他，就像一个军团摆出龟甲阵，用密密麻麻的盾牌作掩护。这些资料无法揭示他的真实面目，仅仅展示了图拉真希望人们看到的部分；而且，跟大多数皇帝一样，他也希望公众关注他努力打造的大理石表面，而非背后的混凝土与砖块[1]。

公众并不反对。实际上，元老院和人民还授予了他"最佳元首"的头衔[3]，在现代人听来，仿佛他和所有前任都参加了某种类似奥斯卡奖的角逐。后来的罗马传统把图拉真视为罗马最伟大的皇帝之一，至公元3世纪中期，人们在迎接每一位新皇帝时，总是祝愿他"比奥古斯都更幸运，比图拉真更优秀"[4]。

不过，如果仔细观察，真实的图拉真便会从才华与矛盾中浮出水面。在呆板的完美形象之下，他颇为狡猾，而且非常复杂。尽管他宣称自己能掌控一切，但是他也像其他皇帝一样依赖家中的强大女性。

他没有出生在皇室，也没有通过内战上台。他是一名自寻门径并登堂入室的外人，一个懂得在暴政下生存的精明的政客型将军，一位默默地让自己变得必不可少的领袖。现在，就让我们从图密善的时代开始，探索图拉真崛起的历程。

---

1 "大理石……混凝土与砖块"句：许多罗马建筑都是砖块加混凝土，但表面却覆盖着大理石，故作者以此为喻。

图密善

公元81年，在提图斯的短暂统治结束以后，他的弟弟图密善接替了他。提图斯有一个十七岁的女儿，名叫尤利娅·弗拉维娅，但是罗马人从未考虑过女皇执政的可能性。

作为管理者，图密善颇具才干，勤勉努力，不过非常傲慢。他摆出国王的架子，还娶了一个美丽而跋扈的女人。元老院已经习惯了粗犷的韦斯巴芗和迷人的提图斯，因此很难适应新皇帝的作风。据说图密善曾以手下官员的名义写过一封信，开头是"我们的主人及神明有令"[5]。他对参加元老院会议毫无兴趣，经常在罗马郊外的庄园中处理公务。元老们愤懑不平，告密者煽风点火，造反派纷纷闹事但遭到镇压。我们知道十四位被处决的元老的名字，其中包括十二名执政官。图密善还两度把哲学家赶出罗马，斯多葛派学者也未能幸免，尽管许多元老都很欣赏他们的哲学主张。

最终，元老院在史书上丑化图密善，以此作为报复。当时有不少充满恶意的传闻，其中之一便是他整日独坐在自己的房间里，抓住苍蝇并用铁笔刺穿它们[6]，故事的不同版本分别突出了他的无聊、残忍、执迷和暴虐。

然而具有讽刺意味的是，图密善在许多方面都体现了出色的治理能力。在十五年的执政期中，他是负责的财务主管、公正的行省长官以及优秀的国防政策制定者。他举行表演和宴会，减免赋税，赢得了民众的爱戴。他筹办的角斗比赛有一些深受欢迎的项目，例如被火把照亮的夜晚竞技和女性角斗士之间的较量。

图密善也是一位伟大的建造者，他主持的工程包括一座崭新的跑马场，位于今天的罗马纳沃纳广场，其总体轮廓依然清晰可见。而且，他还完成了角斗场的收尾工作。这两个建筑都造福于公众。不过图密善时期最辉煌的工程还是帕拉蒂诺山上的一大片新宫殿，它象征着图密善的自信与骄傲，足以跟尼禄的金屋相媲美。

图密善年轻时高大英俊，后来逐渐变得像他父亲一样——脸颊肥胖，鼻子肿胀，额头布满皱纹，腹部高高隆起[7]。肖像雕塑[8]显示他有一头浓密的鬃发，但实际上他是秃顶，而且对此极为敏感。不过，他有一位漂亮的妻子，尽管她非常专横霸道。

她叫多米提娅，其父亲便是尼禄手下那位能干却倒霉的将领格涅乌斯·多米提乌斯·科尔布罗。图密善被她迷得神魂颠倒，劝说她离开丈夫，嫁给了自己。她的肖像雕塑[9]显得颇为清秀，脸上皮肤光滑，弯成小卷的头发十分蓬松。不过，他们的婚姻也出现了一些问题。多米提娅为图密善生过两个或三个儿子，但是他们都夭折了。她跟一名演员私通，导致图密善与她分居，并处决了那名演员。在重新接她回来之前，图密善和自己的侄女尤利娅·弗拉维娅走得很近。外界议论纷纷，认为他们俩有私情，尤其是图密善还以叛国罪处死了尤利娅的丈夫。又过了几年，在公元91年，尤利娅去世了，传闻称她死于一次失败的堕胎，而图密善就是孩子的父亲。他没有什么特别的反应，只是平静地将尤利娅封为女神。

图拉真的早年经历

图拉真的父亲马尔库斯·乌尔皮乌斯·图拉真努斯生于希斯帕尼亚，曾在韦斯巴芗手下担任军团指挥官。之后，图拉真努斯在罗马政坛上获得了很高的地位。他的妻子，即图拉真的母亲，大概叫玛尔西娅，很可能出身于一个显赫的意大利元老家族。他们有两个孩子：图拉真和他的姐姐乌尔皮娅·玛西娅娜。他们原本住在希斯帕尼亚的一片富庶的农业区，那里以盛产橄榄而闻名，但是乡绅生活无法吸引父子二人。对于他们来说，不在罗马就没有意义。而罗马也愿意给他们一个机会。

罗马帝国的优势之一就是能够从地方行省吸纳精英富豪。首先，如果他们还不是公民，帝国会给予他们公民身份。当然，图拉真的家族已经是公民了。其次，他们可以在元老院中谋得一席之地，最后甚至能当上皇帝。图拉真便是第一位来自地方行省的皇帝。

图拉真生于公元53年前后。我们对他小时候的事情知之甚少，只能推测他也许很崇拜自己的父亲。多年以后，成为皇帝的图拉真下令神化了他的父亲，这是非常罕见的荣誉。当韦斯巴芗登基时，图拉真大约十六岁。在此之前，他很可能已经搬到罗马生活了，因为他的父亲野心勃勃，肯定希望儿子离开行省，前往帝国的首都接受教育。图拉真学习一般[10]，不过他显然懂得该如何建立人脉。罗马有一个希斯帕尼亚社区，图拉真应该不会感到孤独。面对成年的图拉真，人们不免会想到，在那骄傲的外表下，这个来自行省的少年，是否渴望向罗马人展示，他在故乡和外地都能超越他们？

图拉真做过几年军事保民官，其中公元75年前后是在叙利亚协助父亲，之后则是在莱茵河流域供职。他担任军事保民官的时间比较长，而且根据一份充满溢美之词的文献记载，他工作非常投入[11]。图拉真娶妻大概就是在此后不久，因为罗马精英阶层的男人通常会在二十岁出头结婚。他与庞培娅·普罗蒂娜的结合很可能是他父亲的安排。

跟图拉真一样，普罗蒂娜也来自地方行省，她的故乡在高卢南部的尼毛苏斯（今尼姆）。没有关于她家族的细节流传下来，不过那肯定是一个富有而显赫的家族，因为图拉真不会接受更差的条件。我们不知道普罗蒂娜的出生时间，但是罗马精英阶层的妻子通常比丈夫小十岁左右，所以她大概生于公元65年前后。普罗蒂娜是一个精明能干的女人，受过良好的教育，她将成为丈夫的支持者，并发挥重要的作用——有人甚至说她是他背后的操纵者。

公元89年，日耳曼尼亚边境爆发了一场反对图密善皇帝的叛乱，当时图拉真正在宁静偏僻的希斯帕尼亚北部掌管着一个军团。这是图拉真立功的大好机会。他立即率兵奔赴日耳曼尼亚，准备为图密善镇压暴动。尽管在图拉真抵达之前，起义已经失败了，但他的行动力还是给皇帝留下了深刻的印象。作为奖励，他获得了正规执政官¹的职位，很可能还担任了上日耳曼尼亚²的总督以及多瑙河前线的高级指挥官，并在那里取得了一场胜利。

1　正规执政官（ordinary consul）：指在年初上任的执政官，若任期未满而身亡或卸任，则由"补任执政官"（suffect consul）接替其职位。

2　上日耳曼尼亚（Upper Germania）：罗马帝国的一个行省。日耳曼尼亚地区被罗马帝国划分成大日耳曼尼亚和小日耳曼尼亚，其中小日耳曼尼亚又被划分成上日耳曼尼亚和下日耳曼尼亚，上日耳曼尼亚相当于今瑞士和法国的阿尔萨斯。

图密善可以跟图拉真这样的军人和谐相处，然而在罗马，图密善总是炫耀权力并激怒政敌。公元95年，图密善处决了一位堂兄弟[1]，即便他曾将其两个儿子收养为继承人。从此以后，再也没有人能放心度日了。尽管图密善并不以诙谐而闻名，但是他留下了一些妙语，例如：除非皇帝真的遇害，否则就算他发现了阴谋，人们也不会相信[12]。

而在他身上，有一桩阴谋终于得逞了。公元96年9月19日，一小群造反者在图密善的卧室里刺杀了他，两名禁卫军长官事先都知情。年迈的乳母将图密善的尸体火化，把骨灰偷偷埋在了罗马的弗拉维神庙中。元老院下令消除其痕迹，因此他的大部分肖像纪念物都被摧毁，碑铭上的名字也被抹去。不过，他并未从多米提娅的记忆中消失。她比丈夫多活了三十五年，享尽了荣华富贵，始终骄傲地自称是图密善的妻子。由此判断，传闻说她帮助造反者谋害了自己的丈夫[13]，恐怕并不是事实——当然，除非她后来改变了心意。

涅尔瓦

元老院迅速从内部推举了一名成员来接替图密善。马尔库斯·寇克乌斯·涅尔瓦是经验丰富的政客，来自一个古老而显赫的家族。身为老臣，他曾两度出任执政官，跟尼禄、韦斯巴芗和图密善三位皇帝都相处融洽，似乎非常值得信赖。

涅尔瓦释放因犯，弥补过去的叛国罪审判，并取消以后的叛国罪审判，从而得到了元老院的赞许。他分发粮食和土地，还提供各种其他的福利，以此争取民众的支持。据历史学家塔西佗所言，涅尔瓦设法将看似矛盾的二者结合起来，即自由与皇权[14]。

然而，军队很喜欢图密善，对涅尔瓦却并无好感。图密善死后，有一支部队险些叛变，而另一支部队则听命于一个不可靠的行省总督。公元97年，禁

---

1 一位堂兄弟：指提图斯·弗拉维乌斯·克莱门斯（Titus Flavius Clemens），此人的出生年份不详，无法确定究竟是图密善的堂兄还是堂弟。

卫军决定报复杀害图密善的刺客，他们发动叛变，将涅尔瓦围困在宫里，逼他交出罪魁祸首。他们将那些凶手统统处死，事先还对其中一人进行了折磨。随后，禁卫军强迫涅尔瓦公开向他们表示感谢。

涅尔瓦意识到了自己的弱点，他召集顾问商量对策，最终没有退位，而是选择了一个继承人。涅尔瓦年逾六十，妻子已经去世，膝下并无儿女，所以他挑了一个外人。打定主意以后，他便登上罗马广场的讲台，大声宣布："愿美好的成功眷顾罗马元老院、人民和我自己。我在此收养马尔库斯·乌尔皮乌斯·涅尔瓦·图拉真为子。" [15]

另一个最有力的候选人属于涅尔瓦的反对派。图拉真在政治上比较友好，而且他的履历颇为出色，他的父亲也赫赫有名。更重要的是，他掌握着数个军团，他们随时都可以冲进罗马，所以选择他能够维护和平。

涅尔瓦的决策体现了罗马人的实用主义精神，他毫不犹豫地打破了两道障碍：这是罗马皇帝第一次收养跟他没有血缘或姻亲关系的儿子，也是第一次指定来自意大利之外的继承人。

不过，从更深层的意义上来讲，图拉真代表了连续性和一贯性，因为军队才是变化的真正主导者。在罗马社会中，军队始终都是最重视平等、最崇尚创新的力量。

涅尔瓦派人送给图拉真一枚钻戒，作为收养他的信物，同时附上一封私函，以体面而委婉的方式要求他报复那些羞辱皇帝的禁卫军。涅尔瓦把恺撒和常胜将军的头衔都授予了图拉真，表明他是自己选中的继承人，并召集元老院成员，确保图拉真的合法地位，让他获得权力与威望。

三四个月后，在公元98年1月，涅尔瓦去世，图拉真当上了皇帝。他迅速给自己的前任报仇，处决了发动禁卫军叛变的领头者，尽管那场叛变促成了图拉真的跃升。皇权依赖于家族，而在家族问题上，名誉就是一切。所以，图拉真必须给养父报仇。他下令神化涅尔瓦，并将其埋葬在奥古斯都陵墓中，使涅尔瓦成为最后一位享此殊荣的皇帝。

图拉真展示如何做皇帝

图密善取悦了军队，却没有取悦元老院。涅尔瓦取悦了元老院，却没有取悦军队。而图拉真从一开始就证明了他可以同时满足元老院和军队，并且还能让民众高兴。他收获了极为广泛的支持。

图拉真一直待在北方，以增强莱茵河与多瑙河边境的军队实力，抵挡日耳曼部落的侵扰。直到公元99年末，他才终于进入罗马，其亮相的方式体现了高超的公关技巧。他没有坐轿子或乘战车，而是徒步行走。他先是热情地问候了聚集起来的元老和骑士们，接着去卡比托利欧山上向朱庇特神庙献祭，最后才前往帕拉蒂诺山上的皇宫。

在第一次迈入宫殿时，普罗蒂娜就抓住了新政权的精髓。她转身面向人群说："希望我不会改变，离开时就像进去时一样。"[16]她采用的口吻跟傲慢的多米提娅可谓截然不同。

四十多岁的图拉真正当盛年，身心强健，活力充沛，胸怀大志。他有许多肖像雕塑幸存下来[17]，坚毅的面容就像上了年纪的运动员，仔细打理的发型令人想起了奥古斯都。他的五官非常端正，除了紧抿的薄唇之外，甚至颇具古典特色。有一个现代人曾抨击图拉真，说他长相愚蠢，这种评价被认为很诚实[18]。有些雕像确实表情呆滞，不过硬币上刻画的图拉真却显得跟其他皇帝一样聪明。

图拉真的任务非常明确。他必须证明自己有资格掌握权力，既具备奥古斯都和韦斯巴芗的优点，又没有尼禄和图密善的缺点。他将向世人展示，他是一名政治家、慈善家、征服者和建造者，获得了神明的眷顾，并拥有一个顺从的模范家庭。他无意放弃图密善的权力，不过他打算用圆滑的口舌和开放的胸襟来统治帝国。图拉真绝不是共和主义者，当时有人描述他的统治是"一人控制一切"[19]。

也许最能概括图拉真统治特点的词语是"家长式作风"。他并非第一位从元老院接受"祖国之父"（pater patriae，拉丁语）头衔的皇帝，不过他比大多数前任都更符合这个称号，努力在仁慈的同时保持严厉。

虽然图拉真是一名军人，但是他具备优秀政客的品质。他和蔼可亲，性情沉稳，不会受到人身攻击。他始终记得自己要取悦元老院、人民和军队三方，而且他尽量满足了每一方的需求。

一、取悦元老院

当图拉真成为皇帝时，他给元老院送去了一封亲笔信，承诺不会处决无辜者或剥夺其公民权，后来又为此立下誓言。他果然说到做到，没有迫害过任何元老。而且，他从未染指过他们的财产，总是对他们以礼相待。在幕后，图拉真把权力都集中到自己手里，但是他采取的方式巧妙而低调。有一篇阿谀奉承的演讲稿宣称，图拉真跟暴虐的图密善不同，他尊重罗马人的言论自由，甚至允许别人批评他[20]。这显然是夸大之词，不过图拉真肯定缓解了紧张的气氛。他驱逐了那些职业告密者，他们在图密善执政末期曾令精英阶层胆战心惊。

尽管图拉真自比为神明，但是他态度温和，平易近人。他习惯了跟另外三人同乘马车，而且经常不带侍卫就进入公民的住宅，就像在自己家中一样放松[21]。当朋友们责备他太过随和时，他答道，他以前希望皇帝们怎样对待自己，现在就怎样对待普通公民[22]。图拉真喜欢扮演东道主的角色。据说他会邀请官员们去罗马北边的乡间别墅参加一系列工作会议，每天晚上都招待他们用餐。有一位元老表示，他很享受这些宴席的不拘礼节和简单淳朴，可以沉醉于各种各样的朗诵或交谈，以及美不胜收的景色与建筑[23]。

二、取悦人民

跟图拉真对待意大利穷人的方式相比，上面提到的那种好客就不算什么了。图拉真推广了由涅尔瓦开始实行的一种体制，即向意大利城镇的贫困儿童发放津贴，人数可能多达几十万。这项计划十分复杂而且成效不大，不过它终究为贫困儿童提供了重要的帮助，而且突出了意大利在帝国的特权地位，因为行省并未从中获益。其他福利措施包括扩大粮食分配，将战利品转化成慷慨的现金补助。后来，图拉真还利用境外征服战争掠夺的钱财充盈国库，从而减轻了民众的赋税。

图拉真在竞技比赛中投入了许多资源。正如一位古代作家所言，图拉真知道罗马人民只对两种东西感兴趣："粮食和壮观的场面。"[24]这跟诗人抱怨的"面包和竞技场"[25]颇为相似，有一位演说家也曾指出，人民只想要"大量的面包和观看战车比赛的座位"[26]。

三、取悦军队

图拉真喜欢当兵。他热爱军旅生活，也就是一名同时代人所说的"营地、号角、汗水、尘土和烈日"[27]。图拉真被比作老派的军人[28]，不过他更加睿智，而且更为宽容。

图拉真非常关心部下，并称之为"优秀而忠诚的战友"[29]。他颁布了一些特殊规定，以便士兵们订立遗嘱，又在莱茵河、多瑙河边境以及北非地区建立退役军人的聚居地。他亲自上阵杀敌，而且格外照顾下属。他总是在部队食堂吃饭，跟普通士兵同甘共苦，一起徒步行军，跋山涉水[30]。据说在一场战役中，包扎伤口的绷带用完了，他便把自己的衣服切割成长条作为替代[31]。他给阵亡的士兵修筑了一座祭坛，每年都为他们举行隆重的纪念仪式。

跟奥古斯都一样，图拉真也有交朋友的天赋。他和李锡尼乌斯·苏拉关系最好，此人就相当于奥古斯都的阿格里帕。苏拉来自图拉真的故乡希斯帕尼亚，他在图密善执政期间是一位杰出的政治家和军事指挥官，辅佐图拉真登上了皇位。后来，苏拉获得了很高的官职，并得以在战时常伴图拉真左右。苏拉利用个人财产资助艺术创作，还在罗马建造了一座公共体育馆。显然，他没有隐瞒自己跟皇帝的友谊，结果招来了嫉妒与诽谤。

为了表示对苏拉的支持，图拉真未经邀请便去朋友家拜访，而且没有带任何侍卫。他让苏拉的医生给自己的眼睛用药，还允许苏拉的理发师为自己刮脸，接着又留在那儿洗澡并吃饭。第二天，图拉真告诉妒忌的朝臣："如果苏拉想杀我，他昨天就动手了。"[32]苏拉死于公元108年前后，图拉真给了他极大的荣耀：一场国葬，一尊雕塑，还有以苏拉命名的公共浴场。

这位新皇帝并非知识分子，但是他绝不缺乏智慧。他喜欢美酒和少年，不过他饮酒适度，而且从未强迫别人接受自己。据说他跟宫中的男仆、一名演员和一个舞者私通，传闻甚至还声称，涅尔瓦和苏拉也是他的情人。他还爱慕虚荣、渴望战争，只是在这些方面，他就没有那么克制了。

图拉真身边的皇室女性

图拉真将其家族打造成了罗马式的第一家族。同韦斯巴芗和涅尔瓦一样，他也跟前任皇帝没有丝毫血缘关系。所以他必须更加努力，让自己的统治显得名正言顺。其中一个办法就是向外界展示，他的家族重现了罗马原始理想中的朴素与顺从。诚然，在放荡不羁的尼禄退场之后，弗拉维家族曾宣称要恢复传统的家族价值观，但是在他们的统治下却出现了凯妮丝、贝勒尼基和多米提娅。至于涅尔瓦则是一名鳏夫。最终，随着图拉真的登台，罗马见证了皇室美德的回归。

公元98年，当图拉真继承皇位时，他还没有孩子，不过他拥有一个庞大的家族。尽管他看起来似乎代表了罗马的男子气概，但他的宫殿却是一个女性化的地方，那里住着他的妻子庞培娅·普罗蒂娜、他守寡的姐姐乌尔皮娅·玛西娅娜和她守寡的女儿萨洛尼娅·玛提蒂雅，以及萨洛尼娅·玛提蒂雅的女儿敏迪娅·玛提蒂娅和维比娅·萨宾娜。他希望让世人看到她们贤惠、顺从和乐善好施的样子，帝国的宣传者则完成了这项任务。

官方艺术作品把图拉真身边的女性描绘得端庄朴素，她们都拥有下垂的嘴角和坚定的目光，发型各具特色，但是绝不华丽。普罗蒂娜的肖像雕塑刻画了一个平静而高贵的女人，头发梳理得一丝不苟。玛西娅娜表情严肃，气势威严，整齐的发辫紧紧地盘绕在头上。相比之下，多米提娅等弗拉维家族女性的鬌发显得极为张扬。硬币上的肖像也同样矜持，家庭生活则是主题之一。普罗蒂娜周围总是装饰着家庭和贞洁女神的象征，她本人也曾为贞洁女神建造过一座祭坛。而玛西娅娜则经常跟自己的女儿和两个外孙女一起出现。萨洛尼娅·玛提蒂雅的几尊半身像展示了一个庄严而从容的女人，长着鹰钩鼻和深邃的眼睛，近乎男性化的瘦长脸庞有些像她的舅父图拉真，这很可能是雕塑家刻意为之的结果。

官方话语体系甚至更加滴水不漏。公元100年，有一位新上任的执政官在元老院面前发表了赞扬图拉真的演说，后来还出版了相应的讲稿。此人名叫盖乌斯·普林尼乌斯·凯西利乌斯·塞孔都斯，又被称作小普林尼。那份讲稿题为《颂词》（*Panegyricus*，拉丁语），顾名思义，里面充满了溢美之词，而小普林尼后续的事业成功也表明图拉真对其演说的认可。小普林尼属于图拉真的顾问团成员，曾入选为占卜官之一，参与宗教方面的事务，还获得了重要行省比提尼亚（今土耳其安纳托里亚西北部）与本都（今土耳其东北部）的总督职位。

在演说中，小普林尼特别提到了图拉真家族的女性。他指出，许多卓越的男性都由于择妻不慎的错误或无法离婚的软弱而颜面尽失，因为人们相信一个糟糕的丈夫不可能是优秀的公民。不过，图拉真的妻子堪称贞洁的典范，代表了罗马的传统美德。普罗蒂娜端庄而温和，愿意为自己的丈夫奉献一切。跟图拉真一样，她喜欢低调安静，而非炫耀张扬。"在性别允许的范围内"[33]，她总是效仿他的做法徒步行走。最重要的是，她颇为顺从，不会追求更高的荣誉。小普林尼说，这都要归功于图拉真对普罗蒂娜的培养。

小普林尼还赞扬玛西娅娜是一个好姐姐，她表现出来的坦率与朴素跟图拉真完全相同。虽然他敏锐地意识到，女性在近距离接触的过程中会发生冲突，但是他宣称这两位皇室女性关系融洽，彼此之间没有任何怨恨或分歧[34]。他还歌颂了她们的谦逊，因为两人拒绝了元老院打算授予她们的奥古斯塔头衔。这又是另一种跟多米提娅和前任政权划清界限的方式。

官方艺术作品也营造了姑嫂和谐的景象。例如，图拉真在意大利港口城市安科纳新建的码头修筑了一座拱门，上面刻着玛西娅娜和普罗蒂娜的名字，而且两人的雕像很可能曾矗立在顶部，紧挨着皇帝的雕像。当然，现实情况恐怕并没有那么美好。

我们应该明白，无论是普罗蒂娜、玛西娅娜还是玛提蒂雅，都不会像小普林尼或帝国艺术作品所暗示的那样百依百顺、安分守己。正如奥古斯都的《功业录》把他的政权错误地描述成了一个男性俱乐部，图拉真时期的官方艺术作品和文学也低估了皇室女性。她们都是富裕的地主，掌握着数不清的奴隶和自由奴。普罗蒂娜名下的产业可能最引人注目，包括位于意大利中心的一片土地及一座生意兴旺的砖厂——没错，女性经营的砖厂！她的自由奴中有不少人都当上了官员。

除了拥有财力之外，图拉真身边的皇室女性还享受着特权。她们最后都接受了"奥古斯塔"的头衔：普罗蒂娜和玛西娅娜在公元105年，玛提蒂雅在公元112年。这使人很难相信她们没有运用权力或施加影响，而且相关资料也证实了我们的怀疑。普罗蒂娜受过良好的教育，热爱文学和哲学，也许还喜欢音乐和数学。渴望成名的作家都想让她阅读自己的作品[35]，有一位研究音乐和数学的学者似乎把一本书献给了她[36]，而她对雅典的一个哲学学派很感兴趣[37]。

某些古代文献声称普罗蒂娜干涉了政务，虽然有部分学者斥之为谣言，但是其他皇后做过的事情，实际上她也都做了。当亚历山大的犹太社区和希腊社区发生争执时，普罗蒂娜代表犹太社区，亲自游说元老院成员和图拉真本人。她经常陪伴图拉真去外地执行重要任务，即使在战争时期也不例外，尽管她会待在远离前线的地方。普罗蒂娜曾批评图拉真用人不当，指出腐败的官员通过诬陷的手段从其管辖的行省敲诈钱财。她警告他，他们在损害他的名誉，于是皇帝阻止了他们的行为，并返还了他们骗取的钱财。后来，图拉真称国库为脾脏，因为如果脾脏变大，就会压迫到其他器官[38]。最重要的是，我们将看到，普罗蒂娜在选择她丈夫的继承人一事上发挥了巨大的作用。

当时，有一位希腊政治家兼演说家在其著作里谈到了普罗蒂娜所扮演的活跃角色。此人名叫狄奥·克里索斯托（约40—约115），写过一系列演讲稿，合起来题为"论王权"，他很可能在公元104年发表其中的第三篇前给图拉真看过。这个聪明的希腊人和直率的皇帝关系很好，至少传闻如此，据说图拉真曾告诉狄奥："我不知道你在说什么，但是我爱你就像爱自己一样。"[39]在《论王权》的一篇演讲稿中，能言善辩的狄奥声称，一位好国王会认为他的妻子"不仅是床上的伴侣和爱慕的对象，而且是重要的顾问和一生的助手"[40]。如果这是指普罗蒂娜，那么在狄奥的眼里，她已经远远超越了小普林尼对她的定位。无论如何，小普林尼推崇安静顺从的妻子，而狄奥却提供了一个截然相反的典范。

后人总是满怀敬意地回忆普罗蒂娜，就连一位时常批评普罗蒂娜的古代作家也表示，在图拉真统治期间，她的行为无可指摘[41]。

公元112年，图拉真的姐姐玛西娅娜去世了，图拉真要求元老院神化她，而元老院也同意了。以前没有任何皇帝的姐姐享受过此等荣耀。借助这种方式，图拉真能进一步加强其统治的合法性，同时还有机会扩大支持他的阵营。正如一位意大利女富豪的墓碑所示，他可以影响到帝国的女性。

这块精致的祭坛状墓碑曾矗立在一座意大利山城中，位于罗马以北约320千米的地方。墓碑的主人名叫凯特拉尼娅·赛维瑞娜，她是公元2世纪萨尔西纳的一名女祭司，负责供奉被神化的玛西娅娜。在那个年代里，罗马女性不能参与投票选举或担任政治职务，但是她们可以做祭司。通过主持帝国的宗教仪式，凯特拉尼娅成了地位最高的祭司之一。她的丈夫在她死后打造了这块墓碑，称她为"最贞洁的女人"[42]，而"贞洁"（sanctissima，拉丁语）正是小普林尼在一封信中用于描述普罗蒂娜的词语。这个当地人似乎在故意模仿精英阶层，以此来显示他的成功。

在凯特拉尼娅生活的时期，女性能够掌控自己的财产。跟普罗蒂娜一样，这位女祭司非常富有，甚至设立了一笔基金，墓碑上的铭文详细记载了相关规定。每年，在她生日那天，镇上的主要手工业行会可以免费获得大量的橄榄油。作为报答，他们应举行纪念她的仪式。在这笔交易中，凯特拉尼娅要求得到他们的忠诚（fides，拉丁语），而忠诚也是让精英阶层紧密环绕在帝国周围的力量。通过供奉图拉真皇帝的姐姐，这位杰出的女性表明了她所处的城镇忠于罗马。而且，她的行为还证明了女性在团结帝国的问题上能够扮演重要的角色。

注定会成为赫丘利的男人

当涉及公众形象的时候，图拉真并不含糊。他几乎把自己塑造成了半个神明，即神明在凡间的代表。他自称有一个神圣的使命，那就是给罗马世界带来胜利、美德与仁慈。尽管这听上去很傲慢，但总比图密善自诩为主人和神明要好一些。实际上，哲学家曾敦促早些时候的皇帝扮演温和的君主，却始终未能奏效，而图拉真则接受了他们的建议。跟图密善或韦斯巴芗不同，他没有将哲学家赶出罗马。相反，图拉真及其前任涅尔瓦都把他们当成了朋友。

图拉真推崇的两位神明，分别是最伟大的古代英雄赫丘利和众神之王兼人类之父朱庇特。图密善非常重视女神密涅瓦[1]，但是图拉真很少关注她。这使他得以跟图密善拉开差距，并强调自己的男子气概。

在古代神话中，赫丘利有时显得凶猛霸道，不过通常情况下，他都是美德的象征：一名刚健勇敢的男子，为了公共利益而无私无畏地奋斗。许多古代哲学家都是这样看待他的，罗马人也非常欣赏赫丘利，尤其是图拉真。根据罗马神话，赫丘利是在返回希腊的途中来到罗马的，当时他刚在靠近希斯帕尼亚海岸的一座小岛上完成了第十项任务[2]。作为一位出身于希斯帕尼亚的军人，图拉真喜欢把自己跟赫丘利相提并论。赫丘利在他的故乡很受欢迎[43]，图拉真经常命人在他的硬币上刻画这位半神[44]，新组建的第二图拉真军团甚至以赫丘利为标志。小普林尼说，跟赫丘利一样，图拉真也是被召离希斯帕尼亚，为一个差劲的君主完成困难的任务[45]——对于图拉真而言，这个差劲的君主就是图密善。而且，他把图拉真的强壮体魄比喻成神之子[3]的身躯。

朱庇特是罗马人心目中的众神之王，他们称之为"最佳且最伟大者"（optimus maximus，拉丁语）。从文学和艺术作品来看，图拉真也具有相似的地位。

在公元100年的《颂词》中，小普林尼赞美皇帝理智地主持正义，就像神明一样。然后，他把图拉真比作朱庇特[46]。世界之父再也不用操心凡间的事情了，因为他授权图拉真替他管理全人类。在意大利中部，图拉真拱门上的浮雕也传达了基本相同的信息[47]。它描绘了朱庇特把自己的雷电交给图拉真，仿佛

1　密涅瓦（Minerva）：古罗马神话中的智慧女神，对应着古希腊神话中的雅典娜。

2　第十项任务：传说亚格斯的国王欧律透斯故意为难赫丘利，让他完成十二项任务，其中第十项任务为夺走格律翁的牛群，而格律翁是一头三体有翼的怪兽。

3　神之子：在古希腊神话中，赫丘利对应的赫拉克勒斯乃宙斯之子。

他是凭借神权和仅次于奥林匹斯[1]的力量在统治帝国。与此同时，图拉真的硬币还表明他是"最佳元首"（optimus princeps，拉丁语）[48]。

尽管图拉真一开始拒绝了"最佳"的称号，但后来他还是接受了。他在展示自己的形象时，经常会把自己跟朱庇特与赫丘利联系起来，此外还有第三个权力的象征，即亚历山大大帝。那位著名的征服者把赫丘利奉为祖先，并声称他的父亲就是朱庇特。图拉真把自己比作亚历山大，说要像他一样征服世界。我们很难判断，图拉真究竟是认真的，还是仅仅想通过提及希腊人的著名祖先来讨好他们。

图拉真与基督徒

公元110—113年，小普林尼在人口密集、经济发达的小亚细亚行省比提尼亚与本都担任总督。后来，他出版了这段时期自己与图拉真来往的信件。这些信件显示出罗马政府的权力非常分散，行省总督可以自主决定许多事情。然而有时候，皇帝必须加以干预。例如，在对待基督徒的问题上，小普林尼和图拉真曾进行过一次著名的交流。

小普林尼的信件显示了基督教在东部希腊化地区的传播。他写道，他生平第一次遇到了一个庞大的基督徒群体，其成员广泛分布在城市和乡村，有男有女，有老有少，既有自由民，也有奴隶。在收到一系列举报（包括匿名举报）以后，他迫不得已开始了调查。罗马公众被激怒了，他们是不折不扣的异教徒，早就怀疑基督徒是罪犯了。而身为总督，小普林尼的工作就是安抚他们。不过，他该怎么做呢？罗马政府认为基督徒很可疑，但是并未制定相关政策，因此地方政府需要自己想办法。

从罗马人的角度来看，基督徒在许多方面都非常危险。罗马人相信自己的宗教就是文明的基础，它历史悠久，有国家支持，并且公开举行活动。通过

1　奥林匹斯：指奥林匹斯山（Olympus），乃希腊神山，在古希腊宗教和神话中，以宙斯为首的十二位主神就住在那里。

参加节日庆典和祭祀仪式，每个人都能促进罗马的和平与繁荣。基督徒打破了规则。他们不崇拜众神，也不向皇帝献祭，这使得他们在罗马人眼中成了无神论者。对神明没有敬畏之心的人不仅是潜在的违法者，而且是社会结构的威胁者；他们也许会激怒众神，让整个社区都跟着遭殃。

当然，人们也可以说基督徒太虔诚了——他们过度敬畏神明，罗马人认为那是迷信。犹太人同样被视为无神论者，但是罗马人能够容忍他们，因为犹太教非常古老。基督教相对较新，而罗马人总是怀疑新事物，表示"革命"的拉丁词语本意即"新事物"（res novae）。

况且，基督徒还在私底下集会，而罗马的历史表明，有集会的地方就有暴动。实际上，根据图拉真的指示，小普林尼已经在他管辖的行省内取缔了宗教组织。

这一切都是真的，但同样不可否认的是，基督徒通常都安分守己。所以，小普林尼选择谨慎行事。他解释道，对于遭到指控的基督徒，他会至少审问三次。如果他们愿意公开谴责基督，用祈祷、焚香和美酒来供奉皇帝的塑像，从而证明自己的清白，那么他可以放了他们。如果他们坚持拒绝，他便处决他们。正如他所言，无论是否为基督徒，人们都应该因顽固和傲慢而受到惩罚。

信件显示，阶级和地位至关重要。如果顽固的基督徒是罗马公民，那么小普林尼不会立即处决他们。他会命人把他们送往罗马——作为罗马公民，他们有权在首都接受审判。至于奴隶，自然是站在社会天平的另一端。小普林尼提到，为了调查基督教集会的具体情况，他拷打过两名"被称作执事"[49]的女奴。他不相信基督徒的辩解：他们只是齐唱赞歌，宣誓要诚实守信，杜绝偷盗或通奸的罪行，然后分享食物。他原本以为会发现犯罪的阴谋，结果却只有"思想堕落且毫无节制的迷信"[50]。当然，小普林尼错了。基督教仪式给人们带来的愉悦、社交和帮助极大地促进了这个新宗教的成功。

小普林尼一如既往地给皇帝写信，倾诉内心的困惑：他对待基督徒的态度合适吗？在回复中，图拉真称赞小普林尼的表现非常称职。皇帝提倡保守而非激进的政策，他们不用把基督徒统统找出来，但是遭到指控的嫌疑犯需要逐个接受调查。每桩案件的情况都不一样，并没有固定的规则。就连那些被证明有罪的人也应该得到忏悔的机会，"通过崇拜我们的神明"[51]来争取宽恕。而且，所有指控都必须签名，禁止采取匿名举报的方式，因为那种做法开创了糟糕的先例，"不符合我们的时代精神"[52]。

今天看来，图拉真和小普林尼时期的罗马人属于宗教迫害者。然而，按照罗马人的标准，他们是严厉却又仁慈的。图拉真给未来关于基督徒的政策留出了余地，并在不经意间让基督教获得了发展的自由。

征服达契亚

登基以后，图拉真几乎有一半的时间都在罗马之外的地方打仗。他热爱战争，自然没有抱怨。他在达契亚取得了巨大的成功，那里大致相当于今天的罗马尼亚。

纵观历史，罗马人总是非常担忧潜在的威胁，害怕其成为现实。达契亚的统治者是一位果断而好战的国王，他曾逼迫图密善做出让步。根据文献记载，德凯巴鲁斯国王是一名狡猾的战士，既擅长伏击敌人，又不惧正面交锋，善于把握时机，能够巧妙地操控胜负[53]。他桀骜不驯，而且极为富有，正在组建一个反对罗马的联盟。这样一来，他便违背了自己跟图密善签订的协议。而图拉真也是一名战士，他决定主动发起进攻。

公元101年，罗马人在图拉真的率领下入侵达契亚。这是一次大规模远征，很可能出动了罗马军队三分之一的兵力。这场战争需要激烈的生死搏斗、发达的工程技术、优秀的通讯系统以及高超的外交手段。过了一年，在罗马人摧毁达契亚的村庄并打败敌人之后，德凯巴鲁斯同意和解了。图拉真允许他保留王位，以便稳定局面。皇帝返回罗马，举行了凯旋式，并接受了"达契库斯"[1]的头衔。

然而，罗马人高兴得太早了，因为德凯巴鲁斯很快又开始蠢蠢欲动。于

---

1 达契库斯（Dacicus）：意为"达契亚的征服者"，类似于"日耳曼尼库斯""不列颠尼库斯"等称号。

是，图拉真在公元105年再度入侵达契亚，这一次还组建了两个新军团。他们经历了艰苦的山地战，终于征服了达契亚的首都。国王逃跑了，在沦为俘虏前自尽身亡。图拉真得到了他的首级，命人在军中展示并将其送往罗马，最后沿着卡比托利欧山的一侧扔了下去。

尽管图拉真表面上做事圆滑，定期向元老院发送战报，就像共和国时代的将领一样，但是在他的心目中，这场长达一年的战争完全是他一个人的伟大功劳。现存资料里的相关细节寥寥无几，不过有一位作家曾如是总结这场战争："在打仗的过程中，他表现出了优秀的指挥才能和惊人的胆识气魄，而他的军队则为他出生入死，展示了英勇无畏的精神。"[54]

有一块浮雕描绘了皇帝在沙场上策马的情景[55]，那很可能就是他希望别人看到的样子。他穿着全套的盔甲，奋不顾身地冲向徒步作战的敌军，披肩随风飘扬。在现实中，图拉真的侍卫肯定会保护他，但是这幅辉煌的战斗画面将永远留在人们的记忆中。

图密善只能跟达契亚和解，而图拉真则征服了达契亚，消灭了其统治阶级，并将这个地方变成了罗马老兵的殖民地。达契亚的精英阶层被摧毁得非常彻底，因此，虽然达契亚成为罗马的行省仅仅两百年，但拉丁语却成为今天罗马尼亚人所用语言的源头。

达契亚是一个富庶的地方，罗马从这场战争中收获了巨额财富。图拉真发现了德凯巴鲁斯的秘密宝藏，估计有36万磅黄金和73万磅白银。那是古代世界最大的宝藏之一，而且不只如此，达契亚还有金矿供罗马开采。

图拉真曾撰写《达契亚战记》，记录这场战争的始末，如今只有一句话幸存下来，简洁的文风酷似恺撒："我们离开贝尔佐宾，向埃兹前进。"[56]不过，这句话并没有恺撒的自负。恺撒在作品中称自己为"他"，而图拉真却使用了"我们"，体现了他和战友的情谊。恺撒一向喜欢盛大的场面，因此他也许会赞赏图拉真在罗马举行的胜利庆典。各项活动持续了一百二十三天，其间有一万名角斗士展开肉搏，还有一万一千只野生或驯养的动物遭到屠杀。

图拉真还有一点很像恺撒——他是继这位独裁官之后统治罗马的最强征服者。无论是征服埃及的奥古斯都，还是征服不列颠的克劳狄乌斯，他们都不是战士。提比略和韦斯巴芗堪称伟大的军人，不过那是在他们当上皇帝之前。虽然罗马人经常谈论要扩张帝国，但是大多数皇帝都认为这件事代价太高，还会破坏政权的稳定，而图拉真却是个例外。

幸好，跟恺撒不同的是，图拉真知道该如何减轻自己的傲慢并安抚元老院。他用战利品来造福罗马人民，从而赢得了更多的支持。

建造者

图拉真是一个伟大的建造者——在某些方面，他甚至超越了所有的罗马皇帝。后来的一位皇帝将他比作"长在墙上的攀缘植物"[57]，因为许多建筑都刻着他的名字。这种说法含有嘲讽意味，暗指图拉真把前任开始的项目都归功于自己。虽然现实的确如此，但是图拉真的新作品足以弥补这些不光彩的行为。他主持过不少杰出的工程，例如在多瑙河上架起一座大桥（位于今天的罗马尼亚）——用二十根石柱支撑木质桥面，以便攻打达契亚。他在意大利南部开辟了一条捷径，即图拉真大道，缩短了亚壁古道的行程。他为几座意大利城市修建了新港口，其中也包括罗马。不过，他留下的最著名的建筑均在首都：图拉真纪功柱，高达近30米，堪称当时的摩天巨塔，新颖的螺旋式浮雕描绘了图拉真征服达契亚的经过；图拉真浴场，第一座大型皇家浴场，为其后的同类建筑树立了典范；图拉真广场，包括一座巴西利卡[1]，这是最为庞大、最富野心的帝国广场。从达契亚夺取的战利品资助了新广场的建设[58]，而图拉真则因此获得了炫耀的资本。

跟奥古斯都一样，图拉真也增加了罗马的大理石数量，用于铺设路面和打造立柱等。不过，在图拉真所处的年代，罗马最重要的建筑材料是砖块，其次是混凝土。建筑行业在当时非常发达，它让一小部分人发家致富，并在公元1世纪和2世纪的兴盛时期为4%~6%的罗马人口提供了就业机会。

1　巴西利卡（basilica）：指古罗马的一种公共建筑，平面呈长方形，外侧有一圈柱廊。"巴西利卡"一词源于希腊语，本意为"皇室柱廊"。

在建筑方面，图拉真的最佳合作伙伴是大马士革的阿波罗多洛斯。正如他的名字和出生地所示，他是希腊人。阿波罗多洛斯主要是一位军事工程师，他建造了那座跨越多瑙河的大桥，并写了一本书，专门讲述如何攻城。不过，他最著名的作品还是图拉真广场，而且他很可能也是图拉真浴场的建筑设计师。

图拉真广场抛弃了方形环绕神庙的常见布局，选择了几乎全是方形的平面规划，看上去有些像军营。它把一片宽阔的希腊式露天广场跟一座有顶的罗马式公共建筑（即巴西利卡）结合起来，显得非常独特，同时还融入了近东地区的建筑元素。设计的多样性体现了帝国的庞大，产自东方和西方的各种彩色大理石和花岗岩立柱也突出了这一点，而整个工程的规模更是令人叹为观止。例如，单是那片露天广场的面积就相当于两个美式橄榄球场，而且地上铺满了奢华的白色大理石。达契亚战俘的雕塑排列在屋顶下方，使此处变成了某种胜利的纪念地。这些雕塑象征着图拉真的成功、罗马的力量和始终存在的外敌——与其让人们担忧国内的问题，还不如引导他们思考外部的威胁。图拉真纪功柱的侧面有三道拱门和两座图书馆[1]，广场北端矗立着一座宏伟的神庙。

传说赫丘利曾劈开大山，创造了直布罗陀海峡，即古人所谓的"赫丘利之柱"。就其复杂性而言，图拉真的建筑项目堪比赫丘利的壮举。图拉真的工程师们劈开了一座大山，从而让罗马附近的一条道路更靠近海洋。同时，他们还夷平了奎里纳尔山的一部分[59]，以便建造图拉真广场，随后他们不得不架起了一个多层式的新结构（即今天的图拉真市场，包括许多商店和办公室）来支撑剩余的山体。为了修建浴场，图拉真填埋了尼禄金屋仅存的部分，即位于埃斯奎利诺山上的侧殿，并将地基墙插入曾经辉煌的大厅里。这种做法颇为浪费，但是也传递了意味深长的信息：图拉真不仅十分富有，能够埋葬一栋完好的建筑，而且非常无私，可以放弃华丽的宫殿，把空间奉献给罗马人民。

图拉真主持的工程发挥了重要的宣传作用，它们被冠以他的名字，就连新修的渡槽都叫"图拉真渡槽"（Aqua Traiana，拉丁语）——为了满足他的

1　两座图书馆：分别为拉丁语图书馆和希腊语图书馆。

浴场之需求，也正迎合了罗马的用水增长，他架设了这条渡槽。罗马人要走进他的广场，必须先穿过一道纪念大门，顶部很可能有图拉真驾驶六马战车的雕塑。广场上矗立着图拉真的骑马像，而他的其他雕塑则分布在各个角落。图拉真纪功柱通过一百五十五个精心刻画的场景讲述了征服达契亚的故事，浮雕饰带沿着柱子盘旋上升，犹如一幅巨型卷轴，其中图拉真本人出现了六十多次。不过，在大胆提升图拉真的形象方面，没有什么能比得上位于广场尽头的宏伟神庙。当这座建筑刚完工时，图拉真应该没有用他的名字来称呼它，因为罗马人不会容忍一位活着的皇帝为自己建造神庙。然而，那只是暂时如此。等到他去世之后，这座建筑便成了"图拉真神庙"，里面摆着一尊壮观的图拉真坐像，模样酷似奥林匹斯的宙斯或朱庇特。整个图拉真广场就是一种大型的政治宣传，充分展现了罗马的力量和帝国的荣耀。

东方的劲敌

大约在征服达契亚的同时，罗马又吞并了被其称作"阿拉比亚"的地区（大致相当于今天的约旦、西奈半岛以及阿拉伯半岛的西北部）。随着这两个新行省的加入，罗马帝国的疆域扩展到了史上最大范围。然而，图拉真并未满足于此。

也许是因为他希望赶上成功征服波斯的亚历山大，也许是因为他打算超越没能征服波斯的恺撒和马克·安东尼，或者仅仅是因为他觉得不会再有更厉害的对手，无论如何，图拉真向帕提亚宣战了。他利用双方关于亚美尼亚的分歧作为借口——长期以来，那里都是两个帝国之间的缓冲地带。在亚美尼亚的事务上，罗马本拥有一票否决权，但是帕提亚人扶持了亚美尼亚的新任国王。就在帕提亚人选择退让时，图拉真却拒绝和解。他想获得荣耀，所以必须打仗[60]。

图拉真发动了一场大规模的东征。公元114年，普罗蒂娜和玛提蒂雅陪他行至安条克。图拉真率领军队继续前进，他们控制了亚美尼亚，随后占领了整个美索不达米亚（大致相当于今天的伊拉克），直抵波斯湾，而帕提亚人正忙着应付内乱。从某种程度上来讲，图拉真遭遇的最大阻碍便是本章开头提到的那场发生在公元115年12月的安条克地震。罗马人宣布，亚美尼亚和美索不达米亚是他们的新行省。

当图拉真到达波斯湾时，他惆怅地望向东边的印度和亚历山大征服的最远处。他被迫承认自己年事已高，无法效仿心目中的英雄了。他说："如果我还年轻的话，我肯定也会坐船前往印度。"[61]不过，他还是写信告诉元老院，他已经走得比亚历山大更远了。作为回应，他们赋予他"帕提库斯"[1]的称号，并表示他愿意举行几场凯旋式都可以，因为他们数不清他究竟征服了多少国家。

然而，帕提亚人很快便重整旗鼓。他们在美索不达米亚煽动叛乱，又从亚美尼亚攻击罗马补给线的北端。与此同时，在犹太以外的东部行省和美索不达米亚，犹太人纷纷造反。这是一场大规模起义，既是为了表达对宗教偏见和税收政策的不满，也是为了支持帕提亚，而图拉真不得不派出军队和经验丰富的将领去镇压暴动。图拉真设法恢复了对美索不达米亚的控制，并踏上了归程。但是，罗马人在东方的统治依然非常脆弱。

在归途中，皇帝打算攻占富庶的商旅重镇哈特拉（位于今天的伊拉克北部），夺取最后一场胜利。根据文献记载，图拉真亲自参与了骑兵的袭击行动，结果险些丧命。尽管他脱掉了紫色的战袍，以免被认出来，但是"敌人看到了他灰白的头发和威严的面容，怀疑他的身份，于是便朝他射箭，杀死了护卫他的骑兵"[62]。这种尝试对于一个年过六十的老人来说很不容易，也显示了这位皇帝多么热爱战斗。

然而，罗马不可能保住那些新领土。公元117年，当图拉真回到安条克时，他实际上已经失去了自己在东方征服的所有土地，帕提亚重新掌控了局面。从罗马的角度来看，这场战争血腥、昂贵，并且徒劳无功。结果证明，罗马最后主要征服的地方是达契亚，而非帕提亚。

1　帕提库斯（Parthicus）：意为"帕提亚的征服者"。

五贤帝

尽管图拉真颇为慷慨，而且拥有明智的政治判断力，但是考虑到他的穷兵黩武和朱庇特情结，我们也许很难对他产生好感。不过，图拉真的方法奏效了。他追随着涅尔瓦的脚步，给帝国带来了一个相对和平与繁荣的世纪。自从图密善于公元96年被杀害以来，在将近百年的时间里，再也没有罗马皇帝遇刺。而且，在图拉真死后的四十年中，罗马未曾陷入任何对外战争。图拉真展示了坚定沉稳的政治作风，为意大利人民提供了各种福利，并主持了许多宏伟的建筑工程，因此他的"最佳"头衔和他对后世的影响都显得顺理成章。

图拉真是所谓"五贤帝"的第二位。除了涅尔瓦（96—98年在位）和图拉真（98—117年在位）之外，还有哈德良（117—138年在位）、安东尼·庇护（138—161年在位）以及马可·奥勒留（161—180年在位）。人们通常认为罗马帝国在他们的治理下达到了巅峰。

历史学家爱德华·吉本曾在其巨著《罗马帝国衰亡史》中对此发表过一句著名的评论："如果要问，在世界历史的什么时期，人类过着最为幸福而繁荣的生活，人们肯定会毫不犹豫地选择从图密善去世到康茂德[1]登基的那段岁月。"[63]

虽然今天看来并非如此，但吉本是在1776年写下这番话的，当时他的观点显得很有道理。根据估算，在公元2世纪，罗马帝国的国内生产总值和国内人均生产总值已经达到了欧洲在1600年的水平[64]。更令人惊讶的是，单是罗马城的各项指标就相当于1600年荷兰所有城市的总和。尽管从古代世界收集数据会面临许多问题，但是这些统计结果在学术界获得了广泛的认同。

在那段时间里，罗马的气候条件也很好，研究者称之为"罗马气候最优期"[65]。整个地中海世界都享受着温暖、湿润而稳定的环境，这对于农民和消费者来说非常有利。

---

1 康茂德（Commodus，161—192）：罗马皇帝，马可·奥勒留之子。

帝国在粮食和土地方面实行市场经济，银行提供灵活的贷款方式。虽然奴隶制盛行，但是奴隶可以被释放，许多奴隶都设法获得了自由。在这个时期，帝国不仅达到了领土扩张的极限，而且人口数量也攀上了五千万至七千万的顶点。罗马迎来了最大规模的建筑热潮，形形色色的艺术作品层出不穷。农业、矿业和制造业都十分兴旺，完善的公路系统、先进的港口设施以及安定的社会秩序促进了贸易与通讯的发展。

然而，并非一切都尽如人意[66]。公众健康状况恶劣，死亡率居高不下。罗马人遭受着营养不良和各种疾病的折磨，女性死于分娩的可能性很大。元老院成员的平均寿命为三十岁，而普通人的平均寿命则是二十五岁。婴儿的死亡率格外惊人，大约有三分之一的新生儿活不到二十八个月。

而且，帝国的贫富差距非常大。元老院成员有六百名，他们都是超级富豪。罗马有两千名骑士，地方行省有三万名骑士，他们的家产也相当可观。其次便是另外两个有钱的群体，即大地主和市政官，紧接着是店铺老板、贸易商、钱币兑换商、工匠、医生、教师以及其他职业人员，最后是底层的公务员。除了一小部分自由的雇佣劳动者之外，大多数人都是农民——自由却贫穷的农民，奴隶约占罗马人口的15%~20%。在公元3世纪末之前，意大利没有累进税和财产税。富人会变得更加有钱，因为国家保护他们的利益，而贫穷的民众别无选择，只能听天由命。

罗马城的居民享有一些特权，但是他们的日常生活依然很艰苦。罗马人可以获得免费的粮食和油，政府提供酒水补贴，公共浴场对公民打折。同时，社交广泛的中上层人士能够收到权贵赠送的"礼物"（sportulae，拉丁语），例如庇护人[1]会向每日来请安的追随者付钱。追随者通过这种请安表达敬意，并陪伴庇护人在公开场合露面，从而显示自己的地位。罗马的穷人也有机会观看免费的戏剧表演、战车比赛、角斗竞技以及动物屠杀表演。不

1　庇护人（patron）：古罗马庇护关系中的一方，与之相对的是追随者。追随者的社会等级通常较低，不过也可以跟庇护人相同，但是庇护人拥有更多的财富或权力，能够在各方面帮助追随者，包括在法庭上代表追随者、为追随者安排合适的婚姻、支持追随者竞选官职等。反过来，追随者则必须提供庇护人所需的服务。

过，罗马城的贫民区里非常拥挤，到处都是陈旧的楼房，增加了疾病传播和发生火灾的可能性。

罗马充满了活力与能量，估计人口多达一百万，很难想象这座城市就是几个世纪前那片单一的小社区。人们不再使用同样的语言，崇拜同样的神明。虽然拉丁语依旧是罗马的官方语言，但是你也会听到阿拉米语、凯尔特语、埃及语、日耳曼语、希伯来语和极为常见的希腊语。

公元2世纪，帝国各地的城市生活都非常发达。从朗蒂尼亚姆（今英国的伦敦）到贝莱图斯（今黎巴嫩贝鲁特），由罗马创建或重建的城市纷纷兴盛起来。有些城市最初是老兵的殖民地或军队驻扎的营地，还有些城市是自然形成的贸易中心或宗教中心。城市的布局规划采用了罗马的经典模式，有时也保留了当地特色。一个罗马人可能会站在外观熟悉的公共广场上，看到高卢或小亚细亚的元老院议事厅，沿着东西向或南北向的主干道漫步，抵达排列着立柱的十字路口，如果再绕上一段距离，又会发现蜿蜒的小巷以及当地的房屋和庙宇。

这是属于城市的伟大时代。野心勃勃的地方精英阶层通常都拥有乡间庄园，不过他们主要生活在城市住房里，就像罗马的精英阶层一样。他们的目标是进入当地的市政会，那是一个模仿罗马元老院的机构。他们努力争取罗马公民身份，而皇帝也把这项特权授予越来越多的行省权贵。

五贤帝时代充斥着反映普通罗马人生活的物质资料。从祭司的绑带凉鞋到木匠的朴素皮鞋，从猎户的粗糙双手到女神的整齐指甲，从手握卷轴的诗人到攥紧缰绳的骑士，从表情欣喜若狂的舞者到垂眸哀悼孩子的父母，古代艺术作品淋漓尽致地展现了罗马帝国的日常生活。我们可以看到儿童的玩偶和医生的手术刀，战士的头盔和狩猎的号角，光滑的镜子和玻璃香水瓶，奴隶项圈和裹尸布，瓶模和砖印，酒杯和水管，游戏使用的骰子和弹弓投射的子弹。这些微不足道的遗物提醒着我们，图拉真留下的各种胜利纪念建筑物虽然宏伟壮观，却无法揭示大多数罗马人生活的那个世界。

在图拉真波利斯去世

当图拉真在东方战场上遭遇挫败时，他的健康状况也迅速恶化。一些研究者经过鉴定认为，有一尊半身铜像描绘了这位皇帝晚年的样子[67]：脸颊凹陷，鼻梁高耸，额头布满皱纹，眼神饱含忧虑，仿佛他知道自己的生命快要走到尽头了。根据文献记载，他在公元117年突发中风，导致身体部分瘫痪[68]。这肯定是遗传或劳累造成的结果，然而图拉真却坚信毒药才是罪魁祸首。临终前，他恐怕已经变成了一个心怀怨恨的老人，毕竟他眼睁睁地看着自己在帕提亚取得的成功逐渐消失，就像鲜花在手中凋谢。尽管毒药无法解释图拉真的长期病痛，但是如果说最后有人用毒药杀死了虚弱的皇帝，倒也并非不可想象。

普罗蒂娜和玛提蒂雅劝图拉真返回罗马。此前还没有皇帝死在意大利之外，谁也不希望图拉真成为第一个。于是，他和随行人员从安条克的港口起航。然而，两三天后，他的病情急剧加重，他们只好把船驶入附近的港口塞利努斯，踏上一片崎岖的土地，人们称之为"高低不平的奇里乞亚"（今土耳其西南部的地中海沿岸）。有一位古代作家曾经描述，此处"海岸狭窄，没有平地，或者说几乎没有平地，而且又位于托罗斯山脉脚下，生活环境非常恶劣"[69]。这个地方最出名的一点就是它曾被用作海盗的巢穴。

这里没有宫殿，也没有战场——没有任何荣耀。据卡西乌斯·狄奥所言，在瘫痪和水肿（由体液潴留引起的严重肿胀）的影响下，皇帝丧失了行动能力，公元117年8月8日，他在这里去世了，终年约六十三岁。塞利努斯被改名为"图拉真波利斯"，意即"图拉真城"。图拉真波利斯收获了不少新建筑，尤其是一座纪念图拉真的两层神庙，然而它始终都没有成为一个配得上图拉真宏伟抱负的城市。

图拉真的遗体被带回安条克火化，接着跨越漫长的距离重返罗马。在光荣的胜利游行结束以后，他的骨灰被安放在图拉真纪念柱底部的容器里。尽管罗马城内禁止埋葬死者，但这个男人却是例外，毕竟元老院曾将他封为罗马的最佳统治者。

也许他当之无愧。或者说，他其实是一位马基雅维利式的杰出君主，在不追求虚荣的时候，他展现了惊人的治理才能。作为罕见的征服者兼皇帝，图拉真并非知识分子，然而他用实践方面的智慧充分弥补了这一点。他狡猾而自制，牢牢地把权力握在手中，又能让元老们获得应有的尊严，并且从未伤害过他们。他满足了人民的需求，同时也没有忘记奖励军团。他强调庄重的父权形象，跟那些滑稽的前任形成了鲜明的对比，不过他的妻子很可能行使了巨大的权力。尽管他把众多宏伟的建筑工程都归功于自己，但实际上它们造福了公众，绝不只是自负的产物。他采取了各种措施，促进贸易和通讯的发展。图拉真是一名勇猛的战士，然而他却为罗马最伟大的和平与繁荣时期奠定了基础。

不过，这种繁荣并未得到共享。仍有数百万人生活在贫困之中，还有更多人被奴役，戴着枷锁度日。对于意大利尤其是罗马的自由民来说，情况会稍微好一些。当然，考虑到古代世界经常充满腥风血雨，大多数人至少可以为罗马的和平而感到欣慰。

但是，图拉真也在达契亚夺走了上万人的性命，并将当地的语言和文化毁灭殆尽。他故意挑起战争，侵略东方的帕提亚，最终却一无所获。而且，他还留下了关于继承权的问题。

图拉真的治国理念就是罗马可以拥有一切。他能够扩张帝国，大兴土木，改善基础设施建设，在意大利推行全新的福利计划，让元老院、人民和军队都心满意足。而且，在完成所有任务的同时，罗马还不会出现预算失控或资源耗尽的情况。然而，他的继承者将重新考虑这些结论。

谁会成为罗马的新任统治者呢？恐怕没有什么比这个问题更重要了。尽管图拉真有所行动，但是他并未提供明确的答案，直到弥留之际，他才做出了决定。不过，那当真是他的决定吗？难解的疑惑催生出暴力的阴影，从一开始便笼罩着新任统治者的政权。这位皇帝也是一个出生于希斯帕尼亚的罗马人，他便是图拉真的表侄哈德良。

第六章

哈德良

比起坚持，更难的是战略性放弃

临终前，图拉真在偏僻的塞利努斯收养了他的表侄哈德良。这是官方的说法，但图拉真过去的行为让一部分人心生疑虑。多年来，虽然图拉真不断提拔哈德良，还允许其通过婚姻关系进入皇室家族，但是他确实表现出了某种犹豫，可能是因为两人政见不同。他既没有收养哈德良，也没有使其获得先前那些皇位继承者所享受的荣耀。

　　有人声称，图拉真在弥留之际根本没说过收养的事情，这一切只是精心策划的骗局，幕后主使即哈德良的拥护者、图拉真的妻子普罗蒂娜，以及哈德良的前任监护人、图拉真的禁卫军长官普布利乌斯·阿基利乌斯·阿提亚努斯。在图拉真去世时，他们俩都在场。有一份文献质疑，图拉真通过书信告诉元老院，他要选择哈德良做自己的儿子和继承人，但是信上却签着普罗蒂娜的名字，而她以前从未给皇帝的信件署名[1]。另一份文献则断言，普罗蒂娜偷偷找来一个演员模仿图拉真，让他用虚弱的声音宣布收养哈德良的决定，同时隐瞒了图拉真已经死亡的事实[2]。

　　此外，还有一个奇怪的细节：一座偶然发现的墓碑表明，在图拉真去世两天后，他的品酒师也死了，这位自由奴年仅二十八岁[3]。当然，我们无法排除正常死亡的可能性——例如，他和图拉真也许感染了相同的病毒。不过，我们难免会怀疑，这个年轻人是否因为知道得太多而遇害或自尽了。况且，他的骨灰过了十二年才被送回罗马，似乎有人想让大家淡忘他。

这件事背后真的另有隐情吗？抑或一切只是巧合，而那些猜测再次反映了罗马人对强大女性的偏见？我们无从得知。可以确定的是，罗马迎来了一位充满活力、才华出众的新统治者。

哈德良高大健壮，身材匀称。他的肖像雕塑显得睿智而威严，脸庞呈椭圆形，面颊丰满，长着鹰钩鼻和大耳朵，当时曾有人描述他的眼睛"充满了明亮的光芒"[4]。他有着浓密的鬈发，络腮胡修剪得整整齐齐。

哈德良的胡须不只是一种独特的时尚，还是文化和政治的象征。罗马精英阶层的男性一般都会把脸刮干净，而希腊男性则保留胡须。通过不剃须，哈德良表达了自己对希腊文化的热爱，并强调了重视帝国东部希腊语地区的政策。

令人惊讶的是，他可以长时间地站着不动，让艺术家们反复刻画他的形象，结果他留下的雕塑比其他皇帝都多[5]。然而，哈德良又似乎一直在骑马或坐船，忙着从帝国的一头赶往另一头，基本走遍了不列颠和叙利亚之间的所有行省，因此他去过的地方也比其他皇帝都要多[6]。他尽量接触普通人，就像现代的民主党政治家专门同群众握手一样。每到一处，他都会跟军人混在一起，与他们在户外分享简单的食物。为了以身作则，他总是不戴帽子，"无论在日耳曼尼亚的大雪中，还是埃及的烈日下，皆是如此"[7]，而且他曾经穿着沉重的铠甲步行约30千米，去鼓励士兵。闲暇之时，他会锻炼自己的作战能力，开展他最喜爱的娱乐项目——狩猎。他很擅长捕杀动物，甚至能将野猪一击毙命[8]。

哈德良可谓罗马史上最重要、最迷人的皇帝之一。他努力创造和平，强烈反对帝国主义性质的扩张，格外关注地方行省。他热衷于研究古典著作，不仅是优秀的诗人和建筑设计师，还是雕塑家和画家。在这些方面，没有任何罗马皇帝能够超越他，当然他们也不像哈德良那样充满矛盾。正如一位古代作家所言，"在他一个人身上，集中了许多截然相反的特点：严厉和亲切，庄重和活泼，从容和迅速，吝啬和慷慨，狡诈和直率，残酷和仁慈。而且，他总是变化无常"[9]。

他是一个热爱希腊的罗马人，却给意大利和不列颠的民众留下了最深刻的印象。犹太人也牢牢地记住了他，因为他试图摧毁他们的文化，于是他们便在自己的文献中诅咒他。虽然他具备传统的男子气概，但是他把自己的成就归功于爱他的女人，而将真心交给了一位少年。

普布利乌斯·埃利乌斯·哈德里亚努斯[1]不可阻挡的崛起

故事开始于希望和野心。公元76年1月24日，哈德良出生于罗马，他沿用了父亲的名字，也叫普布利乌斯·埃利乌斯·哈德里亚努斯。他父亲的事业引领着这家人来到了首都，他们的故乡是希斯帕尼亚的一座城市，靠出口橄榄油而变得发达。哈德良的家族颇为显赫，先辈中包括一位元老院成员，他们把自己的始祖追溯到一个早期殖民者，那是一名罗马军人，来自意大利东北部的哈德里亚城[10]，因此他们的姓氏为哈德良[2]。

当哈德良出生时，韦斯巴芗统治的罗马对地方行省的杰出精英越来越友好，而哈德良的父亲——埃利乌斯·哈德里亚努斯·阿非尔[3]正是其中之一。他是元老院成员，曾任裁判官，可能还做过军团指挥官以及行省总督的顾问，或者甚至他自己就是行省总督。哈德良的母亲多米提娅·波利娜也是希斯帕尼亚人，她来自大西洋沿岸的一座港口城市，其家族大概起源于腓尼基殖民者。哈德良还有一个姐姐，同样叫波利娜。

老哈德良去世时，哈德良才十岁，他小小年纪便失去了父亲，就像奥古斯都一样。由于罗马女性比男性结婚更早，所以我们猜测多米提娅也许还活着。若果真如此，那么她应该会尽力照顾哈德良，就像阿提娅曾经照顾小奥古斯都一样。可以肯定的是，这两位皇帝还有一点相似之处：跟奥古斯都一样，年幼的哈德良也接触到了罗马最有权势的男人。他有两位监护人，都是他的同乡。一位是阿基利乌斯·阿提亚努斯，他出身于罗马骑士阶层，后来成了禁卫

1　哈德里亚努斯（Hadrianus）：即哈德良（Hadrian）的拉丁语原名。

2　哈德良（Hadrian）：本意即"哈德里亚人"。

3　阿非尔（Afer）：拉丁语称号，意为"阿非利加"（即今非洲），乃为表彰哈德良的父亲在毛里塔尼亚行省（位于今非洲西北部）的优秀表现。

军长官。而另一位则是哈德良父亲的表兄弟[1]，一名积极进取的军人兼政客，他就是未来的皇帝图拉真。当时图拉真担任军团指挥官，公务繁忙，于是阿提亚努斯便负责培养哈德良。除了十几岁时去希斯帕尼亚视察过两次家族地产之外，哈德良完全在罗马长大。

哈德良天资聪颖，记忆力超群，学习非常优秀。罗马精英阶层的青少年接受希腊语和拉丁语教育，课程内容以经典著作为主。哈德良热情地钻研希腊的语言和文学，平日里他肯定也经常接触希腊文化，毕竟罗马有许多希腊人。实际上，罗马已经比肩亚历山大，成为世界上最大的希腊化城市。就连哈德良的体育爱好都颇具希腊特色：他喜欢狩猎，这是希腊精英阶层的活动，罗马人一般不感兴趣。

哈德良因此得到了"格雷库鲁斯"（Graeculus，拉丁语，意为"小希腊人"）的绰号[11]，然而这并非赞美。罗马的精英阶层对希腊的先进文化既钦佩又厌恶，有时候他们会通过强调罗马对希腊的控制权来掩饰自己文化的落后。哈德良的监护人图拉真曾不以为然地评论道："小希腊人就喜欢体育馆。"[12]类似的偏见在罗马很普遍。他不赞同哈德良狩猎的做法。

值得庆幸的是，图拉真的妻子普罗蒂娜并未这样想。跟哈德良一样，她也是希腊文化的狂热爱好者。实际上，两人有许多共同之处。他们非常聪明，修养极高，都对哲学感兴趣，都属于图拉真的势力圈子，而且嘲讽者可能会说，图拉真夫妇还都喜欢哈德良。撇开哈德良的强烈自恋不谈，普罗蒂娜确乎很欣赏受她丈夫监护的这个机灵的年轻人。

图拉真比哈德良大二十二岁，虽然相较于图拉真，普罗蒂娜的年龄跟哈德良更为接近，但是她扮演了某种类似代理母亲的角色。毫无疑问，她在他人生的关键阶段保障了他的利益，首先从他的教育开始。普罗蒂娜为哈德良安排了罗马最优秀的一位老师。

普罗蒂娜是伊壁鸠鲁派哲学的信徒，这个思想体系在数百年前发源于雅典，至哈德良所处的时代，那里依然有一所伊壁鸠鲁派的学校。今天，伊壁鸠

1　表兄弟：哈德良父亲的出生年份不详，无法确定图拉真究竟是其表兄还是表弟。

鲁主义者指贪图享乐，尤其是追求感官愉悦和奢侈放纵的人，然而古代的伊壁鸠鲁主义者却推崇有限的欲望。他们属于唯物主义者，认为宗教是迷信，理性才是最佳向导。比起美味的食物，他们更喜欢优秀的伙伴；比起公开亮相，他们更看重幕后工作。"悄无声息地活着"[13]是他们的宗旨，而友谊则是他们的目标。罗马精英阶层的许多人都是伊壁鸠鲁主义者，就连一些政客都觉得这种哲学能够抚慰心灵，尽管他们并未接受其遁世的生活方式。

对于普罗蒂娜和哈德良来说，"希腊化"并非只是一种独特的时尚。尽管罗马人把帝国的建立归功于武力，但是哈德良明白，笔杆子比刀剑更强大，而希腊人的笔杆子尤为厉害。他意识到，正如诗人贺拉斯所言，"被俘虏的希腊俘虏了野蛮的征服者，把自己的艺术带给了粗俗的拉丁姆[1]。"[14]他相信希腊还有深层的智慧可以挖掘。实际上，他似乎受到了好几个希腊哲学学派的影响，其中就包括伊壁鸠鲁学派，而且他还见过伟大的斯多葛派哲学家爱比克泰德。

哈德良对精神生活的重视程度超越了此前的所有皇帝。在粗鄙俗气的韦斯巴芗和傲慢反智的图拉真之后，这是一个巨大的转变。知识主义支撑着哈德良与众不同的执政理念，也使他成为希腊有史以来最伟大的罗马朋友。

哈德良十八岁便迈入政坛，而且晋升的速度很快。他先是在罗马城获得了一些较低的职位，随后分别在欧洲中部以及巴尔干半岛担任初级军官（军事保民官）。公元97年末，当涅尔瓦皇帝指定图拉真为养子和继承人时，哈德良正远在巴尔干半岛的攸克辛海[2]沿岸，而图拉真则坐镇日耳曼尼亚。哈德良受命代表其军队去恭喜自己的监护人——此时已经是皇位继承人了。作为回报，他被调离偏僻的攸克辛海，前往更靠近中央的莱茵河流域继续做初级军官。元老院成员通常会担任两届初级军官，而哈德良却连任了三届，因此他对军事非常了解。

不久之后，在公元98年初，涅尔瓦去世了，图拉真被宣布为皇帝。当消

---

1 拉丁姆（Latium）：意大利中西部的一个地区，罗马城在这里建立，后来发展为罗马帝国的首都。

2 攸克辛海（Euxine Sea）：即今黑海。

息传来时，哈德良抓住机会，立即动身北上，跨越了大约180千米的距离，亲自向图拉真报信。途中，他的马车出了故障，但是他继续徒步前进，成功地把喜讯带给了图拉真。据说有一个名叫塞尔维亚努斯的人蓄意破坏了哈德良的马车，不过，这可能是传闻，我们有理由怀疑其真实性，因为一切都源于哈德良自己的叙述，而且后来哈德良和塞尔维亚努斯势不两立，尽管他们二人本为姻亲。

卢基乌斯·尤利乌斯·乌尔苏斯·塞尔维亚努斯娶了哈德良的姐姐波利娜，这是一桩野心勃勃的婚事。跟哈德良一样，波利娜也是图拉真的表侄辈，而塞尔维亚努斯作为一名总督和前任执政官，渴望进入图拉真的内部圈子。塞尔维亚努斯和哈德良都是坚定果断的男人，他们俩发生冲突并不稀奇。

在活着的所有人之中，哈德良是跟图拉真关系最近的男性亲戚，一旦没有孩子的图拉真当上皇帝，哈德良就很可能会成为下一任统治者。然而，这并非完全确定的事情。奥古斯都曾越过自己的外孙阿格里帕·波斯图穆斯，把王位传给了继子提比略。从那以后，人们便明白，就算是皇帝的近亲都得努力拼搏，争取脱颖而出。哈德良确实很努力，他展现了优秀的政治、军事和管理才能，但这还不是全部。

哈德良的崛起是亲信左右帝王的一场胜利。他吸引了图拉真身边的皇室女性，拉拢了自己曾经的监护人阿提亚努斯，即现任的禁卫军长官，还结交了图拉真的得力助手苏拉以及其他朝臣。

哈德良最亲密的盟友始终是普罗蒂娜，此时她已贵为皇后。她说服图拉真把维比娅·萨宾娜许配给哈德良。这桩婚事进一步拉近了哈德良和图拉真的关系，因为萨宾娜是图拉真之姊玛西娅娜的外孙女，也就是图拉真的甥外孙女。萨宾娜来自一个富有而显赫的家族，她本人在希斯帕尼亚、罗马以及意大利的其他地区拥有许多奴隶。她的母亲萨洛尼娅·玛提蒂雅和外祖母玛西娅娜都住在宫中，属于图拉真的重要亲信。

公元100年，前途无量的哈德良和地位尊贵的萨宾娜结婚了。哈德良很敬爱他的岳母玛提蒂雅。此时，哈德良二十四岁，而萨宾娜只是一个十四五岁的少女。在罗马，夫妻二人相差十岁是普遍现象，法律规定女性的最低婚龄是十二岁，男性的最低婚龄是十四岁。虽然一般情况下，女性会在将近二十岁时出嫁，男性会在将近三十岁时娶妻，但是元老院的精英群体，尤其是皇室家族，经常早早就结婚了。萨宾娜的条件非常合适，像哈德良这样充满野心的男人肯定想尽快与她完婚。

随着新娘逐渐成熟起来，哈德良也许在她身上发现了许多讨人喜欢的特点。诚然，皇室的肖像雕塑都是美化以后的产物，主要为政治宣传服务。但是，这些雕塑不可能彻底脱离现实，毕竟皇室家族的成员还是希望人们可以认出自己。萨宾娜的众多半身像和全身像[15]显示，她五官端正，面容姣好，脖颈纤细优美，鼻型典雅复古，神态显得十分温柔。她的头发浓密而鬈曲，从中间梳向脑后，呈现出一种希腊风格的造型，这肯定会让哈德良感到高兴，而她自己大概也很满意。

萨宾娜是极少数留下文字作品的罗马女性之一。诚然，她的作品只是一篇简短的跋文，附在其旅伴所写的四首小诗之后，然而，那名旅伴是一位希腊女性兼知识分子，这表明萨宾娜跟哈德良兴趣相投，或者至少她在努力向他靠拢。这篇跋文还显示，萨宾娜和她的丈夫一样，都对他们自己的地位和成就感到骄傲。

不过，他们的婚姻是权力联盟，而非爱情结合，两人之间还存在着不小的分歧。他们没有孩子，而且哈德良更喜欢年轻男人。传闻称这对夫妻互相厌恶，他们会发生性关系，但萨宾娜总是采取措施防止怀孕；据说哈德良认为她敏感暴躁，他希望自己是一个普通公民，以便跟她离婚[16]。当然，这些毕竟只是流言蜚语，更何况政治夫妻在家里同床异梦、在外面携手并肩的例子并不少见。尽管有人怀疑萨宾娜与哈德良不和，但是也有他们相处融洽乃至通力合作的证据，而且哈德良还给了妻子许多荣誉。不过，萨宾娜扮演的角色依然不太容易。

在公元101—102年和105—106年，图拉真两度攻打达契亚，哈德良因此获得了使事业更上一层楼的机会。在第一次战争中，哈德良成为图拉真的一名高级随行人员，在前线待了一年。关于这段经历，只有一个细节流传下来：受图拉真影响，哈德良也染上了酗酒的习惯，而图拉真还为此奖励了他[17]。

公元105—106年，哈德良又参加了图拉真主导的第二次达契亚战争，这一回他担任军团指挥官。两次战争都给他带来了勋章。尽管其他人为罗马的胜利作出了更大的贡献，但是哈德良从图拉真手中接过了一份充满象征意义的礼物，那就是前任皇帝涅尔瓦赠予图拉真的钻戒[18]。这似乎是一个成功的征兆，而哈德良非常重视各种征兆。他虽然喜欢研究哲学，却也一直对巫术和占星术颇感兴趣。

在图拉真的统治下，哈德良继续快速晋升，然而这位野心勃勃的年轻人并不满足。公元106—108年，他在下潘诺尼亚行省担任总督。公元108年5月，三十二岁的哈德良当上了补任执政官，同龄的非贵族成员很少能走到这一步。据说此时，图拉真最亲密的顾问苏拉告诉哈德良，皇帝打算收养他[19]。不久以后，苏拉便去世了，因此没有人知道事情的真相究竟是什么。无论如何，那时图拉真并未收养哈德良，只是让他做了自己的演讲稿撰写人。

这个职位很重要，但是不足以把哈德良留在罗马。最晚至公元112年，他还住在雅典，那应该是得到了图拉真的批准。或许皇帝觉得，让这位能干的年轻人在希腊化的东部充当他的耳目会有好处，而且送走这个野心家也可以令他松一口气。跟罗马相比，雅典显得很小，但是它的文化遗产却影响巨大。在帕特农神庙、哲学家和诗歌之间，哈德良感到心醉神迷。这座城市的精英阶层邀请他加入雅典公民的行列，很快他又当选为雅典的最高行政长官。

大概就是在这段岁月里，哈德良对罗马时尚作出了著名的贡献——他开创了蓄须的先例，在此后的一个半世纪中，继任的皇帝们纷纷效仿他的做法。

当图拉真在东征的路上经过雅典时，这位满脸胡须的表侄也许会令他大吃一惊。宫中的许多人都与他同行，包括普罗蒂娜和玛提蒂雅。

像恺撒和马克·安东尼一样，图拉真也把侵略的目光投向了帕提亚。上一章已经讲述了这场战争的经过，现在我们只需要补充一点，那就是根据文献记载，普罗蒂娜利用自己的影响力在图拉真手下为哈德良谋得了一个职位[20]。不过显然，哈德良并未掌握多少实权，直到公元117年，他才被任命为叙利亚总督，据说这也是普罗蒂娜的功劳。而且在公元118年，她还帮助他再度当上了执政官。

知情者都推测哈德良将继承图拉真的皇位，尤其是在他第二次担任执政官的时候。传闻称哈德良贿赂了图拉真的自由奴，并讨好图拉真身边的重要男性情人[21]。然而，皇帝既没有收养哈德良，也没有给予其恺撒的头衔，更没有使他获得提比略、提图斯和图拉真自己做继承人时所享受的权力。多年以来，图拉真从未让哈德良成为高级将领。或许是由于哈德良缺乏军事征服的热情。跟图拉真不同，哈德良不想扩张帝国。可能正因如此，图拉真才犹豫不决，没有指定他为继承人。而且，看到自己曾经监护的年轻人那么热爱希腊，这位严厉的罗马老人恐怕也心存疑虑。

有人说，图拉真准备指定另一个人为继承人，或者直接将决定权交给元老院[22]。甚至还有人说，作为亚历山大的忠实崇拜者，图拉真打算参考那位马其顿领袖在公元前323年留下的遗言，把皇位传给"最强者"[1]。不过，亚历山大的决定导致了长达五十年的内战，图拉真应该不愿效仿他。接下来，危机降临了。

继任危机

正如我们看到的，有人怀疑图拉真并未在临终前收养哈德良，不过哈德良拥有一个强大的后盾，即东部军团。他明智地给予士兵双倍赏金，立即赢得了他们的支持。后来，他为自己没有征求元老院的同意就称帝而向其道歉，然而他又指出，国不可一日无君。与此同时，就像另一位靠武力夺取政权的皇帝韦斯巴芗一样，他也把军队拥立他的日子算作统治期的开端，那是公元117年8月11日。

新政权始于一系列有组织的暗杀行动，主谋均为图拉真麾下的前任将领。有些人觊觎皇位，而其他人则对哈德良准备实施的防御性军事政策感到不满。在罗马，哈德良曾经的监护人阿提亚努斯声称自己发现了一场阴谋，有四

---

1 最强者：据古希腊历史学家狄奥多罗斯·西库鲁斯记载，当亚历山大还剩最后一口气时，身边的人询问他打算把这个帝国留给谁，他回答："留给最强者。"

个人要推翻新皇帝。他们地位显赫，都做过罗马的执政官，其中包括图拉真的一名亲信，还有一个人深受普鲁塔克的爱戴。他们未经审判便遭到了处决，元老院迫不得已表示同意。此事被称作"四大前任执政官事件"，许多元老永远都没有原谅这位新皇帝，然而几乎人人都惧怕他。至于阿提亚努斯，哈德良把他提升为元老院成员，那也就意味着他不能再做禁卫军长官了，因为这个职位是留给罗马骑士的。

尽管哈德良热爱哲学、艺术和占星术，但是他残忍、暴虐，而且不惧杀戮。不过，他也是一名政治家，知道该如何改善人际关系。在罗马，哈德良向平民发放现金，烧毁拖欠税款的记录，举办隆重的角斗比赛，并启动了大型的建筑工程。

可是，哈德良并不相信宪政。爱德华·吉本曾对他做过一番准确的总结："他有时是出色的元首，有时是可笑的诡辩家，有时又是猜忌的暴君。"[23]

和平与建设

很少有皇帝在登基时像哈德良那样充满自信和远见。他渴望做一位变革型领袖，甚至把自己视为第二个奥古斯都——就算一开始不是，最终也会成真。实际上，后来他更喜欢自称哈德良·奥古斯都，而非使用全名常胜将军恺撒·图拉真努斯·哈德里亚努斯·奥古斯都。他认为自己是帝国的第二位奠基者。

实际上，他是第二个提比略。通过取消图拉真的扩张政策，他基本恢复了提比略的防御性战略。我们无法说哈德良更加人道，因为他跟提比略一样，没有避免跟元老院的争执，也从未掩饰自己的暴政。

在执政初期，哈德良面临着东部和西部的叛乱，达契亚、多瑙河流域、毛里塔尼亚（今摩洛哥）以及不列颠纷纷陷入暴动之中。作为回应，他让士兵们坚守一些地方，离开另外一些地方。图拉真对帕提亚帝国的征服只剩下少数领土，因此哈德良便下令立即从当地撤军，并跟帕提亚国王签订和平协议。而且，他还放弃了达契亚的东部地区。为了防止外敌入侵，他甚至命人前往多瑙河，拆除了图拉真那座大桥的上层结构。

割舍领土的做法显然不符合罗马人的作风，许多元老都表示强烈反对。因此，"四大前任执政官事件"背后的真正原因可能并非阴谋，而是新政策引发的分歧。不过，哈德良坚持如此。根据他的判断，在图拉真的数次扩张战争以后，帝国已经耗尽了元气。而且，他似乎意识到了休养生息有利于提高军事、经济和社会道德水平。

虽然有人抗议，但是罗马精英阶层的大部分成员应该都赞同哈德良。为征服新领土而打仗的动机已经不复存在了。事实上，人们的战争热情正在逐渐消退，因为统治者总是提防乃至处决获胜的将领，而军事经验也不再是担任高官或成为元老的必要条件。有一位同时期的作家曾写道："在我所处的年代里，哈德良皇帝……对待神明的态度非常虔敬，而且为臣民的幸福作出了巨大贡献。他从未主动挑起过战争。"[24]这番话可能代表了许多人的观点。

在图拉真看来，罗马是一个超级大国，因此它必须表现出超级大国的样子。而在哈德良眼中，罗马是一个联合体（相较于今天的美国、俄罗斯或中国，它更像是欧盟）。哈德良希望建设一个新帝国，让行省的精英阶层平等参与政府事务。为了赢得他们的忠诚，哈德良放宽了获取罗马公民身份的条件，将其授予市政会成员，以前这是只有地方行政长官才能享受的福利。

哈德良认为，帝国各地的精英阶层应该在西部说拉丁语，在东部说希腊语。但是，来自其他民族的精英阶层呢？阿拉伯人、凯尔特人、达契亚人、埃及人、日耳曼人、犹太人、毛里塔尼亚人、努米底亚人、腓尼基人、叙利亚人等，他们该怎么办？他们必须融入拉丁语或希腊语群体，否则就会遭到淘汰。实际上，哈德良曾对他们说："你们没有自由的权利，只能做罗马人或希腊人。"希腊语是帝国东部的主要语言，它的发音在"小希腊人"哈德良听来就像乐曲一样优美，因此他决定尽力推广这种语言。

在统治期的大部分时间里，哈德良都把精力集中于帝国东部。这不仅反映了他的个人喜好，而且也跟现实情况密切相关。罗马拥有军事力量和政治组织，但是东部拥有人力、财富、城市、文化以及深刻的思想和宗教。意大利之外的西部比较落后，几乎没有多少值得夸耀的大城市。最显著的例外就是迦太基，位于地中海对面的非洲北岸。迦太基在公元前146年的第三次布匿战争中被摧毁，后来奥古斯都按照尤利乌斯·恺撒的计划将其重建为罗马殖民地。到了哈德良所处的时代，迦太基已经成为地中海以西的第二大城市。不过，帝国的城市中心还是在东部，而且在某些人眼中，这片地区代表着罗马的未来。哈德良对此深信不疑。

尤利乌斯·恺撒和马克·安东尼都曾试图将帝国的首都东迁，搬到亚历山大或特洛伊，而哈德良则把目光投向了雅典。他喜欢所有的希腊城市，但是他最爱雅典，他在此处停留的时间超过希腊的其他任何地方。他受邀参加了所谓的"秘仪"[1]，那是这座城市最庄严、最排外的秘密宗教仪式，为人们提供了死后重生的希望。

哈德良大力建设雅典，自从五百多年前的伯里克利黄金时代以来，雅典便再也没有呈现出如此繁荣的景象。他掀起了一股建筑热潮，使雅典成为一个新泛希腊同盟的中心。今天，前往雅典的游客依然能看到哈德良留下的建筑遗迹，比如一座图书馆的断壁残垣；一片蓄水池——现在是公共广场，但当初属于一套崭新的供水系统；宙斯神庙的巨型立柱，那曾经是希腊最大的神庙；还有宏伟的大理石拱门，通往被称作"哈德良之城"的新城区。不过，雅典仅仅是哈德良建筑工程的一小部分而已。

一座神殿与一片庄园

今天，哈德良作为地名也许比作为一个人名更加令人瞩目。英格兰有哈德良长墙，意大利有哈德良庄园，而这些只是人们最熟悉的例子。罗马城有哈德良陵墓，也被称作圣天使堡。在哈德良主持的建筑工程中，还有一些并未冠以他的名字，比如曾经矗立在罗马的维纳斯–罗马神庙，那是业余建筑师哈德

1　秘仪（Misteries）：全称为"厄琉息斯秘仪"（Eleusinian Mysteries），一个古希腊秘密教派的入会仪式，发源于雅典西北约30千米的城市厄琉息斯（今埃勒夫希那）。

良亲自设计的作品。图拉真的高级建筑师阿波罗多洛斯对此嗤之以鼻，还在书中批评过这座神庙。哈德良非常生气，以至于在阿波罗多洛斯死后不久，有传言说是皇帝下令处决了他[25]。不过，前面提到的陵墓和神庙都不是哈德良最重要的建筑。

奥古斯都曾经在战神广场烙上了自己的印记[1]，此地位于老城区和台伯河的转弯处之间，哈德良通过改变这里的面貌，强调了他是新时代的奥古斯都。他重建了一座颇为重要却遭到摧毁的建筑——万神殿，它最初是由奥古斯都的得力助手阿格里帕建造的。结果，哈德良不仅留下了保存最为完好的古典时代的大型建筑，而且成就了世界上最优美的建筑之一。当游客站在万神殿里向上看时，他们会意识到穹顶是罗马赠予人类文明的宝贵礼物。

万神殿展示了巧妙的设计理念和完美的建筑工艺，还展示了皇帝的巨额财富，因为如此壮丽而持久的结构肯定造价不菲。万神殿的整体构思应该归功于哈德良，不过他的设计水平太业余，无法制订详细的方案。我们不知道建筑师的名字，但无论是谁，他都成功地利用砖块、大理石和混凝土表现了帝国的统一。圆形大厅代表着"圆形大地"，那是罗马人对世界的称呼。大理石地板的方格和镶板装饰的天花板令人想起罗马军营或城镇布局的常见模式。穹顶象征着朱庇特统治的天国，就像罗马皇帝统治帝国一样。这个穹顶堪称建筑技术的奇迹，底部厚度可达7米，顶部厚度仅为0.6米。凭借约43米的直径，万神殿的穹顶在一千三百年间都是世界上最宽的拱顶，直到1436年佛罗伦萨大教堂建成为止，而后者的穹顶宽度至19世纪末才被超越。

哈德良没有在万神殿留下自己的名字，只是刻上了"卢基乌斯之子阿格里帕在其第三届执政官任期内所建"。他将此杰作的诞生归于这位令人敬仰的开国元勋，以展现自己的谦逊。

不过，哈德良确实把自己的名字赋予了哈德良波利斯，即哈德良城，它建在一座早期村庄的旧址上（今土耳其埃迪尔内）。帝国有八处叫哈德良城的地方[26]，此乃其中之一，也是现在唯一还能看出皇帝名字的地方（"埃迪尔

---

1 他的印记：指位于战神广场的奥古斯都陵墓。

内"源于"哈德良波利斯")。它位于土耳其的欧洲部分，靠近保加利亚和希腊边境，在历史上具有重要意义。从君士坦丁时代到20世纪，这里发生过不少于十六场重大战役，其中包括公元378年罗马帝国遭遇的毁灭性惨败。后来的军事历史学家约翰·基根曾称之为"地球上争端最多的地方"[27]。有这样一座城市叫哈德良波利斯，身为军人兼政客的哈德良可能会觉得无上光荣。

法律也是哈德良的"建设项目"之一。他亲自授权，让一位杰出的年轻法学家来编纂执政官法令，那是一年颁布一次的罗马法基本原则。尽管理论上，新任执政官每年都可以重新修订法令，但实际上，大多数执政官都选择了继承传统，很少作出改变。然而，随着时间流逝，互相矛盾的条款逐渐增加。在哈德良的主导下，所有法令经过删减整合，汇集成一部清晰合理的法典，后来被称作"永久敕令"，标志着罗马乃至法律史上的一次重大改革。

不过，法律无法像建筑那样激发哈德良的兴趣。提比略和尼禄都有自己享乐的宫殿，而哈德良则超越了他们。今天我们所熟知的哈德良庄园其实是一片皇室聚居地，类似于凡尔赛宫。这片"庄园"包括三十栋大型建筑，占地120多公顷，面积为庞贝古城的两倍，位于提布尔（今蒂沃利）的一个草木繁茂的山谷中，距离罗马约30千米，骑马需要三个小时。

提布尔的建筑工程很可能开始于哈德良登基之初，并贯穿了他的整个执政时期。从各地运来的材料强调了帝国的多样性和罗马的力量，庭院内充斥着艺术作品、雕塑、花园、水池、灌溉渠和喷泉。哈德良亲自设计了一部分结构，这里不仅有他心爱的"南瓜"[28]，即穹顶，还有首次在建筑上得到应用的反向曲线，也就是凹面墙和凸面墙的交替出现。此地的总体规划精巧细致，就像哈德良本人一样复杂而独特。其他罗马皇帝从未创造过如此奇妙的地方，艺术与自然完美融合，为后世提供了无穷的灵感。这片庄园还象征着哈德良重视的帝国精英阶层，建筑采用了鲜明的罗马风格，但是到处都有希腊艺术，而且埃及主题也非常突出，因为埃及在哈德良的人生中也扮演了重要角色。众多奴隶维持着庄园的运转，罗马的官员和军人出入于此，络绎不绝。

这片庄园可谓一应俱全，除了宫殿之外，还有用餐的亭子、图书馆、浴场、神庙、剧院乃至竞技场，冬天有加热供暖的特殊建筑，夏天有面朝北边的凉爽房间。这里是哈德良的休养之处，是他打动并招待客人的地方，也是他逃避现实的世外桃源。

提布尔相当于哈德良的梦幻岛[1]。它就像另一个罗马，没有元老院和人民，将哈德良喜爱的军事基地和一座希腊城市结合起来。在这里，他可以统治罗马，却无须进入首都；他可以随意漫步，却不必离开家园。在这里，哈德良始终是一名"逃离者"。

哈德良的巡游

自奥古斯都去世以来，没有任何罗马皇帝像哈德良这样频繁地游历行省，而且最终，他走过的领土面积也超越了奥古斯都。哈德良统治帝国长达二十二年，成为自提比略以来在位最久的皇帝。他把执政的一半时间都花在了路上。在四十四岁到五十五岁的盛年时期，即公元120—131年，他很少待在罗马。公元121—125年，他进行了一次大规模巡游，走遍了罗马西北部的众多行省，接着转向东边的希腊和小亚细亚。几年后，从公元128年开始，他陆续视察了西西里岛、北非、埃及和地中海以东的其他地区，尤其是希腊。随后，他又前往犹太处理紧急事务。

哈德良的巡游并非出于野心，而是源自对彻底改造帝国的渴望。况且，这也是一种逃离罗马的方式，否则他只能面对无法满足的元老院和人民。

哈德良的随行人员包括皇室秘书、官员、逢迎者、仆人、他的妻子及其侍从，他们代表了第二个罗马，就像是移动的政府，堪称古代世界的"空军一号"[2]。当他率领队伍浩浩荡荡地行进时，场面肯定极为壮观，但是并非每个人都会被吓退。有一位老妇人曾经在路上阻拦哈德良，试图递给他一份诉状[29]。

1　梦幻岛（Neverland）：又译"永无乡""虚无岛"，是苏格兰小说家詹姆斯·马修·巴里在其作品《彼得·潘》中虚构的地点，在这个遥远的海岛上，许多人永远也长不大，象征着童年、永恒和对现实的逃避。

2　空军一号（Air Force One）：美国总统专机，常被称作"空中白宫"。

皇帝表示自己没有时间，而她则说，既然如此，他就不该做皇帝。于是，他便给这位老妇人举行了一场庭审。

无论走到哪儿，哈德良都会拜访当地一处罗马的军事基地。他的不扩张政策要求军队保持高度戒备状态，有一位古代作家评论道："尽管他更渴望和平，而非战争，但是他让士兵们不断操练，仿佛战争迫在眉睫。"[30]况且，哈德良热爱军队。

哈德良是一名向往军营的男子汉。例如，他曾前往北非的一个军团驻地，观看了一系列军事演习，随后向集合的部队宣布："我的副将凯图利努斯（指昆图斯·法比乌斯·凯图利努斯，该军团的指挥官）是一位高贵的军人，作为他麾下的士兵，你们充分展现了他的英勇气概。"[31]还有一次，哈德良用赞许的目光看着自己的骑兵卫队全副武装地游过多瑙河[32]。

公元121年，在罗马稍作停留之后，哈德良便直奔北边的日耳曼尼亚，面对冰冷刺骨的寒冬，他表现得若无其事。皇后萨宾娜以及一些重要人员与他同行，其中包括禁卫军长官和首席秘书官。今天，这位秘书更知名的身份是作家，他就是苏维托尼乌斯，即《罗马十二帝王传》的作者。苏维托尼乌斯能够接触到皇室档案，从而获取极为丰富的资料。他的著作内容始于公元前100年的尤利乌斯·恺撒，终于公元98年的图密善之死。年代较近的事件太过敏感，为了避免风险，他没有写入书中。

哈德良前往日耳曼尼亚的目的是给帝国修筑一道新的边界，他用连续的木栅栏代替了前任皇帝建造的零星堡垒和瞭望塔。它高约3米，长约560千米，穿过的地区位于今天德国的西南部、法国的阿尔萨斯以及瑞士。

这就是著名的罗马界墙（limes，拉丁语）的雏形。在公元2世纪，界墙达到巅峰状态，跨越近5000千米，从不列颠北部一直延伸到红海。它包括城墙、塔楼、堡垒、壕沟和道路，但是并没有形成体系。如果说界墙代表着固定的边防，那么它也见证了罗马权力的极限。

在日耳曼尼亚和其他地方，界墙充当的是边防关卡，而非抵御外敌入侵的障碍物。它的主要作用在于象征意义。界墙展示了帝国开始和结束的地方，也表明了罗马已经停止扩张。

我们可以举一个恰当的例子。在告别日耳曼尼亚之后，哈德良前往下一站，建造了他执政期间最著名的一部分界墙：位于不列颠的哈德良长城。

哈德良长城

哈德良长城在英格兰北部连绵起伏。它跨越了约120千米的距离，从北海附近的泰恩河延伸到爱尔兰海的索尔威湾，属于罗马帝国的世界级标志之一，在后世吸引了成千上万的游客。但是，古代的现实跟今天的印象相去甚远。

哈德良和他的随行人员来到不列颠，很可能是为了见证长城的动工。这是一项重要的工程，有利于增加皇帝的荣耀，堪比那座跨越多瑙河的图拉真大桥。长城的东端是一座桥梁，以哈德良命名，塔楼和堡垒构成的网络穿过岛屿向西延伸，许多新建筑在阳光下闪闪发亮。它象征着罗马的力量，不过就像在日耳曼尼亚一样，这里的长城也只能发挥有限的军事作用。也许最重要的功能之一，就是把曾经联合对抗罗马的不列颠各民族分隔开来。当哈德良在公元117年继位时，不列颠北部曾经发生过一场叛乱。具体细节现在已经不清楚了，但是我们知道那场叛乱非常严重，而且很可能毁灭了一个军团。

长城代表着三套防御体系，包括北边的双重壕沟，南边的一条道路，以及城墙本身。它可以阻挡大量敌人通过，但是城墙太狭窄，无法在战斗中充当壁垒。

尽管从远处看，长城显得雄伟壮观，可是一旦靠近就会发现，其细节处理得颇为粗糙，有些地方非常劣质，参与建造的工人缺乏专业训练。总体而言，它的表面效果大于实用功能，需要后来的皇帝进行大规模重修。哈德良的继任者在北边建造的草皮墙毫不起眼，却也比原本的长城要实用许多。我们难免会怀疑，用于修筑哈德良长城的部分资金恐怕流入了私人的口袋，被罗马官员或当地承包商贪污了。

然而，即使在今天，负责修建和管理长城的那些人也堪称奇迹的创造者。他们住在一系列具备防御工事的营地里，沿着长城一字排开。不久前，考古学家们发现了一批保存完好的木牍，表面裹着泥巴，它们为我们敞开了一扇窥探军营生活的窗户：从军事演习到跟承包商打交道，再到邀请别人来参加生日聚会——后者也许是现存最早的由女性所写的拉丁语文本。那封信表示："我衷心邀请你加入我们，你的出现会让这一天变得更加令人愉快……盼望你的到来，姐妹。"[33]

士兵们来自帝国各地，包括巴塔维亚（位于今荷兰）、潘诺尼亚、叙利亚和阿拉比亚等。他们通常会跟当地人结婚生子，崇拜各种各样的神明，而且使用不正宗的拉丁语。他们组成了不列颠最大的多民族社区，这项纪录直到20世纪末才被打破。

在离开不列颠之前，哈德良处理了一桩丑闻。他罢黜了苏维托尼乌斯、禁卫军长官以及其他官员，因为他们跟萨宾娜的亲密程度超出了宫廷礼仪允许的范围。一如既往，恺撒之妻必须毫无嫌疑[1]。倘若文献记载属实，那么哈德良甚至想过要跟萨宾娜离婚[34]。可惜我们无法听到萨宾娜的辩解了。

哈德良就是这样对待皇后的，然而当涉及他自己的生活时，他却能够容忍一些无礼的行为。例如，诗人兼历史学家普布利乌斯·安尼乌斯·弗洛鲁斯曾送给哈德良一首小诗，嘲笑皇帝的巡游，其中大部分内容都流传了下来[35]：

> 我不想做恺撒，
> 在不列颠闲逛，
> 鬼鬼祟祟地躲进……
> 还要忍受斯基泰的冬天。

哈德良幽默地作出了回复：

> 我不想做弗洛鲁斯，
> 在酒铺里闲逛，

1　"恺撒之妻"句：据说尤利乌斯·恺撒曾用这句话来解释自己为何要与妻子庞培娅离婚。

鬼鬼祟祟地躲进小饭馆，

还要忍受肥胖的大虫子。

死亡政治学

公元119年，哈德良的岳母玛提蒂雅去世了，此时他才刚登基两年。他亲自在她的葬礼上发表演说，以示尊敬。他举行角斗比赛来纪念她，又下令将她神化，犹如她的母亲、图拉真的姐姐玛西娅娜一样，并在罗马为她们二人建造了一座神庙——这是得到神化的女性首次在罗马城内享此殊荣。哈德良也许是历史上第一个神化岳母的男人。不过，他的动机并非只是出于对家族的忠诚。通过把自己变成女神的女婿，哈德良强调了他作为皇帝的合法性，每一个经过玛提蒂雅神庙的罗马人都会想起这个事实。萨宾娜也对母亲获得的荣誉很满意，但是她知道哈德良还想着另一个女人。

他的代理母亲普罗蒂娜依然跟这个被她扶上皇位的男人关系密切。她从未向他提出过分的要求，因为无须如此。她是一个富有的女人，过着舒适的生活。哈德良非常尊重她，在他发行的硬币上，她的肖像旁边写着"普罗蒂娜——神圣图拉真的奥古斯塔"[36]。而且，普罗蒂娜极为精明。她偶尔开口，也是瞄准哈德良关心的事情。例如，为了给雅典的伊壁鸠鲁派学校任命一位新的负责人，她向皇帝寻求帮助并得到了回应。哈德良很欣赏她的谨慎，在她死后特地称赞了这一点。

当普罗蒂娜于公元123年去世时，哈德良穿了九日的黑衣。他也下令将她神化，就像对待玛提蒂雅一样，并把他为图拉真建造的神庙重新献给神圣的图拉真和神圣的普罗蒂娜（不知道在图拉真原本的建筑计划中，是否包含普罗蒂娜的名字）。哈德良命人把普罗蒂娜的骨灰放在图拉真纪功柱的底部，紧挨着图拉真的骨灰。他还在她的家乡尼毛苏斯建造了一座大型公共建筑来纪念她。人们开始把已故的普罗蒂娜称作哈德良的"神圣母亲"[37]。

我们没有理由怀疑哈德良对玛提蒂雅和普罗蒂娜的依恋，不过他经营的是一个王朝，而非一本粉丝杂志。"我们是一家人"也许是他的宗旨，但此处提到的"家"原本属于图拉真，这便使哈德良的皇位继承权变得毋庸置疑。而且，通过反复提及奥古斯都和阿格里帕，哈德良也暗示了自己是第一皇帝的合法继承人。

在公元122年，即普罗蒂娜去世的前一年，哈德良的死亡政治学发生过一个特殊的转变。当时，他失去了自己心爱的猎马，那大概是一位蛮族国王送给他的礼物。早在公元117年，哈德良便与这位国王达成了和平协议，也许就是在此时，他得到了那匹骏马，并根据它在草原上的出生地唤它作"波利斯提尼斯"（第聂伯河的另一个名字）。后来，波利斯提尼斯在高卢南部死亡，哈德良为它修建了一座体面的坟墓，碑上的诗文很可能由哈德良亲自撰写[38]。这种做法未免太夸张了，但是波利斯提尼斯的坟墓发挥着重要的政治作用——它可以提醒哈德良的臣民，遥远的蛮族部落曾经把富有男子气概的壮丽礼物送给了他们的皇帝。

在涉及死后荣誉方面，哈德良并非一直都这样慷慨。例如，当他的姐姐波利娜于公元130年去世时，他表现得极为小气。然而，同样在那一年，另一个人的死亡却给哈德良带来了深刻的影响。

年轻的希腊人

公元130年10月下旬，在距离开罗约340千米的尼罗河上游，有一位年轻人溺水身亡。我们无法确定那是意外还是自杀，如果是自杀的话，究竟是为了爱情还是出于绝望？然而，接下来发生的事情却很清楚：这位年轻人突然不可思议地被奉为神明。他成了一个新宗教的中心，人们为他在沙漠里建造了一座城市，相关的仪式、神庙、节日、竞技和古希腊罗马的艺术作品从地中海东部蔓延至意大利，持续了数个世纪，直到基督教取而代之。这是国家支持的古希腊罗马异教和古典艺术的最后一次绽放，在不经意间，它以某种怪异的方式指明了未来的道路。

上面提到的年轻人名叫安提诺乌斯，他来自克劳狄奥波利斯（今土耳其西北部的博卢，在伊斯坦布尔以东约240千米），那是一座行省城市，位于比提尼亚，也就是普林尼写信跟图拉真讨论基督徒的地方。安提诺乌斯相貌俊美，而且他和哈德良都喜欢狩猎。除此之外，我们对他一无所知。我们不知道两人是如何相遇的，尽管最有可能的情况是哈德良在公元123年途经克劳狄奥波利斯时见到了十三岁的安提诺乌斯。我们也不知道哈德良和安提诺乌斯之间是否存在肉体关系。但毋庸置疑的是，皇帝非常喜爱这位年轻人。

跟马克·安东尼一样，哈德良也爱上了一个希腊人。安东尼有克娄巴特拉，而哈德良有安提诺乌斯。无独有偶，这份迷恋都把他们带到了埃及。公元130年8月前后，哈德良抵达埃及。他仅仅是第三位拜访那片土地的罗马皇帝，前两位是奥古斯都和韦斯巴芗。哈德良打算视察罗马最富庶的行省，并在尼罗河谷中部建立一座崭新的希腊城市，从而加强希腊文化的存在感。他的健康问题可能是此行的另一个原因。后来有一份公认充满敌意的文献指出，哈德良之所以去埃及，是因为他病了[39]。也许哈德良患上了呼吸系统疾病，也许最终导致他死亡的慢性疾病显露了早期症状。传闻埃及是一个有利于治疗呼吸病的地方。不过，这只是推测而已，即使皇帝确实有健康问题，也应该不会太严重，否则他就无法远行埃及了。

来到埃及之后，哈德良参观了庞培和亚历山大大帝的陵墓。在亚历山大里亚，他前往这座城市的伟大研究机构博学园参加辩论。哈德良喜欢跟智者派辩论（确切地说，他喜欢击败他们），后者是当时的一类知识分子，他们周游四方，擅长论辩。其中有一个人名叫法沃里努斯，他曾简洁地解释过自己为何让哈德良在辩论中获胜："谁能反驳掌管三十个军团的君主呢？"[40]

哈德良和安提诺乌斯似乎在亚历山大郊外的一处度假胜地享受了短暂的休闲生活。起码有一点非常明确，那就是他们俩都在埃及西部沙漠参与了一场猎捕狮子的行动。官方的艺术作品和诗歌声称，当时安提诺乌斯在狩猎中遇险，而哈德良从狮爪下救了他，并杀死了那头野兽[41]。

哈德良带着众多随从，包括各级官员、学者、诗人、逢迎者，可能多达五千人，幸存下来的资料记录了埃及城镇为他们提供食物的压力[42]。他的身边不仅有安提诺乌斯，还有萨宾娜陪伴。至少在两年前，哈德良便把奥古斯塔的荣誉头衔授予了她。这进一步加强了他作为皇帝的合法性，也显示了他对伴侣的尊重乃至爱意。皇家团队乘船沿着尼罗河顺流而下，一路上，哈德良游览了金字塔和其他风景名胜，还向祭司和巫师咨询了关于生死的问题。

10月22日，埃及庆祝一年一度的尼罗河节日。10月24日是奥西里斯神在尼罗河里死去的日子，埃及人相信，奥西里斯战胜了死亡，把丰饶和不朽带给了这片土地。在那一天前后，甚至很可能就是那一天，安提诺乌斯溺水身亡，地点恰好位于哈德良打算建立新城市的尼罗河谷中部。一周之内，在10月30日前，哈德良宣布这座新城市将矗立在安提诺乌斯的尸体被冲上岸边的地方。毫无疑问，他最初打算称之为"哈德良波利斯"，但是现在它得到了一个不同的名字：安提诺波利斯，即安提诺乌斯城。

大概是在失传的自传里[43]，哈德良写道，安提诺乌斯掉进了尼罗河里[44]，一切只是意外。然而，皇帝必须否认自杀的可能性，因为按照埃及的传统，自杀者无法获得永生，而哈德良和他手下的政治顾问却希望这位死去的年轻人能成为不朽的神明。对于真相，古代作家的观点各不相同[45]。有人说安提诺乌斯高尚而无私地牺牲了自己，以便保证哈德良能长命百岁，还有人说安提诺乌斯在绝望中自杀了，因为哈德良不顾年龄问题，坚持要维系他们的恋爱关系。即便这些说法不是恶意的流言，那也仅仅是猜测而已。希腊人和罗马人都没有自我献祭来延长另一个人寿命的巫术，不过或许安提诺乌斯只是一个内心迷茫的青少年罢了。我们永远都无法知道他为何会淹死。

哈德良继续前进，率领皇家团队在尼罗河上航行，仿佛什么都没有发生。他们参观了一位埃及法老的著名巨像，希腊人认为那是传说中的埃塞俄比亚国王门农。这尊巨像之所以出名，是因为它会发出一种非比寻常的高亢声音，尤其是在黄昏时分，大概是由于石头里的露水蒸发所致。萨宾娜的旅伴尤利娅·巴尔比拉是一名贵族女诗人，兼具希腊和罗马的血统，她在此地朗诵了四首诗。这些诗纪念了哈德良和萨宾娜参观巨像的经历，后来被刻在巨像的左脚和踝关节上，那是最引人注目的地方。萨宾娜自己也在同样的位置留下了四行希腊语散文，她写道：

萨宾娜·奥古斯塔——

　　皇帝哈德良·恺撒的妻子，

　　在一小时内有两次

　　听到了门农的声音……[46]

　　这段文字简短而正式，但是弥足珍贵，并且极为罕见。皇帝的妻子终于开口了，她宣告了自己的地位和成就。无论安提诺乌斯之死令她产生了怎样的情绪，她都没有表现出来。

　　毫无疑问，哈德良确实为失去安提诺乌斯而感到伤心，但是任何皇帝都不会让悲剧白白上演。正如奥古斯都创造了一套纪念恺撒的宗教体系，哈德良也创造了一套纪念安提诺乌斯的宗教体系。奥古斯都声称一颗彗星的出现证明了恺撒的不朽，而哈德良则表示一颗新星的出现代表着安提诺乌斯的永生。

　　新神安提诺乌斯得到了专属的庙宇和祭司，希腊、小亚细亚、埃及和意大利各地纷纷举办竞技比赛，向他表示敬意。他的坟墓位于安提诺波利斯，被修筑成一个神龛，而且他在提布尔也有一座神庙。安提诺乌斯有一百多尊雕塑幸存至今，还有硬币和浮雕，当初肯定不止这些。据说在古典时代留下的肖像纪念物中，除了奥古斯都和哈德良本人之外，被鉴定为安提诺乌斯的肖像纪念物最多[47]。尽管人们刚开始是为了讨好哈德良才供奉安提诺乌斯的，但是后来这位新神确实变得很受欢迎。

　　哈德良的姐姐波利娜去世的时间跟安提诺乌斯差不多，但是她几乎没有获得什么荣誉。哈德良仅仅用一个部落的名字来纪念她，仅是安提诺波利斯的十个部落（大致相当于十个地区）之一。

　　某些罗马人嘲笑这套崭新的宗教体系[48]。在他们看来，哈德良跟一个活着的希腊年轻人暧昧不清已经很荒谬了，而他把一个死去的希腊年轻人奉为神明则更加可恶。甚至有人抱怨哈德良"哭得像女人一样"[49]。

　　然而，新宗教的创立并非只是哈德良感情用事的结果。他明白世界在不断变幻，而帝国东部的希腊化地区给未来树立了一种文化典范。

如果自信的哈德良得知罗马帝国最终会像他一样，信奉一位承诺复活亡者、拯救人类的新神，他应该不会感到惊讶。但是，如果告诉他，那位新神源于受到犹太教启发的默默无闻的基督教，而非重新复苏的希腊荣耀，他肯定会目瞪口呆。耶稣死于安提诺乌斯之前约一个世纪，可是当哈德良或他手下的神学家们强调安提诺乌斯能够拯救人类时，他们恐怕没有想过耶稣——即使真的想过，他们也决不会承认。哈德良对待基督徒的方式没有比图拉真更严厉，但是他依然会处决那些公开拒绝崇拜皇帝的基督徒。

事情往往不会按计划进行。哈德良虽提名了雅典，但是帝国最终选择了耶路撒冷。然而，在当时的哈德良看来，耶路撒冷已经不存在了。实际上，他决定要让它体面地下葬。

犹太战争

哈德良引起了一场大规模的犹太人起义，从公元132年持续到135年，最直接的原因大概是他决定把耶路撒冷重建为一座罗马城市。哈德良还禁止实施割礼，那是犹太教的一项基本仪式，不过这也许只是对犹太人造反的惩罚，事件的先后顺序并不明确。我们可能会认为，在公元70年提图斯摧毁耶路撒冷以后，这座城市就变成了荒凉之地，但实际上，那里依然有居民。在古代，总有一小部分人继续住在破败的城市里。所以，耶路撒冷不仅有一个军团驻守，而且有犹太人留下来生活。尽管圣殿已经化为废墟，但是这片土地上还挺立着七座犹太会堂。

图拉真和哈德良一开始都暗示要对犹太人实行更加友好的政策，甚至有可能批准他们重建圣殿。然而，公元130年，埃利亚·卡比托利纳城的建设计划正式公布，导致一切都化为泡影。这座新城市将完全采用罗马风格，按照棋盘式布局来规划，其名字取自哈德良（埃利乌斯）和朱庇特（卡比托利努斯，源于卡比托利欧山的朱庇特）。

这场起义来势汹汹，显得非常激烈。叛军锻造武器，把洞穴充作堡垒和避难所，做好了周密的准备。他们宣布独立并坚持不懈，从罗马人手中夺走了犹太的大部分地区，而且统治了三年之久。他们制定法律，发行货币，最重要的是掀起了一场战争。

跟公元66—70年的起义不同，这一次犹太人非常团结。他们的领袖坚决而务实，富有超凡的感召力，此人化名为西蒙·巴尔·科赫巴，意即"星辰之子西蒙"。这可能源于《圣经》的预言，也可能是因为哈德良的占星师在安提诺乌斯死后看到了一颗新星，抑或二者皆有。巴尔·科赫巴获得了"以色列元首"的头衔，他的硬币宣传自由与救赎。犹太人希望他就是弥赛亚。罗马人认为帝国的安全面临着挑战，需要严阵以待，尤其是当叛军攻击造成大量伤亡，导致一个乃至有可能两个罗马军团被迫解散的时候。

哈德良也许会觉得叛军不懂得感恩，他想把他们从落后的信仰中解放出来，他们却拒绝了。在决定建设埃利亚·卡比托利纳城之前，他可能跟希腊化的犹太人交谈过，而对方向他保证，大多数犹太人都将张开双臂拥抱希腊文化。可惜，摆在面前的现实却截然不同。有许多西方政客都低估了中东地区对外来改革者的抵制程度，哈德良并非第一个，也不是最后一个。

遭到蔑视的皇帝怒火中烧，就连地狱的烈焰也无法与之相比。哈德良采取了紧急措施，他命令其他行省的部队奔赴犹太，又从意大利征调士兵，这是一项不受欢迎的政策，罗马皇帝通常会尽量避免。他派出了手下最优秀的将领塞克斯图斯·尤利乌斯·塞维鲁斯，此人原本在遥远的不列颠担任总督。哈德良甚至有可能亲自视察了前线，这也显示了情况有多么严重。罗马的战略是对洞穴里的叛军进行强硬的长期镇压，一旦时机成熟，罗马人便围攻了巴尔·科赫巴在贝塔尔镇的大本营，那里位于耶路撒冷的西南边。公元135年秋末，叛军结束了有组织的抵抗，此时距离起义爆发已经过去了三年多。巴尔·科赫巴死了，据说他的首级被送到了哈德良面前。在犹太地区，罗马军队继续肃清残敌。

跟阿道夫·希特勒不同，哈德良并未打算彻底消灭犹太人。然而，罗马最文明的皇帝却造成了第二次世界大战前犹太史上最严重的大屠杀，相关资料称有五十八万犹太人丧命[50]。正如某些古代记载一样，这个数字也值得怀疑，但实际伤亡肯定非常惨重，而且还有更多人沦为奴隶。

起义过后，犹太行省被改名为"叙利亚·巴勒斯提纳"，那里的犹太人变成了少数民族。他们被禁止进入耶路撒冷及其周边地区，每年只有一天例外，那就是圣殿被烧毁的日子。在这一天，犹太人可以回去进行悼念。

然而，哈德良并未摧毁犹太人的生活。加上来自犹太的难民，加利利和其他北方地区的犹太人数量依然很多，就连犹太地区都有一小部分犹太人继续居住。哈德良迫害了德高望重的拉比，但是也成就了殉道者。《塔木德》认为这种殉道行为能够"圣化神之名"[51]，从而让以色列人民变得更加强大。

与此同时，犹太教会堂及其教师保证了犹太教的繁荣。罗马人允许犹太人自由集会，而且哈德良的继任者最终放宽了割礼的禁令。不过，面对新城埃利亚，犹太人很难相信圣殿会在短期内得到重建。难怪拉比文献会诅咒哈德良："愿他尸骨无存！"[52]

死神降临

最晚在公元134年，哈德良回到了罗马——或者确切地说，是回到了位于提布尔的庄园。此时，他已经疾病缠身。除了咨询医生、占星师和巫师之外，这位皇帝依然坚持处理政务，尽管他经常靠在躺椅上[53]。至公元136年，选择继承人成了他日程表上最急迫的事情。哈德良不愿像图拉真那样把问题留到临终前解决，或者在死后由别人做主。

公元136年，在经历了一次近乎致命的内出血之后，哈德良指定卢基乌斯·凯奥尼乌斯·康茂德[1]为继承人，并将其收作养子。精英阶层普遍表示反对，因为三十五岁的凯奥尼乌斯几乎没有什么值得夸耀的资历，只不过是一个相貌英俊的年轻贵族，经常被哈德良带在身边而已[54]。

1　康茂德（Commodus）：音译应为"柯莫杜斯"，此遵从已有译名。

▲ 《恺撒之死》是卡尔·西奥多·冯·皮蒂于1865年所作，现藏于德国下萨克森州立博物馆。

公元前44年，罗马元老与布鲁图斯在元老院议事厅的台阶上刺杀了恺撒。恺撒临死前的最后一句话是："还有你吗，布鲁图斯？"

▲ "奥古斯都雕像"（公元1世纪），现藏于梵蒂冈博物馆。
　　雕像右手指向目光的前方，左手持权杖，盔甲雕刻大地之母图案，象征权力的来源，脚下雕刻有骑海豚的小爱神，象征着仁爱之心。

▲ 罗马帝国第二任皇帝提比略的坐像，现藏于梵蒂冈博物馆。
相关文献将提比略描绘成一位英俊健壮的男子，但是他非常严厉刻板，所以会给人留下粗暴或傲慢的印象。有记载称，奥古斯都曾在临终前犀利地预言，提比略将用他那坚硬的牙齿嚼碎罗马。

▲ 尼禄半身像，现藏于德国慕尼黑古代雕塑展览馆。
尼禄长着灰蓝色的眼睛和浅金色的头发，据说相貌讨人喜欢，虽然不算特别俊美。

▲ 韦斯巴芗于公元71年发行的金币。
金币正面是韦斯巴芗皇帝，金币背面的右侧，一位犹太妇女悲伤地坐在棕榈树下，
左侧是一位被俘虏的犹太人，他的双手被绑在背后站在那里，象征着韦斯巴芗皇帝
征服犹太地区的功绩。

▲ 图拉真纪功柱细节图。一群蛮族正夹道欢迎图拉真。

▲ 马可·奥勒留策马像，现藏于意大利卡比托利欧博物馆。雕像中的马可·奥勒留骑着高头大马，右手指向前方，威武静穆，没有带任何武器，平添了一种宽容的风度。他眼神微微低垂，仿佛透露出这位具有哲学家和文学家气质的皇帝内心的思考和忧郁。

▲ 图拉真纪功柱。位于意大利罗马奎利那尔山边的图拉真广场，为罗马帝国皇帝图拉真所立，以纪念图拉真胜利攻占达契亚。

▲ 哈德良的大理石半身像，现藏于意大利卡比托利欧博物馆。

罗马精英阶层的男性一般都会把脸刮干净，而希腊男性则保留胡须。通过不剃须，哈德良表达了自己对希腊文化的热爱，并强调了重视帝国东部希腊语地区的政策。

▲ 这是位于英格兰和苏格兰交界处的豪斯泰德碉堡以西约1.6千米处的哈德良长城延伸段，豪斯泰德碉堡是哈德良长城沿线保存最完好、规模最大、形制最完整的古罗马要塞群。

▲ 塞维鲁皇帝半身像，现藏于意大利卡比托利欧博物馆。
塞维鲁也许是混血儿，拥有意大利、中东，甚至利比亚柏柏尔人的血统。

▲ 公元294年前后，戴克里先增加了金币的重量，发行了一种高纯度的新银币，并改良了铜币。

▶ 君士坦丁半身像，现藏于意大利卡比托利欧博物馆。
君士坦丁的脸庞刮得干干净净，下巴中间有凹陷的痕迹，模样年轻英俊，而又粗犷健壮。他头发浓密，脖颈布满肌肉，眼睛仰视着天上，似正在寻求神灵的启示。

▲ 君士坦丁大帝向耶稣献上新罗马城（君士坦丁堡）——圣索非亚大教堂镶嵌画。

最强烈的抗议来自哈德良的甥外孙佩达尼乌斯·福斯库斯，即他姐姐波利娜的外孙，此人原本以为自己会获得继承权。哈德良发现佩达尼乌斯的不满颇具威胁性，以至于他下令处决了佩达尼乌斯，又一次表明了其专制的倾向。而且，哈德良还责怪佩达尼乌斯的外祖父支持这位野心勃勃的年轻人。这个外祖父不是别人，正是哈德良的老对手塞尔维亚努斯。他很有影响力，曾在公元134年出任执政官，不过他的权势还没有大到能够公然违抗皇帝而免受惩罚。他已经九十岁了，却还是被迫自杀。临死前，他诅咒哈德良会备受病痛折磨，乃至求生不得，求死不能。

　　紧接着，公元137年末，萨宾娜去世了，终年约五十二岁。外界传言是哈德良给她下毒或逼她自尽[55]，只是皇帝的反应却暗示他并不希望妻子离开。哈德良将萨宾娜神化，有一块令人伤感的大理石浮雕描绘了她升入天国的情景，他目送她被一位长着翅膀的女性带走，那是一幅优美而动人的画面。此外，还有硬币和另一件浮雕作品记录了萨宾娜的神化和升天[56]。

　　然而，哈德良的继承人凯奥尼乌斯并非一切顺利。实际上，他患有肺结核，并且在公元138年的第一天去世了。哈德良选择了一个成熟的男人来接替他，即五十一岁的奥勒留·安东尼[1]——后来的安东尼·庇护[2]皇帝，于公元138—161年在位。但是，哈德良并不想把帝国留给一个几乎跟自己同样年迈的老人，所以他要求安东尼收养了两个年轻人。一个是卢基乌斯·维鲁斯，他是已故的凯奥尼乌斯·康茂德的儿子；另一个是马可[3]·安尼乌斯·维鲁斯，他是安东尼之妻的侄子，也是哈德良的远亲。十六岁的马可天资聪颖，前途无量，而且跟哈德良一样喜欢钻研知识。这是一个周密的计划，不过许多人认为皇帝从一开始就看中了马可，凯奥尼乌斯和安东尼只是用来充数而已，而卢基乌斯·维鲁斯则相当于替补。

　　如果说哈德良谦逊地放弃了在万神殿上留名的机会，那么他借助自己的

1　奥勒留·安东尼（Aurelius Antoninus）：音译应为"奥列里乌斯·安东尼努斯"，此遵从已有译名。

2　安东尼·庇护（Antoninus Pius）：音译应为"安东尼努斯·皮乌斯"，此遵从已有译名。

3　马可（Marcus）：音译应为"马尔库斯"，此遵从已有译名。

坟墓弥补了这一点，那就是哈德良陵墓。奥古斯都陵墓已经关闭了，所以跟弗拉维家族和图拉真一样，哈德良重新找了一个安息处，并将其塑造得十分壮观。他在台伯河对面的梵蒂冈高地上修建了一座华丽的陵墓，距离今天圣彼得大教堂[1]矗立的位置不远。一道崭新的桥梁通往陵墓，路过的行人都惊叹不已。陵墓本身是一个复杂的巨型结构，包括两圈带有台阶和柱廊的圆弧通道，长方形的底部铺着精美的大理石，整体轮廓酷似阶梯状的皇室火葬柴堆，可能会令罗马人想到皇帝的灵魂通过葬礼升天，加入诸神的行列。从宏伟程度来讲，哈德良陵墓足以与奥古斯都陵墓相媲美，站在哈德良陵墓的高处，能够直接望见台伯河对面800多米之外的奥古斯都陵墓。今天，哈德良陵墓还屹立在原地，被称作圣天使堡博物馆，在过去的数个世纪中曾为教皇和罗马贵族服务，古代留下的核心部分依然清晰可见。

公元138年，这座陵墓已经准备好迎接病入膏肓的哈德良了。即使在华丽而舒适的乡间庄园，他也感到呼吸困难。皇帝经常鼻子流血，腿脚积液，这是动脉硬化和心脏病的结果。随着病情恶化，他尝试了巫术和符咒。当一切统统失效时，哈德良便认定死亡即是解脱。他曾描述自己的灵魂是身体的"客人和伙伴"[57]，现在他打算让灵魂离开了。他恳求仆人杀了他，然而尽管他承诺给予金钱并免除责罚，他们却还是拒绝了。毕竟，他是罗马皇帝，谁愿意杀死皇帝呢？

终于，他的狩猎助手同意了，此人是一个蛮族战俘和奴隶，以力量和勇气而闻名。哈德良在乳头底下的皮肤上画了一条彩线，那是医生建议他用利器刺入的位置。然而最后，就连这个蛮族人都退缩了。哈德良的继承人安东尼知道他还没有放弃自杀的念头，于是便没收了他的匕首。哈德良向医生索要毒药，但是也遭到了拒绝[58]。六十二岁的哈德良虽然年迈，却并不衰老；有一位古代作家曾评论："他的晚年依然精神矍铄，颇显强壮。"[59]不过，皇帝的生命正在逐渐流逝。

哈德良渴望长眠，但是他说服别人杀死自己的各种努力都失败了。所以，塞尔维亚努斯的诅咒成真了[60]。最后，哈德良看到终点将至，此时他已经

1　圣彼得大教堂（St. Peter's Basilica）：又译作"圣伯多禄大殿""梵蒂冈大殿"，由米开朗琪罗设计。

变得豁达而镇定了。

据说虚弱的皇帝创作了一首短诗，内容如下：

> 噢，小小的快乐灵魂正要起飞，
> 你曾是我肉体的客人和伙伴，
> 现在将去往什么地方？
> 你赤裸而苍白，没有一丝优雅，
> 再也不能像从前一样嬉笑玩耍。[61]

"Animula vagula blandula"，第一行的拉丁语原文朗朗上口，具备儿歌般的特质，仿佛这位伟人回到了童年——不过是以一种精心雕琢的方式。他展示了充满幽默的现实主义，面对即将到来的死亡，表现得非常潇洒。或者，他只是在给自己壮胆？

公元138年7月10日，哈德良与世长辞。

据说当他咽气时，民众纷纷发泄仇恨，许多人都出言指责他，因为他们想起了四大前任执政官以及佩达尼乌斯和塞尔维亚努斯的死亡[62]。他并未安息在位于罗马的陵墓中，而是被埋在了那不勒斯湾的岸边，靠近他病逝的地方。为了让哈德良得到神化，新皇帝安东尼不得不跟元老院激烈抗争。元老院已经没有多少权力了，不过批准神化是其中之一。在哈德良去世一年后，他的骨灰终于被带回罗马，放置在他自己选择的长眠之所。公元139年，他的送葬队伍庄严地举着火把，慢慢爬上螺旋状坡道，穿过陵墓的主要部分，将他的骨灰放入中心的容器里。就这样，他得以跟萨宾娜合葬。

遗产

在某些方面，哈德良可谓合格皇帝的反面教材。他在频繁的巡游中耗尽了精力，其实他应该委托别人承担部分任务。他的疾病也许是咎由自取，跟远行或酗酒有关，尽管遗传因素和偶然因素可能扮演了更重要的角色。他过度地干涉了行省事务，并在犹太地区挑起了一场灾难性的战争。

哈德良获得皇位的方式原本就不算光明正大，在执政初期，他又杀害了四位德高望重的名人，导致元老院憎恨并畏惧他。相比于精英阶层，他对普通民众更加亲切，他无法容忍身边有愚蠢之人。他性情忧郁，反复无常，而且争强好胜。

他的批评者都称他为"万事通"和"炫耀狂"，从哲学到绘画，他实践过所有能够想到的活动，而且他无法容忍别人超越自己。历史学家卡西乌斯·狄奥来自一个已经跻身于元老院的行省家族，他强烈反对元老院的敌人，包括哈德良。他曾如是评价这位皇帝："因为他希望自己在各个方面都出类拔萃，所以他讨厌那些在任何领域表现卓越的人才。"[63]有些人眼中的注意细节，是其他人认为的多管闲事；有些人推崇的遵守纪律，是其他人排斥的严厉刻板；有些人称赞的慷慨大方，是其他人责备的过于殷勤。然而综合来看，哈德良确实取得了许多成就。

他自称是新时代的奥古斯都和帝国的第二位奠基者，从某种程度上来看，他说得并没错。跟奥古斯都一样，哈德良也建设了罗马城，而且两人都整理、修订并编纂了罗马的法律和法规。

他们都巡游过行省，推动了根本性的变革。他们都为地方精英阶层提供了机会，但是哈德良比奥古斯都更进一步敞开了大门。哈德良崇尚希腊文化，而奥古斯都本质上则是罗马人。他们都建立了新城市，并且让自己的形象遍布帝国，达到了其他皇帝无法与之比拟的程度。

然而，在某些方面，哈德良跟奥古斯都却截然相反，这可能是值得肯定的一点。尽管两人都促进了和平，但奥古斯都提倡"没有尽头的帝国"（imperium sine fine，拉丁语），还通过不断的征服战争来表明决心。跟提比略一样，哈德良认为罗马的领土已经够多了，他从图拉真占领的中东地区和达契亚东部撤军，并修筑长城和壕沟作为固定的边界，以显示自己的和平政策。有趣的是，奥古斯都并非优秀的军人，而哈德良反倒热爱军旅生活。

在政治方面，他们表现出了许多差异。哈德良跟奥古斯都一样，堪称务实的天才，不过他没有耐心安抚元老院。在他身上，好像有一个卡利古拉或尼禄即将暴露出来。可能图拉真也感受到了这一点，所以在选择哈德良为继承人时才犹豫不决。

哈德良没有至交好友或得力助手，他从未坚定地相信任何人，不像奥古斯都之于阿格里帕，或者韦斯巴芗之于提图斯，抑或图拉真之于苏拉。不过，哈德良善于提拔人才。他选择了一位哲学家来做埃及总督，一位学者充当他的首席秘书官，一位法学家负责法律改革，以及一位历史学家兼军事理论家担任小亚细亚（今土耳其）的卡帕多西亚总督。这些人都是知识分子。然而在指定禁卫军长官时，哈德良却选择了一位从百夫长晋升上来的彪形大汉。哈德良思想开放，但是难以相处，后来他又罢黜了首席秘书官和禁卫军长官。

哈德良傲慢自大，喜欢夸耀自己在文化和工程方面的才华（包括建筑、诗歌、演奏里尔琴、唱歌、数学、军事科学、哲学和论辩），而奥古斯都则更加谨慎。在少数的例外中，哈德良把阿格里帕的名字刻在了他重建的万神殿上，并且省略了自己的名字，但是结果却增加了哈德良的威望，因为这让他和奥古斯都时代产生了联系。

奥古斯都的个人生活围绕着他的婚姻和子孙，而哈德良是同性恋，他爱上了一个年轻的希腊人，如果奥古斯都得知，肯定会大为震惊，就像哈德良时代的某些罗马人一样。他们两人都创造了一种新的宗教信仰，但是奥古斯都强调的重心是他的养父、家族以及他自己，而不是一个死去的希腊青年。

许多人认为，在哈德良时代，罗马帝国达到了巅峰。哈德良基本实现了让帝国和平、繁荣且更加开放的目标。在他的统治下，罗马和东部希腊化地区产生了众多的文化成果和艺术作品，有一些古代世界最著名的纪念物都可以追溯到他执政期间，而哈德良的形象在其中反复出现。他不仅是古代艺术作品中最常见的皇帝，而且也是最迷人的皇帝：英俊，睿智，有时和蔼可亲，有时威严庄重，留着哲学家的胡须，长着军人般的面容，表情神秘莫测。

哈德良给他的继任者留下了丰富的遗产。如果说安东尼·庇护的统治跟哈德良有什么区别，那就是帝国变得更加和平与繁荣了。马可·奥勒留一开始延续了哈德良的边界政策，但事态的发展阻碍了他的计划。

或许这并不意外，因为哈德良虽然取得了许多成就，但是也带来了某种不祥的征兆。他提供了希腊罗马式的精英主义，修筑了华而不实的边界防御工事；他镇压了叛乱，却留下了在精神上非常强大的幸存者；他创造了新的宗教信仰，但其号召力有待接受考验。结果证明，异教的重生不过是昙花一现，边界的防线无法抵御外敌入侵，而罗马人也不会长久压抑继续扩张的欲望。

第七章

马可·奥勒留

品格是领导力的基石

这个故事要从一尊雕塑和一本书讲起，因为二者解释了马可·奥勒留为何与其他罗马皇帝截然不同。

每年都有数百万名游客前往罗马的坎皮多里奥，即古代的卡比托利欧山，俯瞰罗马广场。在那里，人们会看到一尊著名的镀铜雕塑：马可·奥勒留的骑马像。这位皇帝庄严而笔直地跨坐在马背上，体形比真人略微大一些。他的右臂向前伸出，神态格外安详，显得与众不同，他脚下的坎皮多里奥广场是文艺复兴时期的杰作，体现了和谐的设计理念。虽然身穿便服，但是他象征着胜利。当初，他代表的是军事胜利，因为罗马打败了一个现在已经鲜为人知的蛮族部落；而今天，马可代表的似乎是另一种胜利，那就是克服灵魂深处的混乱与黑暗。

仔细观察骑马人的面容——最好是进入旁边的博物馆[1]，那里收藏着原件，而广场上的雕塑只是复制品。圆睁的双目、光滑的皮肤、浓密的鬈发、长长的胡须，马可的模样透着拜占庭时期肖像的沉静与脱俗，丝毫没有他的另一尊古代雕塑[1]所显示的厌世和疲倦：脸上没有松弛的肌肉，眼睛底下也没有细纹和眼袋。这个骑马的男人正值盛年，他严于律己，堪称"自制力的主人"。或许"主人"这个词不太恰当。他似乎跟那匹马融为了一体，既是自然的一部

1　旁边的博物馆：指意大利卡比托利欧博物馆。

分，又是自然的主人。难怪他会说，我们应该"把宇宙视为一个生命，不仅有实体，而且有灵魂"[2]。这尊雕塑通过丰富的表现力揭示了未来罗马的特征："永恒之城"的力量在于精神，而非刀剑。于是，我们便想起了那本书。

马可并非唯一出版作品的罗马皇帝，其他人也做过同样的事情，最早从奥古斯都开始。或者，如果我们把尤利乌斯·恺撒也算作皇帝，那他便是第一个。不过，除了恺撒的战争评论以及公元4世纪尤利安皇帝的演说、书信和散文之外，他们的作品均未幸存下来。这些书虽然非常有趣，但是都不如马可的作品触动人心。在古代世界里，没有任何统治者能像马可那样袒露灵魂。实际上，放眼整个人类历史，恐怕都没有几位统治者可以做到这种程度——除非他们步入了无所顾忌的晚年，而且即便在那时，他们可能也不会随意倾诉一切。相比之下，马可仿佛过着普通人的生活。

马可是唯一撰写自助书[1]的皇帝。在写这本书时，他并未以此为目标，甚至都没有想过要出版，他原本打算将其保密（详后）。尽管如此，他的《沉思录》今天依然是畅销书，被上百万人珍藏，成了总统、将军乃至好莱坞明星的最爱。在罗马帝国时代留下的所有书籍中，《沉思录》的读者数量排名第二，仅次于《圣经·新约》。

马可是西方历史上最接近哲学家国王[2]的人物。哈德良只是涉足了希腊哲学，而马可却在生活中实践并呼吸着希腊哲学，尤其是斯多葛派哲学。然而，跟其他罗马的斯多葛派信徒一样，马可也是从罗马人的角度来看待这种希腊思想，将其视为培养勇气、遵守原则和承担责任的指南。

马可收获了哈德良播种的成果，他使罗马文化比以往更具希腊特色。同时，他还代表着一种巨大的转变。公元1世纪，斯多葛派哲学家曾为精英阶层反对皇帝提供了重要理由。在图密善把哲学家赶出罗马的七十年后，一位哲学家统治了帝国。

当然，这样的时期很短暂。除了后来的一个特例[3]之外，马可不仅是第一

1　自助书（self-help book）：旨在引导读者解决个人问题的书籍。
2　哲学家国王（philosopher king）：柏拉图心目中最理想的统治者，热爱知识，睿智可靠，而且愿意过简单的生活。

位统治罗马的哲学家，也是最后一位。而且，马可并非单纯的哲学家，他还是一位皇帝。他同样会态度严厉或反复无常，甚至扩大阶级差异。在他执政期间，地方行省对基督徒的迫害愈演愈烈，而马可肯定难辞其咎。作为将军，他恪尽职守，却称不上出类拔萃。然而，马可的确很伟大，因为在统治的过程中，他比其他任何皇帝都更加重视正义和善良。他崇尚仁慈，避免残酷，经常寻求妥协，把责任当作自己的行为准则。马可希望实现正义，并推行国内改革，但是对外战争耗费了他大部分的时间，这令他感到非常痛苦。不过，他只是把抱怨留给了自己的日记，而在公众面前，他依然坚如磐石。

他必须如此。在马可统治期间，罗马经历了前所未有的灾难。除了两条对外战线上的斗争以及意大利北部和希腊遭受的侵略之外，罗马帝国还见证了一场毁灭性的瘟疫和随之而来的人力短缺，并面临着自然灾害和财政危机。只有像马可这样性格坚毅的人才能应对这些威胁，而且就连他也没有完美地解决问题。

马可·奥勒留以皇帝的身份统治了罗马十九年，但是他的影响力却跨越了数个世纪。

被选中的人

公元121年4月26日，马可在罗马出生。他的家族也属于"希斯帕尼亚势力集团"，一如图拉真和马可的远亲哈德良。他的祖先移居罗马，而马可便在这里长大。他的原名是马可·安尼乌斯·维鲁斯，后来他通过收养关系进入皇室家族，改名为马可·奥勒留。

跟许多其他的罗马人一样，马可很早就失去了父亲，当时他才三岁。原则上，他的祖父有责任抚养他，而他的继父也应该提供帮助。但实际上，他的母亲多米提娅·卢基拉扮演了重要角色。马可和她生活在一起，直到他接近长大成人。

多米提娅·卢基拉出身高贵，非常富有，其财产包括罗马城外的一座大型砖厂。她接受过良好的教育，能够像理解拉丁语一样读懂希腊语。即使马可年纪还小，她也经常坐在他的床边，利用晚饭前的空余时间跟他交谈。马可在《沉思录》中感谢她教会自己"敬畏神明，宽容慷慨，严于律己，不仅要避免做坏事，而且连做坏事的念头都必须杜绝；尽量过简单的生活，远离奢侈的恶习"[4]。尽管他首先得感谢祖父教会他崇尚美德和控制脾气，其次感谢父亲留给他谦逊和勇敢的名声，但是关于母亲，马可有更多的话要说[5]。跟不少罗马男性一样，马可也表示母亲以重要的方式塑造了他。

公元138年，马可的人生改变了。哈德良指定安东尼为养子和继承人，并让他收养了卢基乌斯·维鲁斯和马可。那一年的晚些时候，安东尼成为皇帝，而马可则搬进了帕拉蒂诺山上的宫殿。

马可有许多老师，其中大部分都是杰出的学者，最著名的一位便是当时最伟大的拉丁语演说家——马尔库斯·科尔涅利乌斯·弗朗托。弗朗托是来自北非的柏柏尔人，在罗马当律师，凭借雄辩的口才发家致富。安东尼·庇护命令他教导自己的两个养子，即马可和维鲁斯。弗朗托的书信流传至今，包括他和马可来往的不少信件。信上的内容显示，未来的皇帝是一个严肃认真、天资聪颖的年轻人，不过有时也显得活泼随意，甚至比较轻率，而且他非常热爱乡间生活。马可曾亲自参与葡萄采收，还在骑马时故意驱散了一位可怜牧人的羊群——只是为了好玩[6]。那些信件容易夸大弗朗托在马可心目中的重要性，实际上其他老师对这个年轻人的影响更大，只是他们的书信并未幸存下来。

弗朗托和马可用一种特殊的语言风格写信，令人想起了"娈童恋"，即成年男子和少年之间的恋情。他们反复地说自己有多么爱对方，有时显得极其夸张[7]。他们之所以这样做，一方面是为了互相恭维，另一方面则是想炫耀自己模仿希腊古典时期同性恋语言的能力。马可和弗朗托应该没有真的相爱，更别提发生肉体关系了，否则他们就不会在信中表达出来，毕竟这些信件有可能被马可的母亲或受过教育的奴隶看到，后者经常在罗马的富裕家庭里工作。罗马的精英阶层对同性恋很反感，甚至会检举涉及未成年罗马公民的同性恋关系。在《沉思录》中，马可也赞成人们结束追求少年的做法[8]。

弗朗托希望马可·奥勒留成为一名修辞学家。古希腊罗马的修辞学家在现代美国文化中没有对应的概念,我们可以想象一位常春藤盟校[1]毕业的律师,从小在欧洲生活,直到上大学为止,他在发言时总是把华丽的修辞手法和渊博的文学知识结合在一起,还掺杂着数不清的学术典故和晦涩难懂的词语。经过多年的修辞学研究,马可谢绝了这项提议,他决定成为一名哲学家。古罗马的哲学家跟今天一样,也是致力于深刻论辩的知识分子,只是情况略有不同。对于古代人来说,哲学能够为生活提供指导,而哲学家便是介于上师[2]和圣师之间的角色。

让哲学家做皇位继承人似乎是一件矛盾的事情。在罗马,哲学最著名的特点是反对皇帝,而非支持皇帝。实际上,马可最重要的哲学老师就是曾被图密善流放的一位哲学家的后代。不过,在尼禄、韦斯巴芗和图密善之后,皇帝们不再迫害哲学家了。正如塔西佗所言,此时的罗马人享受着"难得的幸福,我们可以随心所欲地思考,并自由表达观点"[9]。

尽管马可的哲学思想博采众长,但斯多葛派哲学对他的影响最大,这也是在罗马精英阶层中最流行的哲学。斯多葛派提出,世界被一种指导万物的理性原则所支配,那就是"逻各斯"(logos,希腊语)。通过追求美德,一个善良的人将过上顺应自然的生活。在约束自我的基础上,他们还相信宇宙的仁慈和人类的友爱,认为有神圣的天意在掌管一切。

斯多葛派哲学起源于希腊,但是它的严格自律迎合了罗马的传统观念,而它的普世思想则适应了罗马的帝国主义。在皇帝的统治下,这派哲学赋予了人们反抗的勇气和理由,因为它主张服从更高的权力会导致道德的堕落。不过,斯多葛派哲学并未排斥君主制本身,它只是拒绝独断和腐败的君主制。如果一位皇帝开明而温和,遵守国家法律,具有公益精神,尊重自己的臣民,那么他也可以是哲学家。

---

1 常春藤盟校(Ivy League):由美国东北部地区的八所私立大学组成的联盟,成立于1954年,这八所大学分别是布朗大学、哥伦比亚大学、康奈尔大学、达特茅斯学院、哈佛大学、宾夕法尼亚大学、普林斯顿大学、耶鲁大学。
2 上师(guru):直译为"古鲁",源于梵文,本意为"导师、专家、大师",在耆那教、印度教、锡克教和藏传佛教中都有这个概念,大致相当于精神导师。

因此，与其说哲学家马可是一个怪人，不如说他是一个完人。在哲学的指导下，他实现了此前四贤帝所作出的承诺。

跟哈德良一样，马可也很欣赏爱比克泰德的哲学思想。这位希腊的斯多葛派学者完全有理由认为精神大于物质，因为他的身体和地位都让他感受到了血肉之躯的极限。他是一个来自小亚细亚的自由奴，腿脚有残疾，而他曾经的主人则是尼禄的自由奴。成为哲学家的爱比克泰德被图密善流放——虽然在那名统治者死后，他可以平安地返回罗马，但是他选择了继续流放。显然，爱比克泰德更喜欢在地方行省安静地生活。这位哲学家强调实现内心自由的重要性，他的学说对马可影响很大。

后来，马可回忆往事，认为弗朗托的影响力不如哲学方面的老师，而且他对弗朗托的修辞学课程只字未提。实际上，马可甚至批评修辞学比哲学低级。他只是感谢弗朗托帮助他了解了暴政的猜忌、狡诈和虚伪，以及所谓贵族阶级缺乏的慈爱之情[10]。也许他是在委婉地感谢弗朗托让自己成为一个诚实的演讲者，而非花言巧语的骗子。

安东尼·庇护

安东尼几乎没有管理行省或领兵打仗的经验，而哈德良也不指望这位五十一岁的继任者能够长期执政。老皇帝真正满意的人选是马可，因为马可不仅是他的亲戚，而且具备卓越的品性。哈德良根据马可被收养前的姓氏维鲁斯（Verus）给他起了一个绰号，叫"维利西姆斯"（Verissimus），意即"最正直的人"。马可显然没有回应这种赞美，他在《沉思录》中感谢了众多亲戚朋友，却并未提及哈德良。

令所有人惊讶的是，安东尼竟然统治了帝国二十三年，比哈德良的在位时间还要长。实际上，安东尼是自奥古斯都以来在位最久的皇帝。有人看到马可的母亲祈祷，便开玩笑说她肯定是在请求神明让皇帝尽快死去，以便她的儿子能接替他[11]。至于皇帝对此有什么反应，我们就不得而知了。无论如何，马可一直等到四十岁才执掌大权。

安东尼出身于一个富裕的罗马家族，他们来自高卢南部，因早年间支持韦斯巴芗而获得了显赫的政治声望。安东尼娶了富有的安娜·盖勒利娅·福斯蒂娜，即大福斯蒂娜，结果变得更加有钱。尽管两人的共同财产非常可观，但是安东尼刚被哈德良收养便开始担心新职位带来的开支了。据说不久以后，当大福斯蒂娜抱怨他对自家人太吝啬时，安东尼回答："愚蠢的女人，既然我们得到了一个帝国，那就没有什么东西是属于自己的了。"[12]

安东尼使用"庇护"作为别号，在拉丁语中意即"可靠"或"忠诚"。一方面，这是指他坚持让不情愿的元老院把神化的荣誉授予他的养父哈德良；另一方面，这也代表了他对自己的家族成员以及更为普遍的家庭价值观所作的承诺。在当上皇帝以后，他不仅采取了非比寻常的措施，使妻子获得了奥古斯塔的头衔，而且大量增加了描绘皇后的硬币。

不过总体而言，安东尼还是属于保守派。虽然他称不上优秀的建造者，但是他的确主持了一项重要的建筑工程，证明他无愧于这个国家的传统。他在玛提蒂雅神庙和玛西娅娜神庙旁修建了一座哈德良神庙，三者挨着万神殿依次排开，在罗马漫步的行人会连续看到阿格里帕（在万神殿上）、玛提蒂雅、玛西娅娜和哈德良的名字。安东尼想借此表达，作为哈德良忠诚的养子，他有权统治帝国，他的合法地位不亚于奥古斯都本人。

安东尼高度重视元老院，跟哈德良的残忍不同，他和元老院保持着良好的关系。而且，他也并未延续哈德良的巡游。实际上，在成为皇帝以后，安东尼再也没有离开过意大利。虽然节俭的安东尼一反哈德良的做法，限制了建筑工程的实施，但他是一个务实主义者，经常向罗马平民和军队发放钱财。公元148年，他举行了一系列盛大的竞技比赛来纪念罗马建城九百周年。人们通常认为罗马建立于公元前753年4月21日，尽管我们不知道建城的真实日期。由于这些活动耗资巨大，安东尼不得不暂时减少了罗马硬币的含银量。

根据当时的一篇著名讲稿来判断，地方行省的精英阶层并未因见不到皇帝而感觉自己被忽视了。出生于小亚细亚西北部的埃利乌斯·阿里斯提德斯是一个富有的希腊人，也是一位罗马公民，他来到首都，在安东尼面前发表了一次演说。他强调了罗马和平的伟大，并颂扬了罗马把公民身份授予数万人的公平做法。他表示："您管理着整个文明世界的公共事务，仿佛这就是一座城邦。"[13]他赞美罗马人让战争在帝国境内成为过去，促进了农业、贸易和公共建筑的繁荣发展；与此同时，他们还利用一种比城墙更强大的力量保护边境，那就是罗马军队。"整个世界，"他宣称，"已经变得像花园一样美丽。"[14]

安东尼也许很高兴听到别人这样说，因为他对军事几乎毫无兴趣。他的将领们解决了达契亚和毛里塔尼亚的边界问题，并重点镇压了不列颠的一场叛乱，挺进苏格兰南部，修筑了安东尼长城。那是一道草皮墙，位于哈德良的砖墙以南，二者相距甚远。不过，在安东尼长城完工后的十年内，罗马人都没有使用它，他们显然认为这种增加领土的尝试太激进了。

马可在《沉思录》中歌颂安东尼，称他致力于满足帝国的需求，干劲十足，勤勉刻苦，理性可靠，态度谦逊，不慕虚名，不喜奉承，宽容仁慈，自律果断[15]。简而言之，他是一个坚定不屈的人。但是，马可并未提及军事问题，在描述罗马皇帝时，这是一种罕见的沉默，而且恐怕不是赞美。风暴正在涌向帝国的边境，而事后回想起来，安东尼没有为罗马做过任何准备。

国内的正义

公元161年3月7日，安东尼在自己的乡间别墅去世了。传闻他临终前说的最后一个词是"镇定"[16]，即在重压之下保持冷静。对于他的继任者来说，这是一条很好的建议。

在许多方面，马可都为继承皇位做好了充分的准备。他接受的教育使他在修辞学和哲学领域得到了一流的训练，而且他的品性足以媲美曾经统治罗马的任何人。在成为皇帝之前，他担任过罗马的所有重要公职。但是，他也有明显的缺点。安东尼一直把马可牢牢地拴在意大利，据说在其执政的二十三年间，马可只有两天晚上不在安东尼身边[17]。直到马可登基时，他还没有机会指挥军队或管理行省。实际上，他甚至从未离开过意大利。相比之下，奥古斯都在二十一岁时就已经拥有丰富的军事和外交经验了。

尽管哈德良让安东尼同时收养了马可和卢基乌斯·维鲁斯，但是安东尼显然打算传位给马可。不过令人惊讶的是，马可却把维鲁斯变成了自己的共治者。马可扮演着资深合伙人的角色，他年纪更大，威望更高，而且独立担任大祭司之职。维鲁斯是一个名副其实的纨绔子弟，只是不像尼禄或图密善那样残暴而已，虽然他的影响力很小，但是以前从未出现过共治皇帝。

马可为何要指定一位共治者呢？这个问题曾有过许多争议。或许他想尊重哈德良的意愿，或许他希望腾出时间来钻研哲学——即使在当上皇帝以后，他也依然去参加哲学讲座。或许马可畏惧维鲁斯的强大家族，所以宁愿让他们高兴地登堂入室，免得他们在外面惹是生非。不过，真正的原因或许是，作为一名哲学家，马可清楚地意识到，一个人难以完成皇帝的工作。若果真如此，那他就超越了自己所处的时代。虽然接下来的继任者并未效仿他的做法，但是在一个多世纪之后，两帝共治变成了罗马的标准配置。

另一个因素可能是马可的健康问题，随着年龄增长，他的身体逐渐恶化，具体症状包括胸痛、胃痛、咳血和头晕。这位皇帝请到了历史上著名的医生盖伦为自己看病，这是一位住在罗马的希腊人。有一次，在盖伦治愈了衰老的马可之后，皇帝宣布他是“杰出的医生和独特的哲学家”[18]。

为了皇帝的长期保养，盖伦开出了“底野迦”，这是一种由各类天然成分混合而成的药丸，需要以葡萄酒送服。盖伦在其中额外添加了一味药材——鸦片。虽然我们没有确切的证据，但是这位医生使用的鸦片数量很可能足以让皇帝上瘾。

马可在执政早期就颇受欢迎。他不像哈德良那样诡计多端，而是坦白直率，至少对于政治家来说，他已经很诚实了。马可思维严谨，但是自认为不算机智[19]。他能够容忍异议乃至侮辱，而且做事非常努力。在上台之初，马可曾写信给弗朗托，表示自己很难放松下来。考虑到他的认真程度，我们完全可以理解他为何会这样说。

在处理法律方面的事务时，马可表现得格外谨慎和明智。他特别关心释放奴隶、给未成年人和孤儿指定监护人以及为地方行省挑选市政会成员等问题。他铁面无私，却又通情达理，因此赢得了良好的声誉。跟前任一样，马可也竭尽所能地支持奴隶争取自由。

马可想方设法地向元老院表达敬意。他扩大了这个机构的司法权力，即使在皇帝有权决定的情况下，他也会尊重元老院的意见。只要他身在罗马，就会尽量参加元老院的会议。如果有元老被指控犯下死罪，那么他会在公开证据前先进行秘密调查。

在其他方面，马可也深受民众爱戴。他对职业告密者置之不理，改善帮助贫困儿童的福利计划，密切关注粮食供应的问题。他命人维持罗马街道的卫生和良好状态，确保意大利地区的市政会人员充足、运作有效。不过，在马可采取的措施中，有一件事恐怕不受欢迎：他讨厌人们互相残杀，因此在观看竞技比赛时，他总是让角斗士使用钝剑[20]。然而，公众更喜欢血腥场面。

跟前任一样，马可非常节俭。而且，他很快也发现军费开支成了自己需要操心的头等大事。可想而知，他自然会限制建筑工程的数量，效仿安东尼，而非哈德良。在罗马，马可竖起一根纪念柱来标志安东尼的神化，并修建了一座或几座凯旋门。还有一根庆祝马可在战争中获胜的纪念柱，今天依然挺立在罗马，我们不知道它的建造始于马可还是他的继任者，不过直到马可去世十年后，这根纪念柱才彻底完工。虽然他的骑马像现在举世闻名，但是跟某些皇帝留下的雕塑相比却显得颇为朴素。那尊骑马像是为了庆祝马可击败日耳曼部落而铸造的，也许可以追溯到他执政末期或是他死后不久。

婚姻素描

跟哈德良一样，马可也是通过婚姻关系进入了皇室家族，不过，他登上的平台更高。哈德良娶了皇帝的甥外孙女，而马可则娶了皇帝的女儿。尽管哈德良已经任命马可为最终继承人，但是在哈德良死后，安东尼完全可以撤销这项指令。然而，他却把自己的女儿交给了马可，进一步保障了前任的决定。而且，马可还是安东尼之妻的侄子。

马可的新娘安娜·盖勒利娅·福斯蒂娜[1]几乎一直生活在宫中，享受着各种特权，因为在她八岁时，她的父亲就当上了皇帝。她的母亲大福斯蒂娜是一个非常富有的女人，在安东尼登基时获得了奥古斯塔的称号；两年后，在福斯蒂娜十岁时，她就去世了，并且被封为女神。安东尼以妻子的名义设立了一个慈善机构，叫"福斯蒂娜的姑娘们"，专门帮助穷人的女儿。很快，罗马广场的边缘又建起了一座纪念大福斯蒂娜的神庙。

五年后，福斯蒂娜嫁给了马可。他二十四岁，而她十五岁。又过了两年，福斯蒂娜刚生下第一个孩子，她的父亲便授予了她奥古斯塔的头衔。马可只是恺撒，所以福斯蒂娜的地位比丈夫更高。显然，安东尼非常疼爱自己的女儿。他曾表示，他宁可跟她一起住在荒芜的海岛上，也不愿没有她的陪伴而住在罗马的宫殿里[21]。临终前，安东尼把国家和女儿都托付给了马可，他去世于公元161年3月7日。

当马可登基为帝时，福斯蒂娜成了第一个继承母亲皇后之位的罗马女性。在马可掌权的六个月后，她生下一对双胞胎儿子，又成了自尼禄的妻子波培娅以后第一位在丈夫做皇帝期间分娩的皇后。距离第一胎已经过去了十四年，而福斯蒂娜依然没有停止怀孕。最终，她生下了十四个孩子，这是一项惊人的纪录，宫廷将其作为政治宣传的重点，醒目地刻画在硬币上[22]。然而，只有不到一半的孩子活过了童年期，悲惨的现实提醒我们，那是一个婴儿死亡率很高的世界[23]。

年轻的福斯蒂娜出身高贵，家财万贯，拥有很强的生育能力，而且她的半身像[24]还显示，她非常美丽。硬币上的图案将她跟维纳斯联系起来[25]，那是代表爱、性和胜利的女神。自律的马可大概把他对情欲的兴趣限制在了生育的范围之内。同时，他很骄傲自己直到必要时才失去了童贞。这两人不仅性情迥异，而且想法也不同。福斯蒂娜干涉丈夫的政务，她密谋排挤了一些马可支持的高官。福斯蒂娜任性胡闹，而马可却严肃认真，他们俩的相处模式恐怕并不轻松。

1　安娜·盖勒利娅·福斯蒂娜：指小福斯蒂娜，跟她的母亲大福斯蒂娜同名。

罗马的流言工厂制造出各种传闻，声称闷闷不乐的福斯蒂娜跟许多人有染，不只是名门贵族，还包括底层人物。马可的朋友告诉他，福斯蒂娜曾在她的海滨别墅里跟角斗士和水手上床。这些朋友劝他，即使不处决福斯蒂娜，起码也应该和她离婚。据说马可回答："如果我们要赶走自己的妻子，那我们必须归还她的嫁妆。"[26]这是指他从岳父手中继承的帝国。

马可大概非常清楚，帝国是一项家族事业。有权势的人总会招来恶意的流言蜚语，而女性更是如此，毕竟罗马人有严重的厌女症。况且，倘若这些事情是真的，那么人们就会质疑他的孩子是否具有合法地位。所以，马可完全有理由否认妻子不忠的传闻。无论如何，这位皇帝真心欣赏福斯蒂娜，他曾在《沉思录》中称赞她顺从、亲切而坦率[27]。

马可非常疼爱自己的孩子。例如，他把小女儿福斯蒂娜比喻成"没有阴霾的天空，近在咫尺的希望，即将实现的梦想，最为纯粹的喜悦，完美无瑕的骄傲"[28]。他还在书中多次提到了失去孩子的痛苦[29]。

恶性循环

很快，外交事务就转移了马可对家族的注意力。实际上，在他执政期间，战争的循环遮蔽了一切，把他从思想开明的革命家变成了身陷重围的战士，让他离开国内的阳光，去边境的黄昏下搏斗。一个几乎毫无军事背景的人被迫担任战地指挥官，犯错也就在所难免。

两线作战将成为长期困扰帝国的安全问题，在马可·奥勒留的统治下，罗马首次遭遇了这种情况。第一场危机发生在东部，帕提亚人察觉到了罗马的软弱，他们很清楚那里已经数十年没有出过军事领袖了。他们进攻亚美尼亚，废黜支持罗马的国王，拥护帕提亚的盟友上台。当一位罗马将领奋起反击时，帕提亚人消灭了他的军团，而这位将领也自杀身亡。接着，帕提亚人又入侵叙利亚，打败了当地的总督。

在如此严峻的形势下，皇帝必须亲自出征了。马可和维鲁斯都没有军事经验，不过维鲁斯更加年轻健壮，所以马可便派他赶往战场。在罗马，没有人会想念维鲁斯，而且即使他回来，也不会威胁到马可的地位。维鲁斯在东部只是一个有名无实的司令，真正的指挥权掌握在经验丰富的将领手中。

为了对付帕提亚人，马可从罗马的西部边境调去了三个军团以及其他部队。这是必要的措施，但也非常危险，因为多瑙河以北的强敌可能会乘虚而入。不过，罗马没有战略预备队，这个根本性的弱点使得皇帝别无选择，只能根据情况调动军团。

事实证明，那些军团发挥了重要的作用。这场对抗帕提亚的战争持续了四年，但是最终大获全胜。罗马夺回了亚美尼亚，并重新任命了一个非常合适的人做国王：一位拥有帕提亚贵族血统的罗马元老。随后，罗马人在美索不达米亚长驱直入，烧毁了一座帕提亚宫殿，还可耻地洗劫了一个友好的城市。

公元164年，马可把自己的女儿卢基拉许配给了维鲁斯。她年仅十四岁，而她的丈夫已经三十三岁了。这位少女不得不离开罗马，跨越漫长的距离，前往东部举行婚礼。不过，那是战争时期，每个人都必须作出牺牲。也许是为了表示安慰，马可立即将她封为奥古斯塔，她甚至还没有生育，当初她的母亲是在生下孩子之后才获得这个头衔的。

帕提亚在三十年内都没有再挑战罗马，但西部边境仍旧不太平。公元166—167年，日耳曼人攻击了多瑙河沿岸的罗马行省。这是帝国历史上的重要转折点。在过去的几十年间，日耳曼人从未对罗马造成严重的威胁，而此时他们突然大动干戈。在接下来的数个世纪中，他们会断断续续地骚扰帝国，直到占领西部。更糟糕的是，166—167年的入侵者本身也被北方的其他民族所驱赶。这是一次历史性大迁徙的开端。

入侵者充分利用了西部罗马军队力量减弱的机会。马可试图通过组建两个新军团来顶替奔赴东部协助维鲁斯的三个军团，但是新军团缺乏经验，而且人数不足。

马可还没有来得及对付入侵者，帝国又在公元167年遭遇了新的危机，那就是瘟疫。此乃古代文献中的说法，但这种疾病很可能是天花；现代历史学家称之为"安东尼瘟疫"或"大瘟疫"。古代世界曾出现过许多重大的流行病，我们无法确定这究竟是情况最严重的一次，还是记载最详细的一次。具体的死亡数字并不清楚，不过肯定有近百万或几百万人丧生。

我们有理由认为，这场瘟疫发源于中亚，先是向东传播到中国，接着又通过丝绸之路的贸易往来传播到中东。罗马士兵在美索不达米亚感染了病毒，将其带回帝国各地，而商人也是一样。曾经给罗马和平带来荣耀的康庄大道和安全海域变成了致命疾病的传播途径。对于一个世界性的帝国来说，这是一场世界性的流行病，而且也是我们最了解的古代流行病。痛苦和死亡并没有摧毁相关资料，它们在许多地方幸存下来，包括埃及、小亚细亚、高卢、日耳曼尼亚、意大利，尤其是罗马——毕竟条条大路通罗马。

罗马的情况变得非常糟糕，就连名医盖伦都返回了位于小亚细亚的家乡，生怕被传染[30]。与此同时，在东部的希腊城市，人们把一节诗文刻在门口，祈求阿波罗的保佑[31]，没想到却适得其反——也许是因为他们变得过于自信，不再采取预防措施了。后来，有一位幸存者回忆那段日子，还记得瘟疫中的哭泣和呻吟，以及死人躺在门前的情景，医生们不得不兼任护理人员，因为疾病害死了他们的奴隶[32]。

马可原本想在公元167年北上，结果却被迫留在罗马对抗瘟疫。公元168年，他终于奔赴前线，维鲁斯也随后赶到。这是马可第一次离开意大利，而且此行成功地恢复了边境的秩序，尽管是暂时性的。在归途中，两位皇帝曾于意大利东北部稍作停留，盖伦在那里跟他们会合，发现疫情已经变得非常严重[33]。马可和维鲁斯只带了少数士兵返回罗马，大部队依然留在北方，而且许多人都不幸丧命，因为冬季的寒冷使他们更加难以克服疾病。盖伦逃过一劫，而维鲁斯则没有那么幸运。公元169年初，在返回罗马的路上，维鲁斯去世，很可能死于天花。马可把他的遗体护送至罗马，安葬在哈德良陵墓中，并宣布他为神明。

另外，北部边境的危机仍未消除。在瘟疫发生之前，罗马就兵员不足，天花的出现则造成了人力的进一步减少。政府必须招募新士兵，可是军饷又需要很多钱。因此，罗马只好采取了不受欢迎的解决方案。马可再次降低了硬币的含银量，就像在安东尼·庇护的统治时期一样。而且，国家还把视线投向了奴隶、角斗士、所谓的强盗土匪（至少是暴徒）和来自希腊城市的警察，将这些人也编入了辅助部队。

当维鲁斯去世时，马可的女儿卢基拉才二十岁。马可想让她再嫁给提比略·克劳狄乌斯·庞培亚努斯，此人是一位高级元老，曾担任过执政官，但是他已经五十一岁了，而且来自叙利亚。这似乎大大贬低了卢基拉的地位，毕竟她原本是共治皇帝的妻子。她和她的母亲福斯蒂娜都表示反对，然而马可说服了她们[34]。卢基拉为新丈夫生了一个儿子，他将来会步入政坛，并在许多年后被另一位皇帝处死。

公元169年秋，马可重返北方。次年春天，他向多瑙河对岸发起了大规模进攻。这次行动开始于一场闹剧，皇帝同意把两只狮子扔进河里，以此来赢得神明的支持。那两头野兽好不容易游到另一边，却被敌人用棍棒打死了。最终，这场战役在泪水中落下帷幕，罗马遭遇了惨败，可能有多达两万人丧生。随后，敌人设法包抄了剩余的罗马军队，并冲进了意大利北部。他们烧毁了一座城市，又围攻了另一座城市。其他人则入侵希腊地区，一路向南，最远抵达了雅典的郊外，并在那里摧毁了用于举行秘仪的圣殿。

这是外国军队在将近三百年间第一次进攻意大利，罗马的边境防御已经被瓦解了。事后回想起来，其实并不奇怪。多瑙河前线的士兵数量不断减少，大瘟疫又削弱了罗马各地的力量。马可从未担任过军队指挥官，而且他手下有许多人都是毫无经验的新兵，由于帝国长期处于和平状态，就连边境的老兵也没有经历过几场战斗。

公元171年，局面开始好转。马可的新女婿庞培亚努斯率领一支罗马军队，把入侵者赶出意大利，并在多瑙河沿岸的一场战役中击溃了他们。与此同时，马可在边境跟日耳曼使者谈判，试图让敌方的部落互相争斗。公元172年，他重新向对岸发起进攻，在多瑙河的另一边一直征战到公元175年。

在这段时间里，罗马人见证了两个奇迹[35]，并将其作为政治宣传的重点进行展示。首先，一道闪电摧毁了敌军的攻城器械。其次，在炎热的夏天，一个精疲力竭的军团被敌军包围，因为没有水，他们差点儿就要投降了；突然之间，大雨倾盆而下，拯救了罗马人。异教徒和基督徒立即开始争论，究竟是谁的祈祷打动了上天[36]。

马可也许打算在多瑙河对岸建立两个新行省，那里位于今天的匈牙利、捷克共和国和斯洛伐克。此举有两个目的，一是为了限制敌人的行动并缩短罗马的防线，二是为了把容易跨越的河流边界替换成更加坚固的陆地边界，即北边的喀尔巴阡山脉。不过，罗马的资源已经不堪重荷了，而新行省会进一步增加负担。最终，随着马可的去世，这项计划也夭折了。

马可成功地实施了另一项对付蛮族的计划，那就是把他们安置在帝国的领土上。他们分散在各个行省，从罗马的日耳曼尼亚（即今德国西南部和法国的阿尔萨斯）到达契亚（罗马尼亚），甚至包括意大利。虽然许多人都批评他采取绥靖政策，将危险的蛮族人引入帝国，但是马可的看法却截然不同。他相信自己能把敌人的士兵变成罗马的农民，同时还提供给帝国急需的人力资源。

公元175年，马可跟居住在多瑙河对岸的日耳曼部落达成了协议。与其说是和解，不如说是休战，因为罗马无法制伏自己的敌人。不过，对方释放了擒获的罗马战俘，还送给马可八百名骑兵为罗马军队效力，他们大部分都被派往不列颠去镇守边境了。根据最近的一项重大发现来判断，其中有些骑兵是女性。考古学家在哈德良长城附近挖掘出一具女性骸骨[37]，似乎正是这支部队中的女骑兵。虽然罗马人禁止女性参军入伍，但是某些蛮族人却允许女性上阵打仗，希腊人和罗马人认为那就是亚马孙人[1]。

马可并非天生的战士，但是他努力完成了自己的任务。这是他的职责，而马可一向很有担当。他在《沉思录》中写道："每时每刻都要像罗马人和男子汉那样思考，保持高贵而朴素的尊严，遵循仁慈、自由和正义的原则，做好手头的事情，摒弃一切杂念。"[38]

马可完成了自己的任务，但是他并不享受这个过程。他曾在私底下明确表示，他不赞成战争和征服。实际上，他甚至把胜者比作强盗："蜘蛛为捉到一只苍蝇而自豪，就像一个人骄傲地逮住可怜的野兔，或是捕获一条小鱼，或是猎杀野猪和棕熊，或是俘虏萨尔玛提亚人（作者按：一个日耳曼部落）。仔

1　亚马孙人（Amazones）：希腊神话中的一个女战士部落，据说居住在小亚细亚地区。

细想想，这种人难道不是强盗吗？"[39]

跟马可一样，福斯蒂娜也为战争作出了牺牲。她被迫卖掉了一些绸缎和珠宝，以便筹措资金填补国库。更糟糕的是，她还陪着马可在边境生活了好几年。他们把卡农图姆（位于今奥地利）和西尔米乌姆（位于今塞尔维亚）作为基地，这两座城市是行省首府，虽然以后会经历辉煌的岁月，但此时还是黑暗而寒冷的边塞重镇，距离罗马的宫殿非常遥远。一百五十年前，大阿格里皮娜曾追随她的丈夫日耳曼尼库斯奔赴日耳曼尼亚和叙利亚，从那以后便再也没有皇室女性住在前线的军事指挥部了。公元174年，马可将福斯蒂娜封为"军营之母"（Mater Castrorum，拉丁语）[40]，使她成为第一位获此头衔的皇后。这种做法在危急时刻鼓舞了公众的士气，但是也许难以补偿福斯蒂娜所放弃的舒适环境。

不过，福斯蒂娜并非最后一位被称作"军营之母"的皇后，未来，边境的紧急情况和外族侵略将会经常出现。

叛乱

在维鲁斯领导的帕提亚战争中，阿维狄乌斯·卡西乌斯是最成功的将领。他非常值得关注，作为骑士之子，他超越了自己的父亲，获得了元老的身份。在维鲁斯手下，阿维狄乌斯征服了两座位于美索不达米亚的帕提亚大城市。接着，他又当上了补任执政官和故乡埃及的总督。最后，他甚至掌握了统领罗马东部所有行省的特殊指挥权。面对如此巨大的成功，恐怕任何人都会被冲昏头脑，阿维狄乌斯就更是如此了，他认为自己的祖先是曾经追随亚历山大大帝的叙利亚国王。

公元175年，阿维狄乌斯决定夺取皇位。他发动了一场严重的叛乱，背后有东部大多数地区的支持，包括埃及、叙利亚等重要行省。这令人想起了每一位皇帝的困境：如果把光荣的军事任务交给别人，那么这个人就有可能会觊觎你的宝座。但是，皇帝无法事事亲力亲为，而且很少有皇帝具备杰出的军事才能，足以胜任战地指挥官的工作，只有极个别皇帝（比如奥古斯都）能找到一名可靠的朋友来指挥军队并把功劳留给统治者。

然而，从另一方面来讲，阿维狄乌斯的叛变也有独特之处。根据文献记载，福斯蒂娜曾给他写信，鼓励他造反。这似乎又是一次针对女性的恶意诽谤，不过学者们认为其可信度较高，尽管没有确切的证据。毕竟，马可的健康状况很差，福斯蒂娜确实有理由为自己和孩子的未来担心。她唯一幸存的儿子康茂德年仅十三岁，这个孩子很可能会输给其姐姐卢基拉的丈夫。也许福斯蒂娜写信告诉阿维狄乌斯，如果马可死了，她就会支持他，结果他误以为马可已经死了。

于是，叛乱开始了。马可年迈的希腊语老师是雅典最富有的人，他写信向阿维狄乌斯表达了自己的观点，信上只有一个词："emanēs"，即希腊语的"你疯了"[41]。与此同时，在遥远的西尔米乌姆，马可集结兵力，准备向东进军，镇压叛乱。然而，他还没起程，一位百夫长便杀死了阿维狄乌斯，结束了暴动，大概是此人听说马可还健在，所以想弃暗投明。这场叛乱仅仅持续了三个月零六天。

马可非常幸运，而且他不想报仇。阿维狄乌斯的首级被送到了他的面前，但是他不忍直视。毫无疑问，他同意烧毁阿维狄乌斯的信件，甚至有可能是亲自下令，那些信件中肯定至少有一封可以作为福斯蒂娜谋反的罪证。

叛乱结束了，不过马可依然决定前往东部。为了慎重起见，他应该让东部的臣民看到他们的皇帝还很健康，能够掌控自己的家庭，而且有一个强壮的儿子来继承皇位。

女神

公元175年末，马可率领皇家团队抵达安纳托利亚高原中南部，停在了山脚下的一座小镇上（位于今土耳其中南部）。他们身后约24千米处是经济发达的大城市泰安那，在图拉真和哈德良统治时期刚刚建造了壮观的渡槽；他们的前方是"奇里乞亚门"，即通往地中海的山口，几个世纪前，亚历山大大帝的军队曾沿着这条路线前进，征服了波斯帝国。

马可的随行人员数量众多，不仅有他的妻子、儿子和至少一个女儿，还有所谓的伙伴（他最亲密的顾问）以及一大群士兵，其中包括一支蛮族部队。此行的目的是改善东部的局势，让值得信赖和心怀鬼胎的臣民都见到皇帝，并且惩罚造反者。

除了这对夫妻彼此之外，没有人知道他们的婚姻生活中究竟发生了什么。不过，马可似乎原谅了福斯蒂娜煽动叛乱的行为。然而，厄运还是降临了。福斯蒂娜虽贵为奥古斯塔、军营之母，又是安东尼·庇护之女、马可·奥勒留之妻和康茂德之母，却未能在华丽的庄园里走完人生的最后一程，而是在这座尘土飞扬的路边小镇去世了。

相关资料指出，福斯蒂娜或许是自杀身亡[42]，但事实恐怕并非如此。四十五岁的她已经生了十四个孩子，而且很可能再一次怀孕了，加上她还患有痛风，阿维狄乌斯造反的后果也给她带来了压力。所以，她大概属于自然死亡。

在公开场合，马可表现得非常悲伤，而私底下，他在《沉思录》中对福斯蒂娜的赞扬也证实了他的真实感受[43]。这位鳏夫让元老院神化他的亡妻，还命人打造硬币，宣称她已经升入群星之中了[44]。同时，他不再追究那桩牵连她的阴谋，要求元老院饶恕涉嫌参与造反的人。他写信告诉诸位元老："但愿在我执政期间，你们不会有人因为我的批准或你们的批准而遭到杀害。"[45]他下定决心，选择了原谅和遗忘。

毫无疑问，福斯蒂娜在她去世的地方被火化了，尽管周围的环境非常简陋。不过，这座小镇不会一直简陋下去，它获得了城市所能拥有的最高地位，变成了罗马公民的殖民地。而且，它还有了一座供奉新女神的庙宇和一个崭新的名字：福斯蒂娜波利斯，即福斯蒂娜城。

福斯蒂娜可能会感到很满意，不过她也许更喜欢元老院同意在罗马给予她的各项荣耀[46]，其中包括一座祭坛，城里结婚的每一对新人都必须在此向她献祭。跟她的母亲一样，她也拥有了一个为纪念她而设立的慈善机构，专门帮助贫穷的女孩，受益人被称作"新福斯蒂娜的姑娘们"。元老院决定把福斯蒂娜和马可的银像放入维纳斯与罗马神庙中，即哈德良建造的那座伟大神庙。最重要的是，在马可的亲自监督下，一尊福斯蒂娜的金像被运进了罗马角斗场，摆到她曾经观看比赛的位置上，而所有身份显赫的女性都坐在周围。

与此同时，阿维狄乌斯·卡西乌斯造反之后的整顿工作仍在继续。帝国颁布了一项新的法令，禁止任何人在自己的出生地担任总督[47]。

在南下前往埃及的途中，马可在曾经支持叛徒阿维狄乌斯的巴勒斯坦行省稍作停留。一份罗马文献声称，皇帝发现那里的犹太人非常喜欢争吵，因此宣布他们比多瑙河边境的蛮族人还要差劲[48]。不过，《塔木德》却表示，马可接见了拉比犹大一世[49]。此人不仅是族长，而且是《密西拿》的编者，这是一部口传律法集，现在依然为犹太传统中最具影响力的文献之一。不难想象，热爱哲学的马可肯定很乐意跟知识渊博的拉比交谈。

在离开东部之前，马可视察了雅典，他和康茂德追随哈德良的脚步，受邀参加了秘仪。马可命人重建了在公元170年被摧毁的圣殿，实际上这标志着帝国已经恢复常态。在雅典逗留期间，马可还抽空任命了四位哲学教师。

共治皇帝

公元176年，马可回到了罗马。他决定让康茂德接替维鲁斯，成为共治皇帝。康茂德才十五岁，但是充满战争和瘟疫的年代不允许他的青春期持续太久。这个少年已经跟随父亲去过北方前线和东部地区，积累了一些管理经验。而且，马可明白自己有责任为皇位的传承做好准备。然而，他似乎没有认真考虑，康茂德可能无法胜任这份工作。

在罗马，马可对关于奴隶的事务作出了重要裁决，采取了恩威并施的手段。他保护那些被主人释放的奴隶，使其免受第三方的奴役。同时，马可也命令总督及其他政府官员和治安部队帮助奴隶主寻找逃跑的奴隶，社会秩序的混乱可能导致了逃奴数量的上升。

基督徒承担着巨大的风险，他们经常被当作各种麻烦的替罪羊，还得为角斗士的短缺付出代价。军队正在招募角斗士入伍，竞技场很难找到选手来参加比赛，所以元老院允许地方当局购买罪犯作为角斗士。罗马人要如何提供更多的罪犯呢？他们似乎增加了针对基督徒的指控。

因此，罗马的社会现实非常黑暗，充斥着疾病、侵略和迫害。在多瑙河前线，敌人重新发起进攻，使帝国的气氛变得更加压抑。不过，当马可在公元178年8月再度告别罗马返回战场时，他留下了光明灿烂的一幕，就像是柏拉图学园里的情景。一个特殊的代表团涌向皇帝，正如后来的一份文献所言：

> 马可是如此睿智、文雅、正直而博学，以至于当他准备带着自己的儿子康茂德·恺撒攻打马科曼尼部落时，一群哲学家簇拥着他，恳求他不要急着投身于战斗，而是先为他们解释一些晦涩的哲学难题。[50]

在离开罗马之前，马可也向元老院和传统宗教表达了敬意。他在卡比托利欧山上宣誓，说自己从未伤害过任何元老的性命。他还参加了一个古老的仪式，扔出一根沾满鲜血的标枪，象征着罗马攻打敌人领土的正义。

然而，无论马可的战争有多么光荣，战斗过程都非常艰难，结果也令人沮丧。他在前线又拼搏了一年半，仍未能取得最终的胜利。

《沉思录》

关于这段艰苦岁月，有一份个人记录流传至今。公元172—180年，马可在北部边境及其他地方的军帐中独自完成了《沉思录》。第二卷标着"写于夸迪人包围的赫龙河畔"，第三卷标着"写于卡农图姆"，而剩余的部分则没有说明具体地点。

他写《沉思录》是为了自己，不是为了公众，那原本是私人笔记。一位古代编者曾称之为《致自己》，而"沉思录"是一个现代标题。我们并不清楚这些笔记最终究竟是如何出版的，也许马可的朋友或自由奴保存并传播了他的手稿，不过人们更愿意相信是他的女儿科尼菲基娅公布了父亲的杰作。她是马可最后一个幸存的孩子，在马可去世多年以后，另一位皇帝逼迫她自杀身亡。她的遗言颇有父亲的风范："我那可怜而忧伤的灵魂啊，困在无用的躯体里。去吧，挣脱束缚！让他们知道，你是马可·奥勒留的女儿！"[51]

马可写《沉思录》用的是希腊语，而非拉丁语。希腊语是哲学的语言，不过对于先前的许多罗马哲学家来说，拉丁语已经足够了。马可选择了希腊语，这也标志着帝国东部的声望正在不断上升。

《沉思录》是古代斯多葛派哲学的最后一部重要著作，而且在今天也是最受欢迎的一部。这肯定不是因为其内容乐观向上，毕竟马可关注的重点经常是死亡和人生的空虚。他说，我们的人生犹如飞翔的麻雀一样转瞬即逝，就连过去的伟人也无法避免逝去的命运——奥古斯都和他的臣子都已经与世长辞，亚历山大大帝和他的马夫也双双化为尘土。

关于如何面对人生的挑战，马可给出了他的建议，但是并不适合胆小之人。他写道："要做一块岬角的岩石，任凭海浪不断拍打，我自傲然挺立，而周围的波涛终将平息。"[52]

当然，马可也提供了实现尊严和获得成就的秘诀。他表达了对自然世界的深切敬意以及对神圣天意的由衷信仰：

> 如果你能致力于眼前的事情，认真、积极、从容地遵循正确的理性，心无旁骛，让神圣的灵魂保持纯净，好像你马上将要把它归还给造物主一样；如果你坚守这样的原则，不贪求，不畏惧，顺应自然，谈吐真诚，那么你就会过得很幸福，谁也无法阻挡。[53]

马可还非常重视更加广阔的天地，他甚至把目光投向了自己统治的帝国之外。古代的斯多葛派哲学强调世界主义，而马可很好地展现了这一点："我的本质是理性和社会的。作为奥勒留·安东尼，我的国家和城市是罗马；而作为一个人，我的国家和城市就是世界。"[54]

也许马可吸引我们的一个重要原因是他的人性化。他经常谈到勇气和坚毅的必要性，但是他也承认了自己的缺点——他早晨不愿起床。他知道宫廷生活的浮华、虚伪和奉承充满了诱惑，而他也不停地与之抗争。

不过，他的最大缺点是愤怒。马可曾多次坦承，他很难控制自己的情绪，他总是对共事者的肤浅和软弱感到失望。但是，他知道自己必须克服这种失望，压抑内心的愤怒。

简而言之，马可不像是一尊冰冷生硬、死气沉沉的雕塑，倒像是一个我们认识和钦佩的熟人。当他对我们说话时，他不是博物馆里的艺术品，而是亲切的顾问乃至朋友。

康茂德

马可的生命终结在他晚年最常生活的地方：罗马的多瑙河边境，也许就是西尔米乌姆或那座城市附近。他死于公元180年3月17日，未满五十九岁。马可患上了严重的疾病，可能是天花或癌症。有人指出，尽管马可已经病入膏肓，但是他的医生们依然杀害了他，希望借此取悦同在前线的康茂德[55]；此人声称这个消息是从一名可靠的权威人士那里听来的，但是我们无法确定真相究竟如何。马可的尸体被火化，骨灰被送回罗马，安葬在哈德良陵墓之中。

如果马可的最终目标是建立两个新行省，那么他没有成功，而他的儿子兼继承人则宁愿跟日耳曼人休战并撤回罗马。不过，马可给敌军造成了重创，为罗马的北部边境又争取了五十年的和平。跟其他享受过统治权的领袖一样，马可也死了，而一个古代的仰慕者说，这是"为了共同幸福而作出的美丽牺牲"[56]。

后来的古代文献深情地怀念马可，这代表了元老院和罗马精英阶层的观点。正如一位作家所言："他展现了所有的美德和神圣的品格，面对灾难，他勇敢地挡在前面，就像一名卫士。实际上，如果他没有出生在那个时代，罗马肯定会轰然崩塌。"[57]

毫无疑问，马可不仅是最人道的罗马皇帝，而且从他自己写的东西来看，他也是最人性的。不过，他并非最成功的。他是一位哲学家，但必须作为皇帝接受评判。

马可生不逢时，又准备不足。他遭遇了许多危机，可以说非常不幸。实际上，纵观罗马历史，很少有皇帝面临的问题会比他更严重。况且，马可还缺乏皇帝所需要的知识和经验。

然而，他充分展现了一个有原则、有智慧、有担当的人是如何随机应变的，在这方面，他堪称光辉的典范。马可的统治标志着罗马的一个转折点。有一名同时期的作家指出，随着马可的死亡，一个黄金时代结束了，取而代之的是一个铁锈时代[58]。把一段充满战争和疾病的岁月称为黄金时代似乎很奇怪，不过马可的善良性格和他对待元老院的态度（精英阶层的作家们总是很看重这一点）确实闪烁着光芒，尤其是跟他的继任者相比。

马可是八十二年间第一个没有被养子继承皇位的皇帝。他的亲生儿子取代了他，康茂德成为罗马历史上第一个生来就注定要继承皇位的皇帝，此前的皇帝至少到十几岁才知道自己会统治帝国。康茂德认为自己理应获得权力，也许这有助于解释他为何会滥用权力。

当康茂德登基时，他年仅十八岁，表现得就像一个少年突然摆脱了父亲的束缚，再也没有人给他设定可怕的高标准，要求他自律和负责了。他放弃了马可领导的北方战争，跟敌人达成了协议。他回到罗马，把公务交给别人处理，自己却投身于哲学的反面：血腥运动。康茂德英俊、健壮而又虚荣，自比为大力神赫丘利。他为自己的角斗技术感到骄傲，并且真的在竞技场上参加过比赛。

康茂德慷慨地赏赐士兵，颇受军队欢迎，他又通过向元老征税和让货币贬值的手段筹措资金，频繁地举行竞技比赛，从而赢得了人民的支持。但是，罗马的精英阶层不愿忍受一个堕落的暴君威胁他们的生命和财产，侮辱他们的尊严。有一些人试图刺杀他，结果都以失败而告终，并招来了残酷的镇压。最后，他的情妇和亲信策划的一场阴谋成功了。在他们的命令下，一个陪伴康茂德摔跤的角斗士在他洗澡时掐死了他，那是公元192年12月31日，也就是新年前夕。

马可家族的统治到此结束，而五贤帝的时代早在十二年前便随着马可的去世落下了帷幕，这也表明了帝国的体制有多么脆弱。正如马可所发现的一样，罗马无法控制的力量会不断带来危险：边境外数百千米的蛮族迁徙，发源于遥远地区的恐怖瘟疫，还有帕提亚王朝反复萌生的野心，都会给罗马造成巨大的压力。

马可的统治经历还提醒我们，罗马帝国是一个军事君主国。无论皇帝颁布多少英明的法令，无论他跟元老院的关系有多么融洽，到头来，他都得依靠军队。没有哪位皇帝可以防止政变或叛乱的发生，而且没有哪个边境会永远太平，只有合格的皇帝领导精壮的部队，才能抵御外敌入侵。

有哲学家做皇帝是一件幸事，尤其是这位皇帝还能力超群，足以把自己变成一名优秀的将领。然而，动荡的时代也需要一个对家族冷酷无情的男人。一位铁石心肠的统治者可能会抛弃像康茂德那样的儿子，选择一名更好的继承人，比如马可的女婿庞培亚努斯。不过，这恐怕会导致内战爆发，毕竟罗马的王朝制度只具备一定的灵活性。

实际上，在康茂德的闹剧之后，内战还是爆发了。这场漫长而血腥的争斗把另一个了不起的男人推上了皇位，但是他没有马可的远见卓识。像马可那样伟大的人物又过了一个世纪才重新出现。在此期间，新的灾难陆续降临，从涅尔瓦到马可之间的美好岁月仿佛变成了一段遥远的回忆，甚至是虚幻的传说。

第八章

塞维鲁

你只能吸引与你相似的人

康茂德遇刺的第二年，即公元193年，有时被称作"五帝之年"。这是一个多世纪以来罗马首次爆发内战。在将近一百二十五年的时间里，皇位的传承都进行得比较和平。虽然某些继任者并未通过合法途径上台，但是自从公元69年的"四帝之乱"结束以来，再也没有人靠进攻罗马来夺取权力了。不过，跟公元193年相比，公元69年的情况还不算严重。尼禄死后的朝代更替在十八个月内便尘埃落定，而康茂德死后又过了四年，帝国才恢复和平，激烈的争斗一直持续到公元197年。

　　最终，罗马迎来了一位新的统治者——塞普蒂米乌斯·塞维鲁。他的统治充满了矛盾。此人傲慢自负、粗鲁无礼，却又处事精明、能言善辩。尽管他并非职业军人，但是他让国家的军事化水平达到了前所未有的高度。他把开明的法律改革与顽固的专制独裁结合在一起，对内肃清政敌，对外发动耗资巨大的战争。他还代表了罗马民族史的新阶段，甚至有可能是罗马种族史的新阶段。塞维鲁是罗马的第一位非洲皇帝，而且他建立的王朝也给罗马带来了第一批拥有中东血统的皇帝。

走出非洲

公元145年4月11日，卢基乌斯·塞普蒂米乌斯·塞维鲁出生在地中海沿岸的大莱波蒂斯[1]，那是阿非利加[1]最发达的城市之一，位于今天的利比亚西部，向东约130千米就是现在的的黎波里[2]。此时，安东尼·庇护统治下的罗马和平达到了巅峰，阿非利加也充分享受了这段安宁的岁月。

莱波蒂斯是一个古老而富裕的贸易中心，其建立者是来自腓尼基（今黎巴嫩）的移民和当地的利比亚柏柏尔人。这座城市原本由迦太基掌控，直到迦太基被罗马摧毁。当塞维鲁出生时，莱波蒂斯已经归顺罗马三百年了。

拉丁化的精英阶层统治着这座城市，但是其中许多人（比如塞维鲁）的祖先都讲布匿语，那是一种闪米特语言，与希伯来语和阿拉米语关系密切，曾在迦太基和腓尼基使用。塞维鲁会说布匿语、希腊语和拉丁语，罗马人经常嘲笑他的地方口音。他父亲的家族颇为富有，在罗马有一些显赫的亲戚，包括两名元老院成员。虽然他们很可能也来自行省，但是当图拉真宣布莱波蒂斯为殖民地（colonia，拉丁语）时，他们的社会地位上升了，因为殖民地的所有自由民都能直接获得罗马公民身份。

塞维鲁的父亲普布利乌斯·塞普蒂米乌斯·盖塔并未从政，关于他母亲福尔维娅·皮娅的资料也很少。除了塞维鲁之外，他们夫妻俩还育有一男一女，这三个孩子后来都在罗马的皇家势力圈中身居高位。我们难免会猜测，福尔维娅·皮娅是否也像许多罗马母亲那样，对孩子的成功起到了推动作用。她的祖先大概是与本地人通婚的意大利殖民者，而塞维鲁的童年好友盖乌斯·福尔维乌斯·普劳提亚努斯可能是她的亲戚。塞维鲁和普劳提亚努斯建立了一种互相信任的关系，坊间传闻他们曾经是情侣，不过罗马人总爱制造类似的流言蜚语。就像奥古斯都和阿格里帕一样，他们也成了终生的合作者，但是跟从前的那对搭档不同，他们的友谊并没有保持到最后。

1　阿非利加（Roman Africa）：古罗马在非洲北部设立的一个行省，今天非洲的全称"阿非利加洲"即由此而来。

2　的黎波里（Tripoli）：今利比亚首都。

塞维鲁是罗马的第一位非洲皇帝，不过他是罗马的第一位黑人皇帝吗？我们无法确定，尽管有各种证据流传下来。有一份文献[2]声称他皮肤黝黑，但是这份文献写于数百年后，而且在其他问题上出现了明显的错误。还有一幅同时期的画像[3]显示他是一个黑皮肤的男人，然而这幅画诞生于外地，并且源自一种埃及传统，即习惯把男性描绘成深色皮肤，把女性描绘成浅色皮肤。塞维鲁也许是混血儿，拥有意大利、中东乃至利比亚柏柏尔人的血统，不过那只是推测而已。我们往往很难从古代资料中找到自己想要的答案。

在塞维鲁的有生之年，阿非利加进入了全盛时期，就像一个世纪前的希斯帕尼亚一样辉煌。公元200年前后，有大约15%的骑士和元老来自阿非利加。至此，元老院已经不再由意大利人支配，而是代表了整个帝国。

没有人能比生活在公元155—235年的卡西乌斯·狄奥更好地体现这种变化了。他既是罗马元老，也是罗马元老之子，在意大利拥有一座庄园，不过出生并成长在希腊化城市尼西亚（位于今伊斯坦布尔附近）。然而，来自希腊化地区的狄奥却认为自己完全是罗马人，这标志着罗马成功地融合了地方行省的精英阶层。罗马历史深深地吸引着狄奥，他花费了二十二年的时间，完成了一部长达八十卷的史学巨著。有关共和国晚期和帝国早期的内容都完整地保存了下来，不过从公元41年至229年的部分只有后人总结的缩略版。狄奥认识塞维鲁，对其有着复杂的感情[4]。他欣赏塞维鲁的智慧、勤勉、明理和节俭，却又谴责这位皇帝对待元老院的态度。由于狄奥相信罗马已经步入了一个衰落期，所以权衡利弊之下，也许他愿意忽略塞维鲁的缺点。

小时候，塞维鲁在莱波蒂斯接受过希腊语和拉丁语的教育。十七岁时，他以一场公开演说告别了学校。跟马可·奥勒留不同，塞维鲁后来没有继续接受正规教育，这让他深以为憾。狄奥说他少言寡语，但是想法很多[5]。塞维鲁心思缜密、狡猾机敏，虽然留着长长的胡须，却并非哲学家，而是实干家。

不过，狄奥还声称，塞维鲁会抽空学习，首先是成为皇帝之前，他曾在政治生涯的间歇期前往雅典深造；其次是当上皇帝以后，他经常利用下午的时光来参加希腊语和拉丁语的辩论。他具备一定的文学素养，最终还出版了一部自传。这本书似乎瞄准了更加广泛的受众，而不只是针对受过教育的读者。尽管没有一个字流传下来，但是其他文献表明这本书的内容包括梦境、征兆和按照年代顺序记载的战争。我们不应该低估征兆在公众心目中的重要性，它是让篡权者获得合法地位的一种手段。

塞维鲁对法律有着特殊的热情，据说他小时候曾在游戏中扮演法官[6]。在他执掌大权以后，只要是和平时期，他每天上午都会审理法律案件。而且，他手下的法学家为罗马法律的编纂作出了巨大贡献。尽管塞维鲁偏爱军人，但是他把身边最优秀的法学家之一提拔成了禁卫军长官。

塞维鲁头发鬈曲，鼻梁很短。他虽然身材矮小，但是颇为健壮，据说能承担繁重的体力劳动。

年轻的塞维鲁显然野心勃勃，而其他特点也会逐渐浮现出来。他精力充沛[7]，勤学好问[8]，坦白直率[9]，并且反应迅速，行事果断[10]。他脾气不好，有时非常暴躁[11]。批评者都认为他冷酷狡诈[12]，但是塞维鲁却自视甚高[13]。

十八岁时，塞维鲁前往罗马。他有一位亲戚是元老，在此人的安排下，塞维鲁和他的哥哥也成了元老。当时在位的马可·奥勒留给年轻的塞维鲁留下了不可磨灭的印象。

从许多方面来看，塞维鲁的政治生涯都非常典型，足以代表那些在罗马精英阶层中努力拼搏的年轻人。他在罗马和地方行省都担任过重要的军事和管理职位，包括叙利亚的军团指挥官和高卢西北部的总督。公元190年，四十五岁的塞维鲁当上了执政官。次年，他成为上潘诺尼亚的总督，那是多瑙河沿岸的一个边境行省，具有特殊的战略意义。在抗击外敌的过程中，马可·奥勒留曾率军驻扎于此，并写下了《沉思录》的部分内容。作为总督，塞维鲁掌控着三个军团，约一万八千人。所以，在中央政府垮台时，他便成了一个非常重要的人物。而且，他还有一位睿智能干、人脉广泛的伙伴相助。

叙利亚女人

年轻时，塞维鲁可能有过一段放荡不羁的岁月。他曾因涉嫌通奸而接受审判，但是成功地为自己进行了辩护。随后，他娶了一个来自阿非利加的女人，对方的家族成员都是源于迦太基的罗马公民。她没有生育便去世了，使塞维鲁变成了鳏夫。于是，他放眼东方，开始寻找下一位新娘。

公元185年，塞维鲁跟尤利娅·多姆娜结婚了。她出身于一个有钱有势的家族，故乡在埃米萨（今霍姆斯），那是一座富裕的叙利亚城市，当地居民拥有阿拉伯血统。据说她的祖先曾是埃米萨的统治者，后来罗马吞并了这座城市。她的父亲是一名祭司，负责供奉本土神明埃拉伽巴路斯，其字面意思为"山神"，那位神明在城中的庙里以圆锥形黑石的形态接受民众膜拜。多姆娜的家族成员以阿拉米语为母语，把希腊语当作第二语言，而且他们都是罗马公民。

曾几何时，野心勃勃的罗马男性都希望跟古老的共和国贵族联姻。而现在，他们会欣然接受家世显赫的东方新娘；她们的父亲是帝国的行政官员或罗马元老，能够给女儿置办丰厚的嫁妆，就像多姆娜的父亲一样。

多姆娜非常美丽。据推测，她甚至有可能是"米洛斯的维纳斯"[1]的原型[14]，那尊著名的希腊大理石雕塑现藏于巴黎卢浮宫博物馆。今天，我们还能看到不少展现多姆娜形象的雕塑和硬币[15]。这些纪念物显示，她脸庞圆润，浓密的鬈发从中间分开，梳向两侧，有时则编成辫子，垂在颈部。她也许使用了各种假发来打造不同的发型。

多姆娜深知权力是如何运作的，而且她喜欢操纵权力。事实证明，她也拥有良好的生育能力。她给塞维鲁生下了两个儿子，这无疑增加了她在丈夫心目中的分量，并且提高了她的影响力。多亏了她，塞维鲁才有机会建立自己的王朝，那也是罗马的第一个利比亚-叙利亚王朝。

她是一个很有教养的女人。除了阿拉米语和希腊语之外，她还会说拉丁语，尽管有可能不太流畅。作为皇后，多姆娜在自己身边聚集了一批知识

1　米洛斯的维纳斯（Venus de Milo）：古希腊雕塑，即断臂维纳斯。

分子，大概包括哲学家、数学家和法学家等。其中有一位定居罗马的希腊文人[16]，他给多姆娜起了"智者"的称号[17]。在多姆娜的敦促下，他写了一本书，主角是一位生活在公元1世纪的希腊哲学家兼奇迹创造者[1]。这部作品的观点比较保守，因为其主要目的是指导君主——或者更确切地说，是指导君主夫人。

简而言之，多姆娜是一位非常优秀的妻子，即使塞维鲁真心爱她也不足为奇。在接下来的斗争中，多姆娜的才能将会成为他的宝贵财富。

五帝之年

公元193年，即"五帝之年"，暴发了罗马近一百二十四年来的第一场内战，也是其二百二十五年间最漫长、最暴力的内战。然而，尽管这一年发生了许多戏剧性的事件，但是问题并未得到解决。又过了四年，新皇帝才坐稳皇位。

故事开始于公元192年12月31日，也就是康茂德遇刺的那一天。普布利乌斯·赫尔维狄乌斯·佩蒂纳克斯事先得到了消息，当天晚上，他已经准备好要被元老院指定为皇帝了。他拥有无可挑剔的政治资历，但出身背景极其平凡。罗马帝国有时代表着充满机遇的社会，在这方面，我们很难找到一个比佩蒂纳克斯更好的例子。跟许多拼命往上爬的野心家一样，佩蒂纳克斯完美地适应了统治阶级的规则，而他所面对的统治阶级便是元老院。

佩蒂纳克斯是自由奴之子，出生在意大利西北部。他原本是一名教师，后来尝试在部队里谋求职位，但刚开始没有成功。最终，在马可·奥勒留的战争开始之前，他如愿以偿地当上了军官。佩蒂纳克斯在莱茵河与多瑙河边境崭露头角，并担任过不列颠行省的总督。由于功勋卓著，他赢得了马可·奥勒留的赞赏，却也招来了康茂德一个亲信的敌视。

佩蒂纳克斯成为皇帝时已年近七十。他留着胡须，而且硬币上的肖像[18]显

1　一位……奇迹创造者：即泰安那的阿波罗尼乌斯（Apollonius of Tyana，约15—100）。

示，他满脸皱纹，双颊凹陷，显得非常苍老。

随着佩蒂纳克斯上台，许多元老认为罗马政府已经重新步入正轨。然而事实证明，他野心太大，并且立刻就得罪了禁卫军。康茂德曾对禁卫军放任自流，而佩蒂纳克斯却企图恢复纪律。由于手头拮据，他给予禁卫军的登基赏金比前任更少。因此，禁卫军谋杀了佩蒂纳克斯，他仅仅当了三个月的皇帝。

接下来，闹剧取代了暴力，情况变得非常荒唐。有两位元老通过提供丰厚的赏金来争取禁卫军的支持，出价更高者获得了称帝的资格，他便是狄第乌斯·尤利安努斯。上一次禁卫军选择皇帝还要追溯到一百五十年前，当时他们拥立了克劳狄乌斯。尤利安努斯是一位经验丰富的行省总督，但这种"皇位任命"毫无公信力可言，就连禁卫军都心存疑虑。

随后，故事的场景切换到了地方行省，在那里，皇权突然变得触手可及。有三位行省总督都虎视眈眈地盯着皇位，其中叙利亚总督佩森尼努斯·奈哲尔已经在多瑙河边境取得了小规模的军事胜利。作为意大利人，他得到了罗马平民的热烈拥护，但除此之外，东部才是他的主要根据地。在他称帝之后，有十个军团准备为他效力，而且帕提亚人也表示支持。

克洛狄乌斯·阿尔拜努斯是不列颠的总督。他在不列颠只有三个军团，但他们都是久经沙场的老兵，另外，他在高卢还有许多追随者。跟塞维鲁一样，他也来自阿非利加（今天的突尼斯），而且跟奈哲尔一样，他也在多瑙河地区取得了军事胜利。不过，最终他决定支持塞维鲁。狡猾的塞维鲁把恺撒的头衔授予阿尔拜努斯，从而使他成为自己的继承人，并让他远离奈哲尔。

当初在叙利亚，塞维鲁曾是佩蒂纳克斯的部下，因此他自诩为这位已故皇帝的复仇者。在佩蒂纳克斯遇害的十二天后，塞维鲁在多瑙河畔被他的部队拥立为皇帝。加上莱茵河附近的兵力，共有十六个军团效忠于他。当塞维鲁逼近首都时，元老院决定支持他，而狄第乌斯·尤利安努斯自然被杀害了。新任统治者于6月9日进入罗马，此时距离他称帝的那一天才过了两个月，而他的故乡行省却远在约1180千米之外。可以说，迅捷是塞维鲁的一大优势。

塞维鲁获得了奥古斯都的称号，而且他很可能将多姆娜封为了奥古斯塔。他向元老院发誓，自己永远都不会处决任何元老。但是，他也把军队带进了罗马，表明其统治是以军事为基础的。在一段令人难忘的文字中，狄奥描述了塞维鲁进入首都时的情形：

> 那是我生平所见最壮观的场面：整座城市都装饰着花环、桂冠和五颜六色的东西，无数的火把和焚香熊熊燃烧；市民们身穿白袍，容光焕发，嘴里高喊着吉利的话语；士兵们披着醒目的盔甲，四处走动，就像在参加节日游行；最后是我们这些元老，庄严地来回踱步。群众渴望看到他的样子，听到他的声音，仿佛好运以某种方式改变了他；有些人甚至让同伴把自己举起来，以便从高处望见他。[19]

塞维鲁与意大利几乎毫不相干，这样的人凭什么能成为皇帝呢？答案是十六个军团，而且这些将士跟意大利的关系甚至还不如他们的指挥官，因为他们大多数都来自欧洲北部。意大利人已经习惯了长期的和平，有一位同时代的作家说得好："意大利人多年没有接触战争，早就投身于务农和平静的事业之中了。"[20]

塞维鲁并未在罗马逗留很久，因为他还要与佩森尼努斯·奈哲尔一决高下。他熟稔阴谋诡计，想办法把奈哲尔的孩子擒为人质，同时保证自己的孩子平安无事。他在东部跟奈哲尔对抗了两年，最终大获全胜，而奈哲尔也死了。随后，塞维鲁攻打帕提亚，吞并了一个边境地区，将其变成新的行省，那里横跨今天的叙利亚和土耳其交界处。由此，他报复了奈哲尔在帕提亚的支持者，为帝国增添了一片富庶的领土，并抵消了人们对他在内战中杀死罗马同胞的批评。之后，他毫不犹豫地处决了一直掌握在自己手中的人质，即奈哲尔的孩子。

像塞维鲁这样的冷酷之人，难免会跟他的支持者克洛狄乌斯·阿尔拜努斯闹翻。双方兵戎相见，这场争斗在高卢的一场战役中达到了高潮，此战塞维鲁险些丧命。不过最后，他的部队取得了胜利，并杀死了克洛狄乌斯。塞维鲁将此人的首级送到罗马，挑在标枪上示众，还处决了克洛狄乌斯的妻儿。公元

197年初，内战终于结束了。

塞维鲁决定返回罗马，他意识到了自己为皇权付出的代价，也发现了有不少元老支持他的竞争对手。他虽然赦免了三十五名元老，但还是处决了另外二十九名，尽管他几年前曾发誓不会处决任何元老。据我们所知，他还在其他情况下杀死了至少十名元老。当时有人把塞维鲁的统治跟提比略的血腥政权相提并论[21]，而塞维鲁则公开把自己比作罗马共和国末期的两位残暴的军人政治家——盖乌斯·马略和独裁者苏拉[22]（即卢基乌斯·科尔涅利乌斯·苏拉·菲利克斯）。不过，塞维鲁还谈到了一个人，或许跟他更像，那就是奥古斯都[23]，后者在局面稳定之前杀死了一百多名元老。跟奥古斯都一样，塞维鲁也经历了一场漫长而血腥的内战。

为了惩罚禁卫军杀害佩蒂纳克斯和拍卖皇位的行为，塞维鲁处决了几百名禁卫军士兵，并开除了其他人。按照传统，禁卫军需要从意大利招募成员，但是塞维鲁用自己那些生于异地的军团取而代之，他们中有许多人可能来自多瑙河地区。在罗马人眼中，尤其是对贵族来说，这群新卫兵都是野蛮人。

在此基础上，塞维鲁把禁卫军的规模扩大了一倍。另外，他又使罗马消防队的规模扩大了一倍，罗马警察的规模扩大了两倍，二者都是准军事部队。他很可能也增加了专业部队的人数，特别是弓箭手和侦察兵，他们驻扎在首都的东南部。而且，塞维鲁还在罗马南边的阿尔巴诺丘陵为一个军团修建了永久的营地，位于亚壁古道沿线的一座小镇上。这片营地打造得非常坚固，其遗迹至今依然散落在阿尔巴诺·拉齐亚莱，距离教皇的避暑别墅不远。

总体来看，塞维鲁把罗马城内及周边地区的军队人数从大约一万一千五百人增加到了三万人左右。他的目的之一是发展军事。这些新兵力构成了战略预备队的核心，而罗马急需一支可以自由调动的部队，以便迅速应对各地边境出现的挑战。在这方面，后来的皇帝会投入更多。不过，塞维鲁的改变还发挥了政治作用，让首都的居民感觉自己时刻处于军队的钳制之下。

塞维鲁认为，强大的军队和强大的国家相辅相成。他组建了三个新军团，把军团总数从三十个增加到三十三个，多达五十万人。在他的部队中，来自多瑙河地区和巴尔干半岛的士兵占据着重要地位。

从更普遍的意义上来讲，塞维鲁喜爱军队。他让军团获得了一个世纪以来的首次加薪，还允许士兵们结婚，反正在过去的漫长岁月中，他们已经有许多人违反规定，私自寻找伴侣了。一支规模更大、工资更高的军队非常昂贵，为了支付巨额费用，皇帝只能让货币贬值。马可和康茂德也曾这样做，但是塞维鲁的情况比他们还要严重。短期之内，强大的罗马可以化解压力，然而在未来，通货膨胀将走向失控。

塞维鲁成了自图拉真以来最伟大的军事扩张主义皇帝。在这一点上，他似乎也追随着马可·奥勒留的脚步，不过马可并未成功地建立新行省，而且马可扩张帝国只是为了应对罗马受到的侵略。相比之下，塞维鲁的借口没有那么充分。在幼发拉底河以东，他建立了两个新行省；在阿非利加，他把罗马行省的边界向南推移；在不列颠，他试图征服整座岛屿。正如其罗马凯旋门上的铭文所言，他扩大了帝国的领土。

有趣的是，塞维鲁并没有深厚的军事背景。在公元193年之前，他的经历几乎跟军事无关。他确实曾担任部队指挥官，但是那仅限于和平时期，他从未参加过任何战争。因此，他与其说是军人，不如说是官僚。然而，跟马可·奥勒留一样，塞维鲁也被形势所迫，开始扮演上阵杀敌的角色，不过他满怀热情地接受了现实。而且，跟马可·奥勒留不同，塞维鲁的初次胜利源于内战，而非对外战争。其结果是塞维鲁变成了罗马的"考迪罗"（caudillo），即困扰着现代拉丁美洲的一种军事独裁者；又或许他更像是新上任的首席执行官，进行大刀阔斧的整顿，通过无情的改组来拯救公司。

虽然内战充满了暴力，但是人们也可以趁机打破社会边界。例如，在公元195年前后，有一位来自高卢的校长冒充罗马元老，组建了一支拥护塞维鲁的小型军队，并取得了一场真正的胜利，此后他便靠着皇室发放的津贴生活。说得委婉些，这种行为非常大胆，不过塞维鲁就喜欢冒险。

公元195年4月，塞维鲁做了一件惊人的事情，他的前任们再无耻也都没有尝试过：他把自己收养为马可·奥勒留的儿子，完全不顾元老院的看法，更别提去世已久的马可了。塞维鲁将大儿子的名字从卡拉卡拉改成马可·奥勒留·安东尼，并授予其恺撒的头衔，从而使卡拉卡拉（我们会继续使用这个名字）成为他的继承人。同时，塞维鲁宣布要神化马可的儿子康茂德，那位死不足惜的流氓皇帝在元老院有许多敌人，此举令他们非常愤怒。不过，士兵们热爱出手阔绰的康茂德，因此军队自然支持这项决定。

有一个幽默的罗马人祝贺塞维鲁给自己找了马可·奥勒留做父亲[24]，此话看似恭维，实为挖苦，而且充满了优越感，暗示塞维鲁的亲生父亲是一个默默无闻的普通人。不过，塞维鲁的举动不只是一种欺诈的手段，更是一件严肃的事情。罗马人希望皇位可以在一个绵延不绝的皇室家族中得到传承。他们重视血统，但是并不强求。罗马人非常务实，他们很容易接受收养关系。塞维鲁的"收养"是一个赤裸裸的谎言，有些人觉得难以接受，不过大多数人都认为，如果这样做能结束内战，恢复和平，那便是值得的。

塞维鲁不断提醒人们，他的统治是以军事为基础的。例如，他把"军营之母"的头衔授予了妻子多姆娜，令人想起了过去唯一一位获此封号的女性，即福斯蒂娜，而她是马可·奥勒留之妻和康茂德之母。正如这个头衔所示，塞维鲁的王朝就是罗马军队，罗马军队就是塞维鲁的王朝。有些军团的士兵甚至亲眼见过多姆娜，因为多年来，从不列颠到伊拉克，她经常陪伴塞维鲁打仗和巡游。

塞维鲁对罗马政府的结构产生了重要影响。他把非洲同胞提拔成元老、行省总督和军团指挥官，还重新分配行政职位，降低元老院的参与度，让权力的天平向骑士阶层倾斜。

战争、政治与谋杀

在罗马，多姆娜对塞维鲁帮助很大，因为她跟来自地中海东部的精英阶层关系密切。当塞维鲁于公元197年离开罗马，重新对帕提亚发动战争时，她依然非常重要，毕竟她在东部拥有广泛的人脉。于是，多姆娜再一次随丈夫踏上了征途。

塞维鲁有三个攻打帕提亚的理由。第一，当他在西部对抗克洛狄乌斯时，帕提亚人曾趁机入侵罗马领土，他需要进行反击。第二，他希望为自己争取荣耀。第三，他显然发现，同元老院相比，跟军队打交道的麻烦不多。自图拉真去世以后，这是罗马首次对外发动重大的征服战争，塞维鲁不断地提醒人们，他追随着伟人的脚步。

塞维鲁入侵帕提亚帝国，洗劫了首都（靠近今天的巴格达），占领了北部地区，并将其命名为美索不达米亚行省。由此，他重建了图拉真失去的行省。不过，跟图拉真一样，塞维鲁也没能夺取要塞重镇哈特拉，他先后发起过两次围攻，结果都以失败而告终。虽然如此，他还是宣布自己获得了胜利，并接受了"帕提库斯·马克西姆斯"（Parthicus Maximus，拉丁语）的头衔，其意为"帕提亚的伟大征服者"。

塞维鲁把占领帕提亚首都的功绩变成了政治宣传的工具。他将此事发生的时间定在公元198年1月28日，也就是图拉真登基一百周年的纪念日。在这一天，塞维鲁还正式封卡拉卡拉为奥古斯都，即共治皇帝。简而言之，他最大限度地发挥了军事胜利的政治作用。

其实，他本该谨慎行事。新建的美索不达米亚行省是帝国过度扩张的结果，并不符合罗马的利益。一位同时代的批评家抱怨这个行省开销巨大，而且很容易把罗马卷入危险的冲突之中[25]。塞维鲁又在叙利亚逗留了几年，接着跨越漫长的距离前往埃及，最后终于在公元202年返回罗马。元老院决定让他举行凯旋式，但是他拒绝了，因为他患有严重的痛风，无法站在胜利游行的战车上。

不过，塞维鲁的健康问题并未阻止他继续巡游。公元202年和203年，他带着家人前往北非，还骄傲地拜访了他的出生地莱波蒂斯。塞维鲁在故乡实施了宏伟的城市改造计划，他修建的大理石纪念物至今依然清晰可见。公元203年，塞维鲁和家人返回罗马，开始主持建筑工程并筹办节日活动。同年，他们为塞维鲁和卡拉卡拉的新凯旋门举行落成典礼，庆祝他们战胜了帕提亚。

建造凯旋门的做法完全符合罗马传统，但是塞维鲁让他的凯旋门矗立在了一个独特的地方，靠近奥古斯都的纪念建筑，从而沐浴着这位伟大前任的光辉。刻在新凯旋门上的浮雕直白地展示了战争胜利的残酷场面，跟早期的罗马凯旋门截然不同。就像往常一样，塞维鲁一只脚还踏在文雅的过去，而另一只脚却迈入了暴力的现在。正如内战的胜利帮助他赢得了帝国，他宣称对外战争的胜利证明了他的王朝可以正当地延续下去。他为自己扩大了帝国而感到骄傲。

罗马的其他建筑工程包括重建被烧毁的神庙、对皇宫进行大规模扩建，以及在宫殿附近修筑一面独立的纪念墙，后者展示了皇室家族的成员置身于当时已知的七颗行星之间，仿佛在强调就连宇宙也认可了这个崭新的王朝。

塞维鲁还举行了一些庆祝活动，尤其是公元204年的"世纪庆典"，这基本标志着罗马历史上又一个世纪的结束，而且也令人想起了奥古斯都，毕竟他是第一位举办"世纪庆典"的皇帝。在此期间还出现了一个新的特点，那就是人们开始以"神圣之城"代指罗马。"永恒之城"的称号源于奥古斯都时代，而"最神圣的"一词已经被用来形容过几位皇帝了[26]，所以把首都描述成"神圣的"也算顺理成章。虽然今天看来，罗马的称号"神圣之城"跟基督教有关，但这种说法最初却来自异教。

不过，在另一方面，塞维鲁更像提比略，而非奥古斯都——他心甘情愿地把自己的大部分权力移交给了禁卫军长官普劳提亚努斯。此人是他的亲密副手和童年好友，曾跟随他到处巡游，却并不值得信任。

正如提比略手下那名狡诈的禁卫军长官塞扬努斯一样，普劳提亚努斯的目标是建立自己的势力，最终获得至高无上的地位。他积极结交军人和官僚，因此变得非常富有，而金钱反过来又能让他认识新朋友和对付政敌。在塞维鲁面前，他经常说多姆娜的坏话。普劳提亚努斯的权力在公元202年达到了巅峰，当时他把十四岁的女儿嫁给了卡拉卡拉。他希望至少将来自己的外孙能成为皇帝，而且如果一切顺利，也许他可以除掉卡拉卡拉，直接继承塞维鲁的皇位。卡拉卡拉和他的母亲对普劳提亚努斯及其家族既恨又怕，所以这并不是一段愉快的婚姻。

然而，普劳提亚努斯误判了形势，表现得太过嚣张。在罗马的竞技比赛中，观众们大声抱怨他的野心。他允许别人给自己打造了许多铜像，其数量甚至超越了塞维鲁的。皇帝注意到了这一点，命人熔化了一些不合适的雕塑。公元205年，塞维鲁的哥哥在临终前警告弟弟要提防普劳提亚努斯。最终，在那一年，十六岁的卡拉卡拉成功地指控普劳提亚努斯企图谋害塞维鲁。

公元205年1月22日，卡拉卡拉在罗马的皇宫里处决了这位傲慢的禁卫军长官。事后，他派人把普劳提亚努斯的一缕胡须送到另一个房间，卡拉卡拉的妻子（即普劳提亚努斯的女儿）和他的母亲多姆娜正在那里等候。"这就是你的普劳提亚努斯！"[27]信使说。两个女人的反应截然不同，一个大惊失色，一个欣喜若狂。接着，卡拉卡拉便跟自己的妻子离婚，并将其流放到了一个偏远的海岛上。

在罗马的一条宁静街道上，有一座经常被人忽视的纪念建筑，至今还残留着这次权力斗争的痕迹[28]。那是一道大理石拱门，由贩牛人及其钱币商于公元204年出资建造，作为庆祝塞维鲁执政十周年的贺礼。可以说这就相当于罗马帝国的政治献金，即一个商业团体向皇室表达敬意的礼物，毫无疑问，他们希望能得到一些回报，比如减免税收。

石头表面雕刻得非常华丽，融合了各种精心选择的主题。军团徽章，皇室鹰标，战争俘虏，赫丘利——他是守护牛市场的神明——手握棍棒，身披狮皮。此外，拱门上还描绘着牧人驱赶牛群的情景以及用于献祭的刀斧。最大的图案是皇室家族的肖像：在内墙的浮雕上，塞维鲁和多姆娜居高临下，姿态端正。皇帝穿着托加，正在举行祭祀仪式，而皇后则拿着"军营之母"的象征。对面是他们的大儿子卡拉卡拉，他也在向众神献祭。

如果仔细观察，可以看到暴力擦除的痕迹。这道拱门上曾经刻画着卡拉卡拉的妻子和他的岳父普劳提亚努斯，还有卡拉卡拉的弟弟盖塔，不过他们三个后来都名誉扫地，遭到了流放或杀害，而他们的肖像也被人从浮雕中抹去了。

卡拉卡拉

公元208年，塞维鲁和多姆娜带着他们的儿子以及众多随从前往不列颠，打算完成最后一次征服战争，并趁机让两名积怨已久的皇位继承人握手言和。

这两个小伙子都非常争强好胜，有一回他们进行战车比赛，卡拉卡拉竟然掉下来摔断了腿。而且，他还扬言要杀了弟弟盖塔。

塞维鲁似乎把卡拉卡拉的威胁当真了。至少有些人认为，皇帝之所以决定发起这次路途遥远的军事行动，主要是希望分散儿子们的注意力，毕竟他的身体很差，根本无法打仗，甚至只能让人用轿子抬到战场上。可惜事与愿违，卡拉卡拉不仅继续威胁盖塔，而且在他骑马陪塞维鲁去喀里多尼亚（即苏格兰）跟敌人谈判时，还朝塞维鲁本人举起了宝剑。皇帝的侍卫发现了，立即大声喝止了卡拉卡拉。后来，他们回到营地，皇帝严厉地训斥了儿子，但是并未处罚他。塞维鲁经常批评马可·奥勒留没有除掉康茂德，然而，尽管他自己总说要杀了卡拉卡拉，却还是被父子之情或实用主义拦住了。

怀揣着荣膺桂冠的美梦，皇帝发动了不列颠战争。他在苏格兰奋斗了两季，希望能征服整个不列颠，结果面对神出鬼没的敌人和极为恶劣的环境，罗马军队寸步难行。随后，健康问题又迫使他在营地休养了几个月。十年的病痛折磨和艰苦生活让他变得精疲力尽，六十六岁的塞维鲁快要坚持不住了。曾几何时，为了激励部下，他经常不戴头盔，冒着雨雪在山中骑马杀敌，现在那样的日子已经一去不复返了。然而，这个矮小的男人依然渴望工作，即使到了此刻，他也喘息着对副官说："来，把需要处理的事情告诉我。"[29]

卡拉卡拉和盖塔守在他身边，而尤利娅·多姆娜也在附近。尽管此地是离家数百千米的边境，但她丝毫没有退缩。她被称作"军营之母"[30]，并非徒有虚名。多姆娜的坚决果断不亚于丈夫，在征战的过程中，她始终是塞维鲁的忠实伙伴。

身患痛风的皇帝躺在病榻上，内心悲伤，无法动弹。死亡终于要降临了，塞维鲁把两个儿子叫到跟前。据说，他的遗言是："你们俩要关系和睦，让士兵富裕起来，摒弃其他人。"[31]这番话带有塞维鲁的典型特点：简洁、直率、睿智，既愤世嫉俗，又充满希望。

公元211年2月4日，塞维鲁去世了。他出生在一座富裕城市的大理石柱廊之间，沐浴着北非地中海沿岸的灿烂阳光，最终却死于遥远的依波拉堪（今英国约克市），那是英格兰东北部的一座斯巴达式军事重镇。在皇室葬礼上，送殡的队伍绕着柴堆快步行走，尸体穿着盔甲，周围摆满了士兵们献上的礼物，两个年轻的继承人负责点火，驱散了冬日的阴霾。塞维鲁的紫色骨灰缸也给昏暗的边境增添了一抹亮丽，后来它被带回罗马，安放在哈德良陵墓中。传闻塞维鲁在临终前派人拿来了骨灰缸，他伸手摸了摸，接着感叹道："你将承受这个世界都无法承受的身躯。"[32]

尽管塞维鲁没能征服苏格兰，但是他成功地建立了一个王朝，卡拉卡拉接替他当上了皇帝，并在执政初期与盖塔共享统治权。

"卡拉卡拉"其实是一个绰号，源于"卡拉卡卢斯"（caracallus，拉丁语），原指一种厚重的羊毛斗篷，这位皇帝发现欧洲北部的罗马士兵在使用它，便将其引介给帝国东部的军队。卡拉卡拉原名尤利乌斯·巴西安努斯，如前所述，在他父亲把自己"收养"到马可·奥勒留的家族之后，他又改名为马可·奥勒留·安东尼。

硬币和雕塑[33]都显示卡拉卡拉相貌普通，身材健壮。他头发鬈曲，胡须剃得很短，鼻梁高耸，脖子粗大。他的模样跟"文雅"一词可谓毫无关系。

现在，多姆娜不仅是"军营之母"，而且是皇帝之母了。她扮演着重要的角色，既是王朝延续的象征，又是出谋划策的顾问。最终，卡拉卡拉让她负责处理他的书信并答复臣民的请愿。此前的皇室女性从未承担过类似的职务，而且这显然证明了多姆娜的文化素养很高，也体现了卡拉卡拉能够委以重任的亲信恐怕寥寥无几。

然而，对于母亲的恳求，他却置若罔闻。父亲去世还不到一年，卡拉卡拉便派出一队士兵去处决自己的弟弟了。身在宫殿的盖塔躲进母亲的怀抱，结果还是被杀害了，而多姆娜的手也受了伤。毫无疑问，她感到悲痛欲绝，不过她依然继续担任卡拉卡拉的顾问，可能是出于责任或亲情或对权力的热爱，抑或三者皆有。与此同时，卡拉卡拉以丰厚的赏金赢得了禁卫军的支持，随后肃清了朝中的政敌。在更广泛的层面上，他实践了父亲的建议，增加了士兵的收入。

卡拉卡拉处事精明、能言善辩、野心勃勃，但是也容易冲动，而且非常暴力。他喜爱体育运动。在政坛上他有许多敌人，这一点并不奇怪，谁会相信一个下令杀害自己亲弟弟的人呢？

卡拉卡拉把执政期剩余的大部分时间都用来进行军事行动，先是在欧洲北部，接着在帝国东部。他自诩为新时代的亚历山大大帝，企图迎娶帕提亚国王的女儿，在谈判失败之后，他便准备发起一场征服战争。不过，提起卡拉卡拉，人们通常想到的是两项跟军事无关的举措。

今天看来，卡拉卡拉最伟大的成就应该是公元212年颁布的一道法令，名为"安东尼敕令"，它允许帝国的所有自由居民都获得罗马公民权。早些时候，罗马已经扩大了公民身份的授予范围，用来奖励特殊的优势群体和杰出的地方官员，但可能只有少数自由人是公民。现在，所有自由的罗马人都变成公民了。在此前的人类历史上，公民身份从未得到如此广泛的分享。

不过，罗马的精英阶层更关注卡拉卡拉为填补军费开支而大幅提高的税率。当时有人提出，推广公民身份的目的是通过仅向公民征收的遗产税增加财政收入[34]。几十年来，公民和非公民的差距已逐渐缩小。在罗马世界里，更加严重的差异出现在拥有特权的富人（拉丁语称作"honestiores"）和身份卑微的穷人（拉丁语称作"humiliores"）之间。前者无论是否为公民，都在法律上和生活中享受着各种各样的特权，而后者却饱受苦难。简而言之，只有当公民身份不再重要时，罗马才扩大了它的授予范围。

同时，为了赢得城中贫民的支持，卡拉卡拉还主持了罗马帝国规模最大的建筑工程之一，即卡拉卡拉浴场，它留下的巨型遗迹今天依然令游客们慨叹不已。塞维鲁制订了浴场的建设计划，而卡拉卡拉则将其付诸实践。这片庞大的综合建筑群包括体育馆、游泳池和图书馆（一座拉丁语图书馆，一座希腊语图书馆），装饰着高质量的艺术作品，免费对公众开放。建造者面临着严峻的挑战，他们需要搬走约50万立方米的黏土，以便打好地基，并且竖起高约12米、重约100吨的多根立柱。然而，这项工程在六年内便完成了，估计动用了一万二千至二万名工人。

多姆娜陪伴卡拉卡拉前往东部，她留守叙利亚，而他则继续东行。随后，在公元217年4月，他被杀害了。禁卫军长官马尔库斯·欧佩里乌斯·马克里努斯发现自己是皇帝的下一个打击目标，所以决定先发制人。在他的指使下，一名受过卡拉卡拉侮辱的士兵捅死了他。马克里努斯暗中除掉刺客，表示自己对此事毫不知情。

听到这个消息，多姆娜痛不欲生，而且她很可能已身患疾病，最终她选择了自尽。马克里努斯被他的部队拥立为皇帝，不过仅仅统治了一年。

多姆娜的姐姐尤利娅·玛伊莎决计让他们的家族重新获得皇位。硬币上的图案[35]显示她容貌美丽，而且神态威严。她拥有跟妹妹一样的鬈发，但是在脖子后面缩成了小小的圆髻。在某些肖像中，她戴着环状头饰，那是皇室的象征。

玛伊莎的候选人是她的外孙瓦瑞乌斯·阿维图斯·巴西安努斯。他年仅十四岁，虽然在罗马长大，但此时住在叙利亚的埃米萨，担任当地神明埃拉伽巴路斯的祭司（巴西安努斯在历史上也被称作"埃拉伽巴路斯"）。表面看来，他成为皇帝的希望不大，但是坚定的玛伊莎花钱买到了士兵们的支持。她宣称埃拉伽巴路斯是卡拉卡拉的私生子，让军队在公元218年拥立他做皇帝。经过一场短暂的内战，马克里努斯被击败并杀害了，从而为埃拉伽巴路斯在罗马的统治扫除了障碍。

历史电视剧塑造了许多在皇位背后操纵权力的女性角色，但是她们都无法跟此时登上罗马舞台的这些女人相比。玛伊莎和她的女儿尤利娅·索艾米亚斯（即埃拉伽巴路斯的母亲）都跟随新皇帝去了首都。实际上，这也是一件好事，因为当埃拉伽巴路斯忙着在罗马建立对自己的宗教崇拜时，她们可以替他管理政府事务。硬币上的肖像[36]显示，埃拉伽巴路斯是一名脖子粗大、身材健壮的年轻人，戴着桂冠或环状头饰，胸前还佩有护甲，他斗志昂扬地看向前方，就像将军一样。可惜，这只是他的愿望，并非现实。有一尊大理石半身像[37]把他描绘成一个鬈发的瘦削少年，留着小胡子，眼神迷离。

埃拉伽巴路斯把他供奉的异域神明重塑成罗马人熟悉的太阳神，并称之为"不可战胜的太阳神"。这种做法已经引人侧目了，而埃拉伽巴路斯还想以新神取代罗马的主神朱庇特，结果激起了公愤。他毫不掩饰自己的意图，直接在帕拉蒂诺山上为新神修建了一座庙宇，又在城里展示象征此神的圆锥形黑石，甚至绕着祭坛跳舞。民众无法接受这一切，纷纷表示反对。充满敌意的古代文献还提到了关于埃拉伽巴路斯的其他事情，不过那些传闻都值得怀疑，比如他和维斯塔贞女的婚姻以及他的同性恋情，据说他蔑视传统，在同性关系中扮演被动的一方。

无论如何，埃拉伽巴路斯非常不受欢迎。玛伊莎并不是心软的女人，为了拯救王朝，她决定换掉这位皇帝。她把目光投向了自己的另一个女儿尤利娅·阿维塔·莫米娅及其十三岁的儿子塞维鲁·亚历山大¹。在答应收养亚历山大为继承人之后，埃拉伽巴路斯又反悔了，可惜为时已晚。公元222年，禁卫军谋杀了埃拉伽巴路斯和索艾米亚斯，将他们斩首，并将埃拉伽巴路斯的尸体扔进了台伯河。他总共统治了四年。

罗马的官员感到如释重负，他们终于迎来了一位比较传统的皇帝，尽管他只是一个十三岁的孩子，而且他母亲对他的控制可能超越了阿格里皮娜对尼禄的控制，毕竟尼禄成为皇帝时已经十七岁了。新政权早期的一枚硬币[38]显示，亚历山大穿着皇室军装，就像埃拉伽巴路斯一样，只是他显得极为年轻。在某些晚期的硬币上[39]，他留起了胡子。有一尊大理石半身像[40]刻画了他身穿托加的模样，他的面容介于青涩与成熟之间。硬币上描绘的莫米娅[41]拥有家族典型的鬈发，梳理得整整齐齐，有时候她也戴着环状头饰，整个人显得高贵而庄重。

表面上，莫米娅的官方头衔包括奥古斯塔、奥古斯都之母、军营之母、元老院之母和祖国之母，但实质上她管理着整个帝国。这种执政方式并不符合传统，但是他们母子二人却颇受欢迎，直到罗马开始输掉战争为止。在东部，面对新兴的波斯萨珊王朝²，不懂军事的亚历山大几乎没有取得什么进展。跟此前的帕提亚人相比，萨珊人更有组织性，更具威胁性，其军事技术和适应能力也更强。在西部，亚历山大决定收买入侵的日耳曼人，而不是击退他们。莱茵河畔的士兵深感屈辱，于是拥立了一位指挥官做皇帝，随后在公元235年杀害了莫米娅和塞维鲁·亚历山大。

---

1 塞维鲁·亚历山大：也被称作亚历山大·塞维鲁。

2 波斯萨珊王朝（Sasanian Persian dynasty）：波斯第三王朝，也被称作萨珊帝国。帕提亚王朝是波斯第二王朝。

结论

到塞维鲁·亚历山大去世为止，塞普蒂米乌斯·塞维鲁建立的王朝持续了四十二年，中间还被另一个北非人马克里努斯打断了一年。这远远不如九十九年的尤利–克劳狄王朝，也少于五十四年的安东尼王朝（安东尼·庇护、马可·奥勒留、卢基乌斯·维鲁斯和康茂德），但是几乎比二十七年的弗拉维王朝多出一倍。在公元235年之后，又过了七十年才有人建立了一个更加长久的罗马王朝。因此，这是一项了不起的成就。

塞普蒂米乌斯·塞维鲁统治了将近十八年，在马可·奥勒留死后的一个世纪之内，他是执政时间最长的皇帝。在康茂德的暴政和混乱的内战过后，他恢复了帝国的稳定。塞维鲁效仿马可，支持哲学研究，并开启了罗马法律的黄金时代。然而，从他的历史名声来看，军事家的身份掩盖了改革家的光彩。在客观情况和主观意图的双重作用下，塞维鲁成了第一位真正的军人皇帝。他凭借武力夺取政权，把统治期的大部分时间都花在了战争上，残酷地打击元老院，尽量提高军队的地位。而且，他还预示了接下来将要发生的事情。

爱德华·吉本认为，塞维鲁蔑视元老院的态度使他成了"衰落的始作俑者"[42]。吉本是一个自命不凡的知识分子，他在启蒙运动时期写下了这个观点，对新贵和外来者不以为然。其他学者生活在19世纪和20世纪欧洲的西方帝国主义全盛时期，他们对所谓的蛮族更加苛刻，在评价这位非洲皇帝时，难免带有一定的偏见。

在塞维鲁去世以后，西部帝国又延续了二百五十年。他的许多行为虽违背传统，却十分必要。确实，罗马的文治水平降低了，但是军事危机使文治政策变成了一种奢侈。而且，塞维鲁对公共关系的重视不亚于军队，因为他希望让自己的家族拥有合法的地位，受到民众的欢迎。最后，通过向新人开放精英阶层，塞维鲁让罗马变得更加强大，而非软弱。

塞维鲁不仅夺取了皇位，还建立了一个王朝。塞维鲁家族成了罗马的第一个军国主义家族，也是第一个多元文化家族。

塞维鲁是罗马的第一位非洲皇帝，而他的妻子尤利娅·多姆娜是叙利亚人，丝毫没有罗马血统。塞维鲁让来自地方行省的新生力量占据了罗马的最高职位和军团，从而为罗马的民族和种族多样性谱写了崭新的历史篇章。

诚然，在塞维鲁家族统治的罗马，暴力开始逐渐失控。塞维鲁融合了奥古斯都或韦斯巴芗的内战、图拉真的扩张主义政策和提比略的极权主义制度。然而，对于胸怀抱负、积极进取的男人和女人来说，这是一个绝妙的时机。

跟许多前任一样，塞维鲁不是元老院的朋友。他血洗元老院，受害者甚至比康茂德和图密善处决的元老还要多。他把最高的行政职位和军事职位都交给了骑士，这个富有的精英阶层在等级和威望上仅次于元老。不过，此举可能并非出于他对元老院的敌意，而是因为缺乏符合要求的元老，或者有些元老不愿意为他效力。塞维鲁将禁卫军的规模扩大了一倍，并且让一个军团驻扎在罗马郊外的永久营地，结果严重地限制了言论自由。

然而，正是这位军国主义者（早年曾做过律师）对罗马法律有着极大的兴趣。他任命了一些杰出的法学家，他们编纂的法律被沿用了数个世纪。有一条在塞维鲁执政期间颁布的法律原则规定"皇帝不受法律约束"[43]。与其说这是创新，倒不如说是诚实，因为从奥古斯都开始的每一任皇帝都实践着这条原则。不管怎样，塞维鲁和卡拉卡拉还是承诺会遵守法律，尽管他们无需如此。

如果对塞维鲁家族进行分析，我们会发现，其宏伟的多元文化和开明的专制独裁同黑手党的特点完全一致。或许以前的皇室家族也是如此，或许这个王朝的唯一错误就是没有更加努力地掩饰残酷的真相。尽管有些人反对塞维鲁把自己跟奥古斯都相提并论，但是他并未比罗马的第一位皇帝更有野心或更为残忍，他只是不如奥古斯都圆滑而已。

塞维鲁的最大影响体现在军事方面，或者更确切地说，应该是军事和政治相结合的方面。在塞维鲁的统治下，一系列长期酝酿的趋势融汇，使得罗马政府的文治水平降低，军事化程度提高。军队获得了更多的权力，而且军费开支也变得更大，导致罗马财政紧张，为严重的动荡埋下了伏笔。通过增加军饷、发动战争以及开展大规模的公共建筑工程，塞维鲁给罗马的财政预算带来了沉重的压力。他和他的继任者没有靠征税来填补漏洞，而是选择了滥发纸币，最终对罗马经济造成了灾难性的影响。跟政府一样，军队顶层的人员构成也逐渐多样化。随着来自帝国边缘的平民涌入中心，罗马变得更加粗俗，却也更为民主。

尽管在罗马历史的各个阶段，皇室女性都发挥着重要的影响力，但是自从尤利-克劳狄王朝以后，没有哪个王朝像塞维鲁王朝一样，见证过如此强大的女性。多姆娜也许是继利维娅之后最有权势的皇后，她的姐姐玛伊莎扶植皇帝的手段堪比禁卫军，她的外甥女索艾米亚斯是皇位背后的操纵者，而她的另一个外甥女莫米娅则在罗马体制允许的范围内扮演了最接近摄政王的角色。

塞维鲁家族的成员喜欢做大事（这并非赞美），比如修建新的综合浴场、改造罗马城、重建故乡大莱波蒂斯、对帕提亚宣战、血洗元老院、把新神引入罗马以及扩大罗马公民群体。

塞普蒂米乌斯·塞维鲁指明了未来的发展方向。帝国将陆续迎来许多出身于偏远地区的军人，他只是第一个。而且，他也不是最后一位家族中有女性信仰非传统神明的皇帝。跟大部分前任相比，他的政权更多地建立在连续的军事胜利上，不过在此之后，军人皇帝会成为罗马的惯例。他是一个暴力的男人，家中充满了各种麻烦，但是他却爱好法律。也许在重视法律的罗马人看来，这种现象并不矛盾，因为它强调了即使在战争时期，法律问题也依然值得关注。塞维鲁把强大的军队跟强大的国家结合在一起，戴克里先和君士坦丁的做法跟他如出一辙。

他们也是残暴之人，为了拯救这个体制而绞尽脑汁，但代价却是让它发生了翻天覆地的变化。

第九章

戴克里先

复制领导者，组织效率才能翻番

戴克里先皇帝是一名职业军人。他并非贵族出身，而是来自巴尔干半岛的贫穷家庭，他的粗犷作风也证明了这一点。他曾经在集结的部队面前捅死了一个竞争对手；还有一次，他扬言要让一座叛乱的城市淹没在深及马膝的血水里。不过，他最著名的话语是一句对蔬菜的赞美。

"如果你能看到我们在萨罗纳亲手种的卷心菜就好了，"戴克里先说，"你肯定不会再认为这件事具有什么诱惑力了。"[1]"这件事"是指请他重登帝位的要求，此时他已经隐退三年了，居住在行省城市萨罗纳的郊外，今天这里是克罗地亚的美丽海岸小城索林。这是一个非同寻常的请求，不过戴克里先的隐退也是史无前例的做法。他是第一个且唯一一个主动退位的皇帝。他在自己的军队面前放弃了皇权，然后以普通公民的身份继续生活。

虽然戴克里先已经放下了宝剑，但是这番关于卷心菜的说辞似乎太夸张了。我们不禁怀疑，他是否像《教父》[1]中照料番茄的唐·柯里昂一样，在花园里向自己挑选的继承人（即他的女婿，也是他唯一外孙女的父亲）提供精明的建议，帮助其解决棘手的政治问题。很难想象这位隐退的皇帝对时事漠不关心。正如路易斯·卡罗[2]笔下的海象另有所指，戴克里先谈论的肯定也不只是

---

1 《教父》（*The Godfather*）：美国作家马里奥·普佐的长篇小说，后文提到的唐·柯里昂是书中纽约黑手党家族的首领。

2 路易斯·卡罗（Lewis Carroll，1832—1898）：英国作家、数学家、摄影师，以文学作品《爱丽丝梦游仙境》闻名于世，后文提到的海象源于其姊妹篇《爱丽丝镜中奇遇》中的诗歌《海象与木匠》，海象和木匠这两个角色颇具象征意义，人们对此也有多种解读。

卷心菜，应当还有君主。

戴克里先是在位时间最长、影响最大的罗马皇帝之一。他统治了二十一年，跟他最著名的继任者君士坦丁一起结束了差点儿摧毁罗马的危机。他开启了一条崭新的道路，使帝国得以延续，尽管在形式上发生了许多改变。然而，关于这个伟人，却很少有可靠的文献资料幸存下来。

戴克里先身材魁梧，大胆而残忍，律己甚严。他不擅长玩弄手段，但那个时代也不重视阴谋诡计，关键是军事实力，还有敏锐的头脑、坚定的意志和绝对的自信，而戴克里先刚好满足这些要求。

肖像雕塑显示他相貌凶悍，留着胡须，额头布满皱纹，表情颇为警觉。有一尊大理石半身像[2]将他描绘成一个粗野的武夫，但是仰视的目光仿佛在寻求神明的启示。还有一尊特殊的黑色玄武岩半身像[3]刻画了一个面容衰老却神采奕奕的男人，被认为是戴克里先。他紧闭的嘴唇传达着决心，眼睛里充满了强烈的情绪，令人不愿直视。

戴克里先重组了罗马帝国，并在真正意义上拯救了它。然而，他采取的方式却是分裂：先打乱一切，再复归原位。他分裂了东部和西部，给这两片领土各分配了一个皇帝和一个副皇帝，不过他们都听命于他一人。他分裂了罗马人和蛮族人、士兵和平民、买主和卖家，尤其是异教徒和基督徒。他取得了不小的成功，虽然并未达到完美的和谐状态，也没有实现他最想要的结果，但是他留下了一个比前几代更加强大、更有可能延续下去的帝国。

从狄奥克莱斯到戴克里先

戴克里先出生于公元245年前后的12月22日。他来自达尔马提亚（今克罗地亚），其故乡城市大概是萨罗纳，靠近斯帕拉托（今克罗地亚的斯普利特）。他原名狄奥克莱斯，在希腊语中意为"宙斯的荣耀"，而宙斯也就是被罗马人称作朱庇特的神明。他的家庭非常贫穷，父亲是一名抄写员，或者有可能是一位元老的自由奴，母亲据说叫狄奥克莱娅。

作为一名职业军人，狄奥克莱斯拥有很强的领导才能。他崛起于行伍之间，在多瑙河畔担任将领。公元283年，他跟随皇帝马可·奥勒留·卡鲁斯参与了东部战役。此时，不满四十岁的狄奥克莱斯已经成了宫廷亲卫队的指挥官，这是一支几十年前创建的精锐部队，独立于禁卫军之外。

公元283年，卡鲁斯去世了。他仅仅统治了一年，不过那是非常成功的一年，他在伊拉克夺取了萨珊王朝的首都。一场猛烈的暴风雨过后，这位皇帝死在了他的军帐里，可能是因为打仗负伤留下的后遗症而自然死亡，也可能是不幸被雷电击中。此前，卡鲁斯已经明智地将两个儿子指定为共治者。设立共治皇帝的做法虽然少见，却并非史无前例。马可·奥勒留和塞普蒂米乌斯·塞维鲁都任命过共治者，奥古斯都和韦斯巴芗也曾把权力授予自己的儿子兼继承人。但是，帝国从未正式地分裂成东部和西部。卡鲁斯的小儿子努梅里安（马可·奥勒留·努梅里安）在美索不达米亚被军队拥立为皇帝，而努梅里安的哥哥马可·奥勒留·卡里努斯则打败了一个日耳曼部落，并在西部称帝。

尽管罗马军队战胜了萨珊人，但是他们不愿冒险跟随一个未经考验的新统治者继续战斗。于是，他们开始向西撤退。努梅里安一直待在封闭的马车里，因为据他的随从说，他的眼睛发炎了，需要得到保护，以免风吹日晒。然而几天后，士兵们闻到了一股恶臭。他们打开马车，发现努梅里安已经死了。他的随从声称其为自然死亡，但许多人都怀疑这是谋杀。

谁将接替他的位置呢？显然，禁卫军长官上台的可能性很大，此人名叫艾瑞乌斯·阿培尔，是努梅里安的岳父。不过，另一个更加出色的候选人出现了，他是一名强硬冷酷、富有经验的将领，懂得该如何运用权力。努梅里安手下的高级官员组成了一个委员会，他们在公元284年11月20日作出决定，放弃了阿培尔，选择了狄奥克莱斯。此时，狄奥克莱斯打算抛弃原来那个平凡的名字，采用听起来更加拉丁化的"戴克里先努斯"，即我们所说的戴克里先[1]。

新皇帝在尼科米底亚（今土耳其伊兹米特）郊外的山上接受了士兵的致敬，这座繁华的城市位于普罗庞提斯（今马尔马拉海）一处海湾的顶端，距离

1　戴克里先（Diocletian）：为拉丁语原名引入英语后的简化拼法，去掉了阳性后缀"-us"，原拉丁语为"Diocletianus"，即"戴克里先努斯"。

现在的伊斯坦布尔不远。戴克里先发誓自己没有背叛或谋害努梅里安，随后又宣布阿培尔需要为努梅里安的死亡负责，他拔出宝剑，在全军面前处决了阿培尔。有人猜测戴克里先在撒谎，认为他参与了暗杀努梅里安的阴谋。在这种情况下，他处决阿培尔是为了杀人灭口。

如果戴克里先确实在撒谎，那他就更有理由夸大其词了。有一份文献称，根据目击者的描述，戴克里先在刺死阿培尔时引用了维吉尔的经典史诗《埃涅阿斯纪》中的一句话[4]。对于一个军人来讲，这是相当文雅的做法。那份文献还指出，有人曾预言戴克里先会在杀死一头野猪之后成为皇帝。据说戴克里先事后才反应过来，"阿培尔"在拉丁语中的意思就是"野猪"[5]。

罗马获得了一位杰出的新领袖。戴克里先并非只是态度强硬、行事粗暴，他还精力充沛，胸怀抱负，目光远大。尽管他对罗马知之甚少，但他是不折不扣的罗马人，因为此时的罗马不像是一座城市，更像是一支军队，而罗马军队就是他的家。同样，戴克里先也并非心胸狭窄的武夫，而是精明的政治战略家。我们经常会低估伟大军人的智慧，如果对戴克里先也这样，那我们就犯了严重的错误，因为他是一位非常优秀的政治家。

他的完整称号是"常胜将军恺撒·盖乌斯·奥勒留·瓦莱利乌斯·戴克里先乌斯·奥古斯都"。不过，务实的戴克里先明白，被军队拥立为皇帝只是得到了"狩猎许可证"，他还必须通过战争和政治活动来赢得这些头衔。努梅里安的哥哥卡里努斯统治着帝国的西部，并自称是唯一合法的皇帝，戴克里先很快便向其发起进攻。公元285年春，双方在塞尔维亚交战，卡里努斯先是获胜，接着又失败了。根据文献记载，有一名军官因妻子被卡里努斯诱奸而谋杀了他[6]；或者，此人也可能是为戴克里先效力的间谍。卡里努斯的部队接受了戴克里先做皇帝。在控制了西部地区之后，戴克里先便开始巩固其合法性的下一步，即进行政治活动。他翻越阿尔卑斯山，抵达意大利，这恐怕是他第一次来到罗马。

此时的罗马元老院几乎没有直接的政治或军事权力，但是有一个重要的职能：军队选择的皇帝需要元老院的支持才能获得合法地位。而且，元老院还掌握着巨大的间接权力，元老们可以在幕后策划各种阴谋或推动局势发展。更重要的是，元老院代表着财富和政坛上的金钱力量，因为元老们都非常富有。实际上，元老院就相当于今天的华尔街或硅谷，只是它还额外享受着免税的好处，就像现代的基金会或大学一样。通过打开或合上钱包，元老们能够成就或打击一个野心勃勃的政治家。

戴克里先对这一切心知肚明，所以他去了罗马。他在那里稍作停留，进行了一些交易，并结识了不少朋友。例如，他把近年来由军人担任的执政官职位分配给了重要的元老。他得到了元老院的支持，至少暂时如此。

戴克里先并未在罗马耽搁太久。帝国面临着严峻的挑战，首先便是军事考验，而戴克里先打算集中精力解决问题。此后十年，他大多数时间都在多瑙河畔以及东部征战。

公元3世纪的危机

戴克里先的第一个成就是让陷入暴力循环的帝国恢复稳定，而这也是他最伟大的成就。为了更好地理解他的功劳，我们需要回顾一下此前的半个世纪。

从亚历山大·塞维鲁被杀到戴克里先登基的五十年里充满了危机，直到后期，帝国才开始缓慢复苏。罗马曾遭遇过不少紧急情况，但是从未如此严重。

从公元240年前后开始，罗马的敌人不断进犯东部和西部边境，即高卢和现在约旦宣布独立的地方。公元3世纪中期，野心勃勃的皇帝德基乌斯（盖乌斯·麦西乌斯·昆图斯·德基乌斯）在今天属于保加利亚的领土上对抗入侵的日耳曼人。德基乌斯的儿子兼共治者首先战死，据说德基乌斯勇敢地表示，一个军人的死亡无关紧要[7]。最大的打击出现在几年后，皇帝瓦勒良[1]（普布利乌斯·李锡尼乌斯·瓦勒瑞安努斯）于公元260年被萨珊国王俘房了。波斯的悬崖上有一片浮雕，描绘了这位国王骑着骏马战胜瓦勒良的情景；附近的一座石

1　瓦勒良（Valerian）：音译应为"瓦勒瑞安"，此遵从已有译名。乃拉丁语原名引入英语后的简化拼法，去掉了阳性后缀"-us"，原拉丁语为"Valerianus"，即"瓦勒瑞安努斯"。

头建筑上也刻着铭文，吹嘘国王亲自擒获了瓦勒良及其手下的军官，并将他们放逐到波斯，后来他们死在了那里。对于罗马人来说，此乃奇耻大辱。

在两条相反的战线上应对侵略和叛乱，导致罗马逐渐濒临崩溃的边缘。军队节节败退，达契亚行省的大部分地区被彻底抛弃。为了满足国防开支，皇帝们让货币贬值，结果造成了严重的通货膨胀。祸不单行的是，在公元3世纪中期，大规模的流行病又一次爆发[8]，在帝国各地肆虐了十五年之久，加剧了罗马兵力短缺的问题。而且，公元3世纪40年代的一场干旱也结束了适宜农业发展的气候[9]。

帝国的人口持续减少，尤其是在城市里。与此同时，外敌入侵的危险使得城市纷纷建造新的防御工事或加强旧的设施，罗马城本身就是最好的例子。今天游客们看到的厚重城墙最初是由公元270—275年在位的皇帝奥勒良（卢基乌斯·多米提乌斯·奥勒良努斯）所建，后来在中世纪和现代早期被修复。

罗马的突出问题是政治动荡，暗杀和内战破坏了政府的稳定。从公元235年塞维鲁·亚历山大遇刺到公元284年，罗马总共出现了二十个皇帝，有些人的在位时间非常短暂。他们的平均执政期不足三年。

然而，帝国还是慢慢地振作起来，这得益于罗马的强大韧性，也体现了敌人内部的分裂和软弱。帝国的复苏开始于瓦勒良的儿子兼共治者伽利埃努斯（普布利乌斯·李锡尼乌斯·埃格纳提乌斯·伽利埃努斯），他的执政期长达十五年，从公元253年到268年，他推行了一系列改革。伽利埃努斯剥夺了元老的高级军事指挥权，将其移交给职业军人。而且，他制定了更加保守的边防政策。罗马人把边境的大部分地区都让给了敌人，转而采取防御模式，将边境附近的堡垒城市变成军事基地，以防敌人深入罗马领土。罗马还在后方的战略据点召集机动部队，将他们调遣至需要守卫的地方。

在新政策的帮助下，伽利埃努斯击败了入侵的日耳曼人。他的继任者果断地阻止了外敌入侵的脚步，夺回了高卢和东部。他们成功地报复了萨珊王朝，占领了对方的首都，并重建了罗马的美索不达米亚行省（这里指的并非伊拉克，而是一个相对较小的地区，位于今天土耳其的东南部）。

伽利埃努斯出身于元老院的贵族阶级，但他的继任者却皆为白手起家的军人，他们便是伽利埃努斯自己创造的职业军队的产物。这些皇帝都无法重建稳定的政府，实际上，他们当中最成功的人总会突然死亡，而且经常是遭到谋杀。

只有戴克里先能够恢复秩序。

统治罗马的战士团队

正如戴克里先所理解的，要想掌握权力，必须分享权力。所以，他大张旗鼓地实践了这个观点。在登基后的一年之内，他选择了一位来自巴尔干半岛的职业军人来与自己共事。此人名叫马克西米安（马可·奥勒留·瓦莱利乌斯·马克西米安努斯），比他小几岁。马克西米安乃杂货商之子，故乡是今天的塞尔维亚。跟戴克里先一样，马克西米安也崛起于行伍之中。他们俩曾在军队里一起服役，当戴克里先被拥立为皇帝时，马克西米安很可能也在尼科米底亚的郊外。起初，戴克里先授予其恺撒的头衔，表示他成了自己的副手兼继承人，并派他前往高卢。随后，戴克里先又指定马克西米安为奥古斯都，即共治皇帝，让他负责管理西部。而戴克里先主要待在东部，那是帝国经济最发达、人口最密集的地方。

有一尊幸存下来的大理石半身像可能描绘了马克西米安的模样[10]，他相貌粗犷，留着胡须，眼窝很深，脸颊凹陷，表情显得颇为精明，甚至充满狐疑。当时的批评者称他脾气暴躁，行为野蛮，缺乏教养[11]。

戴克里先并非第一个设立共治者的皇帝，但与众不同的是，他又在此基础上增加了两位恺撒。公元293年3月1日，在夺取政权八年以后，他作出了这项决定。

在那些年里，隆隆的战鼓声不绝于耳，戴克里先一直忙着打仗、谈判和四处巡游，任务非常繁重。以公元290年为例，据估算，在这短短一年之内，他每天都要赶路16千米[12]。多年以来，他在多瑙河流域、埃及和东部边境指挥了数次军事行动，在不同的战场之间来回奔波。从幼发拉底河到阿拉伯沙漠，他监督东部战线建造了一系列崭新的堡垒。通过谈判，他和萨珊王朝达成了停战协议。高卢西北部的将领造反，并领导了不列颠的独立运动，戴克里先专门同马克西米安会面，商量相应的对策。同时，他还希望能实行国内改革。

有这么多事情亟待解决，难怪戴克里先需要帮助。而且，跟出色的人才分享权力，也是阻止他们叛变的一种方式。这很好地体现了一个原则：亲近朋友，更要接近敌人。

两位恺撒分别辅佐两位奥古斯都，主要在军事方面发挥作用。在西部，君士坦提乌斯（弗拉维乌斯·瓦莱利乌斯·君士坦提乌斯）成为奥古斯都马克西米安的恺撒，此人曾担任过行省总督和马克西米安的禁卫军长官。在东部，伽列里乌斯（盖乌斯·伽列里乌斯·瓦莱利乌斯·马克西米安努斯）也获得了恺撒的头衔，此前他很可能是戴克里先的禁卫军长官。这四个人均为出生于巴尔干半岛的穷小子，从罗马军队中脱颖而出。他们没有在罗马生活，而是选择了靠近前线的地方，住在土耳其西北部、日耳曼尼亚、意大利北部、叙利亚以及希腊北部。他们四处奔波，应付战争和叛乱。除了偶尔召开的高级会议之外，他们很少见面，大多数时候都是依靠书信或使者沟通。

上述统治者有时被称作"四帝"（tetrarchs），而他们实行的制度便是"四帝共治制"（tetrarchy），不过这是一个现代术语，古代人并未使用。而且，四名统治者的地位也并不平等。戴克里先的权力最大，为了体现这种差异，他创造了两个新头衔。戴克里先自称"约维乌斯"（Iovius，拉丁语），也就是众神之王朱庇特。他称马克西米安为"赫丘利乌斯"，即朱庇特之子赫丘利。尽管此时的皇室硬币强调和谐与一致，但显而易见，忠于戴克里先才是首要原则。正如一位古代演说家所言，帝国依然是"一份完整的遗产"[13]。

在实际的日常事务方面，马克西米安和君士坦提乌斯管理西部，而戴克里先和伽列里乌斯负责东部，不过帝国并没有正式分裂。戴克里先掌控整体战略，并作出最终决定。然而，在真正意义上，帝国已经分裂了。戴克里先承认罗马的问题太大，一个人无法处理。在此后的岁月中，两位皇帝共治的情况将经常出现。

勇敢的母亲和战神的伴侣：四帝共治制下的皇室女性

戴克里先遵循奥古斯都创立的罗马传统，利用婚姻来巩固政治关系。他要求恺撒君士坦提乌斯跟原配离婚，迎娶马克西米安的女儿，又让马克西米安收养了君士坦提乌斯。作为一名军人政治家，君士坦提乌斯把大部分时间都花在了军事行动上，虽然年齿渐长，却并未表现出离开战场的意愿。

同时，戴克里先把自己唯一的孩子瓦莱利娅嫁给了恺撒伽列里乌斯，并收养了他。硬币上的图案[14]显示，瓦莱利娅是一位漂亮的姑娘，脸型有些男性化，精致的发辫盘在前额，上面戴着小小的环状头饰。她和伽列里乌斯有一个年幼的女儿，跟马克西米安的儿子定了亲。

伽列里乌斯年少时做过牧羊人，后来参军入伍，从部队中脱颖而出。他身材高大，体形健壮。有一份充满敌意的古代文献称他犹如凶神恶煞，粗俗无礼[15]。据说他喜欢饲养棕熊，并在自己享用晚餐时喂它们吃罪犯。

尽管皇室婚姻在戴克里先的政策中非常重要，但遗憾的是，我们对这四位统治者的妻子知之甚少。戴克里先娶了奥瑞利娅·普利斯卡，后来发生的事情表明，她是一位坚定而勇敢的母亲，不过关于她做妻子的情况却基本没有记载。她被誉为"最高贵的女性"，而且戴克里先把她的雕像放入了萨罗纳的朱庇特神庙[16]，但是他并未授予其奥古斯塔的头衔。我们不清楚他这样做的原因，也许是为了避免冒犯另外三位统治者的妻子。

相比之下，伽列里乌斯的母亲是一个非常有趣的人物。她被称作罗慕拉，属于那种强势的母亲，就像阿提娅或阿格里皮娜一样，对儿子的私人生活和公众形象都产生了重要影响。就连伽列里乌斯隐退后居住的别墅都以她的名字命名，那是一片巨大的庄园，建在伽列里乌斯小时候生活的地方，位于今天的塞尔维亚。

据说，罗慕拉是一名虔诚的异教徒。伽列里乌斯声称，她曾跟化为蛇形的战神玛尔斯结合，而他就是他们的孩子[17]。这种说法令人想起了奥古斯都的政治宣传——他也表示自己的母亲曾跟化为蛇形的天神阿波罗结合。毫无疑问，当伽列里乌斯在隐居庄园里建造献给地母神和朱庇特的神庙时，他其实是在纪念自己的母亲。

戴克里先和另外三位统治者原本就是战友，此时又通过姻亲关系变成了一家人（或者至少也是两家人）。有一个著名的雕塑群刻画了这四位统治者[18]，最初放置在罗马东部，如今位于威尼斯的圣马可大教堂外面。他们分两组站立，每组的年长者都留着胡须，而年轻者的脸庞则刮得干干净净。他们穿着沉重的盔甲，戴着多瑙河地区常见的羊毛帽。他们的剑柄为鹰首圆头，酷似蛮族的武器。每个人都用一只手搂着共事者的肩膀，而另一只手则握住剑柄，暗示他们准备在互相保护的同时抵御外敌。

这些雕塑由斑岩打造而成，那是一种产自埃及的珍贵石材，是皇帝的专属材料。雕塑的整体风格跟古典雕塑截然不同，人物形象矮小粗壮，看起来就像中世纪早期的作品。不过，它们体现了公元3世纪罗马雕塑的重大变化，这一时期的艺术显得更加简洁了。

"来之不易的和平"

公元293年春，戴克里先挑选的三名共事者各就各位，到了在所有战线上采取行动的时候了。他不断增加边境的兵力，强化防御设施。跟罗马此前的堡垒相比，戴克里先修筑的堡垒更小，更厚，而且更加难以通过。今天，它们构成的网络已经在东西边境和沿海地区被陆续发现。

在戴克里先的统治下，军团数量从塞普蒂米乌斯·塞维鲁时期的三十三个增加到了五十个，但是每个军团的人数都减少了。我们不清楚戴克里先是否扩大了军队的规模，不过他确实让征兵目标变得更容易实现了。他恢复了共和国时代每年征兵的制度，还要求现役军人和退伍老兵的儿子也参军入伍。

戴克里先是一名战士，而伽列里乌斯则相当于他的战马。在保卫了多瑙河边境并镇压了埃及的一场叛乱之后，伽列里乌斯被派往东部，抵挡萨珊人对亚美尼亚的入侵。与此同时，戴克里先在公元297年奔赴埃及，解决那里的另一场叛乱。他切断了敌人的水源，经过漫长的围困，攻下了亚历山大。

这一年，伽列里乌斯在对抗萨珊帝国的过程中遭遇了惨败，愤怒的戴克里先将其羞辱了一番[19]。戴克里先离开埃及，前往叙利亚，当他们俩进入安条克城时，他让身穿红袍的伽列里乌斯伴着皇帝的战车跑了1.6千米。

然而，伽列里乌斯的耻辱并未持续太久。他从巴尔干半岛集结了新的部队，在公元298年的战役中打败了萨珊人。他甚至俘虏了萨珊后宫的成员，包括国王的妻妾、姐妹和孩子。当伽列里乌斯向南挺进到今天的伊拉克地区时，戴克里先在土耳其南部收复了曾经属于罗马的领土。戴克里先利用萨珊后宫作为筹码，跟萨珊国王谈判，迫使对方承认了他收复的那些领土属于罗马。这次伟大的胜利促成了持续将近四十年的和平条约，此时的戴克里先张开双臂，欢迎伽列里乌斯归来。之后，他又派伽列里乌斯前往多瑙河边境，进行激烈的战斗。实际上，在接下来的十年中，伽列里乌斯把大部分时间都奉献给了那里的军事行动。

与此同时，马克西米安也在西部不断努力。他镇压了高卢、希斯帕尼亚和阿非利加的叛乱，阻挡了陆地上的日耳曼入侵者和海洋上的强盗。但是，他没能夺回暴动的不列颠。这项任务落到了君士坦提乌斯身上，公元296年，他跨越了不列颠海（今英吉利海峡），终于瓦解了不列颠岛上的长期叛乱。有一枚幸存至今的黄金奖章描绘了君士坦提乌斯骑马进入伦敦的情景，上面雕刻的文字将他誉为"永恒之光的恢复者"[20]。

经过十四年的持续战争，到公元298年，戴克里先及其共治者终于平定了边疆。他们打败了外敌，屠杀了所谓的"蛮族人"，从而建立了"来之不易的和平"[21]。接下来，戴克里先打算进行国内改革，完善并扩充一项已经在实施的方案。

庞大的政府

要实现戴克里先的计划需要巨额的资金。由于战争不断，军费开支居高不下，同时还有大规模的建筑工程要完成。除了边境的堡垒和道路之外，每位统治者都至少需要一座宫殿，甚至经常是好几座。而且，戴克里先也没有忽略罗马城。他重建了在火灾中被烧毁的元老院议事厅（今天依然屹立于罗马广场），并修筑了戴克里先浴场，那是罗马有史以来最大的浴场。后来，这片占地五六公顷的浴场废墟被改造成了两座文艺复兴时期的教堂（其中之一由米开朗琪罗设计）、一栋考古博物馆、一个展览厅和今已停用的天文馆，以及现代罗马的一片主要广场。

另一项开支源于戴克里先给帝国增加的行政机构，他让行省的数量翻了一倍，从大约五十个变成了一百个。他还把所有行省划入十二个地区，并称之为"管区[1]"，每个管区都有自己的行政长官。在地方行省，元老们几乎不再承担管理职务，相关工作基本都交给了骑士阶层。建立这种新体制的目的是方便收税和执法。

纵观帝国的历史，意大利一直都是免税地区。不过，这项特权到此为止了。戴克里先对意大利半岛和地方行省一视同仁，就连罗马城都得纳税，而且最残酷的是元老也不能例外。怨恨的情绪开始积累。

军队日渐壮大，为了满足其需求，政府在帝国各地创办了兵工厂，结果给地方居民增加了负担。而且，兵工厂的管理非常严格。例如，根据文献记载，在公元298年9月，有一名埃及铁匠没有按时到当地的兵工厂干活儿，总督便命令警察寻找并逮捕这名铁匠，将其连人带工具一起押送到他的面前[22]。

然而，这一切都是在货币价值极低的背景下上演的。早在塞普蒂米乌斯·塞维鲁统治期间，罗马银币的贵金属含量便已降至50%。到了公元3世纪60年代，部分硬币只含有2%~3%的贵金属，一场经济危机自然在所难免。对此，戴克里先也采取了相应的措施。

在动荡的年代里，为了获得地主的保护，帝国各地的农民放弃了独立，过去的自耕农变成了佃农。戴克里先把这种情况编入法典，打算让他们以佃农的身份永久地待在那些土地上，因为固定劳动力比流动劳动力更易征税。他还建立了一种新的税收制度，让农民以实物而非货币来缴纳税款。

---

1 dioceses，基督教现在依然使用这个术语来表示区域管理单位，称作"教区"。

但是，军饷必须用货币支付，所以通货膨胀的问题无法避免。公元294年前后，戴克里先增加了金币的重量，发行了一种高纯度的新银币，并改良了铜币。这些措施虽值得称赞，却收效甚微，铜币依然估值过高，而通货膨胀也继续肆虐。因此，在公元301年，政府被迫介入，颁布了一项法令，使铜币的价值减半。

几个月后，戴克里先及其共事者进行了一次控制工资和物价的重要尝试，颁布了著名的《限价敕令》。四位统治者在发人深省的"前言"中谴责了贪婪和投机的行为，随后设定了最高工资和物价，并宣布违反物价上限的惩罚是死刑。

他们专门表达了对军队的担忧，列举了士兵在单次交易中失去所有工资和奖金的案例。他们说，这些恶棍不仅欺骗了个人，而且欺骗了整个社会，因为军饷是由税款支付的。

《限价敕令》规定了上千种商品和服务的价格，从鹰嘴豆到芥末，从山羊到野鸡，从大理石工匠到赶驼人的报酬，从兽医到教师的薪水，可谓一应俱全。这项敕令目标远大，但是注定要失败。最终，市场上的货物变得十分稀缺，而一个繁荣的黑市却在蓬勃发展。

遵守礼节

正如戴克里先及其三位共治者的雕塑群所显示，皇帝非常重视自我形象的展现。实际上，在戴克里先的统治下，宫廷抛弃了共和制的所有伪装。在这里，就连最傲慢的君主也会感到十分满意。虽然有几个前任已经增加了宫廷礼仪，但是戴克里先比他们走得更远。

戴克里先喜欢穿金丝紫袍和绸缎鞋子，并佩戴各种珠宝。对于古代人来说，紫色是国王的象征。早期的罗马皇帝都避免穿紫色衣服，尽管哈德良及其继任者越来越多地使用紫色，但是没有人像戴克里先那样热衷于此。而且，他还坚持让人们在公众场合叫他"主人"（dominus）。在他执政期间修建的宫殿都设有豪华的接待室，以便让统治者给宾客留下深刻的印象。他的身边经常环绕着一些阉人，他们被古典时期的作家斥为专制的标志。

从很早以前开始，阉人就在帝国政府中占有一席之地，只是作用很小。罗马人往往把他们跟外国的独裁统治联系起来，但是到了戴克里先时期，阉人在罗马政府中逐渐崛起。他们是自由奴，大多来自亚美尼亚和波斯，担任皇室要职，掌控着外界接触皇帝的途径。

其中一个途径便是皇帝进城，那通常是一场盛大的仪式。当皇帝进城或在宫里接受觐见时，有可能会产生颂词，即赞美皇帝的演讲。这类演讲以前就充满溢美之词，在戴克里先时期更是达到了谄媚的新高度。例如，公元301年，戴克里先和马克西米安在米迪奥拉努姆（今米兰）的宫殿里举行会面，有一名演讲稿撰写家惊叹道："当人们获准进入米兰的宫殿，瞻仰你们的圣颜时，那种虔诚的感觉是如此美妙，你们就像孪生的神明，令人开始怀疑单一崇拜的传统。"[23]

这名作家还说，当两位统治者离开宫殿，坐着轿子在城里巡游时，路边的建筑物仿佛挪动了一般，因为民众纷纷涌入街道，或者从楼上的窗户里向外探头张望。他声称人们毫无畏惧地欢呼："你看见戴克里先了吗？你看见马克西米安了吗？他们都在这儿！正在一起！他们靠得真近！他们交谈得多么融洽啊！他们经过得多么迅速啊！"[24]

当初，利维娅曾在织布机上亲手为丈夫奥古斯都编织羊毛托加，而提比略时期的元老院也曾明令禁止男人穿丝绸衣服。但此时占据统治地位的这些巴尔干军人则完全来自另一个世界，他们格外喜欢炫耀自己掌握的权力与财富。

大迫害

戴克里先竟然花费时间和精力来进行宗教迫害，这似乎很奇怪。实际上，我们可能会认为，像他那样的军人应该像某个独裁者一样嚷嚷："教皇有几个师？"[25]

然而，罗马人跟现代人不同，他们并没有生活在"上帝已死"的阴影之下。相反，大多数罗马人从帝国的灾难中看到了上天的强烈不满。神明对罗马发怒了，他们需要安抚神明，恢复罗马人所谓的"众神和平"[26]。但是，该怎么做呢？

　　对于某些人来说，答案是"向新神求助"。公元3世纪的危机和纷至沓来的苦难鼓励人们改变信仰，供奉新神。

　　在帝国建立的最初几个世纪里，各种各样的异域宗教从东方传到了罗马，有些还是新兴的宗教。到了公元3世纪，罗马的宗教市场犹如一幅五颜六色的镶嵌画。人们可以选择揭示永生秘密的希腊神秘宗教；崇拜埃及女神伊西斯，她的祭司穿着长袍在街上游行吟诵，就像今天印度教的克利须那派，只是多了自我鞭笞的环节；加入全是男性成员的密特拉教，供奉象征男子气概的太阳神，在地下室里参与公牛祭祀，那种房间酷似美国大学兄弟会的见面场所；接受源于波斯的摩尼教，钻研复杂的思想，以二元论的视角看待世界，把一切都当作光明与黑暗的斗争；犹太教也吸引了许多信徒，其中大部分人可能更喜欢它的神学理论和历史悠久的圣书，而不是严格的律法。

　　最后还有基督教，它提供了救赎、仪式和组织，具备犹太教的优点，却没有犹太教的束缚。官方的反对并未阻止教会发展。实际上，在多数情况下，罗马政府不会干涉基督教。迫害是偶然的、局部的，而且相对较少，只有公元3世纪50年代例外。当时，在经历了一系列灾难之后，皇帝们开始惩罚拒绝向诸神献祭的基督徒，对他们有过短暂的迫害。不过，先前那种默许的宽容很快又恢复了。

　　基督教通过强调仁爱与团结赢得了众多追随者，而且教会也接纳女性和奴隶。虽然有宣扬世界末日和提倡革命的倾向，但基督教在很大程度上还是符合主流思想的。有钱人、知识分子乃至罗马军人都开始信仰基督教。

　　基督徒是少数群体，主要集中在东部和北非。不过，他们约占帝国总人口的10%，这并非小数目，尤其是大部分基督徒都生活在城市里，那是罗马文明的中心。而且，基督徒的外表和行为通常跟大家一样。他们没有穿特殊的衣服，没有聚居在专门的区域里，没有单独埋葬死者的尸体，也没有讲另一种语言。他们就是普通的街坊邻居，是操持家务或从事商业的女性，是教师、律师，抑或来自隔壁帐篷的士兵。基督徒跟其他罗马人的唯一差异就是不去参加神庙活动和节日仪式，他们都在教堂（多半是私宅内的房间）里做礼拜，而且不愿向代表皇帝的神明献祭。

戴克里先注意到了这一点，他认为此举是蔑视责任的行为。戴克里先并没有借助新宗教追求"众神和平"，相反，这个出身卑微的达尔马提亚人带着外来者的热情，极力宣扬古老的罗马神明。除了亲自向传统的神明献祭之外，他还决定惩罚那些没有献祭的人。或许这个想法已经在他的头脑里酝酿了一段时间，但即便如此，他也得等到公元298年罗马与波斯的战争结束以后再采取措施。或许他那样做，是因为随着年龄增长，他考虑了皇位的传承问题，并打算趁下台前赢得神明的赞许。无论如何，在公元303年，他开始行动了。

起初，戴克里先把矛头对准了摩尼教，因为那不仅是独特的新兴宗教，而且源于波斯。这位皇帝声称，摩尼教徒就像邪恶的毒蛇一样[27]。随后，他又盯上了基督徒。

对于日渐增长的教会势力，尤其是它在军队中的发展，戴克里先既担忧又厌恶，他的本能反应就是消灭它。在这方面，他得到了共事者伽列里乌斯的大力支持。实际上，某些文献表示，迫害基督徒原本是伽列里乌斯的主意。当时还出现了一个有趣的说法，认为伽列里乌斯受到了他母亲的影响，罗慕拉坚定地信仰异教神明，因而打动了他[28]。至少我们无法否认这种可能性：在古代基督教面临的最严重的迫害背后，也许站着一个来自塞尔维亚乡间丘陵的女人。

公元303年和304年颁布的一系列法令造成了基督徒所谓的"大迫害"。第一批法令是针对神职人员和身居高位的基督徒。随后，政府又瞄准了普通的基督徒，要求他们向异教神明献祭。教堂被拆除，圣书被没收。戴克里先特别注意把基督徒赶出军队。

根据一份基督教文献记载，这次迫害始于公元303年冬，在尼科米底亚，戴克里先宫殿附近的一座基督教教堂被摧毁了[29]。作者谴责伽列里乌斯放火烧了戴克里先的宫殿，并嫁祸给基督徒，以激起皇帝的愤怒之情。戴克里先似乎上当了，他严刑拷打手下的仆人，希望得到认罪的口供，结果一无所获。

据说戴克里先甚至怀疑自己的妻子和女儿，可能正因如此，他才命令她们向众神献祭[30]。她们肯定不是基督徒，但她们也许表达过对基督徒的同情。

面对迫害，基督徒的反应各不相同[31]。有人躲藏起来，有人贿赂官员，有人同意献祭，有人表示拒绝并因为自己的信仰而遭到处决。正如基督教文学所述，当时出现了一些殉道者。有一个名叫尤利乌斯的老兵，已经在部队服役二十七年，参加过七次战役，他宁愿接受死刑，也不愿给众神上香；克里斯皮娜是一位富有的母亲，住在今天属于阿尔及利亚的地方，她也选择了死刑而非献祭；菲利克斯主教生活在今天属于突尼斯的地方，他拒绝交出自己的圣书，因而被处决了，终年五十六岁。

对于基督徒来说，这是一段可怕的岁月。迫害断断续续地持续了十年，带来了巨大的苦难，但是最终失败了。殉道者的坚定不移是一个原因，而另一个原因则是某些非基督教当局不予配合。有多少罗马人愿意把并未真正犯罪的同胞处死呢？在不列颠和高卢，君士坦提乌斯只是拆除教堂，而没有迫害基督徒。他肯定不是唯一一个并未完全执行戴克里先命令的官员。

当时的殉道者人数不多，但是殉道在基督教观念中非常重要，而且这种行为很可能赢得了教外人士的钦佩，因此经历过迫害的基督教反倒变得更加强大了。

至于罗慕拉，她死后被安葬在一座专门建造并以她的名字命名的陵墓中，地点位于伽列里乌斯的庄园内[32]。而且，她还被奉为女神。通过她的命运，你恐怕很难猜到，她所信仰的异教很快也会遭到迫害。

卷心菜与国王

戴克里先是第一个且唯一一个主动退位的罗马皇帝。更重要的是，他在下台后的将近十年里都平安无事。

他为何要退位？有人说戴克里先的健康状况不允许他继续执政，但是其他皇帝在身患中风、心脏病和痛风的情况下依然紧握权力。自从四百年前独裁者苏拉卸任以来，罗马便再也没有独裁者自愿放弃权力了，而且尤利乌斯·恺撒还称苏拉是政治文盲，提出独裁者不能退位[33]。但是，戴克里先并非对政治一无所知。他明白，一旦闻到血腥味儿，那些看似忠诚的共事者就会背叛他。他们每个人都向往尊贵的紫色，必将为此而争斗。不过，戴克里先希望亲自选择继任者，而他在坟墓里无法这样做。可能他认为，最好的办法是交出权力，主动下台，然后在自己还活着的时候，根据需要操控局势。

马克西米安和君士坦提乌斯都是胸怀抱负的人才，但是戴克里先更喜欢伽列里乌斯。十多年来，伽列里乌斯一直是戴克里先的忠诚追随者和军事执行者。而且，他还是戴克里先女儿的丈夫及其外孙女的父亲。皇帝选定了继承人，接下来便着手进行准备。

公元300年前后，戴克里先开始在达尔马提亚的斯帕拉托建造自己的隐居之所，那里靠近他的出生地萨罗纳。其宏伟的遗迹保存至今，通常被称作"戴克里先宫"，然而它并非只是一座宫殿。戴克里先宫与养老院之不同，犹如诺克斯堡[1]与街角银行一样。

戴克里先宫的占地面积约为215米×180米，可以容纳上千人居住。周围环绕着高墙和防御工事。宫殿被分成了四个部分，就像罗马军营一样，内部设有一座小型兵工厂，还有神庙和陵墓。跟此前的皇帝不同，戴克里先并未在罗马建造自己的陵墓。

这片宫殿还是一种永久的意识形态宣言。四个部分代表了四位统治者，他们相当于人间的神明，而其中最重要的就是戴克里先，他象征着朱庇特。

马克西米安不像戴克里先那样渴望隐退。他想守住权力，还想让自己的儿子马克森提乌斯成为继承人。但是，戴克里先不同意，他强迫马克西米安退位，对马克森提乌斯也不予考虑。两个新奥古斯都将是东部的伽列里乌斯和西部的君士坦提乌斯，而两个新恺撒则是弗拉维乌斯·瓦莱利乌斯·塞维鲁和马克西米努斯·代亚，他们俩都是来自巴尔干半岛的军人，并且都跟伽列里乌斯有关。代亚是伽列里乌斯的外甥。

1　诺克斯堡（Fort Knox）：美国陆军的一处基地，常用来比喻戒备森严、固若金汤的地方。

公元305年5月1日，通过精心安排的正式典礼，在尼科米底亚的戴克里先和在米迪奥拉努姆的马克西米安同时退位，他们交出了自己的紫色长袍，换上了普通公民的衣服。

两人都获得了一个新头衔：大奥古斯都。这是一种在退位后保持权威的尝试，可惜并未成功。

随着台上的四人陷入争斗，"战友联盟"很快变成了"权力游戏"。直到二十年后，局面才尘埃落定，而最终的结果又导致了西方文明史上最重大的变革之一。

公元306年7月25日，即戴克里先退位一年多以后，西部的奥古斯都君士坦提乌斯去世了。巧合的是，他也死在了不列颠的依波拉堪（今约克市），跟塞普蒂米乌斯·塞维鲁一样。君士坦提乌斯的军队立即发动政变，这显然是早有预谋。他们并未接受戴克里先选择的恺撒为新任统治者，而是拥立君士坦提乌斯的儿子君士坦丁做奥古斯都。君士坦丁以此为筹码，与伽列里乌斯达成协议，接受了等级较低的恺撒称号，放弃了奥古斯都的头衔。不过对他来说，这依然是巨大的进步。

几个月后，戴克里先的继任计划又出现了一个问题。10月28日，罗马城发生了暴动，主要是因为政府企图向平民征税，结果引起了公愤。禁卫军再次站出来，选择了一位皇帝，这种做法令人想起了过去的日子。他们宣布马克森提乌斯为新皇帝，他的父亲便是已经退位的奥古斯都马克西米安。他们授予了他一个古老的头衔——元首（即第一公民）。马克森提乌斯让父亲结束隐退，恢复了奥古斯都的身份。

为了扩大儿子的阵营，马克西米安策划了一场战略性的婚姻。他把自己的女儿嫁给了君士坦丁，并承认他是奥古斯都。作为回报，君士坦丁也要承认马克西米安是奥古斯都，而马克森提乌斯是恺撒。

对于接下来发生的事情，就连最专注的旁观者都会感到困惑不解。马克森提乌斯娶了伽列里乌斯的女儿，然而伽列里乌斯却强烈反对这个年轻人争权夺利。伽列里乌斯从东部的基地派出塞维鲁去意大利对抗马克森提乌斯，但是塞维鲁失败了，变成俘虏而遭到囚禁，最终还被处决了。随后，伽列里乌斯发起进攻，结果也失败了，不过至少他逃跑了。与此同时，马克西米安跟马克森提乌斯发生了严重的争执。公元308年，这位父亲甚至企图把自己的儿子赶下台，但是未能成功。

此时，马克西米安向戴克里先发出了本章一开始提到的那个请求。公元308年11月，他们俩在卡农图姆（位于今奥地利维也纳以东26千米处）会面。马克西米安劝戴克里先重返政坛，然而这位曾经的皇帝明智地拒绝了。他以种菜为借口，回到了固若金汤的宫殿里，希望继续在幕后影响局势。马克西米安不得不第二次放弃奥古斯都的身份，但是他依然渴望权力。很快，马克西米安又跟自己的女婿君士坦丁闹翻了，甚至打算谋害他。对于君士坦丁来说，这已经足够了。公元310年，他逼迫马克西米安自杀了。

而另一边，伽列里乌斯也没有闲着，他试图通过政治宣传和皇室调整来提高自身的地位。尽管戴克里先从未让妻子奥瑞利娅·普利斯卡获得奥古斯塔的头衔，但是伽列里乌斯却将这个头衔授予了自己的妻子瓦莱利娅，即戴克里先的女儿。而且，他还以她的名字命名了一个行省。伽列里乌斯想显示自己比其他共治者更胜一筹，可是他们当然不同意。

也是在公元308年，伽列里乌斯指定了另一个巴尔干军人为西部的奥古斯都，希望能借此从罗马的马克森提乌斯手中夺取权力。此人是伽列里乌斯的老战友，曾在抗击波斯的战争中担任过将领，名叫瓦莱利乌斯·李锡尼亚努斯·李锡尼[1]。跟先前那些人一样，他也是来自巴尔干半岛的穷小子，崛起于行伍之间。然而，就算是富有经验的指挥官也无法攀上罗马的高大城墙，李锡尼并未赶走马克森提乌斯。

公元311年末，伽列里乌斯死于癌症。临终前，他取消了迫害基督徒的措施，尽管其他人会继续进行这项工作。我们不知道伽列里乌斯为何选择放弃，但是有人说疾病动摇了他的信念，他开始反思，也许基督教之神真的拥有强大的力量。

此时，号称统治罗马帝国的四个人分别是君士坦丁、马克森提乌斯、李

1　李锡尼（Licinius）：音译应为"李锡尼乌斯"，此遵从已有译名。

锡尼和代亚。他们的斗争将在下一章见分晓。在此之前，我们要叙述一下戴克里先及其家人的命运。

我们不清楚戴克里先的死亡原因和去世时间。他的生命结束在公元311—313年之间的某个时刻，原因可能是患病或自尽。在他死后，他的遗孀和女儿（即伽列里乌斯的遗孀）都被杀害了。戴克里先没能确保家人的安全，但是他拯救了帝国，并重组了政府。

自从奥古斯都去世以后，没有人给罗马政府造成过如此巨大的改变，戴克里先为帝国政府的分裂开创了先例。诚然，四帝共治制在他退位后并未持续太久，但在公元4世纪的大部分时间里，都是两个人一起管理帝国，而非 个人，这承认了戴克里先的观点，那就是罗马的问题太大，一个人无法解决。

戴克里先结束了罗马城的权威，它再也不是帝国的首都了。跟戴克里先一样，此后的大多数皇帝都是来自巴尔干半岛的军人，他们进一步削弱了皇权与"永恒之城"的联系。

在戴克里先的统治下，罗马军队享受了更加充足的资助，通过道路和堡垒构成的新网络，边境兵力得到了更加全面的部署。而且，他还使东部在接下来的两代时间里免受波斯的侵扰。由于戴克里先的改革，帝国政府变得前所未有的庞大和复杂。为了承担相应的开支，戴克里先增加了税收，并利用法律把农民束缚在土地上。

他取得了许多成功，也遭遇了不少失败。虽然戴克里先采取了暴力手段，但是他无法阻止基督教的发展。而且，他也没能把帝国交到自己的女婿及其家人手中。敌人的势力不断壮大，就连宫殿的坚固墙壁都难以保护他的家人。

最终，君士坦丁大获全胜，成了戴克里先的继任者，但这并非终结的标志。诚然，作为第一位基督徒皇帝，君士坦丁代表着一种鲜明的变化。不过，他在政治、军事和经济方面的作风很像戴克里先。而且，君士坦丁建立的王朝源自戴克里先最亲密的两个战友：君士坦提乌斯和马克西米安。回首那段历史，我们会发现，戴克里先和君士坦丁的统治形成了一项共同的事业，他们合力改革并挽救了罗马帝国。

第十章

君士坦丁

基业长青不是一成不变，而是因时而变

卡比托利欧博物馆的庭院几乎正好位于罗马城最神圣的异教遗址上，有趣的是，那里[1]摆着一尊巨型大理石半身像[2]，刻画了罗马的第一位基督徒皇帝——君士坦丁。君士坦丁的信仰转变具有重要意义，无论怎么强调都不为过。这件事给世界带来了大大小小的影响，使基督成为"罗马之主"，星期天成为休息日，伊斯坦布尔成为欧洲人口最多的城市并遮盖了罗马的光芒。实际上，这件事对此后一千七百年的欧洲历史影响深远，以至于我们更愿意把君士坦丁看作一个中世纪（即"信仰时代"）的人，而非罗马皇帝。不过，这尊半身像却提醒我们，他确实是恺撒和奥古斯都的继承者。

这是一件壮观的纪念物，足以彰显统治者的身份，而且所有古代史的研究者都对它非常熟悉。这尊半身像曾属于一个比真人还大的雕塑，仅头部就高达3米。其他部位也有少部分幸存下来，包括一条青筋突起、肌肉发达的右臂，一只伸出食指的右手[3]，以及一只脚。不过，我们关注的还是这尊半身像。君士坦丁看起来跟他的前任们截然不同，就像第一位留胡须的皇帝哈德良一样独特。

君士坦丁的脸庞刮得干干净净，下巴中间有凹陷的痕迹，模样年轻英俊，而又粗犷健壮。他头发浓密，脖颈布满肌肉，眼睛仰视着天上，正在寻求神灵的启示。但是，这些特征虽然颇为新颖，却令人回想起了几个世纪之前的雕塑。

君士坦丁是一个不折不扣的罗马人。他是军人、政治家和建造者。他冷酷无情，不择手段，但成功的皇帝无不如此。他野心勃勃，渴望权势，聪明能干，机智狡猾，既注重精神和宗教，又崇尚残暴的武力。他是战士、管理者、公关天才以及见识远大的领袖。如果说他非常自负，那也不是什么新鲜事。

他把自己比作奥古斯都，而奥古斯都把自己比作罗慕路斯，并且两位皇帝都认为亚历山大大帝是他们的先驱。跟奥古斯都一样，君士坦丁也在尽量保留优秀传统的同时欣然接受改变，并在开始阶段使用暴力，后来则主要采取和平与渐进的方式。他犒赏士兵，却也关注女性，他遵循了常见的皇室模式，与母亲维持着密切的关系。他立志开创一个王朝，而在这方面，他比大多数人都要成功。

君士坦丁既是罗马人，又是基督徒。我们可以从他对自己成就的描述中看到这一点，他把基督教的一神论和救赎论跟罗马异教的传统帝国主义结合起来：“在上帝的帮助下，我怀着救赎的坚定信念，从大洋的海岸开始，一步一步地举起整个世界。”[4]

君士坦丁是凡人，也是圣徒。他很重视调整罗马与神明的关系，这跟此前的皇帝别无二致。然而结果证明，他的政策产生了革命性的影响。

君士坦丁是历史上的伟大成功者之一，这也许是最能体现其罗马特色的事情。

崛起之路

公元273年2月27日，君士坦丁出生在纳伊苏斯[5]（今塞尔维亚的尼什）。当时，没有人能够想到，这个行省首府的孩子有朝一日会建立大名鼎鼎的君士坦丁堡，那里位于其出生地东南方向约720千米处，曾一度成为世界上最重要的城市。而且，也没有人能够想到，他将给帝国的宗教和文化带来划时代的改变。

君士坦丁的父亲君士坦提乌斯来自今天的保加利亚，当儿子出生时，他还是罗马军队里的一名下级军官。君士坦丁的母亲海伦娜受人尊敬，却身份低微，她的父亲在土耳其西北部的主要军用公路旁经营一家小旅馆。公元272年，君士坦提乌斯在跟随奥勒良皇帝征战的途中遇见了她。两人互相爱慕并结为夫妻[6]，九个月后，君士坦丁出生了。

君士坦提乌斯在军队中快速晋升，到君士坦丁十岁时，他已经当上了行省总督。因此，他有资本让儿子接受优质的教育，尤其是在拉丁语文学方面，此外还包括希腊语和哲学。而且，跟父亲一样，君士坦丁也受到了专业的军事训练。

当君士坦提乌斯跟海伦娜离婚时，君士坦丁可能才十几岁，他的父亲迎娶了一位公主，即西部帝国的统治者、奥古斯都马克西米安的女儿。君士坦提乌斯继续跟君士坦丁保持密切的关系，引领他走向辉煌的未来。不过，这次离婚显然是一个打击。可想而知，为了保护并培养自己的儿子，海伦娜肯定付出了不少努力。

对于君士坦丁来说，海伦娜是他人生中最重要的人物之一，而且在接下来的三十年里始终如此。就像以前的许多罗马母亲一样（例如利维娅、阿格里皮娜和尤利娅·多姆娜），海伦娜也在一位皇帝的成年生活中发挥着巨大的作用。

公元293年，君士坦提乌斯获封恺撒，大约在此时，二十岁的君士坦丁被派往东部。他跟随军队攻打波斯，并镇压了埃及的叛乱。随后，他在尼科米底亚加入了戴克里先的朝廷。作为恺撒君士坦提乌斯的长子，他将来很有希望继承父亲的头衔。

毫无疑问，君士坦丁结了一门好亲事。在公元300年之前不久，他娶了一个叫密涅维娜的女人。据推测，她可能是戴克里先的外甥女。夫妻俩有一个儿子，取名克里斯普斯。

公元303年，当大迫害开始时，君士坦丁还在尼科米底亚的朝廷任职。跟父亲一样，他也反对这种无法包容基督徒的严苛做法，但是他并未表态，显然是为了保证自己的事业顺利发展。

戴克里先的朝廷堪称一所政治学校，它传授了许多知识，尤其是指出只要拥有足够的才华和野心，一切皆有可能。毕竟，戴克里先本人就是从卑微的底层攀上了权力的巅峰。在出身和教育方面，君士坦丁有着更大的优势。不过，还有一项重要的前提，那就是上天的青睐，这一点也需要考虑在内。有些历史学家认为他得到了母亲的帮助，海伦娜也许搬到了附近，陪伴天资聪颖的儿子，并影响了他对神明的看法。

命运青睐的男人

公元305年，伽列里乌斯说服戴克里先改变主意，打翻了君士坦丁的如意算盘。当戴克里先和马克西米安放弃奥古斯都的身份而双双退位时，伽列里乌斯接管了东部，而君士坦提乌斯则掌控了西部，就像长期以来所安排的一样。但是，戴克里先并没有任命君士坦丁（君士坦提乌斯之子）和马克森提乌斯（马克西米安之子）为恺撒，而是提拔了马克西米努斯·代亚（伽列里乌斯的外甥）和塞维鲁（伽列里乌斯的亲密战友）。在伽列里乌斯的要求下，计划彻底改变了。遭到排斥的两个人都怀着巨大的野心，谁也不肯善罢甘休。

君士坦丁离开尼科米底亚，前往西部的不列颠跟父亲会合。正如上一章所提到的，当君士坦提乌斯在次年去世时，君士坦丁被军队拥立为新的奥古斯都，接替父亲统治西部。士兵们更愿意赞同世袭制，所以君士坦丁是顺理成章的选择，而且君士坦提乌斯在临终前也表示支持自己的儿子。在父亲生命的最后一年里，君士坦丁率领军队在哈德良长城之外的不列颠北部打仗，赢得了士兵们的尊重。毫无疑问，君士坦丁展现了他在欧洲东部和近东地区收获的战斗经验。此外，他还有一个优势：一位日耳曼国王成了他的盟友，此人在不列颠担任副将，曾效忠于君士坦提乌斯。

几个月后，马克森提乌斯在罗马宣布自己继承了父亲的皇位。伽列里乌斯试图阻止他们，但是他对意大利发起了两次进攻，结果都以失败而告终。最后他被迫接受了君士坦丁和马克森提乌斯，尽管只是承认他们为恺撒，而非奥古斯都。他指定了另一个战友李锡尼做西部的奥古斯都和统治者。

与此同时，君士坦丁不断巩固自己的权力。跟父亲一样，他也把首都设在奥古斯都·特里沃鲁姆（今特里尔），位于今日德国的西南部。特里尔在帝国早期是一座繁荣的城市，后于公元275年被日耳曼部落摧毁，但是君士坦提乌斯和君士坦丁把这座城市的发展水平提升到了新高度。君士坦丁在这里建造了一片宫殿，其接待厅后来被用作教堂，因而得以保存至今。这是一间又长又高的大厅，尽头的半圆壁龛曾经摆放着皇帝的宝座，阳光透过两排巨大的圆窗照进厅里。室内原本装饰着彩色大理石，不像现在那么朴素。然而跟此前的皇室接待厅相比，它还是显得更加简洁，因为立柱很少。这间大厅以其庄严质朴的风格为早期的教堂建筑树立了典范。

君士坦丁以奥古斯都·特里沃鲁姆为中心，统治着属于他父亲的行省，包括不列颠、高卢和希斯帕尼亚，而且他还连续打败了入侵莱茵河边境的日耳曼人。尽管在君士坦丁所处的时代，帝国一直保持战略防御状态，但是皇帝们经常越过边境，在外国领土上进行攻击和掠夺，向当地人展示自己的力量。作为皇帝，君士坦丁会亲自率领军队，就像所有成功的罗马统治者一样。他为自己在战争中赢得的头衔而感到骄傲，例如"日耳曼尼库斯·马克西姆斯[1]·四"，表示他曾四次击败日耳曼人。

另外，在帝国内部，君士坦丁通过跟竞争对手交易来提高自己的地位。密涅维娜已经去世了，君士坦丁打算跟马克森提乌斯的妹妹福斯塔（弗拉维娅·马克西玛·福斯塔）结婚。福斯塔比君士坦丁年轻二十岁，而且根据硬币上的图案来判断，她非常漂亮，堪称值得炫耀的娇妻，不过她的主要作用却是为了王朝的利益传宗接代。

马克西米安和马克森提乌斯承认君士坦丁为奥古斯都，而君士坦丁则承认他的新内兄为恺撒，新岳父为大奥古斯都。君士坦丁和马克森提乌斯都宣布在他们控制的领土上实行宗教宽容政策，并归还了在大迫害期间没收的基督徒财产。

但是，马克西米安却跟君士坦丁发生了争执，还企图暗杀他。公元310

1　日耳曼尼库斯·马克西姆斯：拉丁语作"Germanicus Maximus"，意为"日耳曼尼亚的伟大征服者"。

年，心灰意冷的君士坦丁迫使马克西米安自尽了。可想而知，这肯定让福斯塔感到非常难受。

次年，皇室的另一起死亡事件进一步改变了局势：伽列里乌斯因癌症去世。此时，帝国由四个人共同统治，但是他们之间几乎毫无信任可言。在东部，李锡尼和代亚深陷于权力的斗争之中，而在西部，君士坦丁和马克森提乌斯也保持着互相提防的状态。公元312年，一组新的联盟出现了：君士坦丁与李锡尼联手，对抗马克森提乌斯和代亚。君士坦丁采取行动，率军攻入意大利。他是一名勇猛的战士，统领着久经沙场的老兵，而软弱的马克森提乌斯则准备躲在罗马的坚固城墙后面抵挡围攻。现在只剩下终极大奖了，那就是罗马。

米尔维安大桥

米尔维安大桥在罗马北边，横跨台伯河，初建于公元前206年，历经数次重修，现在还保留着一些古代的石材。早在尼禄年少时，这里便是夜间冒险的好地方，如今依然吸引着众多情侣。不过，其最著名之处在于公元312年10月28日的米尔维安大桥战役，当时君士坦丁打败了马克森提乌斯，占领了罗马。在公元前31年9月2日亚克兴海战的胜利把奥古斯都推上权力的顶峰之后，这是帝国另一次最具有决定性的军事行动。

这场战役的实际发生地点并非在大桥上，而是在其北边的陆地上。君士坦丁的军队正好聚集在一座小山脚下，高处便是利维娅的郊外庄园。当时，君士坦丁已经取得了一连串的胜利，马克森提乌斯非常担忧，甚至把象征自己身份的物品埋在了帕拉蒂诺山上。2006年，考古学家们在那里发现了这些东西，其中最重要的一件是马克森提乌斯的权杖，那也是唯一出土的罗马皇帝权杖。这类权杖通常是0.6~1米的象牙棒托着圆球或老鹰。马克森提乌斯的权杖顶端有一个象征地球的蓝色圆球，固定在黄铜合金的底座上。

为了把君士坦丁挡在城外，马克森提乌斯拆除了米尔维安大桥的部分构件，使其无法通行。接着，他又改变了主意，决定出去跟君士坦丁作战，于是他命人搭起了一座浮桥作为替代。马克森提乌斯率领军队投入战斗，结果遭遇惨败。他打算退回城里避难，但是桥上挤满了逃亡的人群，他不慎落入水中，穿着盔甲淹死了。事后，马克森提乌斯的尸体被冲到了岸上。

马克森提乌斯和君士坦丁是内兄弟，但两人却毫不犹豫地展开了殊死搏斗。而且，当人们用标枪挑着马克森提乌斯的首级在罗马游行时，君士坦丁也没有表示反对。后来，马克森提乌斯的首级还被送往北非，以便向那里支持他的人证明他已经身亡。对于福斯塔而言，这又是一个沉重的打击，她的父亲和哥哥皆为她的丈夫所害。

君士坦丁占领了罗马，更重要的是他改变了罗马。他向全世界宣布，他现在是基督教教会的朋友。实际上，他自己就是基督徒。

君士坦丁是如何走到这一步的？成为基督徒对他来说意味着什么？这些问题勾勒出一个迷人的故事，在学术界引起了广泛的讨论。

君士坦丁的信仰转变

从公元312年之前的几年开始，君士坦丁便拒绝对基督徒进行迫害。在这方面，他效仿了父亲的做法，而君士坦提乌斯并非基督徒。不过，海伦娜可能是基督徒。现存关于君士坦丁生平最重要的文献则持相反态度，坚称是皇帝让母亲改信了基督教[7]。但是，后来的教会历史学家都认为是海伦娜把儿子培养成了基督徒[8]。这些作者都有自己的目的，很难判断真相究竟是什么。

至少我们可以确定，如果君士坦丁希望母亲改变信仰，那么基督教对他来说显然意义非凡，而如果他在乎她的宗教信仰，那么母亲对他来说无疑十分重要（不管是情感上还是政治上）。到了君士坦丁执政后期，海伦娜依然在罗马世界的基督化过程中发挥着关键作用。

公元310年，也就是米尔维安大桥战役的两年前，君士坦丁及其军队在午后的天空中望见了令人惊叹的景象：日晕，即一轮光圈环绕着太阳。此事发生在高卢的一座阿波罗神庙附近，阿波罗便是太阳神，但也有观点认为那座神庙供奉着另一位罗马神明——"无敌者索尔"[1]（拉丁语为"Sol Invictus"）。这是君士坦丁的父亲君士坦提乌斯最喜爱的神明，尽管它被引介到罗马的时间并不长，彼时奥勒良皇帝在东部的叙利亚打仗，看到了一位保佑他获胜的当地太阳神。

年轻的君士坦丁相信自己与太阳神有着特殊的关系，但是他不确定该如何解读高卢上空出现的壮观景象。他咨询了许多智者，包括基督教的主教。他们向他保证，这个景象并非来自太阳神，而是基督发出的征兆。在福音书中，耶稣形容自己为"世界之光"[9]，而且马太也说耶稣的脸庞像太阳一样闪耀[10]。早期的基督徒认为基督是照亮精神的光源。

最终说服君士坦丁的是一个梦。在那个梦里，基督向他展示了一种可以抵御敌人的标志。君士坦丁在他的军旗上添加了一个著名的早期基督教符号，由希腊字母"chi"和"rho"组成，相当于代表基督（Christ）的拉丁语"CHR"。这件事发生时，君士坦丁很可能还在高卢，尚未进入意大利。正是在此时，君士坦丁宣布自己为基督徒。后来，在米尔维安大桥战役之前，他又让手下的士兵把凯乐符号（chi-rho）画在盾牌上，并在进入罗马城后重申了他的基督教信仰。

君士坦丁是一名真诚的改信者吗？我们有理由认为他是，尽管"真诚"和"政客"这两个词很少搭配在一起。古代人非常重视梦境和征兆，先前的皇帝便是如此，而且他们也咨询过占星师。现代的西方人总是在寻找"真正的动机"，但是我们经常对宗教动机的真实性视而不见。

当然，君士坦丁也有可能从头到尾都是一个功利主义者，通过操纵宗教来获得权势。不过，在公元312年，改信基督教是明智的举动吗？事后看来确实如此，但当时没有什么能保证一个以异教徒为主的帝国会容忍一位基督徒皇帝。只有能够冒巨大风险的人，或者相信上帝赋予自己使命的人，才会像君士坦丁那样做。早在公元314年，君士坦丁便指出，上帝亲自把人类的事务

---

1 无敌者索尔（Unconquered Sun）：字面意思为"不可战胜的太阳"。

托付给了他，条件是他要处理得当[11]，在后来的岁月中，他将再次提起自己的使命。

在改信基督教之后的数年里，君士坦丁在许多方面仍旧表现得像一名异教徒。例如，他还没有弄清楚自己信仰的新神基督与旧神无敌者索尔之间的关系。刚开始，他认为自己完全可以同时敬奉这两位神明。有一段时间，他的硬币上依然刻着太阳神的形象，而且经常标明"无敌者索尔——不可战胜的君士坦丁皇帝的伙伴"[12]。

不过，在君士坦丁统治的帝国里，绝大多数人都是异教徒，尤其在军队中，基督徒明显是少数群体。在大迫害期间，有个别基督徒为了自己的原则而殉道。但是在面对更加广泛的异教徒受众时，最好能模糊旧神和新神之间的差异。

在米尔维安大桥战役过去十二年以后，君士坦丁跟东部的统治者李锡尼兵戎相见。李锡尼是一个危险的竞争对手，他容忍基督教，却并未改变自己的信仰。身为异教徒，李锡尼可以利用多数人支持的宗教来攻击君士坦丁。公元324年，君士坦丁打败了李锡尼，成为唯一的罗马皇帝。此后，他对宗教问题采取了更加灵活的态度，不过他依然面临着强大的反基督教势力。不懂得权衡利弊的统治者无法生存，而君士坦丁一向擅长此道。

但是，改信基督教并不会使人变得完美。即使在公元312年之后，君士坦丁仍制造了大量的血腥杀戮，就连异教徒都会为此赧颜。君士坦丁传播福音，把教堂修建得更加壮丽而坚固，这些坚定不移的做法足以证明他是一名基督徒。

罗马城的基督化

公元312年10月末，君士坦丁进入罗马，这是他第一次来到这座城市。此时他已年近四十，是一名经验丰富的军人，他还未造访"永恒之城"，便已经成了西部帝国大多数地区的统治者。君士坦丁能够在没有见过罗马的情况下达到如此高度，这充分说明罗马的地位已经降低了。

君士坦丁在这座城市里只待了两个月，却足以赢得异教精英的支持，同时他不忘向基督徒群体大施恩惠。马克森提乌斯是一个热心的建造者，君士坦丁接管并完成了他开展的工程，包括一座用于行政管理和商品交易的大型巴西利卡。今天，我们通常把巴西利卡视为教堂，但它原本是公共建筑。

为了摧毁落败政权的军事力量，君士坦丁废除了马克森提乌斯的精锐骑兵队，并彻底解散了禁卫军——或者说是残余的禁卫军，因为他们在米尔维安大桥战役中损失惨重。禁卫军始于奥古斯都，但是戴克里先削弱了它的作用，而现在君士坦丁又结束了它的漫长生命。回首往昔，从禁卫军长官塞扬努斯权倾朝野到禁卫军选择克劳狄乌斯和尼禄为皇帝，再到其谋杀佩蒂纳克斯并把皇位卖给出价最高者，禁卫军对罗马历史产生了重要的影响。

君士坦丁让其他精锐部队代替禁卫军，以承担保护皇帝的职责。他组建了崭新的精锐骑兵团（到他统治末期已有二千五百人）来陪伴自己出行，从而解决安全问题。当然，还有四十个人被挑选为皇帝的保镖。他们因身穿白色短袍而被称作"白衣卫队"（candidati，拉丁语），正如几个世纪之前，在罗马共和国谋求官职的人身穿白色托加，所以产生了"候选人"[1]一词。

君士坦丁立即开始行动，着手把罗马城变成一个更加基督化的城市，不过他采取了一种小心谨慎、灵活变通的方式。他在自己的新巴西利卡里竖起了一个十字架，这项措施令罗马的保守派感到不满，但是除此之外，他让所有的基督教主题建筑都远离市中心。他在城区边缘和皇室土地上建造了一系列新教堂，其中最大的拉特朗大殿现在依然屹立不倒，那是第一座大型的基督教教堂。在君士坦丁主持局面之前，基督徒总是在简陋的房屋里集会，通常是私人住宅。尽管文献资料提到了一些独立的教堂，但是我们并不了解它们的外观。无论它们看起来怎么样，君士坦丁修建的教堂肯定更加宏伟。

拉特朗大殿是一座壮观的建筑，从入口到最早的半圆壁龛尽头，长约90多米。跟君士坦丁时期的所有罗马教堂一样，它也是内部富丽堂皇，而外部朴

1　候选人：英文作"candidate"，源于拉丁语单词"candida"，意为"纯白"。

实无华，仿佛在尽量避免引起教外人士的反感。虽然拉特朗大殿后来又经过数次翻修，但是今天的游客依然能分辨出以五条通道为主的厚重结构，那是晚期罗马公共建筑的典型特征。巴西利卡式的教堂很像同样风格的政府办公楼，看到这种建筑上的相似性，君士坦丁时期的罗马游客会清晰地感受到，教会与国家之间是密切相连的。还有一个细节值得注意，那就是君士坦丁把这座教堂建在了前代精锐骑兵队的总部遗址上。由此传递的信息非常明确，那就是一个新的时代已然来临。

拉特朗大殿旁边有一栋豪宅，属于君士坦丁。他将其送给了教皇米尔提亚德斯，在此后的数个世纪中，这里便成了教皇的官邸。教皇是罗马的主教，自称彼得和保罗的继承人，因而拥有特殊的地位。君士坦丁尊重米尔提亚德斯及其继任者教皇西尔维斯特一世，但是这位皇帝也毫不犹豫地对教会行使最高权力。君士坦丁时期的教皇颇为重要，不过在权力方面，他们无法跟后来的教皇相比。

君士坦丁还致力于在郊外为圣徒和殉道者修建圣殿。最著名的是旧圣彼得大殿，它坐落在圣彼得墓的传统遗址上，位于台伯河以西的梵蒂冈地区。它挺立了一千多年，但最终变得破败不堪。在1506—1626年间，我们今天见到的这座文艺复兴时期的巴西利卡[1]被建造出来，取代了君士坦丁留下的教堂。

一开始，君士坦丁表现得更像是教会的朋友，而不是教会的最高管理者。从本质上来讲，他开展的基督教建筑工程属于个人的慈善行为，而非国家政策。在罗马，君士坦丁的官方形象并未冒犯异教徒。

最佳的官方例子是一座刻着君士坦丁名字的凯旋门，位于罗马角斗场旁边，那也是君士坦丁最著名的罗马纪念物，至少今天的游客都这么认为。这座凯旋门由元老院建造，用来纪念三年前米尔维安大桥战役的胜利。其整体设计没有采用明显的基督教元素。实际上，当时还有一位参观者透过中间的拱道看到了远处的异教象征，即一尊巨大的雕像，塑造了君士坦丁原本信奉的太阳神。

1　这座……巴西利卡：指圣彼得大殿，又称"新圣彼得大殿"。

凯旋门表面有一系列浮雕，其中有一些是专门为此而制作的，描绘了君士坦丁在意大利取得的军事胜利、他进入罗马的情景以及向罗马人民分发金钱的场面。还有一些浮雕是从先前的皇室纪念物上剥离下来的，这批源自图拉真、哈德良和马可·奥勒留时期的艺术作品展现了战争、狩猎和异教祭祀的画面，就连安提诺乌斯都作为配角登场了。古老艺术作品的亮相将君士坦丁置于罗马的皇室传统之中，尽管那很可能暗示了这座凯旋门的建造时间非常紧张，所以被迫重复使用了先前的作品。

只有刻在凯旋门上的献词适合从基督教的角度进行解读——不过异教的解读也同样贴切。其内容说，元老院和罗马人民把这座凯旋门献给君士坦丁皇帝及其取得的胜利，因为他受到了伟大精神和"圣灵启示"[13]的感召。后者可以指朱庇特或无敌者索尔，也可以指基督。这段铭文和另外两段较短的铭文都将君士坦丁称作暴政的解放者与和平的奠基者，此乃罗马的传统赞誉。

征服东部

公元313年，君士坦丁和李锡尼在米迪奥拉努姆（今米兰）举行了一次高级会晤。他们同意分治帝国，君士坦丁以传统的罗马方式跟李锡尼达成协议，把自己同父异母的妹妹君士坦提娅（弗拉维娅·尤利娅·君士坦提娅）嫁给了他。不过，这次会晤最广为人知的成果还是著名的"米兰敕令"[1]。实际上，这个标题属于误称，因为它既不是一道敕令，也并非出自米兰，而是后来李锡尼从其东部基地签发的一封信。

这封信很重要，但也不像历史学家有时强调的那么重要，因为其时，西部帝国已经享有宗教自由，并归还了在大迫害期间没收的基督徒财产，公元311年，伽列里乌斯在临终前放弃了迫害行为，恢复了宽容政策。只有代亚还继续在东部帝国迫害基督徒，那里的大多数地区都被他所掌控，直到公元313

1　米兰敕令：罗马帝国宣布宽容基督教的公告。

年。此时，李锡尼承诺要把这些宽容政策推广到代亚的领土上。

李锡尼很快便兑现了自己的诺言，因为他打败了代亚，并接管了东部。代亚自尽身亡，帝国的统治者由四个减少到两个，但是君士坦丁和李锡尼仍然不满足。他们俩都野心勃勃，而且互相猜疑。从公元316—324年，他们进行了一系列内战。君士坦丁总是亲临前线指挥军队，甚至在一场内战中受了伤。

尽管君士坦丁还要抗击莱茵河与多瑙河边境的侵略者，而且他犯过一个决策性失误，但他还是在哈德良波利斯打败了李锡尼。随后，君士坦丁的儿子克里斯普斯又在赫勒斯滂（今达达尼尔海峡）战胜了李锡尼的舰队，那是一道分隔亚洲和欧洲的狭窄海峡，位于爱琴海的入口处。最终的战役发生在公元324年9月18日，地点是克里索波利斯（今土耳其的于斯屈达尔），现在属于伊斯坦布尔的亚洲部分。双方的宗教对比非常鲜明。李锡尼展示了异教神明的图像，而另一边，君士坦丁则挥舞着绘有基督教凯乐符号的军旗。君士坦丁满怀信心地发起正面攻击，结果大获全胜。李锡尼见己方损失惨重，只好带着残余的部队逃跑了。

君士坦提娅在战败的丈夫和同父异母的哥哥之间尽力周旋。双方达成共识，李锡尼及其子小李锡尼将失去权力，但是保全性命。他们被判处国内流放，而君士坦提娅则回到了君士坦丁的身边，成为朝廷上的重要人物。

在君士坦丁的家族中，君士坦提娅并非唯一值得敬畏的女性。君士坦丁的妻子福斯塔于公元324年获封奥古斯塔，而他的母亲海伦娜也是一样。两个强大的女性都依附着皇帝，竞争自然在所难免，冲突也会经常发生。

硬币肖像显示海伦娜是一个端庄威严的女人，她戴着象征皇室身份的环状头饰，披着一件朴素的斗篷。福斯塔的硬币肖像则被描绘得高贵从容，美丽的侧脸酷似希腊的古典雕塑，头发梳理得非常精致，有时也戴着环状头饰。两个女人的硬币反面都是她们站立的模样。海伦娜的硬币[14]展现了一位身穿长袍的女性，手拿一根低垂的橄榄枝，旁边的铭文是"平安"。而福斯塔的硬币[15]则刻画了一位抱着两个孩子的女性，旁边的铭文是"希望"，强调了福斯塔的母亲身份。

迈向基督化的帝国

在打败李锡尼之后，君士坦丁开始更加堂而皇之地宣扬自己的基督教信仰。公元326年，当前往罗马庆祝自己登基二十周年时，他首次拒绝向朱庇特献祭，结果引起了不少抗议。

这位皇帝有一种使命感，相信上帝选择了他来带领帝国皈依基督教。公元325年，在一次对基督徒发表的演讲中，君士坦丁说：

> 在上帝的帮助下，我们竭尽全力向那些不了解教义的人灌输美好的愿望，这绝不是普通的任务。如果对方碰巧是善良的，我们应该把他们的思想变得虔诚，如果对方是邪恶而冷酷的，我们就要引导他们走向正面，使其成为有用之人，创造价值。[16]

罗马的宗教一直都依靠政府的支持，君士坦丁将异教徒的补贴转移给基督教教会，这是一项巨大的恩惠。

公元324年之前，君士坦丁曾在西部承诺容忍异教，因此行事有所顾忌，然而在东部，他却可以为所欲为。尽管他允许东部的异教庙宇继续存在，但是他没收了它们的财物，从黄金到青铜，无一例外。他还禁止祭祀，导致庙宇变成了空壳。

没收那些财物的目的之一是修建教堂，许多新教堂的出现都得益于君士坦丁的慷慨解囊。一位异教作家斥之为浪费公款[17]，然而基督徒的想法肯定截然不同。另一个目的则是救济穷人。此前的罗马皇帝也会帮助贫苦民众，但是在基督徒皇帝的统治下，慈善事业达到了前所未有的规模，这标志着罗马政府发生了永久性的变化。

皇帝还提升了主教的地位。跟所有的基督教神职人员一样，他们也免去了罗马富人需要向当地政府履行的昂贵而耗时的各种义务。此外，主教还拥有一些特权，尤其是在遭到指控时，可以接受同僚的审判，这是其他罗马人无法享受的待遇。他们充当代理人，向教会和穷人分发皇室提供的资金。他们甚至能够在教会里决定奴隶的释放问题。总而言之，主教成了非常重要的人物。

在君士坦丁的统治下，罗马法律还产生了一些涉及基督徒的变化。独身惩罚始于几个世纪前的奥古斯都时期，现在这项规定被取消了，因为基督徒跟异教徒不同，他们认为独身是一种美德。钉死耶稣（以及其他许多人）的十字架刑被废除了，不再用来处决罪犯。离婚的行为虽未遭到禁止，却变得更加困难，这可能是受到了《新约》反对离婚的影响。

跟犹太人一样，基督徒也承认每周有一天是休息日，即所谓的安息日。犹太人在星期六（实际上是从星期五日落到星期六黄昏）庆祝安息日。早期的基督徒有两种做法：有些人庆祝犹太教的安息日，而其他人则把耶稣复活的星期天当作安息日。与此同时，异教徒相信星期天是神圣的太阳日，尽管不是休息日。君士坦丁颁布法令，规定星期天（即"庄严的太阳日"[18]）是一切城市活动的休息日（农民可以在星期天照顾庄稼）。又过了一两代人的时间，这项规定才在基督徒群体中得以普及。

君士坦丁的支持提升了教会的地位，却也改变了教会。到头来，外人的行动反倒左右了内部的事务。耶稣说恺撒的归恺撒，上帝的归上帝[19]。然而君士坦丁既是上帝的信徒，又是恺撒，他坚持要决定什么属于上帝，以及怎样报答上帝。或许他是出于好意，认为一个虔诚的君主有责任让真正的宗教变得更好。但是面对他的干涉，基督徒必须考虑该如何回应。

君士坦丁成了基督教教会的统治者，或者更确切地说，是所有基督教教会的统治者。正如君士坦丁所知，基督教是一种多样化的宗教，容纳了众多的地区差异和教义分歧。经过将近二十年的艰苦战争和政治活动，君士坦丁终于把全体罗马人都统一在单人的权力之下。同样，他也想统一全体基督徒，但这个任务并不容易。

当君士坦丁还只是西部的统治者时，他曾介入过北非教会的一次内部分裂，他们争论的焦点是对于那些在大迫害期间苟且偷生的基督徒应该给予多少宽恕。君士坦丁已经把自己的事业押在了教会上，他要求基督徒团结起来，对抗他们的敌人。公元314年，他给管理北非的罗马官员写信，称其为"敬奉至高神上帝的同胞"[20]，并宣布他的目标是实现基督教统一。然而，多年的谈判、贿赂、流放乃至处决，使得非洲教会的两派难以和睦相处。

公元325年，君士坦丁陷入了一场更大的纷争。论战席卷了东部教会，其根本问题是耶稣与上帝的关系。大多数基督徒都相信耶稣既是人类，也是上帝，个中奥妙只有信仰才能调和。而阿里乌派（因其领袖是一个叫阿利乌斯的埃及基督徒而得名）则相信圣父上帝创造了圣子耶稣，耶稣高于其他人类，但是并不等于上帝。君士坦丁在尼西亚城召开了一次大型的主教会议，试图让双方达成共识。这便是教会历史上的第一次大公（ecumenical，源于希腊语，本意为"世界"）会议，有二百五十名主教出席，由皇帝亲自主持。其中一位主教来自叙利亚·巴勒斯提纳，人称该撒利亚的优西比乌，他是重要的基督教作家和思想家，为我们提供了关于君士坦丁生平的第一手资料。

尼西亚会议事关重大，而且皇室高层也参与了讨论。君士坦提娅在会上向支持阿里乌派的基督徒建言，直到临终前，她还代表阿里乌派游说自己的哥哥，可惜并未成功。

会议通过了一项声明，重申耶稣既是人类又是上帝的传统教义。后来经过一些修改，这项声明今天依然被基督徒传诵，他们称之为"尼西亚信经"。尽管这个结果使国家支持的教会公开反对阿里乌派，但是阿里乌派又继续存在了数个世纪。

君士坦丁想推行一种官方或正统的基督教，摒弃其他流派，即所谓的"异端"。不过，"异端"（heresy）一词源于希腊语的"选择"（hairesis），而基督教历来就有自由和分散的特点。事实证明，它不会屈服于中央控制。

但是，随着基督教变成皇室宗教，耶稣在基督教艺术中的形象也发生了改变。过去，艺术家们总是把耶稣描绘成一个普通人，做着医治病患之类的事情。有时，他们也将其塑造成一名朴素的牧羊人，因为耶稣曾自称是好牧人[21]。现在，耶稣开始穿着精致的托加，坐在宝座上，犹如皇帝一样，周围环绕的男性信徒像元老，而女性信徒则像罗马贵族。此可谓皇室宗教的皇室基督。当然，基督教还不是正式的国教，异教活动也依然存在，这种情况会一直持续到公元395年。但是，通过慷慨的资助和皇室的支持，君士坦丁已然让基督教教会走上了成功之路。

悲哀与荣耀

为了征服罗马，君士坦丁杀了妻子的哥哥，为了夺取帝国东部，他又杀了妹妹的丈夫。他曾答应君士坦提娅会饶恕李锡尼及其儿子，结果却改变了主意。他指控这两个人密谋造反，把他们都处决了。公元325年，李锡尼首先被杀，一年后，他的儿子也未能幸免。

然而，对于君士坦丁的家族来说，这仅仅是灾难的开始。公元326年，皇帝让自己的长子克里斯普斯接受审判，这个年轻人被认定有罪并处以毒死之刑。考虑到克里斯普斯的地位以及他在西部抵御日耳曼部落和在东部抗击李锡尼的成就，这种情况实在令人震惊。克里斯普斯已经获封恺撒，似乎很有希望继承皇位。但是突然之间，在二十六岁左右，他消失得无影无踪，所有的公开记录和档案都删去了他的名字。

克里斯普斯被处决的原因备受争议，不过最有可能的解释是福斯塔指控他跟自己发生了性关系[22]。相较于君士坦丁，福斯塔与继子的年龄更加接近。他们俩真的有染吗？抑或福斯塔像希腊神话中的人物一样，勾引克里斯普斯不成，便反咬一口？或者是福斯塔憎恨丈夫杀害了她的父兄？我们只能猜测了。

后来，君士坦丁得出结论，认为克里斯普斯是无辜的，而福斯塔撒谎了。他的母亲海伦娜使他相信了这一点，并表示她的孙子是含冤而亡。福斯塔担心自己会遭到报复，于是在滚烫的浴缸里自杀了。

福斯塔的父亲是皇帝（马克西米安），哥哥是皇帝（马克森提乌斯），丈夫也是皇帝（君士坦丁），而且她拥有尊贵的奥古斯塔头衔，一生的大部分时间都在宫中度过。她从未料到自己会落得如此悲惨的结局，留下五个年幼的孩子和彻底败坏的名声。跟克里斯普斯一样，福斯塔也从官方档案中消失了，而皇室家族则蒙受了巨大的耻辱。

圣地

次年，君士坦丁派海伦娜去叙利亚·巴勒斯提纳朝圣。这既是出于虔诚的信仰，也是为了修复公共关系，弥补前一年的事件给皇室造成的损害。

在那里逗留期间，海伦娜找到了耶稣曾经生活过的一些重要地点，尤其是在耶路撒冷。她肩负着官方使命，可以毫无限制地获得政府资金，用来建造新教堂、美化旧教堂以及帮助穷人。她在伯利恒和耶路撒冷的橄榄山上留下了漂亮的教堂。

在耶路撒冷的耶稣复活之处，君士坦丁还主持建造了圣墓教堂。那座教堂的一部分经过大规模修缮，今天依然存在。当初，它旁边还有一栋壮丽的巴西利卡，现在已经消失了。

罗马人曾摧毁耶路撒冷，以惩罚犹太人叛乱。随后，在哈德良的统治下，他们重建了耶路撒冷，把这座犹太城市改造成异教城市，并称之为埃利亚·卡比托利纳。到了君士坦丁时期，他们又让耶路撒冷以本名得到重建，但它依然不是犹太城市，而是被当作了基督教城市。

君士坦丁将叙利亚·巴勒斯提纳重塑为"基督教圣地"，一个闭塞落后的行省变成了基督徒朝圣的中心，此举带来了深远的历史影响。一方面，这导致了几个世纪后基督徒跟穆斯林的冲突，即著名的"十字军东征"；另一方面，这剥夺了犹太人在传统家园生活的权利。那片土地究竟属于谁，今天依然充满争议。

君士坦丁不是犹太人的朋友；当然，根据罗马人的标准来判断，他也不是最可恶的敌人。他没有像韦斯巴芗和提图斯那样摧毁圣殿，也没有像哈德良那样血洗犹太地区。他没有破坏犹太人的集体生活，那种聚居模式在以色列的土地上和大流散的过程中继续盛行。然而，君士坦丁确实使犹太教的地位变得低于基督教。他虽然并非第一个侮辱犹太人的皇帝，但是他对犹太人的伤害尤为严重，他污蔑犹太人为"谋杀主的凶手"[23]。他不允许犹太人接受来自基督教的皈依者，又禁止犹太人阻拦同胞改信基督教。不过，他还在无意中做了一件好事，那就是规定改信基督教的犹太人奴隶可以得到释放，从而在一定程度上消除了犹太社区的道德污点——奴隶制。

当一位著名的拉比学者改信基督教时，君士坦丁给了他很高的地位，并出资在加利利建造了第一批教堂，那片地区有大量的犹太城市。数十年后，其中一座城市成了犹太人反抗罗马的中心。

君士坦丁堡

跟戴克里先一样，君士坦丁也承认帝国太过庞大和复杂，无法以某一座城市统领全局，需要在东部和西部各设一个首都。君士坦丁并未选择罗马，在执政的大部分时间里，他都是坐镇西部的奥古斯都·特里沃鲁姆或东部的西尔米乌姆（在今塞尔维亚）和塞尔迪卡（今保加利亚的索非亚）。打败李锡尼之后，他打算在原先属于李锡尼的领土上建立一个新首都。戴克里先和伽列里乌斯常驻的尼科米底亚已经不合适了，因为那里曾经是大迫害的中心。君士坦丁想在东部打造一个崭新的基督教首都，为基督教帝国服务。而且，他看中了一个兼具战略优势和宣传优势的地方。

君士坦丁堡（今土耳其伊斯坦布尔）占据着绝佳的位置，很少有城市能与之相比，不过君士坦丁是第一个充分开发其潜力的人。毫不夸张地说，通过把拜占庭（这是它当时的名字）重建为君士坦丁堡，君士坦丁创造了历史上最重要且最繁华的城市之一。

这个地方是他在东部征战期间注意到的，当时李锡尼把拜占庭用作一处防御基地。拜占庭是公元前7世纪建立的一座希腊城市，多年来经历过不少起伏，此前因支持塞普蒂米乌斯·塞维鲁的敌人而遭到摧毁，随后似乎又被李锡尼重建。君士坦丁再度开展重建工作，并以自己的名字命名这座城市，称其为"君士坦丁堡"，即"君士坦丁之城"。他或许还叫它"新罗马"，不过这个名字也可能是在君士坦丁去世五十年之后才出现的。我们难以确定。

君士坦丁堡坐落在博斯普鲁斯海峡南端的一个半岛上，这道狭窄的海峡连接着攸克辛海（今黑海）和普罗庞提斯（今马尔马拉海），后者又通往赫勒斯滂、爱琴海和地中海。博斯普鲁斯海峡的一侧是欧洲，而另一侧是亚洲。时至今日，它依然是地球上最具战略意义的水域之一。

君士坦丁堡位于博斯普鲁斯海峡的欧洲一侧，作为一个三面环水的半岛，它只有一面与陆地相连，因而易守难攻。君士坦丁为这座城市修建了新的城墙，使它的范围向西扩展了3200多米，结果在亚欧两洲的交界处形成了一个坚固的巨大要塞。君士坦丁堡靠近多瑙河，跟罗马的另外两条边界（即西部的莱茵河与东部的幼发拉底河）距离相等。

君士坦丁堡还相当于一座胜利的纪念碑，它面对着博斯普鲁斯海峡的亚洲沿岸，那里就是君士坦丁和李锡尼的决战之处。君士坦丁在打败罗马同胞的地点附近建立了一座城市，这种做法效仿了奥古斯都。那位皇帝在亚克兴击溃了自己的竞争对手安东尼，随后也跨过水域，建立了一座城市，并称其为尼科波利斯，即希腊语的"胜利之城"。不过，我们的类比只能到此为止。无论是奥古斯都还是其他皇帝，都没有建立过像君士坦丁堡这样伟大的城市。

新城于公元330年5月11日建成。皇帝大兴土木，让君士坦丁堡拥有了一座新宫殿、一个竞技场（即赛马的场地）、一片柱廊环绕的广场、一栋元老院议事厅和一系列新教堂。广场中央矗立着一根斑岩石柱，有一部分至今依然存在。石柱顶端是一尊君士坦丁的巨大裸体雕像，头上戴着光芒四射的皇冠。这可以被视为基督教的象征，或者太阳神的象征，甚至二者皆是。君士坦丁是基督徒，但也是政治家，他懂得利用模棱两可的方式来扩大自己的吸引力。

重组政府

君士坦丁重组了罗马的政府机构，使其变得更加专业和灵活，尤其是更容易服从他的意志，这首先体现在军事方面。他始终记得塞维鲁的忠告，那就是保证士兵的收入。跟伽利埃努斯以后的皇帝一样，君士坦丁也让军事跟民事分离。他摆脱了将元老提拔为将领的束缚，增加了非罗马出身的军官数量，他们都是罗马人眼中的野蛮人。例如，当君士坦丁的父亲去世时，一位日耳曼国王正在依波拉堪指挥军队。尽管大部分士兵都是本国人，但还有相当多的外国人跨越边界，加入罗马军队，他们认为这是一种很好的谋生手段。其中包括摩尔人、亚美尼亚人、波斯人，不过主要还是日耳曼人。

早在戴克里先时期，部队就已经开始分化成野战军和边防军，君士坦丁进一步推动了这种趋势。野战军的身体更健壮，待遇更优厚，而且服役时间也较短。得到扩充的野战军直接听从皇帝指挥，具有很高的机动性，使皇帝可以快速把部队调遣到需要的地方。

君士坦丁加强了宫廷的官僚机构。他任命了一批直接对自己负责的重要官员，他们是更加专业的管理者，掌握着一些新的部门。他还增添了一个新兵种，由军团组成，负责在中央和地方行省之间传递机密信息。这一系列巩固和集权的措施使政府变得更加高效，却并没有更加纯粹。委婉地讲，那些管理者都想要"好处费"。实际上，罗马政府的规模越庞大，腐败问题就越严重。

君士坦丁明白，用礼物和人情来换取服务是一种重要的管理方式。因此，为了跟行省权贵建立友好关系，他创造了新的头衔和荣誉，甚至还为君士坦丁堡设立了一个新的元老院。他对个人和城市都非常慷慨，这种做法有利于政治，却无益于国库。

真正对国库有利的是君士坦丁铸造的新金币，名叫苏勒德斯，它取代了因通货膨胀而贬值的旧金币。君士坦丁之后的皇帝将继续发行优质的苏勒德斯，实际上，这种金币变得越来越可靠，并且广受重视，以至于有些人称之为"中世纪的美元"[24]。但是，银币和铜币依然在不断贬值。

教堂与清真寺

公元328年前后，海伦娜刚从圣地回来，便在君士坦丁堡去世了。她的儿子为她送终，并将她的遗体运往罗马，自从公元312年以来，她一直生活在那里。她的遗体被放进一副精致的斑岩石棺里，安置在一处带有穹顶圆形大厅的陵墓中，位于城外的一座殉道者教堂旁边。如今，这副石棺由梵蒂冈博物馆收藏，每年供数百万名游客参观；陵墓的遗迹依然矗立在罗马郊区的一座公园里，但是并未得到宣传，所以很少有人探访。

君士坦丁的余生相对比较平静。不过，随着东部边境的问题再度浮现，他打算对波斯发起一次新的军事行动，并亲自担任指挥官。然而，离开君士坦丁堡之后不久，他便病倒了，在尼科米底亚附近停下了脚步。临终之际，他接受了洗礼。当时，为了尽量降低受洗后犯罪的风险，将洗礼推迟到死前进行是很常见的做法。公元337年5月22日，君士坦丁与世长辞。

君士坦丁有三个儿子幸存下来，皆为福斯塔所出。晚年，他把三个儿子和一个侄子都封为恺撒，并让他们分别管理帝国的一部分。他牢牢地牵制着四个恺撒，同时又希望他们将来能继承自己，携手共治帝国。然而，他的构想没有实现。在君士坦丁死后，那个侄子及其父亲（即君士坦丁同父异母的弟弟）立即被杀害了。

三兄弟瓜分了帝国，但是这种情况并未持续太久。一个兄弟想要更多的领土，于是攻打了另一个兄弟的地盘，结果输掉了战争和性命。还有一个兄弟遭遇了政变，被人谋杀了。最后只剩下君士坦提乌斯二世，他在父亲死后统治了二十四年，从公元337年到361年。然而，他必须跟夺取兄弟权力的篡位者展开一场血腥的内战。而且，君士坦提乌斯二世在选择继承人方面也非常失败。他指定了两个堂弟为恺撒，结果却不得不处决了其中一个，因为此人违抗命令；同时他还要准备镇压另一个掀起叛乱的恺撒。但是，计划还未实现，他就病逝了，而造反者则登上了皇位。

许多皇帝都习惯提前安排好自己的葬身之处，君士坦丁也不例外。跟戴克里先和伽列里乌斯一样，他并没有选择罗马城，而是决定长眠于君士坦丁堡西部的一座小山上，那个地方可以望见大海。他的遗体被安放在一座既是陵墓又是教堂的建筑里，此处名叫圣使徒教堂，容纳了君士坦丁的石棺和十二使徒纪念碑，而且保存着十二使徒及其他教父的遗骸，还有来自圣地的遗物。教堂内设置了一个祭台，以便君士坦丁的灵魂跟十二使徒一起享受人们的敬奉。

那是一座美轮美奂的建筑：高大宏伟，采用穹顶设计，装饰着大理石、青铜和黄金。尽管它并未幸存下来，但是据我们所知，它完全配得上君主的尊贵身份。在1453年，即君士坦丁去世一千多年以后，奥斯曼土耳其人占领了君士坦丁堡。那时，圣使徒教堂已经开始倒塌了。这座城市的新任奥斯曼统治者是苏丹穆罕默德二世，人称"征服者"，他下令拆除教堂的剩余部分，以清真寺来代替。于是，壮丽的法提赫清真寺（Fatih Camii，土耳其语，意为"征服者清真寺"）拔地而起，设计者是当时的著名建筑师。它被一系列地震摧毁，数百年后又根据不同的设计方案重建，如今依然挺立在那里。清真寺外面是穆罕默德的陵墓，这位征服者将君士坦丁堡变成了一座穆斯林统治的城市。通过跟君士坦丁的安息处建立联系，穆罕默德强调了自己是"罗马的恺撒"（Kayser-i-Rum，土耳其语）。这足以证明重塑罗马帝国的君士坦丁拥有多么显赫的名声。

遗产

如果是其他人从较低的位置上崛起，打败强大的竞争对手，统一帝国，改革军事和行政机构，建立王朝，同时还展现了充沛的精力，从不列颠北部到莱茵兰，从罗马到多瑙河，从赫勒斯滂到幼发拉底河，辗转各地参加战役，那么我们肯定会认为他是一个了不起的人物。然而，君士坦丁是傲视群雄的历史巨人，这些功绩在他身上都显得微不足道，只有基督教和君士坦丁堡才能真正地代表他。跟其他皇帝一样，君士坦丁也留下了许多纪念物，但是没有任何东西能超越那座以他名字命名的城市。他并非唯一介入宗教的皇帝，可是就连奥古斯都也没有带来如此重大的改变。

东正教承认君士坦丁为圣徒。而海伦娜不仅是东正教的圣徒，还是罗马天主教和安立甘宗（即英国国教）的圣徒。从确立罗马国教的角度来讲，如果君士坦丁是基督教之父，那么海伦娜就是基督教之母。

基督教的胜利是历史上最惊人的转折之一。一位遭到处决的圣人在帝国一角宣讲的道义成了罗马政府支持的宗教，并且在公元4世纪末期被定为正式的国教。

当戴克里先发动全国反对基督教时，教会在罗马社会中已经是一股不容小觑的力量，而且经历了大迫害以后，它又变得更加强大。教会在某种意义上就相当于"国中之国"，罗马政府必须找到与其相处的方法，而君士坦丁就是解决问题的关键人物。

自从奥古斯都去世以后，没有哪位皇帝像君士坦丁一样，在掌权之前具备鲜明的双重身份，既是局内人，又是局外人。奥古斯都和君士坦丁都选择了自己的同类作为盟友，这些人拥有权势和影响力，但是不完全属于统治阶级的内部圈子。奥古斯都拉拢了意大利的罗马骑士和幸存的元老院精英，而君士坦丁则联合了主教、官僚乃至蛮族国王。他们俩都非常重视地方行省的精英阶层，当然，还有军队。

历史上很少有人比君士坦丁更懂得如何运用权力，他的才华与表现足以支撑他的庞大野心。他对宗教的虔诚毋庸置疑，但是他也喜爱暴力，而且渴望权力。

君士坦丁可谓历史上最具创造性的政治家之一。他把基督教从一个少数派宗教变成了西方世界的主流文化力量。他建立了历史上最伟大的城市之一，并调整了罗马的战略平衡。

从大迫害的打击对象到皇室推崇的宗教信仰，基督教崛起的过程似乎不可思议，甚至堪称奇迹。然而，这一切都遵循着我们熟悉的罗马模式。罗马皇帝虽各有特点，但都是务实主义者，从奥古斯都开始便一直如此，他们尽量保留传统，并欣然迎接变化。有时是较小的变化，例如哈德良提升东部希腊化地区的地位；有时是重大的变化，例如恺撒和奥古斯都摧毁自由的共和制，以君主制取而代之。变化往往是暴力的，难免会造成内战、抄家和处决。

回首往昔，我们可以把大迫害以及君士坦丁的内战与奥古斯都的公敌宣告及其内战进行对比。两种情况的结果都是建立起一个新体制，而其根源则来自旧体制；保守派都有抱怨和反抗，有时还非常激烈，不过帝国却依然适应并存活下来。但是，二者有一点巨大的不同，那就是地理方面的差异。

跟许多前任一样，君士坦丁也把目光投向了东部。东部赋予了奥古斯都最富饶的领土——埃及，但是他一直坐镇西部。东部将韦斯巴芗推上了皇位，然而皇帝的宝座在罗马。东部提供了哈德良的理想、马可·奥勒留的哲学和塞普蒂米乌斯·塞维鲁的妻子，可是他们都聚焦于"永恒之城"。尔后，戴克里先以东部为基地，君士坦丁则更进一步，将帝国的轴心向东迁移，建立了一座新首都，并打造了新的基督教精神之都，此时的基督教依然扎根于东部。

当君士坦丁去世时，没有人能看出他已经为罗马的衰落埋下了伏笔。在不经意间，君士坦丁给一个没有罗马、没有意大利乃至没有欧洲大部分地区的罗马帝国创造了条件，同时为三大东部帝国奠定了基础，它们分别是穆斯林哈里发帝国、俄罗斯帝国以及东罗马帝国（也就是我们今天所熟知的拜占庭帝国）。

同时，他还在无意中动摇了西罗马帝国的支柱。在君士坦丁之后的三代时间里，没有人能单独统治整个帝国超过十五年。最终，在公元395年，距离君士坦丁去世还不到六十年，帝国正式分裂成东西两半，再也没有哪位皇帝能统治从不列颠到伊拉克（北部）的领土了。

罗马帝国的西部一直比东部贫穷，此时则更添软弱。公元5世纪，罗马被洗劫了两次，而君士坦丁堡却坚不可摧，在君士坦丁将其建成之后的九百年间，没有任何敌人能够攻占这座城市。

如果有更优秀的领导方式和更明智的资源运用，那么西部帝国也许可以幸存下来。然而，在君士坦丁去世一百三十九年以后，西部的罗马帝国便灭亡了。侵略者占领了它的大部分行省，随后逼迫皇帝退位。在意大利城市拉文纳，即西罗马帝国三代人的首都，年轻的罗慕路斯·奥古斯都路斯放弃了自己的权力，那一天是公元476年9月4日。

对于西罗马帝国的传奇来说，这是一个悲伤的结局。不过，罗马帝国并未消失，务实的罗马人只是向东迁移罢了。奥古斯都的继任者将继续统治帝国，只是不再以罗马为中心。公元476年，君士坦丁堡的辉煌才刚刚开始。

结语

拉文纳的幽灵

　　拉文纳位于意大利北部，距离亚得里亚海不远。数个世纪以来，它一直是港口城市，但最终港口被淤泥堵塞，现在只有一条运河通往数千米之外的大海。如今，这座城市是一个宁静的地方，人们经常会予以忽视，而把目光投向它的著名邻居——壮丽的威尼斯和海边的里米尼。然而实际上，拉文纳在很久以前便获得了许多充满吸引力的精美事物，尤其是迷人的镶嵌画。这些东西默默地唤起了被遗忘的岁月，那时罗马帝国在西部陨落，并在东部崛起。跟其他地方相比，拉文纳可以更加生动地勾勒出罗马帝国的黄昏。

　　今天，前往拉文纳的游客会遇到一群幽灵。第一个幽灵便是曾经支配这座城市的皇宫。在君士坦丁死后的数十年里，西罗马帝国的首都通常是米迪奥拉努姆（今意大利米兰），而非罗马或奥古斯都·特里沃鲁姆（今德国特里尔）。但是，在公元4世纪，帝国逐渐失去了保卫意大利的能力。后来，一个日耳曼部落围攻了米迪奥拉努姆，人们发现这座城市在意大利北部平原上太过暴露，无法继续充当首都。拉文纳比较安全，它的周围环绕着一圈沼泽地，就像一道天然屏障，直到近代都是疟疾的高发区。而且，彼时的拉文纳还拥有一个优良港口，可以通过海路获得援军或撤退逃生。奥古斯都曾经承认了拉文纳的战略优势，并将其用作罗马帝国舰队的母港。

因此，在公元5世纪，拉文纳成了西罗马帝国的首都。有十几位皇帝在拉文纳进行过统治，他们的宫殿富丽堂皇，或者说很可能华丽无比，但是我们难以确定，因为它们已经彻底消失了。

那里曾住着最后一位西罗马皇帝，他名叫罗慕路斯·奥古斯都，于公元475年登基。他拥有两个辉煌的名字，一个来源于传说中罗马的建立者及其国王罗慕路斯，一个来源于罗马的第一位皇帝奥古斯都。但是这两个名字并不适合软弱无能的新皇帝，反倒是他的绰号奥古斯都路斯（意为"小奥古斯都"）更接近真相。他上台时年仅十五岁，他的父亲掌握着实际权力。此人征服了拉文纳，并废黜了此前的皇帝，不过出于某种原因，这名将领宁愿把皇位让给自己的儿子。罗慕路斯·奥古斯都路斯统治的帝国已经缩小至意大利地区和高卢南部，而且他的政权缺乏合法性，因为东罗马帝国的皇帝不承认他的地位。

当时意大利的头号人物是弗拉维乌斯·奥多亚塞。他是一名外族酋长（可能属于日耳曼人，但并不确定），统领着意大利的日耳曼雇佣兵。跟以前的许多罗马军人一样，这些雇佣兵希望拥有自己的土地。罗慕路斯·奥古斯都路斯的父亲拒绝了，于是他们便发动了叛乱。雇佣兵杀死了罗慕路斯·奥古斯都路斯的父亲和叔父[1]，随后占领了拉文纳。

他们饶了年轻皇帝的性命，但是勒令他离开宫殿。他们给了罗慕路斯·奥古斯都路斯一大笔钱，将他流放到一座俯瞰那不勒斯湾的海滨庄园里。他带着亲戚同行，其中很可能包括他的母亲。奥多亚塞在意大利称帝，与此同时，罗马的元老院（这个机构仍然存在）拿走了皇冠、斗篷等皇室权力的象征，交予君士坦丁堡的皇帝，仿佛暗示西部的皇帝已经不复存在了。

罗慕路斯·奥古斯都路斯于公元476年9月4日退位，此时距离屋大维在罗马自称奥古斯都过了五百多年，而君士坦丁则去世了一百三十九年。西部的罗马帝国结束了，尽管奥多亚塞和后来的其他日耳曼统治者认为自己完全有资格继承紫袍。他们支持意大利的罗马艺术和文学，就像先前的皇帝一样。例如，

1　叔父：也可能是伯父，此人名叫保罗，跟罗慕路斯·奥古斯都路斯的父亲是兄弟，但他们的出生年份不详。

他们继续在拉文纳赞助美丽的镶嵌画和纪念物。

不过，西部帝国的统治者变成了日耳曼人。虽然西部的罗马公民将担任很高的官职，但是他们再也没有做过皇帝。

大约一个世纪之后，有一位作家将罗慕路斯·奥古斯都路斯描述为"罗马民族的西部帝国"的最后一位统治者，并指出"从此以后，日耳曼民族哥特人的国王便占有了罗马和意大利"[1]。与之竞争的西部皇帝尤利乌斯·尼波斯坚持到了公元480年，但是他并非在意大利进行统治，而是在达尔马提亚过着流亡生活——公元475年，罗慕路斯·奥古斯都路斯的父亲逼他逃往那里。最终，尼波斯被杀害了。

究竟是哪里出了问题？为何"罗马民族"无法继续统治西部？简而言之，西部帝国的行省一个接一个地落入了各种非罗马侵略者的手中。下面是一些标志性的时间：公元410年，罗马人从不列颠撤离；公元418年，他们允许日耳曼民族哥特人定居在高卢南部；公元435年，他们把北非的大部分地区让给了汪达尔人，那是另一群日耳曼民族侵略者。

还有一些攻击让罗马人备受惊吓，却并未使帝国丧失领土。在公元5世纪40年代和50年代，阿提拉率领匈人入侵巴尔干半岛、高卢和意大利，那是一支蒙古游牧民族，凶猛彪悍，擅长骑射。尽管他们掠夺了几座城市的财物，并勒索了许多黄金，但是他们没有占领罗马的任何土地。此外，蛮族人也在公元410年和455年两度洗劫了罗马。

汪达尔人攻陷了罗马在北非的重要产粮行省，切断了意大利粮食供给的生命线。只有基于君士坦丁堡的东罗马帝国有资源组织一次远征，希望恢复这条生命线。然而，当东罗马舰队试图在今天属于突尼斯的地方登陆时，汪达尔人趁着夜色发动了一场火船攻击，将东罗马舰队摧毁了。公元468年的卡本半岛海战为西罗马帝国敲响了丧钟。

很久以前，吉本曾提出基督教在罗马衰亡的过程中扮演了重要角色，因为它削弱了罗马人的战斗精神[2]。这纯属无稽之谈。罗马帝国的东部比西部更热衷于基督教，而东部并未在公元476年覆灭。实际上，它以帝国的形态继续存在了一百五十年，直到穆斯林攻占其大部分领土。之后，它又作为一个区域性政权坚持了八百年，最终在1453年才彻底结束，此时距离西部沦陷已经过了将近一千年。而且，两千年来，基督教也没有阻止欧洲国家频繁地互相争斗并夺取世界各地的许多领土。

西罗马帝国的陨落是由于无能的领导方式、拙劣的军事部署、不利的地理位置，还有内部的分裂、强大的敌人以及资源的减少。在西部覆灭之前，罗马帝国也出现过一些伟大的领袖，但是他们主要在东部。

金钱、人才和权力都流向了东部。在西部，没有任何城市可以媲美伟大的首都君士坦丁堡，也没有任何要塞能够与之相比。

君士坦丁在新城的陆地和沿海都建造了防御工事。一个世纪之内，君士坦丁堡的范围便远远超出了他留下的陆地城墙。因此，公元5世纪早期，罗马人在向西1.6千米的位置修筑了更加坚固的新墙，使这座城市的面积扩大了一倍。由内墙、外墙与护城河组成的巨大陆地城墙绵延5.6千米，连接着抵御海上侵袭的沿海城墙。

当罗马遭受洗劫的折磨时，君士坦丁堡却在不断发展。于是，我们便以一种迂回的方式迎来了拉文纳的第二批幽灵。它们最初见于君士坦丁堡，这座城市在查士丁尼皇帝（527—565年在位）和狄奥多拉皇后（527—548年在位）掌权期间达到了一个巅峰，他们俩主导了拜占庭帝国的早期历史（有趣的是，直到东罗马帝国灭亡以后，人们才开始使用"拜占庭帝国"这个名称）。

查士丁尼继承了奥古斯都和君士坦丁留下的传统，他也是一名伟大的征服者、立法者、管理者和建造者，领导了一个文学艺术繁荣发展的时代。在东部，他坚守拜占庭帝国，抵御波斯的强势进攻。在西部，他的将领征服了意大利和北非的部分地区。不过，他没能结束巴尔干半岛上的外族侵袭，也无法阻止斯拉夫人和保加利亚人在拜占庭的领土上定居。

作为立法者，查士丁尼是历史上最有影响力的人物之一。他主持罗马法律的编纂，从而诞生了《查士丁尼法典》，这是一部权威的工具书，对西方法律传统产生了重要的影响。作为管理者，他完善政府，打击腐败，并发展贸易。

作为建造者，查士丁尼开展了许多公共工程，包括桥梁、堡垒、渡槽、孤儿院乃至整座城市。其中最为著名的一项是圣智大教堂，又名圣索非亚大教堂，位于君士坦丁堡，今天依然屹立不倒，只是变成了博物馆。跟尼禄和哈德良一样，查士丁尼也让自己的建筑杰作采用了穹顶结构。它在千年之中都是世界上最大的主教座堂之一，其内部装饰着大量的镶嵌画。当查士丁尼初次看到这座建筑落成的模样时，他对它的宏伟壮丽感到非常震惊，不禁感叹道："所罗门，我已经超越了你！"[3]他说的是在耶路撒冷建造第一圣殿的犹太国王。

作为东正教的领袖，查士丁尼打击异端者、异教徒、犹太人和撒玛利亚人（他们信奉另一种犹太教，有别于大多数犹太人遵循的拉比传统）。他把异教老师逐出雅典的柏拉图学园，并疏远了埃及和叙利亚的许多基督徒，因为他们推崇非东正教的神学理论。他不允许拉比对《希伯来圣经》作出解释，而这是犹太教的一个重要组成部分。尽管查士丁尼的许多禁令都没有得到执行，但是他确实激起了一些暴动和反抗。

狄奥多拉出身低微，曾当过演员，这是一个不太体面的职业。不过，她精明聪慧，而且美丽动人。她赢得了查士丁尼的青睐，他娶了她，还封她为奥古斯塔。在他的政权里，她发挥了巨大的影响力。面对君士坦丁堡的暴动，查士丁尼差点儿丢下皇位逃跑，是狄奥多拉使他鼓起了勇气。她告诉他："皇室的紫袍是最高贵的裹尸布。"[4]从而说服了颤抖的皇帝站稳脚跟，继续战斗；不久以后，他的一名将领镇压了叛乱者。狄奥多拉还通过立法帮助女性，阻止强迫卖淫，在离婚和财产方面给予女性更多的权利。

在查士丁尼和狄奥多拉之后还会有许多伟大的拜占庭皇帝和皇后，但是，从某种意义上说，他们二人代表着罗马的最后一次绽放，因为他们是东部帝国最后一对讲拉丁语的伟大统治者。此后，希腊语便成了统治者及其政府的常用语言，就像在地中海东部地区一样。不过，这些统治者依然自称是罗马人。

拉文纳的人民同样如此，他们也是查士丁尼帝国的一部分。他麾下最伟大的将领从日耳曼人手中夺取了拉文纳。他为罗马帝国"收复"了意大利，尽管自公元395年以后，意大利便不再受君士坦丁堡统治了。但是，此时拜占庭人占领了意大利，而且他们将在那里待上二百年，并将拉文纳用作基地。这座城市经历了一次漫长的文化复兴，不过其标志性的时刻却出现在开始阶段。在拜占庭征服意大利后不久，一组绝妙的镶嵌画被用来装饰拉文纳的圣维塔大教堂。半圆壁龛两侧的镶嵌画描绘了查士丁尼和狄奥多拉，两位统治者的头上都有一圈光环，背景是闪闪发亮的金色，身边围着一群俊美的贵族男女，还有神职人员和全副武装的士兵，仿佛他们和自己的随从正在教堂里。这些华丽的镶嵌画是两位统治者的经典肖像，在中世纪艺术史上占有重要地位。

然而，东罗马的君主在拉文纳做什么呢？查士丁尼和狄奥多拉从未踏足过这座城市，他们一直在君士坦丁堡进行统治。就像拉文纳消失的宫殿一样，他们也只是幽灵。

不过，还有一样东西反映了罗马皇帝在拉文纳的出现，那就是拉文纳所在地区的名字"罗马涅"，意为"罗马人的土地"，今天它依然被如此称呼。这个名字最早见于公元5世纪，后来当拜占庭帝国统治那片地区时又再次得到使用。人们为自己跟拜占庭帝国的联系而感到骄傲，这是可以理解的。在查士丁尼的统治下，罗马帝国成了世界上最强大的国家之一，而君士坦丁堡则是最伟大的城市之一。

只是，当奥古斯都创建罗马帝国时，他肯定没有料到，帝国的最后一抹余晖将落在小小的拉文纳——一座远离罗马的港口城市。

致　谢

西塞罗说，感激包含了对他人的友谊和善意的回忆，以及报答他们的愿望（西塞罗《论取材》2.161）。若果真如此，那么我的回忆是美好的，而我的愿望是强烈的，可惜我的报答能力却是欠缺的。我在写作本书的过程中收获了许多友谊和善意，下面的内容并不足以表达我的感激之情。

我深深地感谢阅读了全部或部分手稿的同事、朋友和学生，他们使这本书变得更好。当然，所有的错误都由我本人负责。感谢玛雅·艾伦、凯瑟琳·布雷特曼、赛尔汗·衮格尔、亚当·莫格隆斯基、雅各布·纳贝尔和蒂姆·索尔格。

苏黎世大学的弗朗西斯科·M.加拉西博士分享了他在古代医药方面的专业知识。玛丽·麦克休分享了她关于大小阿格里皮娜的著作和观点。沃勒·纽维尔带来了许多关于古代暴政的启发性谈话。巴里·温加斯特提供了关于古代和现代的制度及范式的深刻见解。凯文·布洛姆菲尔德和乔纳森·沃纳贡献了专业的研究协助。英国皇家炮兵部队的陆军中校（已退役）蒂莫西·威尔逊热情地带我游览了哈德良长城及其周边地区。

这个项目得到四家机构的慷慨支持：罗马美国学院，我曾在那里做过访问学者；博利亚斯科基金会，我是其成员之一；胡佛研究所，我曾在那里做过访问学者；还有康奈尔大学，给予我研究和写作的假期。在罗马美国学院，我要感谢的人有许多，尤其是约翰·奥赫森多菲尔和吉姆·鲍斯两位主任。在博利亚斯科基金会，我想感谢劳拉·哈里森及其他人。在胡佛研究所，我希望感谢维克托·戴维斯·汉森的友谊与好客，并且感谢他为历史学家树立的典范。我还要感谢大卫·伯基和艾瑞克·瓦金。在康奈尔大学，我要感谢我的同事以及历史系和古典系的教职工。我还要向康奈尔最棒的约翰·M.奥林图书馆表达谢意。

有许多人分享了专业知识，展现了好客之情，介绍了古代遗迹，充当了咨询顾问，提供了热情鼓励，还有最重要的一点，那就是他们总会在我需要的时候出现。感谢本杰明·安德森、达利乌斯·阿里亚、杰德·阿特金斯、恩斯特·巴楚斯克、伊丽莎白·巴特曼、科林·贝伦斯、利奥·贝利、桑德拉·伯恩斯坦、丽莎·布莱兹、尼基·邦纳尼、菲利普·博斯特罗姆、多利安·博尔博努斯、伊丽莎白·布拉德利、玛丽·布朗、朱蒂斯·拜菲尔德、霍利·凯斯、克里斯托弗·凯伦扎、焦尔达诺·康迪、比尔·克劳利、克雷格·戴维斯、安吉洛·德真纳罗、梅根·德林克沃特、埃尔图尔克、杜尔穆斯、拉德克利夫·埃德蒙兹、盖瑞·埃文斯、迈克尔·丰丹、伯纳德·弗瑞舍尔、亚当·弗里德曼、洛伦佐·加斯佩罗尼、里克·格迪斯、吉纳维芙·格赛特、乔凡尼·乔奥吉尼、斯蒂芬·格林布拉特、梅耶·格罗斯、斯蒂芬·哈伯、约翰·海兰德、伊莎贝尔·赫尔、布莱恩·杰伊·琼斯、埃莉诺·利奇、苏珊·路斯尼亚、克雷格·莱昂斯、斯特尔特·曼宁、哈维·曼斯菲尔德、布鲁克·曼维尔、艾德里安·梅厄、凯利·麦克林顿、J.金伯尔·麦克奈特、艾莉森·麦奎因、伊恩·莫里斯、托马斯·J.莫顿、约西亚·欧博、格兰特·帕克、皮耶尔乔治·佩利乔尼、维里蒂·普莱特、丹妮尔·普莱特、塞尔吉奥·珀埃塔、大卫·波利奥、艾瑞克·瑞比拉尔德、克劳迪娅·罗赛特、卢卡什·雷兹奇、亚伦·萨克斯、丹尼尔·什皮罗、拉米·塔格夫、罗伯特·特拉维尔斯、克里斯蒂安·文特、格雷格·伍尔夫和M.提奥多拉·杰梅克。

在西蒙与舒尔特公司，我的编辑鲍勃·本德尔为这份手稿投入了巨大的精力，他随时都能展现出过人的智慧和优秀的判断力。他的助理约翰娜·李乐于帮忙，很有耐心。我希望感谢他们，还有营销部主任斯蒂芬·贝德福德。我的著作经纪人凯茜·赫明是作者最好的朋友。

任何言语都无法形容我对妻子玛西亚的感谢，还有我的孩子塞尔维和迈克尔，感谢他们长期的支持与关心。

我要把这本书献给我的学生们，无论是过去的还是现在的。感谢他们的活力、见解以及友谊，我想不出有更好的方式能表达我的心情，只能借用《塔木德》里的一句话："我从自己的老师身上学到了许多，从同事身上学到的更多，从学生身上学到的最多。"

主要人物表

奥古斯都

屋大维，后来的奥古斯都	罗马的第一位皇帝，公元前27—公元14年在位
阿提娅	奥古斯都的母亲
屋大维娅	奥古斯都的姐姐
尤利乌斯·恺撒	独裁者，奥古斯都的舅外祖父兼养父
马尔库斯·阿格里帕	奥古斯都的副手，最终成为他的女婿
西塞罗	罗马的伟大演说家
马克·安东尼	屋大维的最大竞争对手
克娄巴特拉	埃及女王
利维娅	奥古斯都的妻子
提比略	利维娅的儿子，最终成为奥古斯都的养子兼继承人

提比略

提比略	奥古斯都的继任者，公元14—37年在位
利维娅	提比略的母亲，奥古斯都的遗孀，拥有尤利娅·奥古斯塔的头衔
维普萨尼娅	提比略的妻子，后来离婚
尤利娅	提比略的妻子，后来离婚
日耳曼尼库斯	提比略的侄子，被奥古斯都指定为提比略的继承人
大阿格里皮娜	奥古斯都的外孙女，嫁给了日耳曼尼库斯

塞扬努斯	禁卫军长官，提比略的副手，对他的政权造成了威胁
小安东尼娅	奥古斯都的外甥女
盖乌斯，又名卡利古拉	日耳曼尼库斯和大阿格里皮娜的儿子，后来成为提比略的继任者

尼禄

盖乌斯，又名卡利古拉	皇帝，公元37—41年在位
克劳狄乌斯	皇帝，公元41—54年在位
尼禄	皇帝，公元54—68年在位
麦瑟琳娜	克劳狄乌斯的妻子，后来被处决
小阿格里皮娜	尼禄的母亲，克劳狄乌斯的妻子
塞涅卡	尼禄的家庭教师和顾问；哲学家，作家
波培娅·萨宾娜	尼禄的至爱，后来成为他的妻子

韦斯巴芗

加尔巴	皇帝，公元68—69年在位
奥托	皇帝，公元69年在位
维特里乌斯	皇帝，公元69年在位
韦斯巴芗	皇帝，公元69—79年在位
凯妮丝	韦斯巴芗的情妇
提图斯	韦斯巴芗的长子，皇帝，公元79年—81年在位
穆基亚努斯	叙利亚总督，韦斯巴芗的盟友
贝勒尼基	犹太女王，提图斯的情妇
安东尼乌斯·普里穆斯	将军，政治家，韦斯巴芗的盟友

图拉真

图密善	皇帝，公元81—96年在位
涅尔瓦	皇帝，公元96—98年在位
图拉真	皇帝，公元98—117年在位
普罗蒂娜	图拉真的妻子，后来成为奥古斯塔
玛西娅娜	图拉真的姐姐，后来成为奥古斯塔

苏拉	图拉真的副手
小普林尼	知识分子，皇室宣传者，行省总督

哈德良

哈德良	皇帝，公元117—138年在位
萨宾娜	哈德良的妻子，后来成为奥古斯塔
普罗蒂娜	奥古斯塔，哈德良的保护者和推动者
苏维托尼乌斯	哈德良的首席秘书官
安提诺乌斯	哈德良的男性情人，死后被奉为神明

马可·奥勒留

安东尼·庇护	皇帝，公元138—161年在位
马可·奥勒留	皇帝，公元161—180年在位
多米提娅·卢基拉	马可·奥勒留的母亲
弗朗托	马可·奥勒留的家庭教师
卢基乌斯·维鲁斯	马可·奥勒留的共治者，公元161—169年在位
小福斯蒂娜	安东尼·庇护的女儿，马可·奥勒留的妻子，奥古斯塔及军营之母
盖伦	马可·奥勒留的医生
康茂德	马可·奥勒留的儿子，皇帝，公元180—192年在位

塞普蒂米乌斯·塞维鲁

佩蒂纳克斯	皇帝，公元192—193年在位
尤利安努斯	皇帝，公元193年在位
佩森尼努斯·奈哲尔	皇帝，公元193—195年在位
克洛狄乌斯·阿尔拜努斯	皇帝，公元193—197年在位
塞普蒂米乌斯·塞维鲁	皇帝，公元193—211年在位
尤利娅·多姆娜	塞维鲁的妻子
卡拉卡拉	塞维鲁的长子，皇帝，公元211—217年在位
盖塔	卡拉卡拉的弟弟及其共治者，公元211年在位

埃拉伽巴路斯	皇帝，公元218—222年在位
尤利娅·莫米娅	亚历山大·塞维鲁的母亲，实际摄政者
亚历山大·塞维鲁	皇帝，公元222—235年在位

戴克里先

奥勒良	皇帝，公元270—275年在位
努梅里安	皇帝，公元283—284年在位
戴克里先	皇帝，公元284—305年在位
奥瑞利娅·普利斯卡	戴克里先的妻子
瓦莱利娅	戴克里先的女儿，伽列里乌斯的妻子
马克西米安	西部的奥古斯都
马克森提乌斯	马克西米安的儿子
伽列里乌斯	东部的恺撒
罗慕拉	伽列里乌斯的母亲
君士坦提乌斯	西部的恺撒
君士坦丁	君士坦提乌斯的儿子

君士坦丁

君士坦提乌斯	君士坦丁的父亲，恺撒及奥古斯都
海伦娜	君士坦丁的母亲，后来成为基督教的一名圣徒
君士坦丁	皇帝，公元306—337年在位
福斯塔	君士坦丁的第二任妻子
克里斯普斯	君士坦丁的长子
马克西米努斯·代亚	皇帝，公元305—315年在位
马克森提乌斯	皇帝，公元306—312年在位
李锡尼	皇帝，公元308—324年在位
优西比乌	该撒利亚的主教

拉文纳

罗慕路斯·奥古斯都路斯	皇帝，公元475—476年在位
查士丁尼	皇帝，公元527—565年在位
狄奥多拉	皇后，公元527—548年在位

注　释

［说明］作者在注释中提及了大量文献资料，对于暂无中文译名或译本的著作，其标题及出版信息保留原文，以便读者查找。

引言　帕拉蒂诺之夜

[1] 大竞技场（Circus Maximus）：罗马的"竞技场"（circus）是一种长方形场地，用于举行跑马比赛、战车比赛以及其他活动。罗马城里有几个竞技场，其中"大竞技场"面积最大。

[2] 斯塔提乌斯《诗草集》4.2.18。

[3] 卡西乌斯·狄奥《罗马史》67.9.3。

[4] 苏维托尼乌斯《卡利古拉传》41.1。

[5] 苏维托尼乌斯《尼禄传》8.1；苏维托尼乌斯《维特里乌斯传》15.2。

[6] 卡西乌斯·狄奥《罗马史》68.5.5。

[7] 苏维托尼乌斯《克劳狄乌斯传》18.2。

[8] 苏维托尼乌斯《韦斯巴芗传》23.3；卡西乌斯·狄奥《罗马史》66.14.5。

第一章　奥古斯都：领导者永远要身居一线

[1]《奥古斯都神功业录》34，英译文摘自《洛布古典丛书》，下同。

[2] 参见Ronald Syme, "The Nobilitas" in *The Augustan Aristorcracy* (Oxford: Clarendon Press, 1986), 1–14。

[3] 关于阿提娅，参见Ilse Becher, "Atia, die Mutter des Augustus—Legende und Politik," Ernst Günther Schmidt, ed., *Griechenland und Rom, Vergleichende Untersuchungen zu Entwicklungstendenzenund-höhepunkten der antiken Geschichte, Kunst und Literatur* (Tbilissi: Universitätsverlag Tbilissi in Verbindung mit der Palm & Enke, Erlangen und Jena, 1996), 95–116。

[4] 参见塔西佗《演说家对话录》28，尤其是28.6（约创作于公元102年），其中有一个人物曾这样描述她，大概源于奥古斯都的自传。

[5] 维吉尔《埃涅阿斯纪》。相关讨论参见Susan Dixon, *The Roman Mother* (Norman: University of Oklahoma Press, 1968), 74。

[6] 他就是卢基乌斯·马西乌斯·菲利普斯，于公元前56年当选为执政官。

[7] 大马士革的尼古拉乌斯《恺撒·奥古斯都的生平》157.14。

[8] 关于屋大维年轻时的政治生涯，Jürgen Malitz曾有精彩的讨论，参见其 "'O puer quiomnia nomini debes,' Zur Biographie Octavius bis zum Antritt seinesErbes," *Gymnasium* 111 (2004): 381–409。

[9] 这个故事可能产生于较晚的时候，跟人们经常讨论奥古斯都的神性有关，但也可能出现在早期。参见苏维托尼乌斯《奥古斯都传》94.4以及D. Wardle, Suetonius: *Life of Augustus= Vita Divi Augusti* (Oxford: Oxford University Press, 2014), 512–15；卡西乌斯·狄奥《罗马史》45.1.2；Domitius Marsus Hollis, *Fragments of Roman Poetry*, ca. 60 BC–AD 20 (Oxford: OxfordUniversity Press, 2007), 313n181。

[10] 大马士革的尼古拉乌斯《恺撒·奥古斯都的生平》158.20。

[11] 苏维托尼乌斯《奥古斯都传》68。

[12] 苏维托尼乌斯《尤利乌斯·恺撒传》2.1，22.2，49.1–4。

[13] 大马士革的尼古拉乌斯《恺撒·奥古斯都的生平》159.36。

[14] 同上，91.38。

[15] 西塞罗《致阿提库斯书》16.15.3。

[16] 同上，沙克尔顿·贝利译。

[17] 大马士革的尼古拉乌斯《恺撒·奥古斯都的生平》93.54。阿庇安在《内战史》3.11中提到布隆迪西乌姆的军队首先接受了这个名字。图黑尔认为阿提娅是在此之后才以恺撒之名称呼儿子的。参见Nicolaus, *The Life of Augustus and the Autobiography*, ed. Mark Toher (Cambridge: Cambridge University Press, 2016), 258。

[18] 阿庇安《内战史》3.14。

[19] 卡西乌斯·狄奥《罗马史》51.3。

[20] 尤利安《恺撒》309。

[21] 老普林尼《博物史》37.4.10。

[22] 奥古斯都《功业录》1.1–3。

[23] 苏维托尼乌斯《奥古斯都传》10.4。

[24] 苏维托尼乌斯《奥古斯都传》77；参见Wardle的评注，Suetonius: *Life of Augustus*, 468。

[25] 西塞罗《致友人书》11.20.1。

[26] 拉丁语原文为：Hic Atiae cinis est, genetrix hic Caesaris, hospes, /condita; Romani sic voluere patres. 摘自Epigrammata Bobiensia 40; A. S. Hollis, *Fragments of Roman Poetryc. 60 BC–AD 20* (Oxford: OxfordUniversity Press, 2007), 313n182。

[27] 关于人数的问题，参见Josiah Osgood, *Caesar's Legacy: Civil War and the Emergence of the Roman Empire* (Cambridge: Cambridge University Press, 2006), 63n6。

[28] 拉丁语作 "IMPERATOR CAESAR DIVIFILIUS"，参见Frederik Juliaan Vervaet, "The Secret History: The Official Positionof Imperator Caesar Divi Filius from 31 to 27 BCE," *Ancient Society40* (2010): 79–152, esp. 130–31。

[29] 苏维托尼乌斯《奥古斯都传》91.1；另见阿庇安《内战史》4.110和卡西乌

斯·狄奥《罗马史》41.3。

[30] 苏维托尼乌斯《奥古斯都传》15。

[31] 卡西乌斯·狄奥《罗马史》48.44.5，英译文摘自《洛布古典丛书》，下同。

[32] 苏维托尼乌斯《奥古斯都传》62.2。

[33] 参见普鲁塔克《安东尼传》60.1；阿庇安《内战史》5.1，8，9；卡西乌斯·狄奥《罗马史》50.4.3–4。

[34] 普鲁塔克《安东尼传》80.1–3；《道德论集》207A–B；另见卡西乌斯·狄奥《罗马史》51.16.3–4。

[35] 普鲁塔克《安东尼传》81.2。

[36] 卡西乌斯·狄奥《罗马史》51.16。

[37] 此处指的不是那位著名的刺杀者卡西乌斯（维莱伊乌斯·帕特尔库鲁斯《罗马史》2.87.3；瓦莱里乌斯·马克西姆斯《善言懿行录》1.7.7）。

[38] 卡西乌斯·狄奥《罗马史》53.16；苏维托尼乌斯《奥古斯都传》7.2。

[39] 参见RIC I (second edition) Augustus, 277, 488–91, 493–94, http://numismatics.org/ocre/results?q=Augustus%20AND%20year_num%3A%5B-27%20TO%20-27%5D&start=0。

[40] 如果想了解罗马共和国末期的堕落岁月和纵欲气氛，探索奥古斯都年轻时曾享受过、当上皇帝后却又立法反对的那个世界，可以参考Daisy Dunn, *Catullus' Bedspread: the Life of Rome's Most Erotic Poet*, 1st USed. (New York: Harper), 2016。

[41] 贺拉斯《讽刺诗》2.3.186。

[42] P. Köln, 4701, lines 12–14, in Kölnet al., *Kölner Papyri* (Wiesbaden: VS Verlag für Sozialwissenschaften, 1987), 113–14。

[43] 马基雅维利《君主论》第八章。

[44] 塞涅卡《论怜悯》1.9.1，1.11.1。

[45] 参见苏维托尼乌斯《奥古斯都传》15及阿庇安《内战史》4.5。

[46] 参见塔西佗《编年史》1.2。

[47] 维吉尔《埃涅阿斯纪》1.278–79。

[48] 苏维托尼乌斯《奥古斯都传》25.4；奥鲁斯·格利乌斯《阿提卡之夜》10.11.5；马克罗比乌斯《农神节》6.8.8；波利艾努斯《战略》8.24.4。

[49] 苏维托尼乌斯《奥古斯都传》23。

[50]《奥古斯都神功业录》34.3。

[51] 塔西佗《编年史》13.8。

[52] 苏维托尼乌斯《奥古斯都传》47；D. Wardle, Suetonius, 351。

[53] 苏维托尼乌斯《奥古斯都传》53.3。

[54] 拉丁语作"Dominus"，参见苏维托尼乌斯《奥古斯都传》51.1。

[55] 奥占斯都《功业录》34.14–15。

[56] 拉丁语作"respublicamrestituit"。例如E.g. the Praenestine Fasti ad January 13, 27 BC: Victor Ehrenbergand A. H. M. Jones, *Documents Illustrating the Reigns of Augustus and Tiberius* (Oxford: Oxford University Press, 1949), 45. Compare E. T. Salmon, "The Evolution of Augustus' Principate," *Historia* 5.4 (1956): 456–78, esp.157; Karl Galinsky, Augustan Culture: *An Interpretive Introduction* (Princeton, NJ: Princeton University Press, 1996) 42–79。

[57]《奥古斯都神功业录》21。

[58] 卡西乌斯·狄奥《罗马史》56.30.3。

[59] 参见Stephanie Malia Hom, "Consuming the View: Tourism, Rome, and the Topos of the Eternal City," *Annali d'Italianistica*, "Capital City: Rome 1870–2010," 28 (2010): 91–116.

[60] 苏维托尼乌斯《奥古斯都传》43–46。

[61] 同上，73。

[62] 卡西乌斯·狄奥《罗马史》51.19.7。

[63] 参见"The Personal Letters: Letter 1. Heloise to Abelard," in Abelard, Peter, Héloïse, Betty Radice, and M. T. Clanchy, *The Letters of Abelard and Heloise*, rev. ed. (London: Penguin Books, 2003), 51。

[64] 拉丁语作"Ulixes stolatus"，出自苏维托尼乌斯《卡利古拉传》23。

[65] 可参见本书所附奥古斯都雕像，该雕塑现藏于梵蒂冈博物馆，编号2290。

[66] 苏维托尼乌斯《奥古斯都传》84.2和《提比略传》54.1。

[67] 塔西佗《编年史》，另见罗伯特·格雷夫斯的小说《我，克劳狄乌斯》。

[68] 参见Elizabeth Bartman, *Portraits of Livia: Imaging the Imperial Womanin Augustan Rome* (Cambridge: Cambridge University Press, 1999), xxi。

[69] 拉丁语作"Ad Gallinas"（参见苏维托尼乌斯《加尔巴传》1；老普林尼《博物史》15.136–37；卡西乌斯·狄奥《罗马史》48.52.3–4）。

[70] 卡西乌斯·狄奥《罗马史》48.52.3–4。

[71] 马克罗比乌斯《农神节》2.5。

[72] 同上，2.5.6。

[73] 同上，2.5.9–10。

[74]《奥古斯都功业录》35.1。

[75] 古代的班达塔利亚岛，今天的文托泰内岛。

[76]《奥古斯都功业录》1.1。

[77] 苏维托尼乌斯《提比略传》21.1。

[78] 苏维托尼乌斯《奥古斯都传》99.1。

[79] 同上。

[80] 同上；英译文摘自Wardle, Suetonius: *Life of Augustus*, 77。

[81] 苏维托尼乌斯《奥古斯都传》100.1。

[82] 卡西乌斯·狄奥《罗马史》56.42。

第二章　提比略：基业长青的关键是选对接班人

[1] 维莱伊乌斯·帕特尔库鲁斯《罗马史》2.104.3。

[2] 关于这次元老院会议，参见塔西佗《编年史》1.5–13；苏维托尼乌斯《提比略传》23–25及《奥古斯都传》100–101；卡西乌斯·狄奥《罗马史》57.2–7。

[3] 塔西佗《编年史》4.71；另见卡西乌斯·狄奥《罗马史》57.1.1–6。

[4] 此人为盖乌斯·阿西尼乌斯·盖卢斯，娶了提比略的前妻维普萨尼娅（塔西佗《编年史》1.2，6.23；卡西乌斯·狄奥《罗马史》58.23）。

[5] 苏维托尼乌斯《提比略传》24.2，苏维托尼乌斯声称这是提比略的原话，而非转述或虚构。

[6] 同上，25.1。

[7] 卡西乌斯·狄奥《罗马史》48.44.3。

[8] 塔西佗《编年史》1.14，另见苏维托尼乌斯《提比略传》50.3。

[9] 苏维托尼乌斯《提比略传》68。

[10] 同上，21.2。

[11] 塔西佗《编年史》5.1。

[12] 苏维托尼乌斯《提比略传》7.2–3。

[13] 关于提比略前往罗得岛的动机，参见维莱伊乌斯·帕特尔库鲁斯《罗马史》2.99；塔西佗《编年史》1.4.4，1.53.1–2，2.42–43，4.57；苏维托尼乌斯《提比略传》10.1–2；西乌斯·狄奥《罗马史》55.9。

[14] 维莱伊乌斯·帕特尔库鲁斯《罗马史》2.111.3。

[15] 例如：RIC I (2nd ed.) Augustus 225, http://numismatics.org/ocre/id/ric.1(2).aug.225。

[16] 普鲁塔克《安东尼传》81.2。

[17] 塔西佗《编年史》1.53。

[18] 卡西乌斯·狄奥《罗马史》57.5.4。

[19] 同上，57.8.2。

[20] 苏维托尼乌斯《提比略传》29。

[21] 塔西佗《编年史》1.12。

[22] 同上，3.65。

[23] 苏维托尼乌斯《尤利乌斯·恺撒传》72.1。

[24] 苏维托尼乌斯《提比略传》71.1。

[25] 塔西佗《编年史》4.38。

[26] 卡西乌斯·狄奥《罗马史》58.28.5。

[27] 同上，57.6.3，57.1–2；苏维托尼乌斯《提比略传》21.2（拉丁语原文"eius diritatem"），57.1（拉丁语原文"saeva ac lenta natura"）。

[28] 塔西佗《编年史》3.76。

[29] 约瑟夫斯《犹太古代史》18.207–208；塔西佗《编年史》1.33。

[30] 例如：RIC I (2nd ed.) Gaius/Caligula 55, http://numismatics.org/ocre/id/
ric.1(2).gai.55。

[31] 大塞涅卡《箴言》1.15之《阿尔比诺瓦努斯·佩多》；参见塔西佗《编年
史》2.23–24。

[32] 参见M. G. L. Cooley, ed., *Tiberius to Nero* (Cambridge: London Association of
Classical Teachers, 2011), 163。

[33] 塔西佗《编年史》2.71；卡西乌斯·狄奥《罗马史》57.18.9。

[34] 约瑟夫斯《犹太古代史》18.209。

[35] 巴苏斯第五首《日耳曼尼库斯之死》，参见《帕拉蒂诺选集》7.39，英译
文摘自Cooley, *Tiberius to Nero,* 164。

[36] 塔西佗《编年史》4.32。

[37] 参见E. Cascio, "The Early Roman Empire: The State and the Economy," in *The
Cambridge Economic History of the Greco-Roman World*, ed. W. Scheidel, I.
Morris, and R. Saller (Cambridge: Cambridge University Press, 2007), 624n26。

[38] 参见www.cbo.gov/topics/defense-and-national-security。

[39] 斯特拉博《地理学》17.839；另见William V. Harris, *Roman Power: A Thousand
Years of Empire* (Cambridge: Cambridge University Press, 2016), 129。

[40] 塔西佗《编年史》4.1–2。

[41] 赫罗狄安《罗马帝国史——从马可·奥勒留去世开始》1.6.5。

[42] 指康茂德，于公元180—193年在位。

[43] 卡西乌斯·狄奥《罗马史》57.12。另见塔西佗《编年史》4.57；苏维托尼
乌斯《提比略传》51。

[44] 苏维托尼乌斯《提比略传》51.1。

[45] 卡西乌斯·狄奥《罗马史》58.2.3–6。

[46] 苏维托尼乌斯《提比略传》32.2。

[47] 同上，45。

[48] 同上，44.1。

[49] 同上，61.3。

[50] 塔西佗《编年史》4.34–35。

[51] 同上，6.25。

[52] 同上，6.25。

[53] 苏维托尼乌斯《提比略传》53。

[54] 塔西佗《编年史》6.25。

[55] 苏维托尼乌斯《提比略传》59。

[56] 约瑟夫斯《犹太古代史》18.6.6。

[57] 参见Nikos Kokkinos, *Antonia Augusta, Portrait of a Great Roman Lady* (London and New York: Routledge, 1992), 15–119。

[58] 老普林尼《博物史》7.80。

[59] 苏维托尼乌斯《卡利古拉传》11。

[60] 卡西乌斯·狄奥《罗马史》58.23.2。

[61] 塔西佗《编年史》6.50；苏维托尼乌斯《提比略传》73.2；卡西乌斯·狄奥《罗马史》58.28.3。

[62] 苏维托尼乌斯《提比略传》75.1。

[63] 参见Edward Gibbon, *The History of the Declineand Fall of the Roman Empire*, vol. 1, ed. David Womersley (Harmondsworth, UK: Penguin Press, 1994), 128（爱德华·吉本《罗马帝国衰亡史》第一卷）。

第三章　尼禄：丧失危机感，是组织败亡的起点

[1] 塔西佗《编年史》15.39。在古代文献中还可以找到许多类似的描述，但它们都把尼禄的行为当作事实，而不只是传闻。参见苏维托尼乌斯《尼禄传》38；卡西乌斯·狄奥《罗马史》62.18.1；老普林尼《博物史》17.1.15。

[2] 一种由职业音乐家演奏的形似竖琴的两弦乐器。

[3] 苏维托尼乌斯《卡利古拉传》24.1。

[4] 同上，55.3。

[5] 同上，29。

[6] 同上，37。

[7] 同上，30.2。

[8] 该雕塑现藏于法国卢浮宫博物馆，编号MR 280。

[9] 尤维纳利斯《讽刺诗》6.118。

[10] 同上，6.123。

[11] 老普林尼《博物史》10.83。

[12] 该雕塑现藏于意大利罗马蒙特马尔蒂尼中心博物馆，编号MC 1882；另见哥本哈根新嘉士伯艺术博物馆，编号753。

[13] 老普林尼《博物史》7.71。

[14] 卡西乌斯·狄奥《罗马史》61.2。

[15] 苏维托尼乌斯《卡利古拉传》53.2。

[16] 塞涅卡《论利益》2.12。

[17] 同上，4.31。

[18] 卡西乌斯·狄奥《罗马史》60.80.5。

[19] 苏维托尼乌斯《尼禄传》51.1。

[20] 同上，53。

[21] 塔西佗《编年史》13.2；苏维托尼乌斯《尼禄传》9。

[22] 例如：RIC I (2nd ed.) Nero, 1, http://numismatics.org/ocre/id/ric.1(2).ner.1。

[23] 塔西佗《编年史》12.64。

[24] 这个玩笑在希腊语中显得更直观一些，"神化"写作"apotheosis"，而"南瓜化"则写作"apocolocyntosis"，不过即使在希腊语中，其意义也并不明确。

[25] 卡西乌斯·狄奥《罗马史》60.35。

[26] 塔西佗《编年史》14.2；苏维托尼乌斯《尼禄传》28.2；卡西乌斯·狄奥《罗马史》61.11.3–4。

[27] 老普林尼《博物史》37.12。

[28] 同上，28.182–183，11；卡西乌斯·狄奥《罗马史》62.28.1。

[29] 尤维纳利斯《讽刺诗》6.462。

[30] 塔西佗《编年史》14.3–7；卡斯乌斯·狄奥《罗马史》62.12–13；苏维托尼乌斯《尼禄传》34.2–3；另见Anthony Barrett, *Agrippina: Sex, Power, and Politics in the Early Empire* (New Haven, CT: Yale University Press, 1996), 187–88。

[31] 塔西佗《编年史》14.8；卡西乌斯·狄奥《罗马史》62.13.5。

[32] 塔西佗《编年史》14.7。

[33] 同上，14.62。

[34] 参见Edward Champlin, *Nero* (Cambridge, MA: Belknap Press of Harvard University Press, 2003), 96–103。

[35] 苏维托尼乌斯《尼禄传》52。

[36] 参见Champlin, *Nero*, 283n11。

[37] 关于"谦恭的元首"的概念，参见Andrew Wallace-Hadrill, "Civilis Princeps: Between Citizen and King," *Journal of Roman Studies* 72 (1982): 32–48。

[38] 塞涅卡《论仁慈》1.1。

[39] 塔西佗《编年史》14.57，59；卡西乌斯·狄奥《罗马史》62.14.1。

[40] 塔西佗《编年史》14.63.3。

[41] 塔西佗《编年史》16.6；苏维托尼乌斯《尼禄传》35.3；卡西乌斯·狄奥《罗马史》62.28.1。

[42] 卡西乌斯·狄奥《罗马史》62.28.1。

[43] 老普林尼《博物史》12.83。

[44] 塔西佗《编年史》16.6。

[45] 同上，15.67，据称是逐字记录的原话。英译文改编自Tacitus, Complete Works of Tacitus. Alfred John Church, William Jackson Brodribb, Sara Bryant, edited for Perseus (New York: Random House, rprnt., 1942), www.perseus.tufts.edu/hopper/text?doc=Perseus%3Atext%3A1999.02.0078%3Abook%3D15%3Achapter%3D67。

[46] 参见*Musonius Rufus*, frag. 49, Cora Elizabeth Lutz, Rufonius Musus: "The Roman Socrates" (New Haven, CT: Yale University Press, 1947), 143。

[47] 卡西乌斯·狄奥《罗马史》63.17.5–6。

[48] 近来学术界对于尼禄迫害基督徒的史实性存在争议，据笔者判断，布伦特·肖举出了非常有力的反对案例，而克里斯托弗·琼斯则认可这种史实性，并同样提出了可信的论据。参见Brent Shaw, "The Myth of the Neronian Persecution," *Journal of Roman Studies* 105 (2015): 73–100; Christopher P. Jones, "The Historicity of the Neronian Persecution: A Response to Brent Shaw," *New Testament Studies* 63 (2017): 146–52。

[49] 苏维托尼乌斯《尼禄传》16.2。

[50] 塔西佗《编年史》15.44。

[51] 同上。

[52] 同上。

[53] 参见Joseph Brodsky, "Ode to Concrete," *So Forth: Poems* (New York: Farrar, Straus and Giroux, 1996), 116。

[54] 苏维托尼乌斯《尼禄传》31。

[55] 塔西佗《编年史》15.37.1。

[56] 苏维托尼乌斯《尼禄传》49；卡西乌斯·狄奥《罗马史》63.29.2；另见Champlin, *Nero*, 49–51。

第四章　韦斯巴芗：衡量领导力的真正尺度是影响力

[1] 约瑟夫斯《犹太战争史》3.236。

[2] 塔西佗《历史》2.5。

[3] 约瑟夫斯《犹太战争史》4.33。

[4] 塔西佗《历史》1.4。

[5] 苏维托尼乌斯《韦斯巴芗传》8.3。

[6] 老普林尼《博物史》3.10。

[7] 苏维托尼乌斯《韦斯巴芗传》2.2。

[8] 卡西乌斯·狄奥《罗马史》59.12.3。

[9] 该雕塑现藏于意大利那不勒斯国家考古博物馆，编号6029。

[10] 卡西乌斯·狄奥《罗马史》65.14.1–4。

[11] 塔西佗《阿古利可拉传》13.3。

[12] 塔西佗《历史》3.75。

[13] 犹太教礼拜仪式之祷告词，第十二则。

[14] 塔西佗《历史》1.47。

[15] 同上，4.11；苏维托尼乌斯《韦斯巴芗传》7.2。

[16] 约瑟夫斯《犹太战争史》4.603。

[17] 严格来讲，"男同性恋"或"同性恋"并非历史概念，因为古人对待性关系的态度跟现代人不同。不过，它们能让现代读者理解穆基亚努斯更喜欢同性。

[18] 塔西佗《历史》1.10。

[19] 苏维托尼乌斯《韦斯巴芗传》13.1。

[20] 塔西佗《历史》2.76–77。

[21] 同上，3.13。

[22] 卡西乌斯·狄奥《罗马史》65.8。

[23] 塔西佗《历史》1.10。

[24] 苏维托尼乌斯《提图斯传》1。

[25] 塔西佗《历史》2.5。

[26] 同上，2.77。

[27] 就像"男同性恋"一样，"罗马化"也是古代史上颇具争议的术语，不过它可以用来表达趋向于征服者的同化之意。

[28]《巴比伦塔木德》之《离婚篇》56B。

[29] 塔西佗《历史》2.2，81。

[30] 同上，4.81；苏维托尼乌斯《韦斯巴芗传》7.2；另见卡西乌斯·狄奥《罗马史》66.8.2，狄奥说第二个人是手部有残疾。

[31] 英译文摘自*Tacitus, Complete Works of Tacitus*. Alfred John Church, William Jackson Brodribb, Sara Bryant, edited for Perseus (New York: Random House, Inc. 1873. reprinted 1942), www.perseus.tufts.edu/hopper/text?doc=Perseus%3 Atext%3A1999.02.0080%3Abook%3D2%3Achapter%3D86。

[32] 塔西佗《历史》2.83。

[33] 塔西佗《历史》4.39；另见Angela Pabst, *Divisio regni: der Zerfall des Imperium Romanum in der Sicht der Zeitgenossen* (Bonn, Ger.: Dr. Rudolf Habelt GMBH, 1986), 46–48, 68。

[34] 穆基亚努斯在公元74年还活着（参见塔西佗《演说家对话录》37.2），而在公元77年已经死了（参见老普林尼《博物史》32.62）。

[35] 这是瓦尔特·沙伊德尔提出的观点，他正在写一部关于这个问题的著作。

[36] 卡西乌斯·狄奥《罗马史》66.17.1；苏维托尼乌斯《韦斯巴芗传》20；另见马提亚尔《隽语》3.89，11.52–56。

[37] 苏维托尼乌斯《韦斯巴芗传》22.1；另见*Suetonius, Vespasian*, ed. Brian W. Jones, with intro., commentary, and biblio. (London: Bristol Classical Press/ Duckworth, 2000), ad loc., 8。

[38] 参见Ran Shapira, "Hoard of Bronze Coins from Jewish Revolt Found Near Jerusalem," *Haaretz,* August 17, 2014, www.haaretz.com/jewish/ archaeology/1.610916。

[39] 例如：RIC II, Part 1 (2nd ed.) Vespasian 3, http://numismatics.org/ocre/id / ric.2_1(2).ves.3。

[40] 约瑟夫斯《犹太战争史》，英译文摘自Josephus, *Jewish War*, in The Works of Flavius Josephus, trans. William Whiston (Auburn and Buffalo: John E. Beardsley, 1895), 126–29, www.perseus.tufts.edu/hopper/text?do c=Perseus%3Atext%3A1999.01.0148%3Abook%3D7%3Awhis ton%20 chapter%3D5%3Awhiston%20section%3D4。

[41] 苏维托尼乌斯《韦斯巴芗传》8.5；卡西乌斯·狄奥《罗马史》66.10.2。

[42] 参见Elisabetta Polvoledo, "Technology Identifies Lost Color at Roman Forum,"

New York Times, June 24, 2012, www.nytimes.com/2012/06/25/arts/design/ menorah-on-arch-of-titus-in-roman-forum-was-rich-yellow.html, and www. yu.edu/cis/activities/ar ch-of-titus。

[43] 参见Ariel David, "Second Monumental Arch of Titus Celebrating Victory over Jews Found in Rome," *Haaretz*, March 21, 2017, www.haaretz.com/ archaeology/1.778103。

[44] 参见G. Alföldy, ed., *Corpus Inscriptionum Latinarum VI. Inscriptiones Urbis Romae Latinae VIII*. Fasc. 2. (Berlin: 1976), no. 40454a. See G. Alföldy, "Ein Bauinschrift aus dem Colosseum," Zeitschrift für Papyrologie und Epigrafik 109 (1995): 195–226。

[45] 参见Herbert W. Benario, *A Commentary on the Vita Hadriani in the Historia Augusta* (Chico, CA: Scholars Press, 1980), 118。

[46] 比德，米恩《拉丁神父全集》94: 453。

[47] 卡西乌斯·狄奥《罗马史》65.15.2；另见Barbara Levick, *Vespasian*, 2nd ed. (London: Routledge, 2017), 202。

[48] 昆体良《雄辩术原理》，巴特勒英译，12.1.3，10.7.15。

[49] 同上，10.1.31–34；拉丁语原文为 "historia... scribitur ad narrandum, non ad probandum"。

[50] 卡西乌斯·狄奥《罗马史》66.12.1。

[51] 奥勒留·维克多《恺撒》9.9。

[52] 卡西乌斯·狄奥《罗马史》66.2.5。

[53] 苏维托尼乌斯《韦斯巴芗传》23.3；卡西乌斯·狄奥《罗马史》66.14.5。

[54] 塔西佗《历史》4.74.3。

[55] 苏维托尼乌斯《韦斯巴芗传》8.3。

[56] 卡西乌斯·狄奥《罗马史》65.14.3–4。

[57] 这片地产位于诺门塔那大道。

[58] 参见Florence, Museo Storico della Caccia e del Territorio, Palazzo Bardini, inv. A231. See Mauro Cristofani, "L'ara funeraria di Antonia Caenis concubina di

Vespasiano," *Prospettiva* 13 (April 1978): 2–7。

[59] 参见*Corpus Inscriptionum Latinarum* VI 12037。

[60] 苏维托尼乌斯《提图斯传》7.1。

[61] 昆体良《雄辩术原理》4.1.19；另见Michael R. Young-Widmaieir, "Quintilian's Legal Representation ofJulia Berenice," *Historia* 51.1 (2002): 124–29。

[62] 苏维托尼乌斯《提图斯传》7.1；卡西乌斯·狄奥《罗马史》65.15–4。

[63] 苏维托尼乌斯《韦斯巴芗传》21–22。

[64] 同上，23.4；卡西乌斯·狄奥《罗马史》66.17.2。

[65] 苏维托尼乌斯《韦斯巴芗传》24–25；卡西乌斯·狄奥《罗马史》66.17.2；伪奥勒留·维克多《恺撒典范》9.18。

[66] 苏维托尼乌斯《韦斯巴芗传》19.2。

[67] 塔西佗《历史》1.50。

[68] 约瑟夫斯《犹太战争史》6.240。

[69] 苏维托尼乌斯《提图斯传》7.2；另见卡西乌斯·狄奥《罗马史》66.18.1；伪奥勒留·维克多《恺撒典范》10.7。

[70] 参见"Pompeii: Vesuvius Eruption May Have Been Later ThanThought," https://www.bbc.com/news/world-europe-45874858。

第五章　图拉真：人们通常愿意追随比自己强的领导者

[1] 卡西乌斯·狄奥《罗马史》68.24–25。

[2] 参见Mustapha Meghraoui et al., "Evidence for 830 Years of Seismic Quiescence from Palaeoseismology, Archaeoseismology and Historical Seismicity Along the Dead Sea Faultin Syria," *Earth and Planetary Science Letters* 210 (2003): 35–52。

[3] 小普林尼《颂词》88.4。

[4] 尤特罗庇乌斯《罗马国史大纲》8.2，8.5；另见Julian Bennett, *Trajan, Optimus Princeps: A Life and Times* (Bloomington: Indiana University Press, 1997), 107。

[5] 苏维托尼乌斯《图密善传》13.2。

[6] 同上，3。

[7] 同上，18。

[8] 例如：意大利卡比托利欧博物馆，编号MC 1156；法国卢浮宫博物馆，编号Ma 1264。

[9] 该雕塑现藏于法国卢浮宫博物馆，编号Ma 1193。

[10] 卡西乌斯·狄奥《罗马史》68.74；伪奥勒留·维克多《恺撒典范》13.8。

[11] 小普林尼《颂词》15.1–3。

[12] 苏维托尼乌斯《图密善传》21。

[13] 卡西乌斯·狄奥《罗马史》67.15.2–4。

[14] 塔西佗《阿古利可拉传》3。

[15] 卡西乌斯·狄奥《罗马史》68.3.4；小普林尼《颂词》8.6，7.6–6，8.1。

[16] 卡西乌斯·狄奥《罗马史》68.5.5。

[17] 例如：德国慕尼黑古代雕塑展览馆，编号336。

[18] 参见Ronald Syme, *Tacitus* (Oxford: Clarendon Press, 1958), 39。

[19] 小普林尼《书信集》3.20.12。

[20] 小普林尼《颂词》20。

[21] 卡西乌斯·狄奥《罗马史》68.7.3。

[22] 尤特罗庇乌斯《罗马国史大纲》8.5.1。

[23] 小普林尼《书信集》5.6.36。

[24] 弗朗托《历史原理》20（A259）。

[25] 尤维纳利斯《讽刺诗》10.81。

[26] 狄奥·克里索斯托《演说集》31.31。

[27] 小普林尼《书信集》9.2，英译文摘自LCL translation, 83, www.loebclassics.com/view/pliny_younger-letters/1969/pb_LCL059.83.xml?readMode=recto。

[28] 小普林尼《颂词》44。

[29]《查士丁尼学说汇纂》29.1。

[30] 卡西乌斯·狄奥《罗马史》68.23.1。

[31] 同上，68.8.2。

[32] 同上，68.5.6，英译文摘自《洛布古典丛书》。

[33] 小普林尼《颂词》83.8。

[34] 同上，83–84。

[35] 小普林尼《书信集》9.28.1。

[36] 参见Nicomachus of Gerasa, Encheiridion Harmonicum, in Karl von Jan, *Musici Scriptores Graeci. Aristoteles, Euclides, Nicomachus, Bacchius, Gaudentius, Alypius et Melodiarum Veterum Quidquid Exstat* (Stuttgart, Ger.: Teubner, 1995 [1895]), 242, line 14。

[37] 参见E. M. Smallwood, *Documents Illustrating the Principates of Nerva, Trajan and Hadrian* (Cambridge: Cambridge University Press, 1966), no. 442, 152。

[38] 伪奥勒留·维克多《恺撒典范》42.21。

[39] 菲洛斯特拉托斯《智者传》488。

[40] 狄奥·克里索斯托《论王权》3.119。

[41] 伪奥勒留·维克多《恺撒典范》42.20–21；卡西乌斯·狄奥《罗马史》68.5.5。

[42] 参见E. Bormann, ed. Corpus Inscriptionum Latinarum vol. XI, Inscriptiones Aemiliae, Etruriae, Umbriae Latinae, Pars II, fasc. 1, Inscriptiones Umbriae, viarum publicarum, instrumenti domestici (Berlin: Brandenburg Academy of Sciences and Humanities, 1901, impr. iter. 1968): 6520, p. 981；另见小普林尼《书信集》9.28.1。

[43] 在加迪斯（今加的斯），有一种供奉赫丘利的仪式，名为"加迪塔努斯"，这座城市就面朝传说中赫丘利完成任务的岛屿。

[44] 例如：RIC II Trajan 49, http://numismatics.org/ocre/id/ric.2.tr.49_denarius。

[45] 小普林尼《颂词》14.5，82.7；狄奥·克里索斯托也把图拉真比作赫丘利，参见《演说集》1.56–84。

[46] 小普林尼《颂词》80.3–5。

[47] 位于意大利贝内文托，古称贝内文图姆。

[48] 例如：RIC II Trajan 128, http://numismatics.org/ocre/id/ric.2.tr.128。

[49] 小普林尼《书信集》10.96.8。

[50] 同上。

[51] 同上，10.97.2。

[52] 同上。

[53] 卡西乌斯·狄奥《罗马史》67.6.1。

[54] 同上，68.14.1。

[55] 这块描绘皇帝在战场上策马的石板属于图拉真大型浮雕的一部分，原本在一座纪念碑上，后来被用于装饰罗马君士坦丁凯旋门的中央拱道。

[56] 普里西安《语法概要》6.13。

[57] 即君士坦丁，参见伪奥勒留·维克多《恺撒典范》41.13。

[58] 奥鲁斯·格利乌斯《阿提卡之夜》13.25。

[59] 夷平奎里纳尔山的工作开始于图密善，但是图拉真设计并实施了这个项目的剩余部分。

[60] 卡西乌斯·狄奥《罗马史》68.17.1。

[61] 同上，68.29.1。

[62] 同上，68.31.2。

[63] 参见Gibbon, *Decline and Fall of the Roman Empire*, vol. 1, 103（爱德华·吉本《罗马帝国衰亡史》第一卷）。

[64] 关于这些数值的估算和罗马市场经济的普遍状况，详见Peter Temin, *The Roman Market Economy* (Princeton, NJ: Princeton University Press, 2013)。

[65] 参见Kyle Harper, *The Fate of Rome: Climate, Diseaseand the End of an Empire* (Princeton, NJ: Princeton University Press, 2017), 14–15, 39–55。

[66] 相关讨论参见Frank McLynn, *Marcus Aurelius: A Life* (Cambridge, MA: Da Capo Press, 2009), 2–13。

[67] 该雕塑现藏于土耳其安卡拉的安纳托利亚文明史博物馆，编号10345；关于雕塑身份的争议，参见Stephen Mitchell, "The Trajanic Tondo from RomanAnkara: In Search of the Identity of a Roman Masterpiece," *Journal of*

Ankara Studies 2.1 (2014): 1–10。

[68] 卡西乌斯·狄奥《罗马史》75.32–33。

[69] 参见H. L. Jones, trans., *The Geography of Strabo*, vol. 6, Loeb Classical Library 223 (Cambridge, MA: Harvard University Press, 1929), 327。

第六章　哈德良：比起坚持，更难的是战略性放弃

[1] 卡西乌斯·狄奥《罗马史》69.1.2–4。

[2] 《哈德良传》4.10，《罗马君王传》。

[3] 参见ILS（《拉丁语铭文选集》）1792。

[4] 这是波勒蒙说过的话，参见Simon Swain, "Polemon's Physiognomy," in *Seeing the Face, Seeing the Soul: Polemon's Physiognomy from Classical Antiquity to Medieval Islam*, ed. Simon Swain and G. R. Boys-Stones (Oxford; New York: Oxford University Press, 2007), 167–68。

[5] 参见Alan K. Bowman, Peter Garnsey, and Dominic Rathbone, eds., *The Cambridge Ancient History*, 2nd ed. v. 11. The high empire, A.D. 70–192 (Cambridge: Cambridge University Press, 2000), 975。

[6] 卡西乌斯·狄奥《罗马史》69.5.3。

[7] 同上，69.9.4；另见《罗马君王传》17.9, 23.1。

[8] 卡西乌斯·狄奥《罗马史》69.10.3。

[9] 《哈德良传》14.11，《罗马君王传》，英译文改写自《洛布古典丛书》。

[10] 即今阿德里亚，位于波河三角洲，介于拉文纳和威尼斯之间。

[11] 《哈德良传》1.5，《罗马君王传》。

[12] 小普林尼《书信集》10.40.2。

[13] 普鲁塔克《"悄无声息地活着"是一条明智的准则吗？》，《道德论集》1128B–1130D。

[14] 贺拉斯《书信集》2.1.156–57。

[15] 例如现藏于西班牙马德里普拉多美术馆的肖像雕塑，编号E00210。

[16]《哈德良传》11.3，《罗马君王传》；伪奥勒留·维克多《恺撒典范》3.2。

[17]《哈德良传》3.2，《罗马君王传》。

[18] 同上，3.7。

[19] 同上，3.10。

[20] 同上，4.1。

[21] 同上，4.5。

[22] 同上，4.3—5，8—10。

[23] 参见Gibbon, *Decline and Fall of the Roman Empire*, vol. 1, 100（爱德华·吉本《罗马帝国衰亡史》第一卷）。

[24] 帕萨尼亚斯注意到哈德良的避战策略有一个例外，那就是对犹太起义的镇压。参见帕萨尼亚斯《希腊志》1.5.5，英译文改写自《洛布古典丛书》。另见Pausanias, Description of Greece with an English Translation by W. H. S. Jones, LittD, and H. A. Ormerod, MA, in 4 Volumes. (Cambridge, MA: Harvard University Press, 1918)。

[25] 卡西乌斯·狄奥《罗马史》69.4.1—5，另见Birley, loc. 6316。

[26] 还有许多其他地方的名字中也包含"哈德良"，甚至有一个地方叫"哈德良的狩猎场"，因为这位皇帝曾在那里狩猎。

[27] 参见John Keegan, *A History of Warfare* (London: Hutchinson, 1993), 70。

[28] 这种轻蔑的描述来自图拉真的建筑师阿波罗多洛斯（参见卡西乌斯·狄奥《罗马史》69.4.2）。

[29] 卡西乌斯·狄奥《罗马史》69.6.3。

[30]《哈德良传》10.1，《罗马君王传》，英译文摘自《洛布古典丛书》。

[31] 英译文改写自Michael Speidel, *Emperor Hadrian's Speeches to the African Army: A New Text* (Mainz, Ger.: Verlag desRömisch-Germanischen Zentralmuseums, 2006), 15。

[32] 卡西乌斯·狄奥《罗马史》69.9.6。

[33] 参见Vindolanda Tablet, 291, Vindolanda Inventory 85.057, translated, http://vindolanda.csad.ox.ac.uk/4DLink2/4DACTION/WebRequestTablet?thisLeafNu

m=1&searchTerm=Families,%20pleasures%20and%20ceremonies&searchType
=browse&searchField=highlights&thisListPosition=3&displayImage=1&displa
yLatin=1&displayEnglish=1。

[34]《哈德良传》11.3，《罗马君王传》。

[35] 同上，16.3。

[36] 例如：RIC II Hadrian 29, http://numismatics.org/ocre/id/ric.2.hdn.29。

[37] 有一枚金币就是这样称呼普罗蒂娜的，那枚金币现藏于奥地利维也纳艺术
史博物馆，编号MK 8622，134–38。

[38] 卡西乌斯·狄奥《罗马史》69.10.2；另见《哈德良传》20.12，《罗马君
王传》。

[39] 参见Epiphanius, *On Weights and Measures*, 14。

[40]《哈德良传》15.13，《罗马君王传》。

[41] 详见Anthony Birley, *Hadrian: The Restless Emperor* (New York: Routledge,
1997), 240–43。

[42] 同上。

[43] 卡西乌斯·狄奥《罗马史》69.11.2。

[44] 同上。

[45] 同上，69.11.2–3；《哈德良传》14.7–9，《罗马君王传》；奥勒留·维克
多《恺撒》14.7–9。

[46] 参见Patricia Rosenmeyer, "Greek Verse Inscriptions in Roman Egypt: Julia
Balbilla's Sapphic Voice," *Classical Antiquity* 27.2 (2008): 337。

[47] 参见C. Vout, "Antinous, Archaeologyand History," *Journal of Roman Studies*
95 (2005): 82。

[48] 卡西乌斯·狄奥《罗马史》69.11.4；《哈德良传》14.7，《罗马君王传》。

[49]《哈德良传》13.5，《罗马君王传》。

[50] 卡西乌斯·狄奥《罗马史》69.14.1。

[51] 参见Bavli Berachot, 20a; Midrash Tehillim。

[52] 例如：Deuteronomy Rabbah, 3:13; Pesikta Rabbati, 21。

[53] 卡西乌斯·狄奥《罗马史》69.20.1。

[54]《哈德良传》23.10，《罗马君王传》。

[55]《哈德良传》23.9，《罗马君王传》；伪奥勒留·维克多《恺撒典范》14.8。

[56] 关于硬币，参见RIC II Hadrian 1051A, http://numismatics.org/ocre/id/ric.2.hdn.1051A; H. A. Mattingly and E. A. Sydenham, eds., *Roman Imperial Coinage*, vol. 2 (London: Spink & Son, 1926), 386 and 399。关于浮雕，参见W. Helbig, *Die vatikanische Skulpturensammlung. Die kapitolinischen und das lateranische Museum*, vol. 1, Führer durch die öffentlichen Sammlungen klassischer Altertümer in Rom (Leipzig, Ger.: Teubner, 1891), 357; G. M. Koeppel, "Die historischen Reliefs der römischen Kaiserzeit IV," Bonner Jahrbücher des Rheinischen Landesmuseums in Bonn und des Vereins von Altertumsfreunden im Rheinlande 186 (1986), 1–90。

[57]《哈德良传》25.9，《罗马君王传》（A. O'Brien-Moore英译）。

[58] 还有一种说法是医生自杀了，不过这很可能是哈德良的政敌散播的传闻。参见《哈德良传》24.13，《罗马君王传》。

[59] 奥勒留·维克多《恺撒》14.12，此乃模仿维吉尔《埃涅阿斯纪》6.304。

[60] 卡西乌斯·狄奥《罗马史》68.17.1–3。

[61]《哈德良传》25.9，《罗马君王传》（A. O'Brien-Moore英译）。

[62] 同上，27.1；卡西乌斯·狄奥《罗马史》69.23.2。

[63] 卡西乌斯·狄奥《罗马史》69.5.1–3。狄奥的父亲阿波罗尼亚努斯很不欣赏哈德良，卡西乌斯·狄奥《罗马史》69.1.12。

第七章 马可·奥勒留：品格是领导力的基石

[1] 马可·奥勒留的黄金半身像，出土于阿文蒂库姆（今瑞士阿旺什）。Römermuseum Avenches inv. no. 39/134, P. Schazmann, "Buste en or représentant l'empereur MarcAurèle trouvé à Avenches en 1939," Zeitschrift für schweizerische Archäologie und Kunstgeschichte 2 (1940): 69–93。

[2] 马可·奥勒留《沉思录》4.40，参见Marcus Aurelius, and Charles Reginald Haines. *The Communings with Himself of Marcus Aurelius Antoninus, Emperor of Rome: Together with His Speeches and Sayings: a Revised Text and a Translation into English* (Cambridge, MA: Harvard University Press, 1953), 91。

[3] 即尤利安皇帝，于公元361—363年在位。

[4] 马可·奥勒留《沉思录》1.3，英译文摘自Marcus Aurelius, *The Meditation*, trans.Haines, *Communings with Himself*, 3。

[5] 马可·奥勒留《沉思录》1.3。

[6] 参见Marcus Cornelius Fronto, *The Correspondence of Marcus Cornelius Fronto: with Marcus Aurelius Antoninus, Lucius Verus, Antoninus Pius, and Various Friends.* Edited by Marcus Aurelius, Antoninus Pius, Lucius Aurelius Verus, and Charles Reginald Haines (Cambridge, MA: Harvard University Press, 1919), letter 2.12。

[7] 参见*Marcus Aurelius in Love.* Edited by Marcus Aurelius, Marcus Cornelius Fronto, and Amy Richlin (Chicago: University of Chicago Press, 2006), 5–9。

[8] 马可·奥勒留《沉思录》1.16.2。

[9] 塔西佗《历史》1.1。塔西佗原本是在谈论涅尔瓦和图拉真的统治时期，但是这番描述也同样适用于哈德良、安东尼·庇护和马可·奥勒留的统治时期。

[10] 马可·奥勒留《沉思录》1.11。

[11]《马可·奥勒留传》6.8–9，《罗马君王传》。

[12]《安东尼·庇护传》4.8，《罗马君王传》，英译文摘自《洛布古典丛书》。

[13] 参见http://coursesa.matrix.msu.edu/~fisher/hst205/readings/RomanOration.html。

[14] 同上。

[15] 马可·奥勒留《沉思录》1.16，17.3，4.33，6.30，8.25，9.21，10.27。

[16]《安东尼·庇护传》12.6，《罗马君王传》。

[17]《马可·奥勒留传》7.3，《罗马君王传》。

[18] 参见Galen, *On Prognosis*, 11.8, 129。

[19] 马可·奥勒留《沉思录》5.5。

[20] 卡西乌斯·狄奥《罗马史》71.29.4。

[21] 参见Fronto, AdPium 2 (Haines, Correspondence of Fronto 1.128; AD 143)。也有人认为这里提到的福斯蒂娜是安东尼的妻子大福斯蒂娜。

[22] 例如：RIC III Marcus Aurelius 1635, http://numismatics.org/ocre/id/ric.3.m_aur.1635。

[23] 最新研究表明，古罗马的婴儿死亡率高达20%~35%。参见Nathan Pilkington, "Growing Up Roman: Infant Mortality and Reproductive Development," *Journal of Interdisciplinary History* 44, no. 1 (Summer 2013): 1–35

[24] 例如：意大利卡比托利欧博物馆，编号449；法国卢浮宫博物馆，编号Ma 1176。

[25] 例如：RIC III Marcus Aurelius 1681, http://numismatics.org/ocre/id/ric.3.m_aur.1681。

[26] 《马可·奥勒留传》19.8–9，《罗马君王传》。

[27] 马可·奥勒留《沉思录》1.17.7。

[28] 参见Richlin, *Marcus Aurelius in Love*, letter 44, 143。

[29] 马可·奥勒留《沉思录》8.49，9.40，10.34，11.34。另见McLynn, *Marcus Aurelius*, 93。

[30] 参见Galen, *On His Own Books*, 19.15。

[31] 参见Lucian, *Alexander*, 36。

[32] 埃利乌斯·阿里斯提德斯《献辞》43.38–44。

[33] 参见Galen, *On Prognosis to Posthumus*, 9。

[34] 《马可·奥勒留传》20.7，《罗马君王传》。

[35] 同上，24.2；卡西乌斯·狄奥《罗马史》74.8–10；RIC III Marcus Aurelius, 264–66, http://numismatics.org/ocre/id/ric.3.m_aur.264, http://numismatics.org/ocre/id/ric.3.m_aur.265, http://numismatics.org /ocre/id/ric.3.m_aur.266。

[36] 参见希菲利努斯（Xiphilinus）在卡西乌斯·狄奥《罗马史》72.9中的评论。

[37] 参见Adrienne Mayor, *The Amazons: Lives and Legends of Warrior Women Across the Ancient World* (Princeton, NJ: Princeton University Press, 2014), 81–82。

[38] 马可·奥勒留《沉思录》2.5，英译文改写自Marcus Aurelius, *The Meditation*, trans. George Long, Internet Classics Archive, http://classics.mit.edu//Antoni nus/meditations.html。

[39] 马可·奥勒留《沉思录》10.10，英译文改写自Marcus Aurelius, *The Meditation*, trans. George Long, Internet Classics Archive。

[40]《马可·奥勒留传》26.8，《罗马君王传》；卡西乌斯·狄奥《罗马史》71.10.5。

[41] 菲洛斯特拉图斯《智者传》2.1.13。

[42] 卡西乌斯·狄奥《罗马史》72.29。

[43] 马可·奥勒留《沉思录》1.14。

[44] 例如：RIC III Marcus Aurelius 1717, http://numismatics.org/ocre/id/ric.3.m_aur.1717。

[45] 卡西乌斯·狄奥《罗马史》72.30。

[46] 同上，72.31.1–2。

[47] 同上，72.31.1。

[48] 阿米阿努斯·马尔切利努斯《罗马史》22.5。

[49] 相关资料见Maria Laura Atarista, *Avidio Cassio* (Rome: Edizioni di Storia e Letteratura: 1983), 119–23。

[50] 奥勒留·维克多《恺撒》16.9–10，参见Sextus Aurelius Victor, *Liber de Caesaribus of Sextus Aurelius Victor*, trans. H. W. Bird, Translated Texts for Historians, v. 17 (Liverpool: Liverpool University Press, 1994), 19。

[51] 卡西乌斯·狄奥《罗马史》78.16.6。

[52] 马可·奥勒留《沉思录》4.49，英译文摘自Marcus Aurelius, *The Meditation*, trans. George Long, Internet Classics Archive。

[53] 马可·奥勒留《沉思录》3.12，英译文改写自Marcus Aurelius, *The Meditation*, trans. George Long, Internet Classics Archive。

[54] 马可·奥勒留《沉思录》6.44，英译文摘自Marcus Aurelius, *The Meditation*, trans. George Long, Internet Classics Archive。

[55] 卡西乌斯·狄奥《罗马史》72.33。

[56] 阿米阿努斯·马尔切利努斯《罗马史》31.5.14。

[57] 伪奥勒留·维克多《恺撒典范》16.2，英译文摘自Marcus Aurelius, *The Meditation*, trans. Thomas M. Banchich, www.roman-emperors.org/epitome.htm。

[58] 卡西乌斯·狄奥《罗马史》71.36.4。

第八章　塞维鲁：你只能吸引与你相似的人

[1] 亦可写作"Leptis Magna"（正文中写作"Lepcis Magna"）。

[2] 约翰·马拉拉斯《编年史》12.18。

[3] 塞维鲁圆形木版画，现藏于德国柏林国立博物馆下辖之希腊罗马古物博物馆，编号31329。

[4] 卡西乌斯·狄奥《罗马史》77.16–17；另见75.2和72.36.4。

[5] 卡西乌斯·狄奥《罗马史》77.12。

[6]《塞普蒂米乌斯·塞维鲁传》1.4，《罗马君王传》。

[7] 赫罗狄安《罗马帝国史——从马可·奥勒留去世开始》2.9.2。

[8] 卡西乌斯·狄奥《罗马史》76.13。

[9] 同上，75.8.1，76.8.1。

[10] 赫罗狄安《罗马帝国史——从马可·奥勒留去世开始》2.9.2。

[11]《塞普蒂米乌斯·塞维鲁传》2.6，《罗马君王传》。

[12] 卡西乌斯·狄奥《罗马史》75.2.1–2；赫罗狄安《罗马帝国史——从马可·奥勒留去世开始》2.14.4。

[13] 卡西乌斯·狄奥《罗马史》77.15.3。

[14] 参见Barbara Levick, *Julia Domna, Syrian Empress* (London: Routledge, 2007), 3。

[15] 例如：现藏于德国慕尼黑古代雕塑展览馆里的半身像，编号354。硬币如：RIC IV Septimius Severus 540, http://numismatics.org/ocre/id/ric.4.ss.540_aureus,

以及RIC IV Septimius Severus 857, http://numismat ics.org/ocre/id/ric.4.ss.857。

[16] 即雅典的大菲洛斯特拉托斯。

[17] 菲洛斯特拉托斯《智者传》622。

[18] 例如：RIC IV Pertinax 1, http://numismatics.org/ocre/id/ric.4.pert.1。

[19] 英译文改写自洛布古典丛书1927版，http://penelope.uchicago.edu/Thayer/E/
Roman/Texts/Cassius_Dio/75*.html。

[20] 英译文摘自Herodian, *History of the Roman Empire Since the Death of Marcus
Aurelius*, trans. Edward C. Echols (Herodian of Antioch's History of the Roman
Empire, 1961 Berkeley and Los Angeles), www.livius.org/sources/content/
herodian-s-roman-history/herodian-2.11。

[21] 卡西乌斯·狄奥《罗马史》58.14.1。

[22] 同上，76.8.1。

[23] 同上。

[24] 同上，77.9.4。

[25] 同上，75.3.3。

[26] 参见Hermann Dessau, *Inscriptiones Latinae Selectae*. Berlin, vol. 2, pt. 1
(1902), nos. 6472, 6988。哈德良和安东尼·庇护都是"最神圣的"元首。

[27] 卡西乌斯·狄奥《罗马史》77.4.4。

[28] 即钱币商拱门。

[29] 卡西乌斯·狄奥《罗马史》77.17.4。

[30] 参见CIL（《拉丁语铭文总集》）XII 4345; XIV 120。

[31] 卡西乌斯·狄奥《罗马史》77.15.2。

[32] 同上，77.15.3。

[33] 例如：现藏于意大利那不勒斯国家考古博物馆的半身像，编号6603。

[34] 卡西乌斯·狄奥《罗马史》77.9.5。

[35] 例如：RIC IV Elagabalus 256, http://numismatics.org/ocre/id/ric.4.el.256。

[36] 例如：RIC IV Elagabalus25, http://numismatics.org/ocre/id/ric.4.el.25。

[37] 现藏于意大利卡比托利欧博物馆，编号MC 470。

[38] 即RIC IV Severus Alexander 7d, http://numismatics.org/ocre/id/ric.4.sa.7d。

[39] 例如：RIC IV Severus Alexander648a http://numismatics.org/ocre/id/
ric.4.sa.648a。

[40] 现藏于意大利卡比托利欧博物馆，编号MC 471。

[41] 例如：RIC IV Severus Alexander 670, http://numismatics.org/ocre/id/
ric.4.sa.670。

[42] 参见Gibbon, *Decline and Fall of the Roman Empire*, vol. 1, 148（爱德华·吉
木《罗马帝国衰亡史》第一卷）。

[43] 拉丁语原文为 "princeps legibus solutus est"，《查士丁尼法学总论》
2.17.8。

第九章 戴克里先：复制领导者，组织效率才能翻番

[1] 伪奥勒留·维克多《恺撒典范》39.6，英译文改写自Pseudo-Aurelius
Victor, *Epitome de Caesaribus*, 39.6, trans. Thomas M. Banchich, www.roman-emperors.org/epitome.htm。

[2] 现藏于美国加利福尼亚州马里布J. 保罗·盖蒂博物馆之盖蒂庄园，编号CA
78.AA.8。

[3] 名为 "Head of a Man (possibly Diocletian)"，现藏于美国马萨诸塞州伍斯特
艺术博物馆，编号1974.297。

[4] 《卡鲁斯、卡里努斯、努梅里安合传》13.3–5，《罗马君王传》。

[5] 同上，14.1–15.6。

[6] 伪奥勒留·维克多《恺撒典范》38.8。

[7] 同上，29.5；约达尼斯《哥特史》18。

[8] 参见Harper, *Fate of Rome*, 136–45。

[9] 同上，129–36，167–75。

[10] 现藏于意大利米兰国内考古博物馆，www.comune.milano.it/wps/portal/
luogo/museoarcheolo gico/lecollezioni/milanoromana/ritratto_massimiano/lut/

p/a0/04_Sj9CPykssy0xPLMnMz0vMAfGjzOItLL3NjDz9Dbz9Az3NDBx9 DIMt_UxMjc28DfQLsh0VAba4yro！；关于硬币，参见RIC V Diocletian 342, http://numismatics.org/ocre/id/ric.5.dio.342。

[11] 尤特罗庇乌斯《罗马国史大纲》2.9.27。

[12] 参见Timothy D. Barnes, *The New Empire of Diocletian and Constantine* (Boston: Harvard University Press, 1982), 51–52。

[13] 参见"Genathliacus of Maximian Augustus," Panegyrici Latini 11.6.3, trans. C. E. V. Nixon and Barbara Saylor Rodgers, *In Praise of Later Roman Emperors: The Panegyrici Latini: Introduction, Translation, and Historical Commentary, with the Latin Text of R.A.B. Mynors* (Berkeley: University of California Press, 1994), 91。

[14] 例如：RIC VI Serdica 34, http://numismatics.org/ocre/id/ric.6.serd.34。

[15] 拉克坦提乌斯《论迫害者之死》9。

[16] 参见Jasna Jelicic-Radonic, "Aurelia Prisca," Prilozi povijesti umjetnosti u Dalmaciji (Contributions to Art History in Dalmatia), 41, no. 1 (August 2008): 5–25, http://hrcak.srce.hr/109683。

[17] 伪奥勒留·维克多《恺撒典范》40.17；拉克坦提乌斯《论迫害者之死》11.21。

[18] 参见www.basilicasanmarco.it/basilica/scultura/la-decorazione-delle-facciate/la-facciata-orientale/?lang=en and https:// en.wikipedia.org/wiki/Portrait_of_the_Four_Tetrarchs。发现于意大利威尼斯圣马可大教堂南侧。

[19] 阿米阿努斯·马尔切利努斯《罗马史》14.11.10，22.7.1；尤特罗庇乌斯《罗马国史大纲》9.24；Festus, Breviarum, 25。

[20] 名为"The Arras Medallion"，现藏于英国大英博物馆，编号B.1147。

[21] 戴克里先《限价敕令》，参见Roger Rees, *Diocletian and the Tetrarchy* (Edinburgh: Edinburgh University Press, 2004), 139。

[22] 参见P. Beatty Panop. 1.213–16 (September 17, 298); Rees, *Diocletian and the Tetrarchy*, II.21, 149。

[23] 参见Panegyrici Latini 11(3) (July 21, 291, Trier) (I Chapter 4.2), 11.1.1, Roger

Rees, *Diocletian and the Tetrarchy,* 132。

[24] 同上。

[25] 参见Winston Churchill, *The Second World War*, vol. 1 (London: Houghton Mifflin, 1948), 105。

[26] 例如：西塞罗《代丰提乌斯辩》30；李维《罗马史》1.31.7。

[27] 参见*Manichaean rescript. Collation of the Laws of Moses and Rome* 15.3 (March 31, 302(?), Alexandria) as cited in Rees, *Diocletian and the Tetrarchy,* 174。

[28] 拉克坦提乌斯《论迫害者之死》11.1–3。

[29] 同上，12–14。

[30] 同上，15.1。

[31] 参见Herbert Musurillo, *The Acts of the Christian Martyrs, Oxford Early Christian Texts* (Oxford: ClarendonPress, 1972), 260–65, 266–71, 302–9。

[32] 参见Dragoslav Srejovic and Cedomir Vasic, *Imperial Mausolea and Consecration Memorials in Felix Romuliana* (Gamzi-grad, East Serbia) (Belgrade: Centre for Archaeological Research, Faculty of Philosophy, The University of Belgrad, 1994), 149–51. Cited in Bill Leadbetter, "Galerius, Gamzigrad and the Politics of Abdication," ASCS [Australasian Society for Classical Studies] 31 (2010): 8–9。这些至少是通过考古学证据得出的言之成理的结论。

[33] 苏维托尼乌斯《尤利乌斯·恺撒传》77。

第十章 君士坦丁：基业长青不是一成不变，而是因时而变

[1] 在古代，这尊雕像不在此处，而是在马克森提乌斯巴西利卡，位于罗马广场的远端。

[2] 现藏于意大利卡比托利欧博物馆，编号MC0757。

[3] 实际上，这只手有两种形态存在。

[4] 参见Constantine, Letter to Shapur II, in Eusebius, *Life of Constantine* 4.9,

trans. by Averil Cameron, and Stuart George Hall, Eusebius, *Life of Constantine* (Oxford: Clarendon Press, 1999), 153。

[5] 参见T. D. Barnes, *The New Empire of Diocletian and Constantine* (Cambridge, MA: Harvard University Press, 1982), 36, 39–42。

[6] 参见Barnes, *New Empire of Diocletian and Constantine*, 36–37, 39–42。他们也有可能从未结婚，那么君士坦丁就是私生子。

[7] 优西比乌《君士坦丁传》3.47.2，这份文献是在君士坦丁于公元337年去世后不久完成的。有一种观点认为尤西比乌斯的说法并非事实，而是对君士坦丁的恭维，参见T. D. Barnes, *Constantine: Dynasty, Religion and Power in the Later Roman Empire* (Chichester, UK: Wiley-Blackwell, 2011), 44–45。

[8] 例如：狄奥多勒《教会史》1.18。参见Cameron and Hall, Eusebius, *Life of Constantine*, 395。

[9]《约翰福音》8:12。

[10]《马太福音》17:2。

[11]《君士坦丁致阿布拉维乌斯的信》，收录于欧普塔图斯《驳多纳图教义》的附录三。英译文参见Optatus: *Against the Donatists*, trans. Mark Edwards, Translated Texts for Historians 27 (Liverpool: Liverpool University Press, 1997), 183–84。

[12] 例如：RIC VII Treveri 135, http://numismatics.org/ocre/id/ric.7.tri.135。

[13] 拉丁语原文为"instinctu divinitatis"，参见CIL（《拉丁语铭文总集》）VI.1139。

[14] 例如：RIC VII Treveri 481, http://numismatics.org/ocre/id/ric.7.tri.481。

[15] 例如：RIC VII Treveri 484. 1944.100.13272, http://numismatics.org/ocre/id/ric.7.tri.484。

[16] 君士坦丁《在圣徒集会上的演讲》11.1，英译文参见T. D. Barnes, *Constantine*, 119。

[17] 佐西姆斯《新历史》2.32。

[18]《狄奥多西法典》2.8.1。

[19]《马太福音》22:21。

[20]《君士坦丁致阿布拉维乌斯的信》，收录于欧普塔图斯《驳多纳图教义》的附录三。英译文参见Optatus: *Against the Donatists*, trans. Edwards, 183–84。

[21]《约翰福音》10:11。

[22]佐西姆斯《新历史》2.29.2；《恺撒典范》42.11–12；另见Barnes, *Constantine*, 144–50。

[23]优西比乌《君士坦丁传》4.27.1，另见3.18.2；狄奥多勒《教会史》1.9。

[24]参见Robert Sabatino Lopez, "The Dollar of the Middle Ages", *Journal of Economic History* 11, no. 3 (1951): 209–34。

结语　拉文纳的幽灵

[1] 约达尼斯《哥特史》46.243。

[2] 参见Gibbon, *Decline and Fall of the Roman Empire*, vol. 3 (1994): cp. LXXI.II, 1068–70（爱德华·吉本《罗马帝国衰亡史》第三卷）。

[3] 参见Narratio de Aedificatione Templi S. Sophiae 27, in *Scriptores Originum Constantinopolitanarum*, ed. Theodor Preger (Leipzig, Ger.: B. G. Teubner, 1901), 105。

[4] 普罗科匹厄斯《战争史》1.24.37。

参考文献

关于罗马皇帝的参考资料浩如烟海，下面谨列出一些可能会为深度阅读提供基础的英语文献。

综合与参考

Cancik, Hubert, Helmuth Schneider, Christine F. Salazar, and David E. Orton, eds. *Brill's New Pauly: Encyclopaedia of the Ancient World*. English ed. Leiden, Ned.: Brill, 2002.

Hornblower, Simon, Anthony Spawforth, and Esther Eidinow. *The Oxford Classical Dictionary*. 4th ed. Oxford: Oxford University Press, 2012.

OCRE, "Online Coins of the Roman Empire," http://numismatics.org/ocre/. "Orbis, The Stanford Geospatial Network of the Ancient World," http://orbis. stanford.edu.

Talbert, Richard J. A., ed. *The Barrington Atlas of the Ancient Greco-Roman World*. Princeton, NJ: Princeton University Press, 2000.

古代文献

许多古代文献的原文和英译本都可以从网上获得，这里介绍几个很好的网站：Lacus Curtius: Into the Roman World, http://penelope.uchicago.edu/Thayer/E/Roman/home.html; Perseus DigitalLibrary, www.perseus.tufts.edu; and Livius.org, Articles on Ancient History, www.livius.org。最后一个网站既提供古代文献，也载有科普文章。

本书提及的古代文献多数都可以从洛布古典图书（哈佛大学出版社）获得双语对照版。以下是一些重要文献的其他英译本：

Birley, Anthony. *Lives of the Later Caesars: The First Part of the Augustan History, with Newly Compiled Lives of Nerva and Trajan.* Harmondsworth, UK: Penguin Books, 1976.

Cocccianus, Cassius Dio. *The Roman History: the Reign of Augustus.* Translated byIan Scott-Kilvert. Harmondsworth, UK: Penguin Books, 1987.

Josephus. *The Jewish War.* Edited by Martin Goodman. Translated by Martin Hammond. Oxford: Oxford University Press, 2017.

Marcus Aurelius. *Meditations.* Translated by and with a foreword by Gregory Hays. Modern Library ed. New York: Modern Library, 2002.

Pliny the Younger. *Complete Letters.* Translated by P. G. Walsh. Oxford: Oxford University Press, 2009.

Suetonius. *Lives of the Caesars.* Translated by Catherine Edwards. Oxford: Oxford University Press, 2000.

Tacitus. *The Annals.* Translated by A. J. Woodman. Indianapolis: Hackett, 2004.

——. *The Histories.* Rev. ed. Edited by Rhiannon Ash. Translated by Kenneth Wellesley. London: Penguin Classics, 2009.

罗马帝国

Beard, Mary. *SPQR: A History of Ancient Rome.* New York: Liveright, 2015.

Bowman, Alan K. et al. *The Cambridge Ancient History*, 2nd ed., vol. 10: The Augustan Empire, 43 B.C.–A. D. 69; vol. 11: The High Empire, A.D. 70–192; vol. 12: The Crisis of Empire, A. D. 193–337. Cambridge: Cambridge University Press, 1996–2005.

Gibbon, Edward. *The History of the Decline and Fall of the Roman Empire.* 3 vols. Edited by David Womersley. Harmondsworth, UK: Penguin, 1994.

——, *The History of the Decline and Fall of the Roman Empire.* Abbr. ed. Edited by David Womersley. Harmondsworth, UK: Penguin, 2001.

Harris, William V. *Roman Power: A Thousand Years of Empire.* Cambridge: Cambridge University Press, 2016.

Potter, D. S. *Ancient Rome: A New History, with 200 Illustrations, 149 in Color.* 2nd ed. New York: Thames & Hudson, 2014.

Scheidel, Walter, ed. *State Power in Ancient China and Rome.* Oxford: Oxford University Press, 2015.

Woolf, Greg. *Rome: An Empire's Story.* Oxford: Oxford University Press, 2012.

罗马皇帝

介绍与参考

Barrett, Anthony, ed. *Lives of the Caesars.* Malden, MA: Blackwell, 2008.

"De Imperatoribus Romanis: An Online Encyclopedia of Roman Rulers andtheir Families," www.roman-emperors.org/impindex.htm.

Grant, Michael. *The Roman Emperors: A Biographical Guide to the Rulers of Imperial Rome, 31 BC–AD 476.* New York: Scribner, 1985.

Meijer, Fik. *Emperors Don't Die in Bed.* Translated by S. J. Leinbach. London:

Routledge, 2004.

Potter, David. *The Emperors of Rome: The Story of Imperial Rome from Julius Caesar to the Last Emperor*. London: Quercus Publishing, 2016.

Scarre, Chris. *Chronicle of the Roman Emperors: The Reign-by-Reign Record of the Rulers of Imperial Rome*. New York: Thames & Hudson, 1995.

Sommer, Michael. *The Complete Roman Emperor: Imperial Life at Court and on Campaign*. New York: Thames & Hudson, 2010.

王朝与时代

Ando, Clifford. *Imperial Rome AD 193 to 284: The Critical Century*. Edinburgh: Edinburgh University Press, 2012.

Brown, Peter. *The World of Late Antiquity: From Marcus Aurelius to Muhammad*. London: Thames & Hudson, 1971.

Holland, Tom. *Dynasty: The Rise and Fall of the House of Caesar*. 1st US ed. New York: Doubleday, 2015.

Mitchell, Stephen. *A History of the Later Roman Empire, AD 284–641*. 2nd ed. Chichester, UK: Wiley Blackwell, 2015.

Potter, David. *The Roman Empire at Bay, AD 180–395*. 2nd ed. Abingdon, UK: Routledge, 2014.

皇帝作为

Ando, Clifford. *Imperial Ideology and Provincial Loyalty in the Roman Empire*. Berkeley: University of California Press, 2000.

Campbell, Brian. *The Emperor and the Roman Army, 31 BC–AD 235*. Oxford: Clarendon Press, 1984.

Hekster, Oliver. *Emperors and Ancestors: Roman Rulers and the Constraints of Tradition*. Oxford Studies in Ancient Culture & Representation. Oxford: Oxford University Press, 2015.

Lendon, J. E. *Empire of Honour: The Art of Government in the Roman World.* Oxford: Clarendon Press, 1997.

Millar, Fergus. *The Emperor in the Roman World, 31 BC–AD 337.* Ithaca, NY: Cornell University Press, 1977.

Noreña, Carlos. *Imperial Ideals in the Roman West: Representation, Circulation, Power.* Cambridge: Cambridge University Press, 2011.

Saller, Richard. *Personal Patronage Under the Early Empire.* Cambridge: Cambridge University Press, 1982.

皇室女性

D'Ambra, Eve. *Roman Women.* Cambridge: Cambridge University Press, 2007.

De la Bédoyère, Guy. *Domina: The Women Who Made Imperial Rome.* New Haven, CT: Yale University Press, 2018.

Freisenbruch, Annelise. *Caesars' Wives: Sex, Power, and Politics in the Roman Empire.* New York: Free Press, 2010.

Hemelrijk, Emily Ann, and Greg Woolf. *Women and the Roman City in the Latin West.* Leiden, Ned.: Brill, 2013.

Kleiner, Diana E., and Susan B. Matheson, eds. *I Claudia: Women in Ancient Rome.* New Haven, CT: Yale University Art Gallery, 1996.

——. *I, Claudia II: Women in Roman Art and Society.* Austin: University ofTexas Press, 2000.

罗马帝国的社会、经济、军事、文化

Beard, Mary, John North, and S. R. F Price. *Religions of Rome.* Cambridge: Cambridge University Press, 1998.

Campbell, J. B. The Roman Army, 31 BC–AD 337: *A Sourcebook.* London: Routledge, 1994.

Claridge, Amanda, Judith Toms, and Tony Cubberley. *Rome: An Oxford Archaeological Guide*. 2nd ed., rev. and expanded. Oxford: Oxford University Press, 2010.

Dench, Emma. *Romulus's Asylum: Roman Identities from the Age of Alexander to the Age of Hadrian*. Oxford: Oxford University Press, 2005.

Flower, Harriet. *The Art of Forgetting: Disgrace & Oblivion in Roman Political Culture*. Chapel Hill: University of North Carolina Press, 2006.

Goldsworthy, Adrian. *The Complete Roman Army*. New York: Thames & Hudson, 2003.

Harl, Kenneth W. *Coinage in the Roman Economy, 300 B.C. to A.D. 700*. Baltimore: Johns Hopkins University Press, 1996.

Luttwak, Edward. *The Grand Strategy of the Roman Empire: From the First Century CE to the Third*. Rev. and updated ed. Baltimore: Johns Hopkins University Press, 2016.

MacDonald, William L. *The Architecture of the Roman Empire*. Rev. ed. New Haven, CT: Yale University Press, 1982.

Mattern, Susan. *Rome and the Enemy: Imperial Strategy in the Principate*. Berkeley: University of California Press, 1999.

Peachin, Michael, ed. *The Oxford Handbook of Social Relations in the Roman World*. Oxford: Oxford University Press, 2011.

Ramage, Nancy H. and Andrew Ramage. *Roman Art*. 6th ed. Upper Saddle River, NJ: Pearson, 2014.

Rebillard, Éric. *Christians and Their Many Identities in Late Antiquity, North Africa, 200–450 CE*. Ithaca NY: Cornell University Press, 2012.

Rüpke, Jörg. Pantheon: *A New History of Roman Religion*. Translated by David Richardson. Princeton, NJ: Princeton University Press, 2018.

Scheidel, Walter, Ian Morris, and Richard P. Saller, eds. *The Cambridge Economic History of the Greco-Roman World*. Cambridge: Cambridge University

Press, 2007.

Sherwin-White. A. N. *The Roman Citizenship.* 2nd ed. Oxford: Clarendon Press, 1973.

Temin, Peter. *The Roman Market Economy.* Princeton, NJ: Princeton University Press, 2013.

奥古斯都

古代文献

Cooley, Alison. *Res Gestae Divi Augusti: Text, Translation, and Commentary.* Cambridge: Cambridge University Press, 2009.

Nicolaus. *The Life of Augustus and the Autobiography.* Edited by Mark Toher. Cambridge: Cambridge University Press, 2016.

Wardle, D. Suetonius: *Life of Augustus = Vita Divi Augusti.* 1st ed. Oxford: Oxford University Press, 2014.

传记

Everitt, Anthony. *Augustus: The Life of Rome's First Emperor.* New York: Random House, 2006.

Galinsky, Karl. *Augustus: Introduction to the Life of an Emperor.* New York: Cambridge University Press, 2012.

Goldsworthy, Adrian. *Augustus, First Emperor of Rome.* New Haven, CT: Yale University Press, 2014.

Southern, Patricia. *Augustus.* 2nd ed. London: Routledge, 2014.

专题研究

Angelova, Diliana. *Sacred Founders: Women, Men, and Gods in the Discourse of Imperial Founding, Rome Through Early Byzantium.* Oakland: University ofCalifornia Press, 2015.

Barrett, Anthony. *Livia: First Lady of Imperial Rome.* New Haven, CT: Yale University Press, 2002.

Bartman, Elizabeth. *Portraits of Livia: Imaging the Imperial Woman in Augustan Rome.* Cambridge: Cambridge University Press, 1999.

Everitt, Anthony. *Cicero: the Life and Times of Rome's Greatest Politician.* 1st US ed. New York: Random House, 2002.

Fantham, Elaine. *Julia Augusti: The Emperor's Daughter.* London: Routledge, 2006.

Galinsky, Karl. Augustan Culture: *An Interpretive Introduction.* Princeton, NJ: Princeton University Press, 1996.

Goldsworthy, Adrian. *Antony and Cleopatra.* New Haven, CT: Yale University Press, 2010.

Milnor, Kristina. *Gender, Domesticity, and the Age of Augustus: Inventing Private Life.* Oxford: Oxford University Press, 2005.

Osgood, Josiah. *Caesar's Legacy: Civil War and the Emergence of the Roman Empire.* Cambridge: Cambridge University Press, 2006.

Powell, Lindsay. *Marcus Agrippa: Right-Hand Man of Caesar Augustus.* Barnsley, UK: Pen & Sword Books, 2015.

Severy, Beth. *Augustus and the Family at the Birth of the Roman Empire.* New York: Routledge, 2003.

Strauss, Barry. *The Death of Caesar: The Story of History's Most Famous Assassination.* New York: Simon & Schuster, 2015.

Syme, Sir Ronald. *The Roman Revolution.* Oxford: Oxford University Press, 1939.

Welch, Kathryn. *Magnus Pompeius: Sextus Pompeius and the Transformation of the Roman Republic.* Swansea, UK: Classical Press of Wales, 2012.

Zanker, Paul. *The Power of Images in the Age of Augustus.* Ann Arbor: University of Michigan Press, 1988.

提比略

古代文献

London Association of Classical Teachers. *Tiberius to Nero*. Edited by M. G. L. Cooley and Alison Cooley. London: LACTORs, 2011.

传记

Levick, Barbara. *Tiberius the Politician*. Rev. ed. London: Routledge, 1999.

Seager, Robin. *Tiberius*. 2nd ed. Malden, MA: Blackwell, 2005.

Winterling, Aloys. *Caligula*. Berkeley: University of California Press, 2011.

专题研究

De la Bédoyère, Guy. *Praetorian: The Rise and Fall of Rome's Imperial Bodyguard*. New Haven, CT: Yale University Press, 2017.

Kokkinos, Nikos. *Antonia Augusta: Portrait of a Great Roman Lady*. London: Libri, 2002.

MacMullen, Ramsay. *Enemies of the Roman Order: Treason, Unrest and Alienationin the Empire*. London: Routledge, 1992.

Wilkinson, Sam. *Republicanism During the Early Roman Empire*. London: Continuum, 2012.

尼禄

古代文献

Barrett, Anthony A., Elaine Fantham, and John C. Yardley, eds. *The Emperor Nero: A Guide to the Ancient Sources*. Princeton, NJ: Princeton University Press, 2016.

Smallwood, E. Mary. *Documents Illustrating the Principates of Gaius,*

Claudius and Nero. London: Cambridge University Press, 1967.

传记

Champlin, Edward. *Nero*. Cambridge, MA: Belknap Press of Harvard University Press, 2003.

Griffin, Miriam T. *Nero: The End of a Dynasty*. New Haven, CT: Yale University Press, 1985.

Malitz, Jürgen. *Nero*. Translated by Allison Brown. Malden, MA: Blackwell, 2005.

专题研究

Ball, Larry F. *The Domus Aurea and the Roman Architectural Revolution*. Cambridge: Cambridge University Press, 2003.

Barrett, Anthony. *Agrippina: Sex, Power, and Politics in the Early Empire*. New Haven, CT: Yale University Press, 1996.

Bartsch, Shadi, Kirk Freudenburg, and C. A. J. Littlewood, eds. *The Cambridge Companion to the Age of Nero*. Cambridge: Cambridge University Press, 2017.

Donovan Ginsberg, Lauren. *Staging Memory, Staging Strife: Empire and Civil War in the Octavia*. New York: Oxford University Press, 2017.

Ginsburg, Judith. *Representing Agrippina: Constructions of Female Power in the Early Roman Empire*. Oxford: Oxford University Press, 2006.

Lancaster, Lynne C. *Concrete Vaulted Construction in Imperial Rome*. Cambridge: Cambridge University Press, 1985.

Romm, James. *Dying Every Day: Seneca at the Court of Nero*. New York: Alfred A. Knopf, 2014.

Rudich, Vasily. *Political Dissidence Under Nero: The Price of Dissimulation*. London: Routledge, 1993.

Wallace-Hadrill, Andrew. "Civilis Princeps: Between Citizen and King,"

Journal of Roman Studies 72 (1982): 32—48.

Wilson, Emily. *The Greatest Empire: A Life of Seneca.* New York: Oxford University Press, 2014.

韦斯巴芗

古代文献

Suetonius. *Vespasian.* Edited by Brian W. Jones. London: Bristol Classical Press, 2000.

传记

Levick, Barbara. *Vespasian.* 2nd ed. London: Routledge, 2017.

专题研究

Goodman, Martin. *Rome and Jerusalem: The Clash of Ancient Civilizations.* London: Allen Lane, 2007.

Hopkins, Keith, and Mary Beard. *The Colosseum.* Cambridge, MA: Harvard University Press, 2005.

Morgan, Gwyn. *69 A.D.: The Year of the Four Emperors*. Oxford: Oxford UniversityPress, 2007.

图拉真

古代文献

Smallwood, Mary E. *Documents Illustrating the Principates of Nerva, Trajan and Hadrian.* Cambridge: Cambridge University Press, 1966.

传记

Bennett, Julian. *Trajan, Optimus Princeps: A Life and Times*. Bloomington: Indiana University Press, 1997.

Everitt, Anthony. *Hadrian and the Triumph of Rome*. New York: Random House, 2009.

Grainger, John D. *Nerva and the Succession Crisis of AD 96–99*. London: Routledge, 2003.

Southern, Pat. *Domitian, Tragic Tyrant*. Bloomington: Indiana University Press, 1997.

专题研究

Keltanen, M. "The Public Image of the Four Empresses: Ideal Wives, Mothersand Regents?," in Päivi Setala. *Women, Wealth and Power in the Roman Empire* (Rome: Institutum romanum Finlandiae, 2002), 105–46.

Lepper, Frank A. *Trajan's Parthian War*. London: Oxford University Press, 1948.

Packer, James E. *The Forum of Trajan in Rome: A Study of the Monuments in Brief*. Berkeley: University of California Press, 2001.

Setälä, Päivi. "Women and Brick Production—Some New Aspects," in *Women, Wealth and Power*, 181–202.

哈德良

古代文献

Benario, Herbert W. *A Commentary on the Vita Hadriani in the Historia Augusta*. Chico, CA: Scholars Press, 1980.

Smallwood, Mary E. *Documents Illustrating Principates of Nerva, Trajan and Hadrian*.

Speidel, Michael. *Emperor Hadrian's Speeches to the African Army: A New*

Text. Mainz, Ger.: Verlag des Römisch-Germanischen Zentralmuseums, 2006.

传记

Birley, Anthony. *Hadrian: The Restless Emperor*. London: Routledge, 1997.

Everitt, Anthony. *Hadrian and the Triumph of Rome*.

专题研究

Boatwright, Mary Taliaferro. *Hadrian and the Cities of the Roman Empire*. Princeton, NJ: Princeton University Press, 2002.

Goldsworthy, Adrian. *Hadrian's Wall*. New York: Basic Books, 2018.

Horbury, William. *Jewish War Under Trajan and Hadrian*. New York: Cambridge University Press, 2014.

Keltanen. "Public Image of the Four Empresses," 117–25.

Lambert, Royston. *Beloved and God: The Story of Hadrian and Antinous*. 1st US ed. New York: Viking, 1984.

MacDonald, William L. *The Architecture of the Roman Empire*. Rev. ed. New Haven, CT: Yale University Press, 1982.

——. *Hadrian's Villa and Its Legacy*. New Haven, CT: Yale University Press, 1995.

Speller, Elizabeth. *Following Hadrian: A Second Century Journey Through the Roman Empire*. Oxford: Oxford University Press, 2003.

马可·奥勒留

文献

Marcus Aurelius in Love. Edited by Marcus Aurelius, Marcus Cornelius Fronto, and Amy Richlin. Chicago: University of Chicago Press, 2006.

传记

Birley, Anthony. *Marcus Aurelius: A Biography*. London: B. T. Batsford, 1993.

Hekster, Oliver. *Commodus: An Emperor at the Crossroads*. Amsterdam: J. C. Gieben, 2002.

McLynn, Frank. *Marcus Aurelius: A Life*. 1st Da Capo Press Ed. Cambridge, MA: Da Capo Press, 2009.

专题研究

Harper, Kyle. *The Fate of Rome: Climate, Disease and the End of an Empire*. Princeton, NJ: Princeton University Press, 2017, 64–118.

Keltanen, "Public Image of the Four Empresses," 125–141.

Levick, Barbara. *Faustina I and II: Imperial Women of the Golden Age*. New York: Oxford University Press, 2014.

塞普蒂米乌斯·塞维鲁

古代文献

Sidebottom, Harry. "Severan Historiography: Evidence, Patterns, and Arguments," in Swain, Simon, S. J. Harrison, and Jaś. Elsner, eds. *Severan Culture*. Cambridge: Cambridge University Press, 2007, 52–82.

传记

Arrizabalaga y Prado, Leonardo de. *The Emperor Elagabalus: Fact or Fiction?* Cambridge: Cambridge University Press, 2010.

Birley, Anthony. *Septimius Severus, the African Emperor*. Rev. ed. New Haven, CT: Yale University Press, 1989.

专题研究

Levick, Barbara. *Julia Domna, Syrian Empress.* London: Routledge, 2007.

Swain, Harrison, and Elsner, eds. *Severan Culture.*

戴克里先

文献

Aurelius Victor: *De Caesaribus.* Translated by H. W. Bird. Liverpool: Liverpool University Press, 1994.

Bowen, Anthony, ed., trans. *Lactantius: Divine Institutes.* Translated Texts for Historians. Liverpool: Liverpool University Press, 2003.

Corcoran, Simon. *The Empire of the Tetrarchs: Imperial Pronouncements and Government, AD 284–324.* Rev. ed. Oxford: Clarendon Press, 2000.

Eutropius: Breviarium. Translated by H. W. Bird. Liverpool: Liverpool UniversityPress, 1993.

Nixon, C. E. V, and Barbara Saylor Rodgers. *In Praise of Later Roman Emperors: The Panegyrici Latini: Introduction, Translation, and Historical Commentary,with the Latin Text of R. A. B. Mynors.* Berkeley: University of CaliforniaPress, 1994.

Rees, Roger. *Diocletian and the Tetrarchy.* Edinburgh: Edinburgh University Press, 2004.

传记

Leadbetter, Bill. *Galerius and the Will of Diocletian.* London: Routledge, 2009.

Rees. *Diocletian and the Tetrarchy.*

Williams, Stephen. *Diocletian and the Roman Recovery.* New York: Routledge, 1997.

专题研究

Barnes, Timothy David. *The New Empire of Diocletian and Constantine.* Cambridge, MA: Harvard University Press, 1982.

Jeličić-Radonić, Jasna. "Aurelia Prisca," *Contributions to Art History in Dalmatia*, vol. 41. No. 1 (August, 2008): 5–25 (English summary, 23–25).

Wilkes, J. J. *Diocletian's Palace of Split: Residence of a Retired Roman Emperor.* Oxford:Oxbow Books, 1993.

君士坦丁

文献

Bleckmann, Bruno. "Sources for the History of Constantine." In Lenski, NoelEmmanuel, ed. *The Cambridge Companion to the Age of Constantine.* Cambridge: Cambridge University Press, 2006, 14–32.

Eusebius, Averil Cameron, and Stuart George Hall. *Life of Constantine.* Oxford: Clarendon Press, 1999.

Nixon and Rodgers. *In Praise of Later Roman Emperors: The Panegyrici Latini.*

传记

Barnes, Timothy David. *Constantine: Dynasty, Religion and Power in the Later Roman Empire.* Chichester, UK: Wiley-Blackwell, 2011.

Potter, D. S. *Constantine the Emperor.* New York: Oxford University Press, 2013.

Van Dam, Raymond. *The Roman Revolution of Constantine.* New York: Cambridge University Press, 2007.

专题研究

Barnes. *New Empire of Diocletian and Constantine.*

Hughes, Bettany. *Istanbul: A Tale of Three Cities.* Boston: Da Capo Press, 2017.

Lenski, ed. *Cambridge Companion to the Age of Constantine.*

Nixey, Catherine. *The Darkening Age: The Christian Destruction of the Classical World.* New York: Houghton Mifflin Harcourt, 2018.

拉文纳的幽灵

文献

Mathisen, Ralph W. "Romulus Augustulus (475–476 A.D.)—Two Views." "DeImperatoribus Romanis," www.roman-emperors-org/auggiero.htm.

传记

Kos, Marjeta ŠaŠel. "The Family of Romulus Augustulus." In Ingomar Weilerand Peter Mauritsch. *Antike Lebenswelten: Konstanz, Wandel, Wirkungsmacht: Festschrift Für Ingomar Weiler Zum 70. Geburtstag.* Wiesbaden, Ger.: HarrassowitzVerlag, 2008, 446–49.

Moorhead, John. *Justinian.* London: Longman, 1994.

Potter, David. *Theodora: Actress, Empress, Saint.* New York: Oxford UniversityPress, 2015.

专题研究

Bowersock, Glen W. "The Vanishing Paradigm of the Fall of Rome." *Bulletin of the American Academy of Arts and Sciences* 49. No. 8 (May, 1996): 29–43.

Goldsworthy, Adrian. *How Rome Fell: Death of a Superpower.* New Haven, CT: Yale University Press, 2009.

Heather, Peter. *The Fall of the Roman Empire: A New History of Rome and the Barbarians.* New York: Oxford University Press, 2007.

Traina, Giusto. *428 AD: an Ordinary Year at the End of the Roman Empire.* Princeton: Princeton University Press, 2009.

Ward-Perkins, Bryan. *The Fall of Rome and the End of Civilization.* Oxford: Oxford University Press, 2005.

激发个人成长

多年以来，千千万万有经验的读者，都会定期查看熊猫君家的最新书目，挑选满足自己成长需求的新书。

读客图书以"激发个人成长"为使命，在以下三个方面为您精选优质图书：

1. 精神成长

熊猫君家精彩绝伦的小说文库和人文类图书，帮助你成为永远充满梦想、勇气和爱的人！

2. 知识结构成长

熊猫君家的历史类、社科类图书，帮助你了解从宇宙诞生、文明演变直至今日世界之形成的方方面面。

3. 工作技能成长

熊猫君家的经管类、家教类图书，指引你更好地工作、更有效率地生活，减少人生中的烦恼。

每一本读客图书都轻松好读，精彩绝伦，充满无穷阅读乐趣！